让我们一起追寻

NIHON SHAKAI NO REKISHI
By Yoshihiko Amino
© 1997, 2004 by Machiko Amino
Original published in 1997 by Iwanami Shoten, Publishers, Tokyo.
This simplified Chinese edition published 2025
by Social Sciences Academic Press, Beijing
by arrangement with Iwanami Shoten, Publishers, Tokyo

封底有甲骨文防伪标签者为正版授权

日本社会的历史

日本社会の歴史

〔日〕网野善彦 著

刘军 饶雪梅 译

社会科学文献出版社

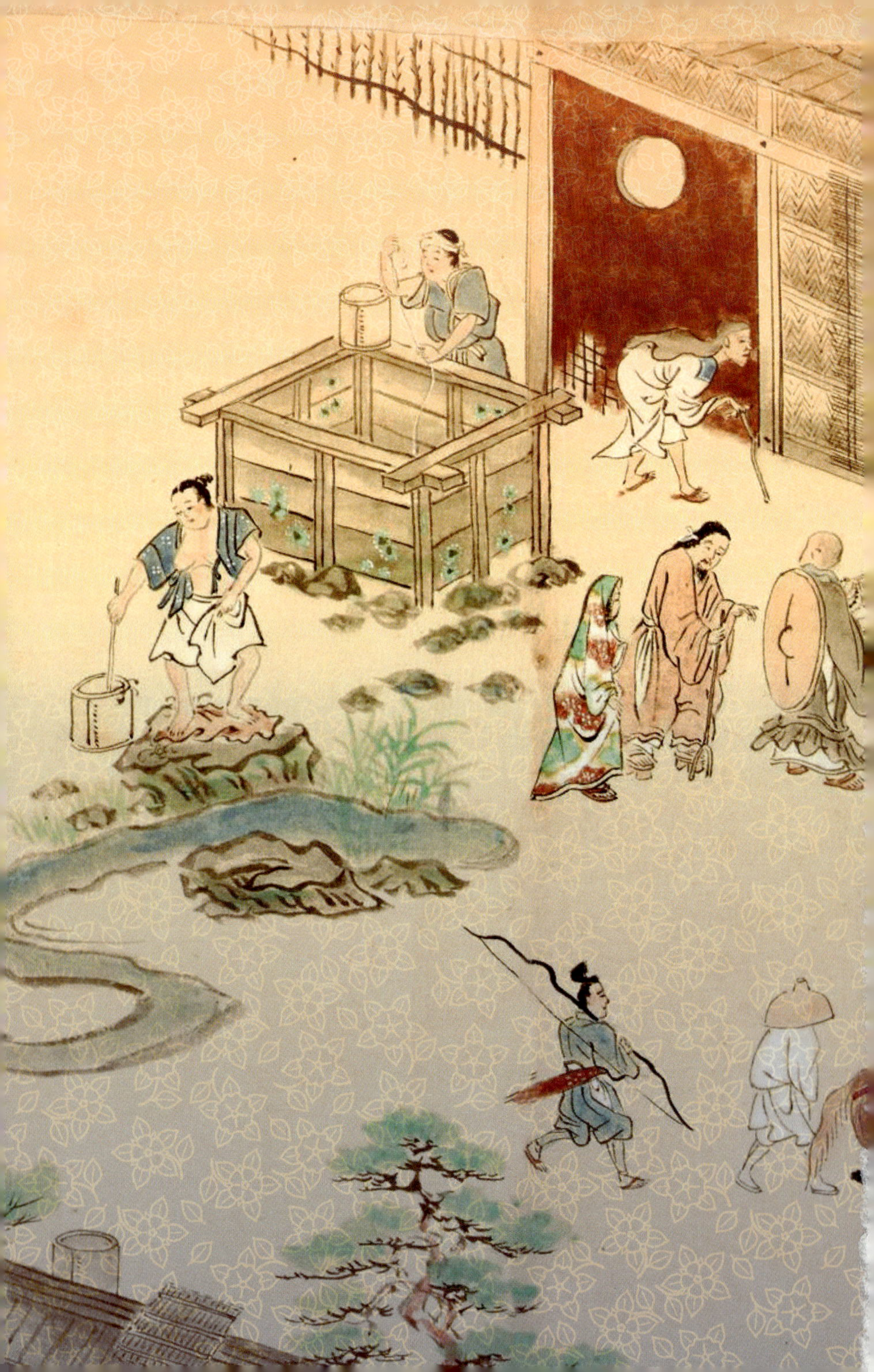

目 录

序　言　/　1

第一章　原始列岛与人类社会　/　1

第一节　日本列岛的形成和人类的登场　/　1

第二节　捕捞活动的开始和狩猎、采集生活的发展　/　8

第三节　绳纹时代的终结和农耕的开始　/　18

第二章　众首领的时代　/　22

第一节　弥生文化的形成和众首领的登场　/　22

第二节　首领制的发展和古坟的出现　/　32

第三节　前方后圆坟和首领联合的统合　/　38

第四节　近畿的巨大古坟和各地区首领制的发展　/　41

第三章　走向国家形成的道路　/　52

第一节　近畿的大王与首领之间的对抗　/　52

第二节　部民制与国造制　/　55

第三节　古坟的蜕变和6世纪的社会　/　61

第四节　东亚的动荡和大和政权的动向　/　68

第四章　"日本国"的成立与列岛社会　/　77

第一节　从大化政变到壬申之乱　/　77

第二节　"日本国"的出现　/　91

第三节　列岛社会和律令制度　/　98

第五章　古代小帝国日本国的矛盾和发展　/　118

第一节　古代日本国的矛盾和8世纪的政治　/　118

第二节　8世纪的列岛社会　/　139

第三节　新王朝的创始和平安京　/　147

第四节　都市贵族世界　/　159

第五节　9世纪的列岛社会和亚洲　/　176

第六章　古代日本国的蜕变与地方势力的胎动　/　188

第一节　宽平、延喜的国制改革　/　188

第二节　东国国家的建立和"海贼"对濑户内海的统治　/　197

第三节　10世纪的社会和政治　/　206

第四节　地区社会的活跃和11世纪中叶的国制改革　/　225

第五节　11世纪后半期到12世纪前半期的社会和政治　/　234

第七章　东国王权的出现与王朝文化的变化　/　258

第一节　12世纪后半期的社会和政治　/　258

第二节　东国的王权　/　276

第三节　东国西国战争　/　291

第四节　13世纪的社会与文化　/　301

第八章　东西王权的并存与纠葛　/　320

第一节　相互合作的东西王权　/　320

第二节　蒙古来袭和13世纪后半期的社会　/　333

第三节　13世纪后半期到14世纪前半期的社会　/　348

第四节　东国"国家"的崩溃　/　359

第九章　动乱的时代与列岛社会的转型　/　378

第一节　由天皇实现的国家统一及其崩溃　/　378

第二节　动乱和四分五裂的王权　/　388

第三节 "日本国王"室町将军和地方诸势力 / 400

第四节 列岛社会的文明史、民族史的转变 / 409

第十章 地方小国家的分立和抗争 / 427

第一节 社会的急剧变动及动乱向全域的蔓延 / 427

第二节 分立的地方小国家 / 438

第三节 16世纪的社会 / 451

第十一章 重新统一的日本国与琉球王国、阿伊努社会 / 465

第一节 日本国再次实现统一及其对朝鲜的侵略 / 465

第二节 统一国家的确立 / 483

第三节 17世纪前半期的社会和国家 / 493

第十二章 展望 / 500

第一节 17世纪后半期 / 500

第二节 18世纪至19世纪前半期 / 509

第三节 19世纪后半期到20世纪后半期 / 517

参考文献 / 532

目 录

代 结 语 / 539

译者后记 / 549

译者补记 / 561

序　言

　　本书以《日本社会的历史》为题,要讲述的既不是"日本国"的历史,也不是"日本人"的历史,而是日本列岛上人类社会的历史。我认为到目前为止的"日本史",往往从一开始就视生息于日本列岛的人类为日本人的祖先,在某些场合下也用"原日本人"一词来表示,并由此来讲述"日本"的历史。这背后存在一种可以被称为"最初就有日本人"之类的既定观念,可以说这严重地导致现代日本人对历史的认识极其暧昧,对自我的认识模糊不清。

　　就事实来看,以列岛西部(即从现在的近畿到九州北部)为基础,列岛上逐渐形成了真正的国家,在其于7世纪末定国号为"日本"之后,关于"日本""日本人"的讨论才成为可能。因为在那之后日本才成为历史上真实的存在,在那之前无论"日本"还是"日本人"都并不存在。这点必须先明确。

由于这点不明确，迄今为止现代日本人的自我认识一直停留在"自然而然是日本人，永远是日本人"这样极为暧昧的状态。而明确了这一理所当然的事实后，本书将考察在日本列岛，甚至更早就在亚洲大陆东端环抱大湖、邻接海洋、长且大的陆桥上生息繁衍的人类社会的历程。对此我想试着从整个亚洲大陆，或者说即使是在日本列岛形成后仍通过海路密切相连的亚洲各地彼此间难以割离的关系来考察。通过这样的考察，我将探究现代日本人及日本国是经历了怎样的历史过程而形成的，进而弄清由这一过程必然决定的现代日本的各种问题。

只是由于能力有限，目前我只叙述到17世纪前半期，关于那之后的时代则仅止于略加回望。

第一章 原始列岛与人类社会

第一节 日本列岛的形成和人类的登场

亚洲东部的陆桥

大约200万年前，新生代第四纪洪积世（更新世）开始了。那时在面朝太平洋的亚洲大陆东侧，由库页岛、北海道、本州组成的弧链环抱内陆湖，成陆桥状（以下将与陆地相连而尚未成为岛屿的列岛称为陆桥），它北接千岛弧，南连琉球弧。而千岛弧、琉球弧也各自成较短的陆桥，它们与大陆之间也夹着巨大的湖。这一陆桥由横断本州弧中部的大断层、大地沟带（中央地沟带）① 分成东北和西

---

① 中央地沟带（Fossa Magna），位于亚欧板块与北美板块的交界地带，西缘为丝盈川—静冈构造线，东缘由于第四纪火山岩覆盖，界线不明确，一般认为以关东山地的西缘为界。中央地沟带与中央构造线（Median Tectonic Line）同由明治政府雇用的德国地质学家瑙曼命名。——译者注（本书脚注若无特别说明均为译者注）

· 1 ·

南两部分，又有名为"中央构造线"的断层线主要纵贯西南部的中轴，其北侧称为内带，其南侧称为外带。

整个洪积世全球气候呈现为寒冷期与温暖期的周期性交替，大约从100万年前开始，地球迎来了共四次的冰期和间冰期。冰期海面下降，出现所谓的海退现象，而间冰期则相反地出现海进现象。在这种冰期和间冰期的交替中，亚洲大陆东部的陆桥和巨大的内陆湖的形状千变万化。据说大约在30万年前，即大概在第二间冰期结束第三冰期开始时，千岛弧和琉球弧分别变成了列岛。这两座较短的陆桥最早转变成岛屿，鄂霍次克海和东海形成了。而后在18000年前至17000年前即第四冰期（玉木冰川期，也即最终冰期）的后半期，南北连接大陆的陆桥屡屡因海进而中断，但其始终环抱着越来越大的内陆湖。

陆桥上的人类足迹

各种各样的动物从大陆的南方和北方迁徙而来，开始在此陆桥上生息。现在已知在洪积世的前期有剑齿象、瑙曼象从南方，而中期有大角鹿从北方进入陆桥。这一时期，包括北京猿人在内的原人[①]相当广泛地生息于大陆东

[①] 如果将人类进化分为四阶段，则"原人"属于继"猿人"之后的第二阶段，又称"直立猿人"。爪哇猿人和北京猿人均属这一阶段的人类。参见《日本大百科全书》香原志势所撰条目。——中文版编辑注

第一章　原始列岛与人类社会

北部，由其遗物可以推知，同一时期即大约50万年前，人类便与上述动物群一起迁徙到了陆桥。

该陆桥火山活动频繁。这时期东部的八岳、箱根、富士等火山时常喷发，喷出的火山灰层层堆积，在现在的关东及其周边地区形成了被称为关东垆姆质土壤层的地层。我们可以相当肯定地说，大约十几万年前，这一垆姆质土壤层开始形成之时，该陆桥上就已经有人类活动的痕迹了。据推测，这些人使用握槌（握斧）之类的前期旧石器。[①]不过，这时期陆桥上人类生活的详细情况尚不得而知。

最后的第四冰期分为几个亚冰期和亚间冰期。这一时期猛犸象也由北南下，瑙曼象、大角鹿等也往来于陆桥和大陆之间。4万年前至3万年前使用晚期旧石器的人类已经广泛地生息于整个陆桥上了。[②]

此时的人类已经具有现代人的特征了，山下町洞人、

[①] 本书初版于1997年，早于震惊学界的"日本旧石器考古造假事件"曝光（2000年）。从20世纪80年代开始，以藤村新一为核心的研究小组宣称在日本发现了可以证实日本列岛存在旧石器时代前期和中期的遗址。造假事件被揭穿之后，相关研究成果也被全部推翻。目前认为，日本先土器文化的遗址均属于旧石器时代后期，年代最久远的出土物可追溯至近4万年前。所谓十几万年前陆桥上有人类使用前期旧石器的观点不能成立。

[②] 1946年爱好考古的青年相泽忠洋于群马县岩宿的关东垆姆层发现了旧石器，以此为契机，这一情况得以明了。此事很好地说明了学问的发展，不仅仅依靠研究者，还有赖于众多像相泽忠洋这样爱好学问的人。——原书注

三日人、浜北人等都属于这一类。他们居住在洞穴和帐篷之类的简易住所中，使用长枪之类的工具进行狩猎。其遗迹中出土了许多石刃和刀形石器。值得注意的是，通过这些石器可以判明，陆桥上的社会已然因地而异，各具特色。首先，其北部（后来的北海道）成为一个独具特色的地方；其次，以中央地沟带为界的陆桥东部（后来的列岛东部）和西部（后来的列岛西部）也各不相同。

这一时期的气候极为寒冷，在陆桥的北部，森林、冻土占了绝大部分，东部主要为寒带针叶林的针枞、落叶松等，西部则为针叶林和阔叶林的混合林，或落叶阔叶林。主要由刀形石器反映出的地域区别则与这样的植被相对应。相应于不同的自然条件，早在这一时期，陆桥上的人类社会就已经出现了地域性。

关于这些人从什么方向进入陆桥，还存在争议，不过毫无疑问的是，他们是从在海退时期变宽的通往陆桥的南北通路进入的，而且据推测他们是广泛地生息于亚洲大陆的古蒙古利亚人。同一时期，通过尚是陆桥的白令海峡，另一群古蒙古利亚人到了美洲大陆，而且不久后就到了南美的最南端。

列岛的形成

18000年前至17000年前，寒冷期结束，随着全球气候

第一章 原始列岛与人类社会

变暖,海进开始了。连接大陆南北的陆桥的各处逐渐变窄,最终一些地方被海水吞没,形成了几个较大的岛屿。北部的津轻海峡、西部的朝鲜海峡使尚与四国、九州相连的本州岛首先从大陆分离,巨大的内陆湖变成了所谓的日本海①。在稍晚一些的12000年前,宗谷海峡成形,北海道诞生了。就这样,尽管本州、四国、九州尚连为一体,但是由已经成形的千岛列岛、琉球列岛、伊豆七岛等相连而成的弧状的花采列岛②已经基本接近今天的样子了。这便是日本列岛,它被海包围着,并通过海和岛与亚洲大陆南北相连。海洋平时是便利的通路,有时也可成为柔韧的屏障。

那时,拥有旧石器时代晚期文化的人群的生活也进入了后半程,他们开始广泛地使用包括细石刃在内的细小的剥片石器(细石器)。据推测,这些细石器被嵌在木头和骨头上,用作石枪、小刀等。列岛社会的地域差异更加明显了,包括北海道在内的属于亚寒带的列岛东部和多少有些变暖的列岛西部在石器的要素上迥异,特别是有观点认为,从北海道到本州岛的东部一带与西伯利亚的文化有

---

① "日本海"这一名称在海的前面冠以"日本"这一国名,这样的命名并不合适,将来有必要再做讨论,眼下为方便计暂且先用这个名称。——原书注
② 即弧形列岛,因岛屿的排列形似花采而得名。在亚洲大陆东面和东南面的海洋上有许多岛屿,大多呈弧形分布,就像镶嵌在亚洲大陆东、南边缘的花边,故称"花采列岛"。

日本社会的历史

关，列岛西部则与朝鲜半岛有接触。如此一来，对这一时期漂洋过海的人群的活动做些推测便成为可能。

就这样，大致以中央地沟带为界的东西地域差异在旧石器时代就已经开始形成，这种差异在此后很长的时期内左右着日本列岛社会历史的发展。

弓箭和土器①的出现

大约1万年前，冰河时代结束。冲积世（全新世）开始，气候整体呈温暖化趋势。这一时期，列岛上广泛地出现了用在石枪上的"有舌尖头器"（具有便于安装柄的凸出部分）。

有舌尖头器

资料来源：中村孝三郎『小瀬が沢洞窟』長岡市立科学博物館。

---

① 由黏土烧制而成的器物。与陶器、瓷器相比，一般烧制的温度较低，且不上釉。因器形、纹饰反映了时代、地域的特色，土器成为考古学的重要资料。日本出土的土器有绳纹土器、弥生土器、土师器和须惠器。

第一章 原始列岛与人类社会

这一时期，冰河时代的大型哺乳动物消失了，生息于落叶阔叶林中的日本鹿、日本斑羚、野猪成了列岛人群狩猎的对象。这种"有舌尖头器"文化的东西地域差异很明显，在后来的九州、本州西部以及从本州东北部到北海道东部一带，其石器各具特色。在动植物方面，北海道和本州之间也出现了相当大的差异，地域特色越发明显。

洪积世的最后阶段即13000年前至12000年前，被认为是最早的土器的隆线纹土器已经在九州的福井洞穴（长崎县北松浦郡）出现了，而且不久便传播到了本州东北部。一般认为这是迄今为止发现的世界上最早的土器（近年也有人称黑龙江流域出土了更为古老的土器），从此使用土器的社会在列岛上发展起来。这一时期日本列岛相当大的部分为落叶阔叶林所覆盖，可以认为采集橡树和栎树等树木的果实（如橡子和板栗等）成了人们生活的支柱。一般认为土器用于这些果实的烹饪，因此我们推定土器的出现与采集生活的真正开始有密切的关系。

与此同时，"有舌尖头器"逐渐小型化，不久便开始向石镞（石制箭头）转变。这一现象是伴随着弓箭的使用而出现的。石镞的使用无疑使狩猎个小而灵活的鹿、兔子或鸟类容易了许多。

到目前为止，一般认为这种后来发展成为绳纹文化的土器文化是日本列岛独自孕育的。但是既然已经推定自旧石器

· 7 ·

时代以来就有人渡海来到日本列岛，考察这一问题时就有必要考虑列岛与周边地区的关系，今后也必须探究其与亚洲大陆的关系。这暂且不论，陆桥—列岛的旧石器时代社会开始向绳纹时代社会过渡，后者以频繁的山野采集和弓箭狩猎、绳纹土器和磨制石器，以及各种各样的木器等为特征。

这一时期，随着气候进一步变暖，海平面上升，日本海变大。与此同时，日本海沿岸地区冬季开始大量降雪。不仅仅出现了列岛的东部与西部的地域差异，此后还出现了日本海沿岸与太平洋沿岸之间的地域差异，这也对其后的列岛社会的历史产生了巨大影响。

第二节　捕捞活动的开始和狩猎、采集生活的发展

作为通路的海和捕捞文化

随着海进的继续，大约在8000年前濑户内海形成了。九州、四国由此从本州岛分离出来，形成了众多的海湾。今日这种具有山野河海等复杂地形的日本列岛大约在这个时期成形。从大约1万年前开始，除狩猎和采集果实之外，对生活于列岛的人们而言具有深远意义的捕捞活动开始了。以太平洋沿岸为中心，贝类的采集、

第一章　原始列岛与人类社会

使用骨角器制成的多齿鱼叉和尖头鱼叉进行的"叉渔"、使用鱼钩进行的"钓渔",以及使用石制或土制沉子进行的"网渔"开始盛行。捕鱼离不开船,关于这些技术也必须考虑到列岛与其他地区,特别是与北方的西伯利亚、沿海州①等地的关系。

随着捕捞活动的开始,生活也发生了巨大的变化,竖穴式房屋②与贝冢出现于台地和丘陵。带有绳结纹饰的绳纹土器也从这一时期开始,逐渐广泛地出现在从北海道到冲绳诸岛中北部的整个日本列岛。③ 只是冲绳诸岛的宫古、

---

① 指今俄罗斯的滨海边疆区,位于俄罗斯的东南部,太平洋沿岸,其东面邻接日本海。
② 从地面往下挖洞,并将其底面整平,其上加屋顶而成。在日本,出现于绳纹初期,一直存续到平安、镰仓时代,是从绳纹时代到古坟时代日本主要的房屋形式。
③ 需要特别说明的是,历史上的琉球王国长期维持着与中国明清王朝的宗藩关系,是中国王朝的藩属国,深受中国社会和文化的影响,同时发展出有特色的海岛文化。清朝后期国力衰退,因列强不断袭扰不堪应对,无暇更多顾及琉球。1872年日本宣布琉球王国属于日本的"内藩",不承认中国自1372年起对琉球的宗主国地位,正式侵占琉球;1873年,日本兵临琉球,废黜琉球国王。1875年,日本全面占领琉球,强迫琉球国王停止向清王朝朝贡,禁止琉球国接受清朝册封,废除所奉中国年号,改为日本年号。1879年3月30日,日本将最后一位琉球国王尚泰及其王室成员押解到东京软禁,并下令改称琉球为冲绳县。
本书从一开始就将冲绳纳入日本社会的历史脉络,是基于当代日本行政区划进行的回溯式叙述。但作者也在本书各处明确指出,历史上的琉球王国长期作为独立王国存在,直至1879年"琉球处分"后,方被正式纳入日本近代国家版图。

日本社会的历史

八重山等先岛诸岛属于与台湾岛、东南亚相连的文化圈，在绳纹文化圈之外；在除此之外的列岛各地，从这一时期到公元前3世纪前后的数千年里绳纹时代一直持续着。

到目前为止，这一文化往往被认为具有列岛特有的地域性，拥有"岛国文化"的特征，但如前所述，频繁进行捕捞活动的这一文化的承载者利用船只大范围地活动是确定无疑的。事实上，在福井县的由利遗迹及其他地方就已经发现了可以进行远洋航行的独木船。因此，这一文化无疑与亚洲大陆的北方、中国大陆[①]、朝鲜半岛、东南亚等地的文化通过海洋保持着联系，而将其视作孤立的"岛国"的文化这一观点，可以说是受现在的"日本国"的国境影响而形成的错误看法。

这点通过日本列岛产的黑曜石在朝鲜半岛南端、沿海州、西伯利亚各地出土一事，以及亚洲大陆的北方对列岛东部捕捞文化产生了影响的事实即可明了。近年来的考古学研究也确认，海民（以海为主要生活舞台的人群）曾活跃于从冲绳、九州西北部到朝鲜半岛南部、东部的广大海域。拥有复合式钓钩、黑曜石做的鱼叉、曾畑式土器[②]

[①] 本书中作者所用的"中国大陆"一词指亚洲大陆东部的广大陆地。
[②] 绳纹时代前期的土器样式，分布于九州地区及本州地区的西端。多以较短的沉线纹绘出几何图样，胎土中混有滑石。器形几乎都为圆底深钵。

第一章　原始列岛与人类社会

等共同文化的海民与列岛东部的捕捞文化的承载者截然不同。而且，伊豆诸岛上很早就发现了绳纹土器，本州东北部和北海道则输入了原产于现在的新潟县的大量翡翠，等等。从这些情况可以判断，绳纹时代的人确实通过海洋在大范围内频繁地开展地区间的交流，以此营生。

不过，这种文化缺乏畜牧这一要素，而且这个时期日本列岛上没有老虎之类的猛兽。这是列岛被海洋从大陆隔离出来的结果。此后的列岛人对动物的恐惧感淡薄的心理源流也可以由此追寻。不管怎么说，无视通过海洋进行的广泛交流是绝不能正确理解这种文化的。

绳纹文化的进展：狩猎、捕捞、采集、植物栽培

绳纹时代分为四个时期，依次是：该文化基本形成的成立期（初期）、发展期（前期、中期）、成熟期（中期末到后期、晚期前半）和终结期。① 上承旧石器时代，贯穿整个绳纹时代，列岛东部和西部之间始终可见巨大的地域差异。这种差异逐渐复杂到可以依之将列岛分为七八个地区的程度。不过可以说，在这一时期的社会中所有的地区内、所有的阶段内，具有主导意义的不是人与人之间的矛盾，而是自然与人之间的矛盾。因此，我认为虽然可能

---

① 考古学界一般将绳纹时代划分为前期、中期、后期和晚期四个阶段。

有司巫职的首领，但还没有发展到产生身份、阶级等的程度。当时的人平均寿命只有30多岁，如此短暂，清楚地反映了当时人类的生活被严酷的自然压制着。不过也正因如此，生命越发显得珍贵，从一些残疾人拥有相当长的寿命这一点可以推测，当时不存在对残疾人和病人的歧视等现象。

一直到绳纹时代前期快结束时，气候变得更加温暖，由于"绳纹海进"[①]，海洋侵入陆地。从绳纹时代的成立期到发展期，这种情况达到了顶点，特别是在太平洋一侧，海洋深入内陆，较浅的海湾和海滩遍布各地。得益于这一好条件，在贝类和海藻的采集、内湾的网渔得到发展的同时，钓渔和叉渔，特别是离头叉渔（鱼叉刺入鱼身后就脱离柄，然后用绳索拉鱼）的应用使远洋渔业也得以发展，大型鱼类和海豚等的捕获也成为可能。从关东南部到本州东北部的太平洋沿岸，贝冢遗迹分布尤为密集，这充分说明了列岛东部捕捞活动的巨大发展。而且从其数量之大可以推测鱼贝捕获已经以交易为前提了。

据说狩猎时使用已被驯化的狗的历史可以追溯到［绳纹］初期，到发展期时石枪也消失了，整个列岛上使用石镞的弓箭得到发展，鹿和野猪等许多体形较小的野兽

---

① 也叫有乐町海进，是从全新世初期到中期的海进。在大约6000年前的绳纹时代前期，由于气温不断上升，海面涨到最高，因此被称为"绳纹海进"。

成了狩猎的对象。但当时很少捕杀幼兽和雌兽，可见人们已经开始注意避免滥捕了。可以说这种对自然的谦恭和爱护体现在绳纹人生活的各个方面。

随着气候变暖，植被也发生了相当大的变化。寒带针叶林仅限于北海道东北部，从北海道西南部到本州中部的列岛东部分布着温带落叶阔叶林，而从东海地区①到九州的列岛西部，暖温带常绿阔叶林不断扩大。落叶阔叶林产橡子、核桃、板栗、娑罗果等，常绿阔叶林产石栎、米槠等。果实方面，一般认为列岛东部的落叶阔叶林远为丰富，其中，青森县的三内丸山已开始栽培板栗。据说在捕捞技术也很发达的列岛东部，社会发展稳定，人口远远多于西部的。

小山修三推算发展期整个列岛的人口共有26万多，其中列岛西部仅有2万人。这虽然只是一种推论，但可以说其充分显示了列岛东部与西部的差异之大。就这样，由地域引起的差异越发显著了。

这一时期人们开始大量制作土器，主要将其用于烹煮。这使得更多果实、根茎可以用作食材。到了绳纹时代的发展期，人们进而使用石皿、磨石等炊具，提高了磨碎树木的果实和根茎、去除涩味的技术。于是，橡子等有涩味的植物也可以用作食材了，食用植物的范围进一步扩

---

① 位于本州岛中部、面向太平洋一侧地区。一般指今静冈、爱知、三重和岐阜南部。

大。人们制作大量的容器用于采集、盛放这类果实；用藤木编织箩筐等搬运工具，用木头制作盆钵，进而在其上涂漆，做成比较精美的漆器。为了采伐树木、制作这些木器，人们制作带木柄的石斧等各式各样的石器。

正如福井县的鸟浜遗迹中出土了非日本列岛原产的瓢箪一样，可以推测包括前文提及的板栗在内的植物栽培已经在相当多的方面开展起来。至于衣物，则使用与中世以后的"编衣"①相同的、由树木纤维做成的衣物和鞋子。极其多样的生业、技术在这一社会中发展起来，并在此后相当长的时间里推动着列岛社会的发展，后来的很多生活用具的起源也可以追溯到此。

新的技术推动着生活向前发展，这一过程中竖穴式房屋也发生了巨大的变化。这种房屋原本数量不多且非常狭小，仅见于丘陵的顶部、鞍部和台地的边缘等有限的地方；进入发展期后，在广阔的台地上和丘陵下边的原野等地，形成了较大的村落。无论是中部和关东的中心有广场的大村落（以大型且胎壁较厚、纹饰刚健的胜坂式土器为象征），还是福井县的鸟浜遗迹（展示了在漫长的历史中定居于海边的人群的生活），抑或是被形容为"绳纹的城市"的三内丸山遗迹（历经千年，号称"最多500人"安住，住宅

---

① 用苎麻、荨麻等植物的纤维，按编帘子的方法编织而成。

群和墓地完备，甚至可见用直径 1 米的栗木等按一定间隔搭建而成的建筑物），均反映出当时社会生活的巨大发展。

三内丸山遗址的南填土的结构

这里堆积了约 1000 年间废弃的土器和石器等。

分工的进展和广域的交通

狩猎、捕捞、前述建筑物的建造等，主要依靠集团内有组织的劳动完成。这样的村落在通过赠予、互酬相互结合在一起的同时，也依靠恒常的广泛的交易维系着自身的存立。伊豆诸岛的神津岛出产的黑曜石见于从内陆直至能

日本社会的历史

登半岛的广泛地区,可见黑曜石的生产是以各地的交易为前提的;利用土器在海边大量生产的盐,也是大量食用树木果实的内陆地区的人们的必需品,并以交易为目的而晒制的;海产品和林产品的交换也相当活跃。又如秋田县、新潟县等地提取的黏合材料柏油,广泛流通于北海道到本州东北一带。人们驱船渡海,活跃地开展交易。生产的物品被带到超越人力的世界——原始的集市,作为与世俗亲缘脱离了关系的物品——商品进行交换。据推测,这一时期在集团内部男女之间出现了分工,男性从事狩猎,女性从事陆地植物、海草和贝类的采集,纤维的编织,烹饪等;集团之间也已经出现了社会分工。尽管如此,可以认为这一时期社会中基本上不存在两性之间的不平等关系。虽然可以看到贝壳做的手镯、鹿角做的腰环和用漆涂抹的梳子等随身饰品,但我们认为这些物品并不显示身份差别、阶级差别,而仅仅具有巫术功能。实际上,从人们所发现的女性形象土偶多呈破损的样子以及埋葬之际采取折弯手足的屈肢葬①等情况,可以推测这一时期的人们有许多禁忌,希望通过多样的巫术来保护自身及其社会不受自然的威胁。

海进在绳纹时代的社会进入成熟期之前就结束了,气

---

① 即将死者手足关节折叠埋葬的方式,被认为是世界埋葬法中最古老的做法。在日本盛行于绳纹时代。

第一章　原始列岛与人类社会

候再次变冷，海洋回退，大致形成了现在的海岸线。不过，此次气候变冷并没有达到大幅度地改变植被状态的程度，能去除涩味的果实分布范围进一步扩大；外洋、内湾捕捞技术的发展也很显著；土器的功能也分化为烹饪、贮藏、食器等，特别是用于贮藏、饮食的土器形状各异，与用作日常食器的木器、漆器一起，被添上洗练的纹饰大量制作。如前所述，这在列岛东部尤为明显，在东北和关东长期存留着具有庞大贝冢的大规模遗迹。据说除三内丸山外，石川县的近森遗迹和真脇遗迹等北陆①各地也立着许多被认为与祭祀相关的巨木，木结构建筑技术也达到了相当高的水平。

据推测在成人仪式之类的"通过仪礼"②上举行的拔牙风俗，也是从这个时期开始沿着海岸从列岛的东部向西部大范围地传播开的，这充分说明了人们通过海洋实现的移动很频繁。而且，这种仪礼存在的背景无疑在于共同体所制定的规则。当时也已经出现了后来在列岛社会中延续至遥远后世的习俗，例如，将装有胎盘和死产婴儿的瓮埋于竖穴式房屋的门口。从石棒、石剑、土版③等用途不明

---

① 位于本州岛中部、面向日本海一侧的今富山、石川、福井和新潟四个县的总称。
② 指人成长过程中的出生、成年、结婚、死亡等仪礼习俗。德国民俗学家范·热纳的用语。
③ 日本东部绳纹时代的土制品，长 5~15 厘米，呈长方形或椭圆形，其正反有人脸和纹饰。一般认为用作护符或用于巫术。

的遗物可以判明这个时期的社会带有复杂的巫魅色彩。

这一时期还出现了佩戴着许多手镯和耳饰之类特殊首饰的女性，她们被推定为巫女，可见巫术性的职能开始分离出来。到了绳纹文化的成熟期，出现了伸展葬①这一埋葬方式，不过这时期的墓葬仍看不出身份差别、阶级差别。从这些来看，伴随着以自然条件为背景的集团间的分工、职能的部分分化，出现了具有巫术职能的首领及大范围的社会结合。尽管如此，仍可以认为进入成熟期的绳纹时代的社会中还未出现制度化的阶级分化、身份分化。

第三节　绳纹时代的终结和农耕的开始

列岛东部：龟冈式土器的文化

进入成熟期的末期（通常称为晚期），列岛的东部和西部的绳纹文化进一步呈现出相异的面貌。同时，冲绳诸岛也不同于别处，其狩猎开始呈现些微特色。

首先在以东北地区为中心的列岛东部，所谓的龟冈式土器（得名于今青森县木造町的遗迹）及其文化带来了广泛且强烈的影响。这类土器有复杂的器形及纹饰，有时

---

① 绳纹中期以后出现的埋葬法。相对"屈肢葬"而言，死者的手足都是伸展开的。

甚至称得上华丽。与此相反，列岛西部的土器基本上没有纹饰，只留有凸带纹，其形状也简化为深钵和浅钵。考察东西部显著差异的背景时，列岛与列岛外的东北亚或者中国大陆、朝鲜半岛之间的交流也不可忽视。

龟冈式土器

资料来源：八户市绳文学习馆。

在使用龟冈式土器的文化中，木器的精巧度进一步提高了，随身饰物也更为精致了，还有说其"奇怪"也不为过的土偶、土版以及石剑、石刀。这表明此时人们有复杂的精神生活，社会被各种各样的巫术强有力地支配着。同时，这片区域还使用名为燕形鱼叉的先进鱼叉，其对渔具的深刻影响持续至今。此外，当时还出现了仪礼用的上朱漆的弓和极为先进的威力巨大的弓。关于弓，甚至有观点认为，直到镰仓时代都没出现比这更大的发展。至此，狩猎、捕捞、采集技术的发展可谓达到了极致。而且还可

日本社会的历史

以认为，到此为止的列岛东部文化的发展成熟应归功于对从海洋逆河而上的鲑鱼和鳟鱼的大量捕获。在此期间落叶阔叶林的分布范围不断扩大，树木的果实和根茎类的采集和烹饪技术也得到高度发展。可以说，这种列岛东部绳纹时代的生活方式的成熟度已经达到世界史前时代的狩猎-捕捞-采集民文化的最高水平，其作为绳纹文化也已发展到了最后阶段。

列岛西部：绳纹文化的界限与农耕

与东部形成对比，在列岛西部伴随凸带纹土器出现的还有石镞和打制、磨制的石斧等，不可否认它们整体上逊色于东部器物，或者应该说，它们与龟冈式土器文化正相反，具有一切都朝着单纯、简约的方向发展的特点。

凸带文土器
资料来源：福冈市教育委员会。

第一章　原始列岛与人类社会

考虑到与东部存在如此显著的差异，有观点主张将列岛西部的打制石斧视作石制锄头。由于常绿阔叶林中缺乏可采集的坚果，这一时期的人们受到从喜马拉雅山脉南麓扩展到东南亚、云南山地、长江以南地区的常绿阔叶林带文化的影响，开始从事以杂谷（粟、稗子、高粱、荞麦）为主要作物的刀耕火种，而这大概就是列岛西部出现单纯、简朴的土器的背景。虽然很难说这已得到充分的证明，但可以确定的是，在列岛西部的自然条件下，绳纹时代的生活方式已经走到头了，人们努力在与列岛之外的地区的交流中摸索道路以打开这种局面。特别是九州西北部地区，很早就可以看到通过海洋与朝鲜半岛东南部保持着联系的海民频繁地活动，新文化通过海洋传入的可能性非常大。在佐贺县唐津市的菜畑遗迹中，挖掘出了伴有绳纹时代晚期山寺式土器的水田遗迹和木制的耙、锄头，以及与朝鲜半岛南部出土器物非常相似的石菜刀等。目前菜畑遗迹被视为日本列岛上最古老的水田遗迹，可以确定在开展粟、小麦等旱地作物的耕作的同时，公元前4世纪前后在列岛的一隅开始了以谷物为中心的真正的农耕。

至此，在与中国大陆和朝鲜半岛的交流中，持续了数千年的绳纹社会在列岛西部迎来了终结，从事农耕的社会开始形成，其影响逐渐波及列岛东部。

第二章　众首领的时代

第一节　弥生文化的形成和众首领的登场

东亚地区的变动和弥生文化的胎动

在日本列岛社会经历漫长的绳纹时代之际，中国大陆的北方开始了耕作粟、黍等旱地作物，而南方则开始了以稻作为主的农耕。公元前17世纪末，华北诞生了拥有青铜器和文字的殷文化，公元前11世纪形成了以周为盟主的首领联盟。据最近考古发掘的结果推测，长江流域也形成了与此并行的稻作文明。北方在公元前8世纪以后进入春秋战国之乱世，又于公元前5世纪前后开始使用铁制农具和铁制兵器。公元前221年，秦始皇建立了中国大陆上第一个强大的统一帝国。

第二章 众首领的时代

而朝鲜半岛，在内陆草原地带的农耕文化的影响下，开始了稗子、粟等的耕作，并从梳齿纹土器时代进入无纹土器时代（以无纹饰的土器为特征的时代）。而且，一般认为，最迟在公元前1000年前后，起源于中国大陆长江入海口附近的稻作被引进朝鲜半岛。半岛南部以这样的稻作为主要生业，而北部则以粟、黍和小麦等的耕作为主要生业。

中国大陆在急剧的动荡中诞生了强大的统一帝国，朝鲜半岛社会也开始了新的发展，这些事情通过以海为舞台的捕捞民、海民的交流，不断地或强或弱地影响日本。九州西北部的一角于绳纹时代晚期开始了水稻耕作，可谓其前兆。稻作与朝鲜半岛式的支石墓①同时出现，不久便在包括唐津（佐贺县）和丝岛（福冈县）在内的福冈平原等处规模有限地进行着，并没有立即传播开。但是，在板付（福冈市）水田遗迹中，在绳纹时代晚期的夜臼式土器旁，属于弥生土器的板付式土器首次出现了。这发生在公元前3世纪前后。

烹饪用的瓮、贮藏用的壶、饮食用的高座盘和钵等弥生土器，构成了生活用具的基本组合。其纹饰非常简单，

---

① 由厚重的扁平石块作支架和上托面，下面安葬死者遗骸和石器、陶器等随葬品。在日本，弥生时代的九州北部出现了属于中国东北部和朝鲜系统的支石墓。

大多略带红色，充分具备了与谷物生产相适应的土器的基本特征。这种板付式土器迅速地从九州一带传播到四国南部。

这些遗址中出土的用于制作木器的石斧和用于收割的石刀等，是大陆和半岛的农耕文化所特有的。此外，据推测，当时已经出现纺车的使用、织布、用铁器制作木器和骨角器等活动。当然，绳纹时代以来的狩猎、捕捞和采集依然进行着，在此基础上又增加了使用金属器的、以真正成体系的稻作为基础的弥生文化。弥生文化作为一个整体已经走上正轨。

根据这些事实可以判明，弥生文化是以此前的绳纹文化为基础，在大陆和半岛社会的强烈影响下形成的。一般认为带来这种影响的是从朝鲜半岛一带迁来的移民，实际上还可以认为海民的日常交流也促进了这种捕捞文化的传入。他们自绳纹时代以来就以连接朝鲜半岛、济州岛、对马、壹岐、九州北部和濑户内海等地区的海洋为舞台，进行日常交流。在大陆和半岛社会急剧变动的过程中，这种人员和文化的交流以及人口集团性地向列岛移动的行为变得更加频繁了，包括稻作在内极为多样的全新的文化要素，不断从西面传入日本列岛。此外，大陆剧变的余波不久后也从北面波及列岛。

特别是在列岛西部，社会面貌发生了巨大变化。从弥生时代到古坟时代中期的大约 800 年的时间里，除本州东

第二章　众首领的时代

北北部和九州南部之外，本州、四国和九州进入了首领制社会①。

弥生时代前期的列岛社会：西弥生、东绳纹

扎根于九州北部的弥生文化以短短几十年的时间迅速延伸到列岛西部，最迟在公元前2世纪内就南达萨南诸岛的一部分、东至连接伊势海沿岸和丹后半岛一线了。弥生时代前期的土器被称为远贺川式土器②，这种土器一律分布于这一地区。在因海退而形成的海岸平原和低湿地带，人们开始经营由小田埂间隔开的小块水田。这样的水田出现在日本海另一边的东北北部，虽然只是一时的现象，但充分说明了该文化通过海洋得到传播。由此可见，弥生人非常善于驾船操舟。

但是，在列岛东部社会，依靠采集果实、狩猎和捕捞的生活方式高度发达，其整体上对接受弥生文化表现出强烈的抵触情绪。因此，大体看来，在持续了大约200年的弥生时代前期，与西部的弥生文化不同，东部依然延续着绳纹文化。生活形态如此迥异的两个社会分列于东、西部，使从旧石器时代起就出现在列岛上的东西差异越发显著了。不过，在绳纹时代，无论生活之丰裕还是人口之众

---

① 以徐建新为代表的日本古代史研究者将其翻译为"酋长制社会"。
② 日本西部弥生时代前期的土器的总称，因大量发现于福冈县远贺川流域而得名。

多，列岛东部社会都远胜列岛西部社会；而进入弥生时代后，列岛西部在谷物生产方面超越了东部，包括从朝鲜半岛及别地流入的人口在内，其人口总量开始迅速增加。

这一时期，在九州南部、萨南诸岛上，虽然初步传来了弥生土器，但可以推测该文化的影响力极弱，稻作未能扎根；冲绳诸岛上虽然也出现了弥生土器，但尚未耕种水稻。特别是此时的冲绳仍然延续着以采集为基础、以石器为主要工具、捕捞占相当大比重的文化，这一时期被称为贝冢时代。冲绳诸岛的这种社会特征此后在与日本九州和中国大陆等地的交流中也长期保持着，由此孕育了其固有的、不同于九州以北文化的所谓"南岛文化"的基础。

稻作与共同体首领的作用

从公元前1世纪到公元1世纪的弥生时代中期，稻作传播到了列岛东部从关东到本州东北南部的地区。但是列岛东部的弥生文化，其土器上的特征是饰以绳纹，稻作的方式也与列岛西部大不相同，绳纹文化的传统可谓根深蒂固。而且在东北北部和北海道，稻作尚未扎根，依赖采集、狩猎和捕捞的续绳纹文化[1]仍延续着。不过正如在北

---

[1] 本州南部处于弥生、古坟时代之时，本州东北北部、北海道所出现的文化，继承了北日本绳纹文化的传统，形成了独自的以采集、狩猎和捕捞为主的社会。到了奈良时代，在外来文化的影响下逐渐演变成擦纹文化。

第二章 众首领的时代

海道南部发现了若干弥生土器,而在东北北部发现了续绳纹时代的土器所反映出来的那样,这两个地区通过海洋进行着交流。

另外,到这一时期为止,青铜制的剑、矛、戈等武器和铎之类的乐器不断地从朝鲜半岛传入列岛西部,而且不久便开始在各地铸造。原本是武器、乐器的这些青铜器逐渐变样,开始主要作为祭器来制造和使用。从这些青铜器和土器我们分明可见:虽然同属列岛西部,以近畿为中心、与濑户内海相连的地区和以九州北部为中心、与山阴地区相连的地区之间存在明显的差异,列岛社会的地域差异更加复杂了。

这一时期水田不再局限于低湿地,人们也在山谷之类的地方挖掘引水沟渠和排水沟以造水田,使用铁具和石斧制作的木锄、木锹和木耙进行耕作。此前的观点认为,当时的人们在播种后不再移栽水稻,但最近的观点认为从弥生时代初期就开始采用插秧的做法了。据说收获时以割穗为主要方法,使用石刀以及木制、竹制的工具摘穗,使用木臼和竖杵等脱粒。这种稻作技术从一开始就成体系地出现在列岛社会,稻种被认为是谷灵居于其中的神圣之物,被保管于共同体的高床式[①]仓库之中。而且,到了这一时

---

① 即干栏式,在底部架上支柱,使建筑高出地面的建筑样式。

期，共同体首领的职能增强了，其职能以管理贮藏谷种和收获物的仓库为首要，还包括主持四季农耕神事等各种各样的祭祀和指导开发、平整耕地的集团性劳动。

各式生业与弥生文化的海洋色彩

弥生时代的人们并非仅仅依赖水田维生，据说也栽培小麦、粟、稗、豆、荞麦等谷物，薯等根菜类、瓜类及其他蔬菜。特别是在列岛东部，这种旱田耕作相当广泛。另外据推测，整个列岛上广泛存在火耕，不过其实际情况不详。人们开始了桑树、苎麻等的种植和绢、布的纺织；种植柿和板栗等以获取果实、木材等；有意识地进行采集、造林和木器的生产；还用漆制作漆器。此外，蘑菇、薯类及其他根菜类的采集以及狩猎和捕捞，也无疑在保障生活方面发挥了很大的作用。尤其在捕捞方面，远洋捕捞的网渔发展了，规模也变大了，捕捞民、海民的专业化程度也进一步加深，海藻和贝类的采集也很盛行。以濑户内海的儿岛地区为中心，真正的专业制盐集团开始用土器制盐。海民利用船只展开海上活动，这保证了各地区间的交易以及与列岛之外的地区的交流。因此，可以认为弥生文化并非单指稻作文化，它还具有鲜明的海洋色彩。

此外，据说在与大陆和半岛交流的过程中，专门以大陆工艺制作石斧的工匠集团迁至九州北部；现已弄清，当时主

第二章 众首领的时代

要铸造铜铎,以及铸造铜戈、铜矛型青铜祭器的技术集团分别活动于近畿地区和九州北部,并且已经开始锻造铁器。来自大陆和半岛的普通移民促进了各种技术的传播。以此为背景,作为专门职能民[①]的匠人集团也活跃起来。可以说,共同体间的分工、集市的交易真正地发展起来了。

地域特色在列岛西部也明显地呈现出来了。例如,以近畿为中心延至濑户内海的地区以铜铎为祭器;九州北部使用铜戈型祭器和铜剑型祭器;山阴地区在与近畿和九州北部保持联系的同时,独自并用铜剑型祭器和铜铎型祭器;对马和四国南部则使用远洋色彩强烈的矛型祭器。而且,从墓制上也可以看出这些地区已经出现了强有力的首领。

东亚世界中的首领

弥生时代的墓,虽然在形态上有使用石棺、木棺和瓮

[①] "职能民"一词,是网野善彦著作中经常出现的一个重要概念,在不同的历史时期,该概念的含义有所不同。网野最初将"职能民"与"职人"等同使用。"职人"是中世自由民中享有免除部分或全部年贡、公事负担义务特权的群体,其代价是通过自身专业职能为诸权门(贵族和寺社等权力中心)提供服务。但随着研究深化,网野注意到大量缺乏特权且活动范围相对固定的"职能民"存在,遂将"职人"重新定位为"职能民"的一部分。但关于"职能民"作为身份阶层的本质特征,他终未完成系统性理论阐释。参考辻浩和「身分と集団から中世社会を考える」、秋山哲雄・田中大喜・野口華世編『増補改訂新版 日本中世史入門——論文を描こう』、勉誠出版、2021。

棺等的墓和支石墓等不同，但它们都属于公共墓地。不过，瓮棺墓、支石墓较多的九州北部受大陆和半岛的影响，已经形成了镜、玉和剑之类的武器随葬的习惯。其中又数福冈县的三云遗迹和须玖遗迹较为有名，从中发掘出了许多有镜、玉和剑随葬的墓。此外，在近畿地区，集聚在一起的众多的墓中出现了特置界线的方形周沟墓。据推定，这些墓皆为共同体首领或首领家族的墓。

在列岛东部，这一时期，多次往同一墓中葬人的二次墓葬[1]多了起来，稍晚一些则出现了与近畿地方相同的方形周沟墓。但是，与近畿不同的是，这种墓的周围未发现别的墓，因此，一般认为，列岛东部的方形周沟墓从一开始就是作为首领墓而被修建的。

葬于方形周沟墓中的首领的地位还不是世袭的。从带着特殊贝镯的祭司与首领并存的情况来看，这一时期的首领依然处在巫术性质较强的共同体的限制之下。不过，随葬品中有半岛和大陆造的青铜器以及王莽时代（西汉末）的"货泉"（铜货），据此可以推测，列岛西部的首领是在渡海与中国大陆的王朝和朝鲜半岛的首领构建的强有力

---

[1] 关于二次墓葬，正确的理解是：将风葬或土葬之后化为骨骸的尸体再度殓入土器或陶器中埋葬，见于弥生时代中期的关东、东北南部。参见《网野善彦著作集（第16卷）》（『網野善彦著作集（第16卷）』岩波書店、2008）第433页"校注五"。

第二章 众首领的时代

的联系中，逐渐巩固其在共同体中的地位的。

这一时期，朝鲜半岛在北方游牧民族文化的影响下，最迟在公元前 4 世纪前后（也有观点认为可追溯至公元前 8~前 7 世纪）就开始使用青铜器，这又传到了九州北部。公元前 202 年，中国大陆上汉朝取代了秦朝，汉武帝于公元前 2 世纪末经略朝鲜半岛，在其西北部设置了以乐浪郡为首的四郡。于是，朝鲜半岛的一部分被纳入汉王朝的直接统治之下。在此前后，朝鲜半岛开始铸造、锻造铁器，众首领活跃了起来。此外，关于这一时期的日本列岛周边，《汉书·地理志》记载，"乐浪海中有倭人，分为百余国，以岁时来献见云"，由此可知有许多首领定期向乐浪郡派遣使者。

公元前 1 世纪末，高句丽崛起，对汉王朝构成了威胁；公元 1 世纪初，西汉亡于王莽，而后，东汉光武帝再次统一中国。针对大陆上的变动，倭奴国王派遣称为"大夫"的使者觐见光武帝，获赐印绶，其事可见于《后汉书》。一般认为，福冈县志贺岛出土的"汉委奴国王"金印，就是这一印绶。

此外，《后汉书》记载，倭国王帅升于 107 年献"生口百六十人"。由这些记载可知，这一时期，九州北部各地的首领，被中国王朝称为"国王"，他们逐渐活跃了起来。

第二节　首领制的发展和古坟的出现

"倭国大乱"和首领联合

弥生时代，普通人的住所与绳纹时代的一样，是竖穴式房屋。弥生时代中期，在列岛西部，以冲积平原的中央部为典型，其台地上出现了由几个单位集团组成的较大的部落。部落周围往往也环绕着沟渠和壕沟，形成了所谓的"环壕"聚落。与此相对，在列岛东部，虽然在沟谷错杂的台地或阶地上有部落生息，但单位集团不甚明了，部落带有明显的移动性，这点也反映出东西间的地域差别。

在同一时期，从濑户内海沿岸到大阪湾一带，海拔200~300米的高地上出现了环绕着土垒和空壕（类似于后来的城郭）的部落，最近人们称之为高地性聚落。与此同时，尽管从整体上看，这一时期石器逐渐消失了，但是以后来的"畿内"为中心的地区出现了大量大型石镞、石枪。此外，现已确认，这一地区出土了大量从弥生时代初期开始出现的投掷用的石弹、土弹。

根据这些事实可以推测，当时以濑户内海为中心的列岛西部出现了某种军事紧张局面，并且发生了使用大型弓

第二章 众首领的时代

箭及后来深植于习俗的飞砾①等方式的战斗。而且，与此相印证，《后汉书》、《魏志》（也称《魏书》）记载，进入2世纪后半期，"倭国乱，相攻伐历年"。② 现在，许多考古学者认为，考古学发现的高地性聚落、石制武器和弓箭的异常发展，正是该内乱的背景。

而此时，东亚进入了急剧变动的时代。中国爆发了黄巾起义，东汉王朝逐渐衰微，3世纪前半期，形成了魏、蜀、吴三国鼎立的局面。具有突出的狩猎民部落特征的高句丽征服了众多首领，不断向南、向西扩张势力。朝鲜半岛中部、南部则出现了农耕性质较强的马韩、弁韩和辰韩等首领联合。可以认为，日本列岛西部的大乱也与这些变动有不可分割的关系。

《三国志·魏书·乌丸鲜卑东夷传》的"倭人"条目③记载，倭的众首领原本拥立男性为王，未能致治，而起大乱，便改立事"鬼道"、具有巫女性质的卑弥呼为邪马台国女王，大乱得以平息。据《魏志》描述，卑弥呼年长无夫，少有见者，其弟始终佐其统治。她既是具有巫女性质的女性，也是邪马台国女王，统一了包括狗邪韩

---

① 飞砾，即飞石、扔石头。飞砾"深植于习俗"是指延续至后世的"印地"活动。关于印地，参见第273页注释①。
② 这一表述出自《魏志》，《后汉书》中的表述为"桓、灵间，倭国大乱，更相攻伐"。——中文版编辑注
③ 一般简称为《魏志·倭人传》。——中文版编辑注

国、对马、壹岐、末卢（松浦）、伊都（怡土）、奴（那）在内的三十多国，通过朝鲜半岛的带方郡，向魏帝派遣使者，是与狗奴国男王对立的存在。这说明众首领的联合进入了一个新的时期。关于邪马台国的所在，有北九州说和大和（畿内）说，争论不止，现尚无定论。

《魏志》描述的倭人社会

邪马台国的所在暂且不论，我们先看看《魏志》中所述的弥生时代后期列岛西部的社会。该"倭人"社会中，海边可见文了身的海人潜海捕捞鱼贝，同时还存在种植水稻和麻等的农耕、养蚕和织布等生业，但似乎牛马等尚未作为役畜使用——由这些可窥当时农耕之一端；武器方面，使用矛、盾、木弓，也使用铁镞箭；因气候温暖，无论冬夏都可生食蔬菜；倭人皆赤脚、涂朱丹（红色的土）于身；用高脚木盘盛食物，以手抓食；而且家人有各自的居室。

墓的情况则是：有装殓死者的棺，但没有椁（包裹棺的外壳），堆土成冢。至于吊丧，则有记载说，十余日内服丧不食肉，丧主不断号泣，他人则去死者家尽情歌舞饮食，如此结束送葬后，全家入水中洗浴除污秽。这些都形象地描绘了弥生时代后期列岛西部社会的风貌。其习俗与现代的日本或韩国习俗极为相似，非常有趣。

此外，倭人渡海赴中国时，带着被称为"持衰"（持

第二章 众首领的时代

斋）而必须遵守各种禁忌的人。① 若航海平安无事则给"持衰"以充分的回报，若遇疾病、灾厄，则以"持衰"不够谨慎为由将其杀掉。另外，也烧兽骨以占吉凶，还行类似于后来的"太占之法"的占卜。

人们集会时，无论父子男女，皆饮酒；酒宴之席上也不分父子男女，皆饮酒。这种宴会的方式至今未变。

但是，据说在倭人的社会中，"下户"遇"大人"时，拍手跪拜行礼，说话时两手触地跪拜。虽然酒宴场上平等无差别，但是现实社会中"下户"和"大人"之间的差别相当明显。不过，据说"大人"有妻四五人，而"下户"也有妻二三人，由此可以认为他们在经济上并没有特别大的差异。在这样的社会中，女性极为顺从、不相妒忌，而且平时偷盗较少，诉讼及纠纷也不多，但是一旦犯法，制裁就极为严厉，轻者杀其妻儿，重者则灭其"门户"乃至"宗族"。

从《魏志》的描述可以判明，当时的倭人社会绝非清一色的稻作农耕社会，而是除农耕外还依靠包括捕捞在内的各种生业的、由巫术支配着的巫魅色彩浓厚的社会。该社会中，被称为"大人"的首领一族和后来成为平民

---

① 《魏志》中相关记载为："其行来渡海诣中国，恒使一人，不梳头，不去虮虱，衣服垢污，不食肉，不近妇人，如丧人，名之为持衰。"

日本社会的历史

的"下户"之间已经明显地形成了尊卑秩序，也出现了若干被称为"生口"、相当于奴隶的人。不过，虽然"下户"臣服于"大人"，但其关系尚为各种各样的巫术和禁忌所掩盖，因此可以认为，统治者与被统治者的关系此时尚未正式制度化。

世俗权威的萌芽

《魏志》中记载：邪马台国拥有气派的邸阁，该女王国向"各国"征收租税、课役；将"各国"间进行产品交易的集市置于其直接监督之下，且为了监察"各国"，在伊都国设置了称为"一大率"的官员，特别对各国与朝鲜半岛和中国大陆之间的交易加以极为严格的监察。此外，据说卑弥呼自己的宫室中有上千个奴婢（女奴隶），始终有兵士持武器守卫，男子仅一人即卑弥呼之弟获准出入宫室。虽说卑弥呼的权威在于其作为巫女（萨满）所拥有的巫术方面的能力，但是，她统辖当时日益活跃的商品交换和交易的场所，即集市之类的共同体之间的交界地带①，控制着与中国大陆上的曹魏进行交易和交涉的要害，作为统领众多首领的最有实力的首领——"倭之女

---

① 作者所用的"交界地带"一词，不仅指共同体与共同体之间的空间的交界，也指自然与人、人力所不及的"圣"的世界与人类世界，以及"圣界"与"俗界"的交界。

第二章 众首领的时代

王"，卑弥呼也开始具备威慑周围的威严的一面了。

在中国大陆上，魏于238年攻灭辽东的公孙氏，翌年齐王曹芳继魏明帝之后即位。卑弥呼立即派遣大夫难升米，至洛阳献"生口"及班布①，对此魏帝授卑弥呼"亲魏倭王"称号和金印紫绶，赐各种珍贵的织物、刀和珍珠等宝物，以及铜镜百枚。243年，卑弥呼再次遣使至魏，进献名为倭锦的华丽织物。与魏的紧密关系使女王卑弥呼的权势更盛。

然而据《魏志》记载，247年狗奴国男王卑弥弓呼（卑弓弥呼？）向卑弥呼挑战，首领之间战乱再起，卑弥呼于其间去世。埋葬时，冢直径百步，殉葬奴婢百余人。此后，男王继卑弥呼而立，然而众首领拒绝臣服，结果，年仅13岁、相传为卑弥呼"宗女"的"壹与"（台与）即王位，此战乱方得以平息。可见，时至3世纪中期，仍旧只有拥有巫术力量的巫女才能统领众首领。

此后，中国大陆上，司马氏于265年代魏建晋。《晋书》记载，翌年，即266年倭王（壹与）向晋王朝派遣使者。但是，此后约150年间，中国大陆的史书上完全没有关于日本列岛的记载。

《魏志》和《晋书》记述了弥生时代后期列岛西部的

---

① 班布，也作"斑布"，一种染以杂色的棉布。

实态，由此可知，这一时期，在九州北部、近畿地区使用各具特色的青铜祭器的祭祀发展了，并出现了主持祭祀的祭司。此外，用从朝鲜半岛输入的块炼铁原料（制铁用原料）锻造而成的铁制武器和工具也普及了。包括列岛东部在内，石器时代逐渐走向终结。钵、瓮等土器和以农具为中心的木制工具大量产生，社会分工组织化，集市交易开始推动社会发展。

在此过程中，在九州北部、近畿及以濑户内海为中心直到山阴和北陆的各地区，出现了在山顶营造集团墓的现象，有时在离共同墓地不远的地方建有坟丘。其坟丘上置有祭祀用的土器，据此可以想象举行隆重热烈的祭祀的场景。我认为，极有可能在被称为"倭国大乱"的骚乱中，集团首领的权威进一步强化了，对其灵魂的祭祀也具有了新的意义。

首领联合、统合的方式也于3世纪末4世纪初发生了巨大变化。这由当时从近畿到濑户内海一带出现的有计划地建造的大坟丘——前方后圆坟清楚地反映出来。首领的时代就此进入了新的发展阶段。

第三节 前方后圆坟和首领联合的统合

自出现之初起，前方后圆坟就是既长且大的坟墓，大的长达200米，小的也有40~50米，其上庄严地覆以葺石，明显区别于周围的地形。其后圆部是坟丘，竖穴式石室之中安置着用楠木或日本金松等巨木做成的、形似船只而长度异常的木棺（割竹式木棺），木棺之中安放着首领的尸骸及成套的镜、玉和剑，很多时候还随葬有铁制武器和农耕用具。

当时中国大陆盛行巨大的高冢坟墓，可以将之视作影响因素之一，不过，一般认为这种由后圆部连接较窄较低的前方部而成的首领墓是日本列岛所特有的。关于这一点存在多种观点，其中将之视作由弥生时代末期出现的首领墓——坟丘（圆坟）与从属于其的集团墓——方坟相结合而成的说法较具说服力。不管怎样，可以认为，通过这种以高山为原型建造而成的古坟，共同体的成员将已故首领的灵魂当作神祭拜，而镜、玉和剑则是供奉给作为神的首领的、具有巫术意义的神圣宝物。

而且，就九州北部的首领墓而言，这一陪葬品的组合，早在弥生时代中期就已经固定，九州北部的瓮棺墓中也有初期古坟中常见的碧玉腕饰。此外，用于使古坟与其周围相区别的圆筒埴轮[1]，可视作由冈山平原上的弥生时

---

[1] 埴轮是日本古坟时代的一种陶制随葬品。有圆筒埴轮和形象埴轮两大类，前者或呈圆筒状，或上部敞开似牵牛花状；后者造型各异，大约可分房屋、器物（船、盾、扇和盒等）、动物（马、牛和猪等），以及人物（武人、农夫、巫女等）四种。

代后期坟墓所配置的、形状特异的器台进一步形象化而成。因此，可以认为以统一的样式和构造出现在近畿和濑户内海地区的前方后圆坟，是综合列岛西部各地形态各异的埋葬仪式而形成的。这本身就说明了这一时期近畿、濑户内海的首领联合与九州北部首领联合之间，实现了某种形式的统合。《魏志》记载的"倭国乱"正是在此期间发生的。关于这点，存在两种观点：一种认为是近畿势力征服九州北部而实现了统合；另一种则认为是九州北部的势力东上，并征服近畿实现了统合。目前尚无定论。

不过，可以确定的是，完成整个列岛西部首领联合之统合的，是后来统率近畿首领联合的大首领。一般认为，大和盆地东南部的柳本、北部的佐纪以及西部的马见等地的古坟群，反映了大首领的根据地之所在。也可以说，对于近畿、濑户内海以及九州北部的统合而言，前方后圆坟的建造无疑具有纪念碑式的意义。

不管怎样，列岛西部的首领联合显然迎来了新的局面。不过，近畿地区的首领与各地首领间的关系仅止于赠予和互酬的程度，即前者赠予后者同范镜（用相同的铸模制造的铜镜），而后者向前者进奉若干贡物。而且，这些埋葬于古坟中的首领，虽然还有明显的巫术身份，但他们无疑已经凭借异于从前的权威而君临于共同体成员之上了。

此时正是 4 世纪前半期，中国大陆上北方游牧民族开始进入华北，316年西晋灭亡，南迁的晋室在江南建立了东晋，开启了五胡十六国兴勃忽亡的乱世。高句丽趁乱于313年进占乐浪郡，稳固自身势力。而在朝鲜半岛南部，马韩被百济、辰韩被新罗合并，当地的首领联合也进入了新的阶段。

与此相对，朝鲜半岛南部的弁韩-加罗的首领们，自弥生时代以来就一直与日本列岛西部的众首领保持着密切的关系。据朝鲜半岛的史书记载，这一时期新罗屡屡遭"倭人""倭兵"入侵，我认为，这与列岛西部大乱后出现了首领联合新统合不无关系。

如此，中国大陆、朝鲜半岛和日本列岛分别进入了动荡却充满活力的时代。在以海为舞台的物和人的交流日益活跃的同时，古坟时代迎来了鼎盛期，首领制社会的发展达到顶点。

第四节　近畿的巨大古坟和各地区首领制的发展

前方后圆坟的发展

4世纪后半期到5世纪，北方从东北地区南部的会津到仙台平原、南方从九州的日向到大隅半岛，各地都出现

日本社会的历史

了前方后圆坟。这些古坟是近畿和濑户内海地区的古坟定型化的结果，都具备竖穴式石室、割竹式木棺和随葬品（镜、玉、剑、铁制武器和农具）。由这一事实可知，受以近畿为中心的首领联合影响，各地的首领制进入了新的阶段，就连绳纹文化传统深厚、发展出独自的弥生文化生活的列岛东部也不例外。各地首领接受近畿大首领赠予的三角缘神兽镜①的同范镜和铁制农具，并向其纳贡，以此为媒介与近畿的势力维系着松散的同盟关系，以增强自身在当地的权威。

与此相对，自绳纹时代末期开始向弥生时代过渡以来，在生活方式原本就与列岛西部相异的列岛东部，人们广泛地开展桑、苎麻的栽培及各种谷物的旱作，包括普通人的住居样式在内，其社会生活的各个方面都日趋迥异于列岛西部。九州南部不久后也出现了不同于前方后圆坟的地下式横穴墓（据说是后述"隼人"的墓）。这类现象说明，各地的地域特色并没有消失。当然，东北北部、现在的新潟北部以北的日本海沿岸一带以及南岛（萨南诸岛）仍在近畿势力的影响范围之外，北海道则依然延续着以狩

---

① 日本古坟时代前期古坟出土的一种铜镜。其缘部隆起甚高，断面呈三角形，镜背花纹是东王父、西王母等神像和龙虎等兽形。据中国方面近来的研究，三角缘神兽镜具有三国时代吴镜的因素，应为东渡的吴国工匠在日本所制。

猎、捕捞和采集为中心的续绳纹文化。此外，冲绳诸岛南部的先岛传入了东南亚、台湾地区的文化；而冲绳诸岛的北部在延续绳纹文化的同时，如发掘出的汉代五铢钱和青铜制品等所反映的那样，也受到了中国大陆的影响。东北亚大陆的文化也于不久后传入北海道。尽管前方后圆坟的分布范围在扩大，但是，可以说列岛各地非但没有丧失个性，反而呈现出越发显著的差异。

海东三国和近畿大首领

4世纪后半期，高句丽与百济及新罗之间展开了激烈的对抗，特别是与百济之间战斗频发。百济意欲与新罗、倭缔结同盟关系对抗高句丽，先后于366年向新罗、367年向倭遣使，于372年赠予倭王七枝刀[①]（现在传至奈良县石上神宫；铭文显示泰和四年，即369年）。中国大陆、朝鲜半岛的史书中被称为"倭王"的近畿大首领，自此明确地开始与百济通交。带有浓厚海民性格的九州北部沿海地区、壹岐和对马等地的首领原本就与朝鲜半岛南部的加罗（伽耶）和新罗的首领保持着密切的关系；而统合了九州北部势力的近畿的首领则通过濑户内海，依靠

---

① 七枝刀，又名七支刀。关于其赠予主体存在两种观点：一种是东晋下赐说，另一种是百济以对等赠予的形式赠予。参见《网野善彦著作集（第16卷）》第433页"校注六"。

以海为舞台的交流，主要与百济和加罗联手，开始干预上述各首领联合之间的对立。

倭和百济之间的这种同盟关系，随着试图南下的高句丽带来的压力的增加，在4世纪末5世纪初越发紧密了；使者的往返、物和人的交流也越发频繁。另外，新罗也于402年与倭通交，但据说当时倭的军队侵入了新罗，因此，也许将当时的情形视作新罗与高句丽联合对抗倭更为合适。

在此种通交与战争的背景之下，包括各种各样的职能集团在内，许多人从朝鲜半岛渡海移居至列岛，半岛社会与列岛社会的交流进一步活跃。据埴原和郎推定，从弥生时代伊始到古坟时代的1000年间，包括女性在内，有100万~150万人移居至列岛西部。其中有大量的海民集团，他们在从事捕捞和制盐的同时，也充当水军和海上交通的主力。而掌握诸如鸬鹚捕鱼法、绢和布的纺织、编织、造纸、制铁和冶炼、铸造、土器和陶器的制造、土木建筑等技术的人，能使用汉字的知识分子以及各类艺人等，则进入九州北部、濑户内海和近畿，开始移居列岛各地。而且，交易也带来了马具和大量块炼铁等各种物资。

在这种情况下，到了5世纪，近畿大首领将根据地迁至现在的河内地区①，开始在那里建造巨大的前方后圆

---

① 河内乃古国名，五畿之一，现大阪府东部。

第二章　众首领的时代

坟。毫无疑问，这样的工程只有通过组织来自朝鲜半岛的技术人员集团才有可能实现。不过，关于大首领的根据地从大和盆地迁至河内平原一事，众说纷纭。有大和的大首领应对新形势而迁移之说，也有新"王朝"取代大和势力而立之说，还有被经朝鲜半岛而来的"骑马民族"征服之说，尚无定论。不过，我认为被渡海而来的骑马民族征服这一观点过于牵强。

这姑且不论，以誉田山古坟（所谓的应神天皇陵）和大山古坟（所谓的仁德天皇陵）等为顶点的古坟时代中期的巨大古坟，虽然其祭祀方式继承了前期以来的巫术性质，但其埋葬设施由此前的割竹式木棺转变为箱式石棺，镜、玉和剑等巫术性宝器的比重减小，转而以大量铁制武器、盔甲和铁铤①、马具及金铜制随身饰品等实用物品陪葬。而且，古坟本身规模庞大且饰以器材埴轮和形象埴轮，一般认为，以各种男女人物和各种动物为形的埴轮，是为祈祷对首领的祭祀之永续而制作的。这种埴轮的制作，由制作继承弥生土器系谱的土师器②的工匠承担。

---

① 主要生产于5世纪的长方形薄铁板。除日本西部外，还大量出土于朝鲜半岛的庆州以及洛东江下游流域的古坟，也有些出土于祭祀和住居的场所。一般认为这些锻造而成的铁板是制作铁器的素材。因其长、宽、重量较统一，也有观点主张这些铁铤起着货币的作用。这些铁铤有助于人们弄清当时铁的生产及铁素材的流通情况。
② 古坟时代到平安时代使用的赤褐色或黄褐色素烧土器。

日本社会的历史

到了 5 世纪前半期，由移居自大陆的工匠制作了大量灰色坚硬的须惠器①。

倭五王

大山古坟（位于大阪府）是这一时期的巨大古坟的代表，坟丘周长约 480 米，前方部和后圆部均高达 33 米，围有两重壕沟，被称为世界上最大的坟墓。该古坟的修建是一项庞大的土木工程，据说，为此进行了有计划的测量，并动员了共计 200 万人次的劳动力。② 可以肯定，这种土木技术还被运用于该地区的港口和水田的建造等，其中以当时被称为"河内湖"的巨大湖泊的治水工程为代表。而且，可以说，能动员如此众多的人员反映了当时的大首领支配力之大；而这些工程得以实现，不可忽视的因素有众多掌握技术的人口的存在，以及在琵琶湖、淀川和大阪湾地区都拥有根据地的海民集团首领的力量等。既然大首领的统治发展到了这种程度，拥有这么大的权威，那么称其为"大王"也不为过吧。

据"好太王碑"（广开土王碑）记载，从 391 年到 5

---

① 从古坟时代后期到奈良、平安时代，利用朝鲜半岛技术烧制的灰色硬质土器。
② 关于耗费的劳动力和时间，因计算方式的不同而存在诸多观点。参见《网野善彦著作集（第 16 卷）》第 433 页"校注八"。

世纪初，该"大王"（也就是倭王）断断续续地与高句丽作战，也曾入侵新罗；高句丽的广开土王的军队与倭的军队作战，并于404年将之击败。不过，有关这一碑文的解释，仍存在众多议论。但毫无疑问的是，为了使自己在与高句丽的对抗关系中处于有利地位，倭王于413年派遣使者到东晋。然而，不久后东晋灭亡，刘宋政权在江南建立。此后，中国进入了所谓的南北朝时期，刘宋以降的江南的南朝与北魏以降的华北的北朝并存、对立。应于这种变动，倭王赞于421年派遣使臣向刘宋朝贡。以此为开端，其名分别为赞、珍、济、兴、武的五位倭王一直与南朝保持着联系，这种联系一直持续至479年萧齐、502年萧梁授予倭王爵号为止。通常将这五位倭王称为"倭五王"。至于这五位王分别对应后来的《古事记》和《日本书纪》所记载的"天皇"中的哪一位，仍存在分歧。不管怎样，"倭五王"是葬于巨大古坟中的河内地区的大王，这点毋庸置疑。

如此，据《宋书·夷蛮传》"倭国"条目记载，倭王遣使南朝，获得"安东大将军"及其他爵号，意欲对抗高句丽。然而，刘宋却按高句丽、百济、倭的顺序对待倭王。后来到倭王济时期，刘宋总算承认了倭王对与刘宋没有通交关系的"新罗、任那、加罗、秦韩、慕韩"的名义上的军事支配地位。而且，倭王的遣使活动本身，也由

日本社会的历史

于高句丽的南下逐渐受到妨碍，倭王武在478年的上表文中称颂祖先东征"毛人"、西服"众夷"、渡平海北的功业，并向刘宋控诉高句丽的无道。

4~5世纪的列岛社会

我认为，该上表文所强调的情况，与当时近畿大王统合各地首领的实际情况之间存在很大的出入。从日向到大隅半岛的九州东南部、面朝有明海的九州中部、以冈山平原为中心的濑户内海沿岸地区中部、面向伊势海的浓尾平原以及关东北部等地区，发现了足可与近畿巨大古坟比肩的大型前方后圆坟或古坟的密集地带。这一事实充分说明各地存在拥有独自权威的首领。

其中，吉备地方①有几座巨大的古坟，我认为，该地区存在足可与河内"大王"相匹敌的大首领。该大首领主要以移居自朝鲜半岛的冶炼集团和濑户内海的海民集团为基础。前者用中国地区②山地的砂铁制铁，后者作为水军也从事海运、制盐和捕捞活动。此外，前文也已提及，九州北部沿海地区的首领与新罗通交；同样的，我认为，有明海沿岸地区、出云所在的山阴地区以及北陆地区的首

---

① 古地名，其所指地区为备前、美作、备中和备后四国，相当于现在的冈山县和广岛县东部。
② 位于本州西部，包括广岛、冈山、岛根、山口及鸟取五县。

第二章 众首领的时代

领,也都拥有不同于"倭王"即近畿大王的、独自与朝鲜半岛及中国大陆通交的渠道。而且,也有观点认为,列岛东部也有冶铁及其他技术传入,其渠道不同于列岛西部,是通过日本海从北方传入的。这一说法也是成立的,所以有必要注意的是,日本列岛与周边地区的关系并不止于以近畿为中心的势力开展的通交关系。

而且,冶炼、铁器生产和须惠器等新土器的生产及土器制盐等技术,也并不限于近畿,还渗透到了列岛各地。被认为当初只限于近畿的曲刃镰(现在的镰刀)及有U字形锹头的锹,也逐渐推广开了。干田和旱地的开发也因此得到促进,相对于此前主要在低湿地开垦的湿田即水田,干田和旱地的生产力更高。于是,人们的生活本身,由于通过各种途径从大陆、半岛传入的各式技术,逐渐进入了新的阶段。列岛内的交易也变得频繁起来,交通、交易的要冲和节点处开始形成原始城市。

不过,不同于直接接触到大陆和半岛的文化和技术的首领,当时普通人的生活仍处于住竖穴式房屋、穿朴素的贯头衣[①]的水平。在朝鲜半岛的影响下,人们开始在竖穴

---

① 据《魏志·倭人传》记载,当时列岛住民穿贯头衣。据推测这种贯头衣将一块布对折,中央开一个口,头从中穿过。但也有观点认为,从当时所织的布的宽幅看,贯头衣很可能由两块布缝合而成,中间留下供头和手伸出的口。

式房屋内搭灶。不过，包括祭祀在内，生活整体仍带有浓厚的巫术色彩。随着稻作的推广，出现了一些新的动向，例如，祈祷丰收的春祭、感谢收获的新尝祭等与稻作相关的仪式也渗透到各地，这些仪式与祖先崇拜相结合，被视作首领自身的祭祀；另外，人们认为巨木、巨岩、山川以及海和太阳等自然物中存在神，并加以祭祀，这一自古以来的做法也在各地广泛地开展。特别是向海神祈祷渔业丰收和航海安全的祭祀，在各地广泛地进行。玄海滩的冲岛发现的祭祀遗迹充分反映出，近畿的大王和九州北部的首领都采用了这样的祭祀。

此外，人们还举行禊①和祓②，去除由分娩、死亡以及各种罪行所带来的污秽；用鹿骨和龟甲来占卜吉凶等。另外，探汤（盟神探汤）这一巫术性风俗也相当盛行，即在审判时要求各方将手放入沸水中，以手溃烂的情况判断各人主张的真假。不过这些是本州西部、四国和九州的习俗，并不同于本州东部、北海道和冲绳诸岛的。例如，据推测，本州东部较晚才采用在竖穴式房屋中搭灶的做法，对污秽的处理方式也未必与本州西部、九州和四国的相同。

相对于普通人的生活方式，最新的技术和文化主要通

---

① 为清除罪恶或污秽，或举行重大祭祀之前，在水边以水净身的仪式。
② 为清除灾厄、污秽、罪孽等而举行的祭祀。

第二章 众首领的时代

过管理与大陆、半岛日益活跃的通交活动的首领传入列岛。例如，得益于来自朝鲜半岛的移民，最迟在5世纪后半期，列岛居民已经开始使用汉字表达列岛的语言，不可忽视的是，文字是这样通过首领层在列岛社会扎根的。

但是，这一时期以近畿的大王为中心的首领联合，越来越难以维持其对朝鲜半岛南部的影响力了。在建造巨大的前方后圆坟的同时，保持与中国大陆的王朝的联系以夸耀权威，利用带有巫术色彩的赠予互酬、纳贡和返礼的关系，统治各地首领——这些也都逐渐变得困难起来。

对更具组织性的新统治方式的摸索真正开始了。从5世纪末到6世纪，除东北和北陆的部分地区以及九州南部外，本州、四国和九州等日本列岛主要部分的社会，都以近畿（后来的大和、河内地区）的大王和众首领为中心，开始迅速地向新体制过渡。列岛社会由未开化向文明转化的首次大转变在此开始。

第三章　走向国家形成的道路

第一节　近畿的大王与首领之间的对抗

"获加多支卤"大王

5世纪末6世纪初，东亚局势变得动荡不安。受到高句丽南下带来的强大压力，百济于475年将王都南迁。三年后，倭王武向刘宋的皇帝奉呈前文提及的上表文。这一行动无疑也是为了应对这种动荡的局势。倭王武被推定为近畿的大王获加多支卤（后来被称为雄略），埼玉县稻荷山古坟出土的铁剑的剑铭和熊本县江田船山古坟出土的太刀的刀铭中都刻有获加多支卤的名字。与此同时，新罗和百济对任那和加罗的首领施加的压力也增大了。任那和加罗位于朝鲜半岛的最南部，当时处于倭的

第三章 走向国家形成的道路

影响之下（有观点认为任那是金海加罗国的别名，视之为加罗的一部分；也有观点将任那和加罗严加区分。这一问题有待商榷）。

列岛西部各地有实力的首领原本就通过海上交通与半岛保持着密不可分的关系。面对这种情况，他们开始独自行动。其中，强大的吉备地区首领联合于5世纪后半期表现出反叛近畿大王的姿态，在后来的播磨和伊势一带也发生了类似的反抗。山阴西部（后来的出云）也存在与朝鲜半岛保持独自联系的强大的地方势力，这些势力不愿轻易服从近畿的首领联合和大王。

在列岛东部，很早就与大王缔结了密切关系的关东南部（后来的武藏）的众首领之间也出现了对立。其中的一方向独立性较强的上毛野首领求援，应援的上毛野势力开始反叛近畿的大王。

伴随着各地的动荡，近畿有实力的首领围绕着大王之位展开了斗争，且斗争愈演愈烈。葛城氏和平群氏作为大王的姻族，原本拥有与大王比肩的势力，这时却失势了。凭借强大的军事力量支持大王的大伴氏和物部氏抬头。对于各地反叛的首领，包括获加多支卤在内的历代大王凭借着这样的军事力量，既动用武力压制又加以怀柔。特别是针对吉备的势力，在海上交通要冲儿岛设置大王的直辖地（屯仓）等，即在反抗者的根据地周边，安排直属大王和

· 53 ·

近畿有实力首领的民众及小首领率领的集团，以加强对反抗首领的监视和管理。

磐井之乱

大王的地位一直不稳，结果在6世纪初出现了被称为男大迹王（后来被称为继体）的大王，他主要依靠从琵琶湖到越（从现在的福井县到新潟县）一带和伊势湾周边地区（后来的尾张）的众首领的势力。关于男大迹王众说纷纭，但至少可以肯定的是，从父系看，男大迹王不属于自获加多支卤以来的大王的血统。九州北部筑紫的大首领磐井于527年起兵对抗男大迹王，双方之间爆发了真正的大战。磐井拥有强大的实力，正如从八女市岩户山古坟所见的那样，他命人建造了带有装饰纹和石人石马的独特的古坟，其势力足可威慑整个九州北部的众首领。近畿大王的势力与百济关系密切，与此相对，磐井独自与跟百济对立的新罗展开外交，以对抗近畿大王。近畿大王向九州北部派遣以物部氏为主的军队，经历大约一年半的战争后，终于在翌年即528年迫使磐井降服。九州北部的首领势力长年与近畿势力对立，虽然近畿势力通过此次战争取得了优势，但是正如磐井独自与新罗构建了联系一样，九州西北部的首领之中也有臣服于百济王的，列岛西部各地区的首领并未完全丧失独立性。

同一时期的朝鲜半岛上，百济和新罗进一步向任那和加罗施压，试图迫使它们臣服。然而，近畿的首领联合由于众首领间暗斗不断，无法妥善地应对这一情况。6世纪前半期，加罗各首领陆续被纳入新罗和百济的统治之下。这一变动反过来影响到近畿各首领之间的竞争。大伴氏势力衰退，与来自朝鲜半岛的移民关系密切的苏我氏取而代之，开始抬头。天国排开广庭（后来被称为钦明，以下为方便计，对于各大王，以后来追赠的天皇汉风谥号称之）与苏我氏联手，成为大王。在这一动荡的过程中，近畿的首领联合统治日本列岛各地的体制也得到重新调整。

第二节　部民制与国造制

氏姓制度——松散的从属关系

5世纪后半期，大王统领的近畿首领联合与各地的首领及其统领的集团之间，依旧以残留祭祀和巫术成分的纳贡和赠予为媒介，保持着松散的支配和从属关系。这些集团为大王效力，被称为"伴"。而且，大王以近畿为中心，依靠直属的集团和来自朝鲜半岛的移民的劳动力和技术，利用当地首领所动员的人力等，进行大规模的水田开

日本社会的历史

发，设置狩猎场等，将之作为自己的直辖地——屯仓，并通过仓库和宅（房屋）加以管理，还将此做法运用到服从自己的其他地区。同时，迫使近畿及其周边的海民、山民和鹈饲①等集团服从，令他们向自己进贡。可以认为，这些海民和鹈饲作为海洋、江河交通的主力和大王直属的军事力量，起着非常重要的作用。

此外，大王令近畿的大小首领进贡物资、服劳役以满足其家政之需，组织具有制鞍、制陶、织锦和冶炼等技术的朝鲜半岛移民的职能集团，并将其交由职能民的首领统领（例如，由韩锻冶首统领后来的韩锻冶部），使其服务于首领联合。

近畿首领联合的模式，或多或少也分别存在于各地强有力的首领联合中。例如，筑紫的磐井和吉备的首领联合征服了制盐和制铁的职能集团。近畿的首领联合仿照百济的制度，把在首领的统领下从事农耕、捕捞和手工业等的普通民众称为"伴"、"民"和"部"等。

一般认为，当时列岛西部社会由以双系血缘关系（相对于母系、父系，关系可按父母双方的血统追溯）为纽带结成的亲族集团构成，对近亲结婚的禁忌非常少。组成近畿首领联合中枢的首领或从属于前者的各地首领自身

---

① 驱使鸬鹚捕鱼的群体。

的血缘集团组成了被称为"氏"的政治性集团。氏与讲究"同姓不婚"的氏族不同。以葛城、平群、巨势和苏我等地名为氏名的氏由大王赐姓为"臣",氏名源于大伴、物部、中臣和忌部等职务的氏由大王赐姓为"连",各地首领的氏由大王赐姓为"君""直"等。姓原本是首领所统领的集团内的人对该首领的尊称,在此却转而依照其在近畿首领联合中的地位、归顺的经过进行排序,由大王授予。

这就是所谓的"氏姓制度"。在5世纪末6世纪初的动荡中,为维护统治的稳定,该制度增加了新的方式,除本州东北和九州南部之外的本州、四国和九州主要部分由大王统治的体制逐渐得到加强和完善。

部民制和国造制

首先,在镇压了有实力的首领的反叛之后,大王在海陆交通的要冲之地设置屯仓,而归顺的首领自身为了赎罪也向大王献上屯仓,于是,屯仓遍布各地。屯仓原本由贮藏直辖地所得稻谷的仓库及其他设施构成,到了这一阶段,屯仓被设置于河海和山岭等交通和军事要地,可以说具有作为大王用以支配"交界地带"的据点之性质了。

与此同时,以大王为首,大伴、物部和苏我等近畿的有实力的首领分别在各地的首领联合内部指定了其直属部

日本社会的历史

民。这些部民包括以大王营造的王宫之名命名的"名代"与"子代"（例如，与钦明的矶城岛金刺宫相应的金刺部等），大伴氏的大伴部，以及苏我氏的苏我部等。他们在向大王和近畿的各首领贡纳物资的同时，也充当劳力和战斗人员——这就是所谓的部民制。以近畿为中心形成的这一制度被推广到了大王支配的所有领域。不久后，大王任命各地有实力的首领为国造，令其在统领其他首领的同时，也管理部民和屯仓。国造在祭祀、裁判和军事等方面依然保持着独自的权力，并没有丧失独立性，但他们逐渐被吸纳到近畿的大王和首领联合的统治体制之中。到了6世纪，在近畿及其周边地区设置了不归国造掌管而由大王派遣的使者直接管理的部民和屯仓。

职能的世袭

与这样的部民制和国造制的推行互为表里，近畿的大王统领的首领联合组织本身也取得了新的发展。在约5世纪后半期，大臣和大连成了近畿有实力的首领的联合体的代表；到了6世纪，大王的家政机关——内藏（后来的内廷）和首领联合的仓库——大藏[①]（后来的外廷）分离了。

---

① 大和朝廷的仓库，主要用于收纳地方上缴的贡物。

第三章 走向国家形成的道路

此外，大伴氏、物部氏等近畿最有实力的首领，以部民制为基础，掌握了军事力量，处于大臣、大连的地位，控制着共同组织的中枢；包括大王宫殿的警备和祭祀在内的首领联合体的各种职能，则由称为"伴造"的首领们率领该氏成员"伴"世袭承担，这一体制得到了完善。另外，移民的首领统领着由朝鲜半岛和中国大陆迁徙而来的拥有技术的职能集团，他们作为伴造从属于联合体。可以说，职能和职务由特定的氏世袭的方式，根植于列岛西部社会深层的传统，又在后来相当长的时期内影响着列岛社会。

处于该联合组织之顶点的大王以各地的部民和屯仓为基础，不仅得到与其有姻戚关系的近畿有实力的首领的支持，还有自古以来直属于大王的近畿的小首领效力。如此，在经过6世纪前半期的钦明大王时期的大动荡后，大王的世袭地位大体上得到巩固。

"帝纪"与"旧辞"

据推测，这一时期，首领级别的人在某种程度上已经可以自如地使用汉字书写了。《隋书·东夷传》"倭国"条目中记载，倭人不识文字，刻木结绳以相互传达意思。虽然出现了文字的萌芽，但日本列岛上的人通过与中国大陆的交流知道了汉字后，放弃了创造新文字的选择，而走

· 59 ·

日本社会的历史

上使用汉字表达当时列岛上所使用的语言的道路。而且,在6世纪前后,大王和近畿的首领使用汉字首次将大王的系谱(帝纪)和历史传说(旧辞)文字化,试图使其对列岛各地的首领的统治体制正当化。

它们就是后来的《古事记》和《日本书纪》的原型,叙述了受高天原诸神祝福、被选定为列岛社会之统治者的大王和近畿的众首领经历了怎样的过程出现在这片土地上,如何接连战胜出云的首领、九州南部的"熊袭"(也有观点认为这是将隼人神化的名称)和本州东部的"虾夷"[①],最后将其支配范围扩大到了朝鲜半岛。这一明显贯穿着政治意图的故事,在此首次实现文字化。其中编入了天岩屋户、八岐大蛇、因幡白兔、海幸和山幸等"神话",通过这些可以了解当时人们的生活、社会状况和习俗等。此外,也有观点认为,从大和武尊的传说中可以看出首领间相互斗争和不断征服的"英雄时代"生动的英雄传说的原貌。不过,这一观点有待商榷。

大王和众首领使用文字以图巩固世袭的王权及组织化的统治体制,古坟的建造也不再拘泥于5世纪巨大的前方后圆坟,而逐渐采用了新的样式。

---

① 畿内的大和朝廷视居住在日本列岛东部、北部的人为异族,称他们为"虾夷"。随着时代的发展,其范围也发生了变化,近世的虾夷指阿伊努人。

第三章　走向国家形成的道路

第三节　古坟的蜕变和6世纪的社会

横穴式石室的出现和群集坟

进入5世纪后半期，近畿各地的大型古坟逐渐衰退，只有被推测为大王墓的巨大古坟巍然矗立着。此外，吉备、山阴、北陆以及列岛中部等地区的古坟的规模也于这一时期开始变小，九州北部的古坟也在磐井的岩户山古坟之后整体上规模变小了。虽说如此，但仍有部分地区存在大型古坟，特别是关东各地，整个6世纪都在建造大规模的前方后圆坟。

这反映了近畿的大王在列岛西部众首领中的权威明显增强，也反映了列岛东部特别是关东各首领在受其影响的同时，并未失去独立性。此处也体现了列岛西部与东部的社会差异。

与此同时，5世纪后半期，从朝鲜半岛传入的带有横穴式石室的古坟出现在九州北部，又从吉备传播到近畿。到了6世纪，以近畿为首，列岛西部的首领的坟都改用横穴式石室了。6世纪中期以后，从本州东北南部到九州南部的各地区，也出现了大量带有横穴式石室的小古坟（群集坟）。而且，这一时期，首领的随葬品已经不再是

日本社会的历史

以往的前方后圆坟中象征着巫术权威的镜、玉和剑等了，而是用金和银装饰的闪亮的武器和各种玉类，而埴轮也开始以象征着对首领之服从的人物和动物埴轮为主流。就这样，伴随着5世纪末6世纪初社会体制的变化，古坟的面貌也发生了巨大的改变，进入了通称的古坟时代后期。

由前文提及的文字的使用情况也可知，近畿的大王及首领联合——大和政权一改此前依靠巫术、祭祀的权威进行统治的做法，开始作为较为开明的、世俗的权力，使其统治更加深入地渗透到各地。而在这种动向出现的背后，社会本身正发生着巨大的变化。

例如，在古坟的墓室即横穴式石室中，安放遗骸的玄室通过"羡道"① 与外界相连，入口用石头开闭，可埋葬多位死者。埋葬之时还供上武器、马具、随身饰物以及用土器盛放的食物等。这样的埋葬方法表明，人们认为古坟就是人死后生活的场所。此外，据推定，埋葬于此的人很可能是生前一起生活的夫妇或近亲。这一时期各地出现了许多群集坟。一般认为这一情况反映了在大大小小的首领所率领的血缘共同体中，形成了较小的亲族集团，这种集团作为生活和生产单位，以家长为中心。

---

① 即墓道。

不过，带有横穴式石室的古坟之中，既有大王的巨大古坟，也有作为群集坟中心的首领的古坟——后来成为"郡"和"国"的中心，而群集坟又包括随葬着马具的和没有马具的两类，诸如此类，存在相当大的差异。但是，大多数普通平民并不葬于石室中，而是埋葬于共同墓地。从这点也可以看出，首领级的人物与平民之间的阶级差异无疑逐渐显著而且复杂起来。不过，从陪葬品和埴轮看，平民也用刀剑、弓矢武装，他们并非首领的私有隶属民，而应被视作自由民。当然，还有值得注意的是，这一时期出现了相当多的不自由民即奴隶，他们出于犯罪和债务等原因而归首领或首领所在的氏所有或隶属于他们。这一时期的服装也明显地反映出阶级差异，与穿着裙装的一般平民形成对比，首领穿着适宜骑马的裤装。

初穗仪式——由水田维系着的巫术和权威

祭祀和仪式也以大王为中心逐渐完备起来。自弥生时代以来，列岛西部的社会以水田耕作为基础，举行以首领为中心的祭祀。如前所述，在这类农耕仪式之中，祈祷农作物丰收的春播祭祀和为感谢收获祭祀稻魂（"谷灵"）的秋收祭祀最为重要。特别是首领们掌控、管理着有"谷灵"宿于其中的初穗、谷种以及保管它们的仓库，春季将之借给平民，秋季令他们加上作为利息的稻谷归还，

日本社会的历史

通过这种后来被称为"出举"的原始金融，首领的支配渗透到普通平民之中。此外，当时还举行各地首领向大王进贡新谷（即初穗）以及大王赐予首领谷种的仪式。可以认为，这一时期该仪式成了大王即位仪式的重点。如此，在近畿大王的权威所及之处，特别是列岛西部，水田作为祭祀和仪式的主要地种，在社会中被赋予极为重要的地位，这点是毋庸置疑的，而且这给后来的列岛社会带来了极大的影响。

人们在与自然斗争的过程中开垦水田及其他耕地，于是在自然和人类社会的交界处或各集团的居住地的边界处，竖立石头和木头等标志来祭神。与此同时，人们也认为山川、巨石和巨木等之中寄宿着神，将之作为祖先神灵居住的圣地、圣域加以祭祀的做法也开始盛行。到了这一时期，村落附近也开始建造"社"之类的设施了。当然，不止农耕民，海民、山民也对海神、山神举行独自的祭祀和仪式。大王和近畿的首领在促使各地首领归附的过程中，将这些祭祀活动纳入自己的祭祀体系，将各首领祭祀的神和大王的祖先神联系在一起，并将其置于"神话"即政治性故事中，以使自己的统治正当化。关于在太阳信仰的圣地伊势举行祭祀大王自己的祖先神的做法始于何时，存在各种各样的观点，主张始于古坟时代后期的观点也较具说服力。

在当时以水田为中心逐渐形成的社会体制中，破坏沟

第三章 走向国家形成的道路

渠、侵害他人的收益权和占有权,如"敷播",即无视他人已经播种的事实重新加以播种等行为,被视作最大的罪恶。此外,玷污祭祀、杀伤他人、母子乱伦及人兽婚等也是严重的罪行。由这样的罪行引起的灾害与天灾、疫病、身体残疾、分娩、死亡及火灾等一样,被当作有损自然和社会之间的均衡的"污秽"处理,人们自古以来就举行祓褉仪式祛除这类污秽。犯罪之人被要求支付祓褉活动所需费用,无力支付的人必须自贬为奴以偿其罪,有时也被赶出集体。祓褉通过以首领为中心、普通平民也参加的公共仪式得以实行,而首领间的纠纷则由大王通过探汤之类的"神判"来调停、裁决,同时也逐渐开始采用拷问之类的方式。

各种各样的生业和分工的发展

如此,大王和近畿的众首领意欲以水田和与之相关的祭祀为支柱,创建有组织的统治体制。但是,当时的社会生活已经不仅仅依靠水田维持了,人们在包括火耕地在内的旱地上生产麦和豆等各种各样的作物。特别是自弥生时代以来,植桑养蚕、织造丝织品、使用麻和苎麻织布主要作为女性的工作广泛展开。此外,始于绳纹时代的板栗和柿子的栽培,果实、蘑菇和薯等山中土产的采集等也具有重要的意义,而以山野河海为主要生活舞台的山民、海民及鹈饲等集团也相当活跃。特别是在本州东部，水田占比较低，旱地和火耕地的耕种、采集、捕捞和狩猎在生活中具有重要的意义。

手工业也不限于主要活动于近畿的、来自半岛的职能集团。北陆和佐渡有专业的制玉集团，他们向近畿的大王和首领提供大量玉器；烧制须惠器的工匠也广泛分布和活动于包括东海（现在的爱知、静冈）、九州北部、濑户内海沿岸地区（现在的香川、兵库）及山阴（现在的岛根）在内的各个地区。此外，由有实力建造相当规模之古坟的首领所领导的专业制盐集团和专业捕捞民集团，分布于濑户内海的备赞濑户以及筑前、纪伊、若狭和能登等地的海边；由死后依然葬于古坟的首领领导的制铁民集团，也在吉备和九州北部等地活动；从事木材生产、制作漆器和木器等的山民也广泛活跃着。

如此，各地独自的分工得到发展，大范围内的流通活跃起来；受到贡纳的影响，集市交易也逐渐繁盛。近畿的大王和众首领在组织最先进的技术的同时，掌握着当时最重要的交通方式——海上交通的主导权，特别是掌握着最大的干线即连接中国大陆、朝鲜半岛和九州北部、濑户内海及近畿的海上交通的主导权，以此巩固其相对于各地首领的优势。此外，经由这样的交通，不单是生产技术，宗教和学问也通过朝鲜半岛系统地从大陆传入，儒教、佛教

第三章 走向国家形成的道路

和道教等的思想，作为来自大陆和半岛的移民之生活的一部分，被带到列岛各地。据说当时礼拜佛像的人遍及各地，而最近的研究也表明道教已深深地渗透到人们的生活之中。而且，6世纪前半期，百济的五经博士渡海而来，圣明王遣使将佛像和经论带到大王之处，以此为直接契机，伴随着与以往的祭祀的冲突，近畿的首领开始积极地接受儒教和佛教。

与此同时，医术、历法和周易等学问也传入了，近畿的大王和众首领——大和政权使用文字学习这些外来的思想、学术，开始朝着真正的国家的形成和文明世界迈进。

不过，这一时期的北海道仍旧处于续绳文时代，虽然其南部与本州东北北部不无交流，但包括其南部在内的整个北海道处在近畿势力的影响之外。一度受弥生文化影响的本州东北北部的日本海一侧，也未受到古坟文化的影响。同样，九州南部可以看到不同于畿内古坟的独特坟墓，这是地下式的板石积石室，被称为"隼人的古坟"。至于冲绳诸岛，宫古和八重山等先岛地区从台湾、东南亚等地传入了农耕，冲绳本岛以北也开始使用火耕地，并出现了一些弥生土器，但是这些地区都没有发展成真正的农耕社会。如此，日本列岛的地域差异越发明显，各地呈现出鲜明的个性。

第四节　东亚的动荡和大和政权的动向

摸索建立真正的国家

6世纪，不仅对日本列岛的社会而言，而且对朝鲜半岛和中国大陆的社会而言，都是一个动荡的世纪。

这一时期，新罗向与大和政权（倭国）长期保持紧密关系的朝鲜半岛最南部的任那（金海加罗）施加压力，进而于532年将之吞并，倭国对这一地区的影响力逐渐减弱。但是，百济的圣明王在与新罗和高句丽的对抗中，试图与大和政权保持紧密的关系。到约6世纪中期为止，倭国与加罗（伽耶）联手保住自己的据点。大和政权也派遣了若干军队参加当时发生的高句丽与新罗、百济之间的战争。

这场战争以新罗、百济的胜利告终，百济一度夺回首都汉城，但不久汉城就被新罗夺走。而且，圣明王本人也于554年战死于与新罗的战争中，新罗乘胜对加罗的首领联合施加压力，终于在562年将其全部纳入自己的统治之下。这一时期，大和政权的钦明大王派遣军队试图夺回加罗却遭到失败，失去了长年以来在朝鲜半岛南部的据点。

新罗成了这一地区最大的势力，其向倭国送上称为

"任那之调"的若干贡品以求和解。高句丽也于570年通过越之地向倭国遣使。值得注意的是，当时新罗、百济、高句丽与日本列岛的交流并不仅从西面，也从北面展开。

于是，新罗、百济和高句丽迎来了暂时的安定期，它们各自以建立真正的国家为目标，以王和有实力的首领为中心，致力于统治体系的组织化、强化，而大和政权——倭国也面临着同样的课题。

苏我氏的抬头

以部民制、国造制为基础的氏姓制度于6世纪中期走上正轨。从这一时期开始，大和政权将大王后妃中的一人称为大后，将大王的继承人称为大兄，并设置与大后、大兄相关的私部、壬生部等，试图以此使大王的地位稳固并世袭化。有实力的首领作为大夫，在大臣、大连的率领下评议政治的重要事项，这样的体制（后来的太政官会议的原型）开始形成。

但是，在有实力的首领的内部，对立并未消除。大伴氏因在朝鲜半岛上败退而失势，大臣苏我稻目积极促进佛教的传入，而大连物部尾舆则对佛教的传入持批判态度，他们之间明争暗斗，大和政权飘摇不定。继钦明之后而立的敏达大王一死，大臣苏我马子（稻目之子）和大连物部守屋（尾舆之子）的对立凸显出来。而且，新即位的

日本社会的历史

用明大王于即位翌年（587）因病早逝，马子与守屋——大臣与大连之间的对立最终发展到武力冲突的程度。守屋拥立钦明大王之子穴穗部为大王，而马子则与敏达的大后丰御食炊屋姬（后来的推古）和用明之子厩户（后来的圣德太子，"太子"之称是后来的润色）联合，杀了穴穗部，进而攻打守屋，一番激战之后，最终消灭了物部氏。战胜了最大的竞争对手物部氏后，马子拥立穴穗部之弟为大王（崇峻），自己成为大臣，其地位较有实力的各首领高出一截。

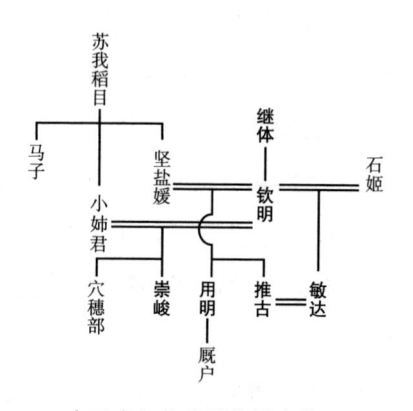

大王家与苏我氏的姻亲关系

＊黑体字为大王号

推古女王的政治：苏我马子和厩户王子

这一时期，中国北朝的隋于589年消灭了南朝的陈，

第三章 走向国家形成的道路

南北朝时期画上了终止符,中国实现大一统,对东亚各地的社会产生了极大的影响。

高句丽和百济相继向隋进贡,新罗却没马上行动。见此情形,倭大王崇峻意欲出兵新罗,以图再建"任那"。然而,大臣苏我马子反对出兵,并于592年杀害了崇峻大王,其权力由此进一步强化。因大王遭暗杀而动摇的大和政权的中枢,拥立敏达大王的大后丰御食炊屋姬为大王以度过这一危机。虽说推古与过去萨满性质的女性首领卑弥呼不同,可被视为第一个新型的女王(女帝),但立女性大王这点充分反映出当时大和政权的动摇。不过,推古大王也不亲自执政,而令用明大王之子厩户主持实际的政治,由此,厩户与大臣马子合作主导大和政权的体制形成了。

这一时期,新罗于594年首次向隋进贡,598年隋调遣大军攻打高句丽,百济与之呼应进攻高句丽,东亚局势出现了大动荡。大和政权(倭国)趁此机会,计划再次出兵新罗,军队于600年渡海进攻新罗,但此尝试以失败告终,未能夺回"任那"。

同年,在中断百年之后,大和政权的倭王派遣使者至中国大陆向隋朝贡,这次遣使既为了在与新罗的关系中占据有利地位,也怀有使隋承认新罗和百济为倭国的朝贡国的意图。据《隋书·东夷传》"倭国"条目记载,此使者

日本社会的历史

回答隋帝道：倭王"以天为兄，以日为弟"，"姓阿每，字多利思比孤①，号阿辈鸡弥②"。在此可以看出大和政权新的姿态和气势——不同于5世纪的倭王，为应对朝鲜半岛上的动荡，与大帝国隋相呼应，开始独自摸索形成小帝国之道。此后，大和政权仍执拗地计划对新罗出兵，但在隋与高句丽、新罗、百济三国的关系不断变动的形势之中，这样的计划未能付诸行动就受挫了。

这一时期，大和正在建造真正的寺院——飞鸟寺，而难波也准备建造四天王寺。厩户王子和大臣马子从高句丽和百济请来僧侣，积极地引进佛教，努力重整大和政权的威仪。而且，于603年确定十二阶的冠位，于604年制定所谓的"宪法十七条"，积极尝试将大王抬高到中国式君主的地位。

冠位制将儒教的德、仁、礼、信、义、智分别分成大小二阶，共十二阶，以冠的颜色和装饰标明等级。这不同于此前赐给氏的世袭的姓，是按才能和功绩授予个人的，而且只有大王才有冠的授予权。可以认为，他们意欲由此将大王的权威提高到与从前性质完全不同的高度。此外，所谓的"宪法"也推崇佛教，视大王为天，视臣下为地，强调臣下必须服从大王的命令这种极具中国特色的儒教思

---

① 阿每多利思比孤即天皇。
② 阿辈鸡弥即大王。

想，限制首领对平民的恣意掠夺，教导众首领必须以大王的"官员"的身份服务于大王。

该冠位和"宪法"视大王为绝对君主，并视众首领为其官员并以冠位等排序，很明显地反映出创建统治平民的中国式、佛教式国家的意图。实际上，这一时期大和政权也试图建立新的秩序和制度，即以臣和连为上级官员、以伴造和国造为中级官员、以一百八十部（如殿部）为下级官员的官员秩序，以及由国造制改编而成的新的行政区划——"国"的制度。而且，"朝廷"与"宫居"[①] 也逐渐固定下来。前者是具有官员性质的首领聚集在大王之前并听命于大王的场所，后者为附有众首领办公用官厅的大王的住处。

虽说如此，实际上获授冠位的只有大和政权周边的首领，而且大臣苏我氏处于授予对象的范围之外，未被授予冠位。此外，冠位这一新制度框架虽然建立起来了，但氏和姓的制度未受到任何动摇，事实上，大多数平民仍被置于各首领的独自统治之下。旨在建立中国式、佛教式国家的"宪法"带上了明显的道德色彩，这一情况本身就充分地反映了理想与现实的乖离。

与隋朝通交

尽管如此，住于斑鸠宫中倾心于佛教的厩户王子得到

[①] 即皇宫。

日本社会的历史

大臣马子的协助,却仍然想要再向前迈进。7世纪初高句丽在与隋朝对立的同时也与百济及新罗对立,为了摆脱孤立状态,屡次向大和政权派遣使者,这些使者经由越之地从北方进入列岛。对此,大和政权于607年以小野妹子为使再次向隋朝进贡。这一时期的遣隋使以获取包括佛教理论在内的文化产物为目的,其所持国书中有"日出处天子致书日没处天子,无恙"一句。据说,隋炀帝被"东夷"自称"天子"一事激怒。从自称"日出处"这一点也可看出厩户等人奋发的姿态。

对此,隋炀帝于翌年派出使者裴世清。该使者回大陆之时,大和政权向隋朝派遣了高向玄理、僧人旻和南渊请安等众多的学生[①]和学问僧。这些人后来成为大化改新后新政府的首脑人物。据说,当时推古女王的国书改写成"东天皇敬白西皇帝"。至于是否使用了"天皇"称号,仍存在疑问,这也许只是后来《日本书纪》的润色。但可以肯定的是,从这一时期开始,大和政权开始避免自称"倭",与隋朝通交时也并不将其年号用于本国,意欲表明双方并非册封关系而仅限于朝贡关系的姿态。

据说,这一时期,厩户王子和大臣马子于620年对"帝纪"和"旧辞"加以修改,计划编纂"天皇记""国

---

① 律令制下,在中央的大学、地方的国学学习之人。

记"。据推定，其中包含了大和政权的政治意图，即面对中国大陆和朝鲜半岛的急剧变动，向外主张大和大王的正当性。但是，当时"天皇"这一称号尚未取代"大王"称号，因此，这同样只能说是后来的润色。

飞鸟文化

622年以后，大和政权与新罗之间出现了新的紧张关系，围绕这点，政权内部产生了对立。厩户王子担忧政权再次动摇，感叹其理想的实现遥遥无期，并于当年去世。据说《三经义疏》为热衷于佛教的厩户所著，从其"世间虚假，唯佛是真"（出自《天寿国曼陀罗绣帐》）的话中可以看出厩户晚年的心境。厩户与许多传说中的人物一同备受人们敬仰，后来被称为"圣德太子"。

现存于法隆寺金堂的释迦三尊像乃厩户发愿、由鞍作鸟在其死后完成，收于斑鸠寺。而中宫寺所存《天寿国曼陀罗绣帐》（简称《天寿国绣帐》）也被认为是爱慕厩户的众妃子制作的。

受经百济等地传来的中国南北朝时期文化的影响，以厩户王子和大臣马子的时代为鼎盛期，以大和为中心繁荣起来的文化被称为"飞鸟文化"。这一时期，虽然具有横穴式石室的古坟仍旧被广泛建造，社会中还有许多尚未开化的因素顽固存在着，但大量大寺院开始兴建。在隋唐帝

日本社会的历史

国的强烈影响下，以大和为中心的日本列岛上最早的真正的国家，与佛教文化一起诞生的时刻日益临近。

但是，厩户一死，是否"征讨新罗"随即成了问题，大和政权中枢的众大夫分裂为稳健派（亲新罗派）和主战派（亲百济派）。继承了厩户王子路线的稳健派的主张一度被采纳，朝廷派遣了使节。然而，翌年，主战派派出了军队，这样的外交失态招致新罗强烈的不信任感。

不过，与这一情况形成对比，前来大和的新罗使者赠送的佛像，被与厩户有因缘的广隆寺收纳。而且，这一时期从中国大陆归来的僧人惠日[①]就威势正盛的唐帝国作了报告，称之为"法式备定的珍国"（法式完备的珍国），极力劝说大和政权的首领召回留学生、留学僧，以早日学习唐朝的文化。唐的影响以如此具体的形式波及日本列岛特别是大和。不过，大和政权仍然未能决定前进之道。626年大臣苏我马子去世，两年后推古大王也去世，所谓的"推古朝"的课题未得到解决，全部留给了下一代。

[①] 原书为"僧惠日"，但根据《日本书纪》推古天皇三十一年七月条记载应为"医惠日"。《续日本纪》天平宝字二年四月条中记载：惠日被派遣至"大唐"，学习医术。参见《网野善彦著作集（第16卷）》第433页"校注九"。

第四章 "日本国"的成立与列岛社会

第一节 从大化政变到壬申之乱

苏我氏的专制与动荡的社会

推古女王一死,众大夫便因王位继承问题而对立。厩户王子之子山背大兄遭到排挤,田村王子在苏我马子之子苏我虾夷的支持下,于629年即大王位(舒明),宝王女(后来的皇极、齐明)成为大后,局势暂时安定下来。

630年,舒明大王首次向唐朝派遣使者犬上御田锹。两年后,该使者与唐朝使者以及留学僧旻一道归来。当时的唐朝使者高表仁不受大和政权欢迎,未能传达唐朝皇帝的旨意便返回大陆了。这一时期,唐朝与新罗联手,向高

日本社会的历史

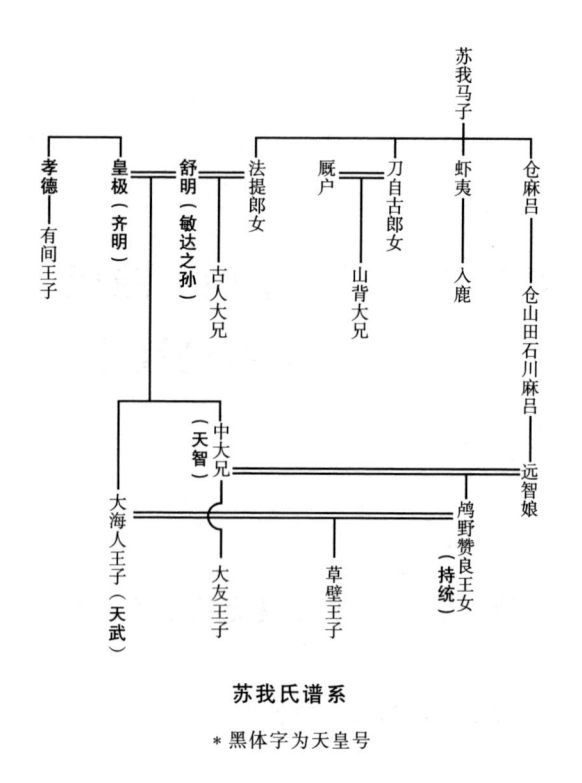

```
苏我马子 ┬─ 虾夷 ─── 入鹿
        ├─ 仓麻吕 ─ 仓山田石川麻吕 ─ 远智娘
        └─ 刀自古郎女
           法提郎女
           厩户 ─── 山背大兄

舒明（敏达之孙）┬─ 古人大兄
皇极（齐明）    ├─ 中大兄（天智）
孝德 ── 有间王子 └─ 大海人王子（天武）

中大兄（天智）═══ 远智娘
              ├─ 大友王子
              ├─ 草壁王子
              └─ 鸬野赞良王女（持统）
```

苏我氏谱系

＊黑体字为天皇号

句丽和百济施压，进而也对大和政权施加影响。高句丽和百济故而也谋求与大和政权的联合，频频遣使。东亚局势再度紧张起来。

数年后，20年前派遣到大陆的高向玄理和南渊请安等陆续归国。这些留学生和留学僧亲身体验了从隋到唐的王朝更替，详尽地考察了新兴的唐帝国的国制。他们的归来给大和政权的首脑，特别是舒明之子中大兄和中臣镰足

第四章 "日本国"的成立与列岛社会

(后来的藤原镰足)等年轻一代带来了强烈的刺激和影响。决定性转机在大和政权内部逐渐酝酿。

其间,舒明大王发愿并开始营造百济大寺(后来的大安寺)。舒明于641年去世后,山背大兄、中大兄以及古人大兄(古人大兄为舒明与马子之女所生之子)等多个王位继承候选人相互竞争,朝廷难以选定大王,因此,翌年再次立女性为大王。大后宝王女成为继推古之后的又一位女性大王(皇极)。皇极虽为女性,即位后却以大王身份恣意行事。她于643年建造飞鸟板盖宫,并迁居至该处。板盖宫的实际情况通过最近的发掘逐渐明了。据推测,该宫殿耗费了大量的木材和劳力,不难想象是皇极强行要求建造的。

同一时期,百济和高句丽也相继发生政变,其政权得到强化,并于642年入侵新罗。新罗向唐朝求援,唐朝于644年正式向高句丽发起进攻。而日本列岛上,大和政权中苏我虾夷、苏我入鹿父子的权力大有与大王比肩之势。入鹿意欲拥立古人大兄为大王,于643年攻打有实力的大王候选人山背大兄,并灭其一族。

入鹿的这一行为可以视为对紧迫的东亚局势的反应,但苏我氏的专制姿态使大和政权内部充满了压抑和不满。而平民则以原始的、狂热的信仰的形式祈盼社会形势好转。例如,据《日本书纪》记载,当时人们广泛传唱预

· 79 ·

言社会异变的"童谣";644年,在巫女的劝诱下,东国广大平民陷入对"常世神"的狂热信仰之中,所谓的"常世神"是一种类似于蚕的白色虫子。在此种背景下,以中大兄和中臣镰足为中心,政变、政治改革的计划悄然展开。苏我氏方面也强化了武装,以应对这一隐然动向。

大化政变

中大兄一派于645年6月[①]将计划付诸行动。他们利用朝鲜半岛使者觐见的仪式,在女王皇极面前斩杀入鹿,并于翌日逼迫虾夷自尽。大臣苏我氏就这样灭亡了。

当时,皇极有意让位于中大兄,而中大兄却举荐皇极之弟轻王子为大王(孝德),自己则保持大兄身份。中大兄任命心腹中臣镰足为内臣,起用从唐朝归来的僧旻和高向玄理为改革智囊——国博士,以此巩固权力中枢。同时,任命阿倍内麻吕为左大臣,任命苏我仓山田石川麻吕为右大臣。大臣是大夫的代表,而左大臣和右大臣则是对大臣的继承和发展。中大兄等人将旧有氏姓秩序中的长老推到台前,以凝聚大和政权中枢的人心;同时,掌握实权,推进改革。

---

① 在1872年明治政府颁布"改历诏书"、宣布使用公历以前,日本使用的是太阳太阴历(即农历、旧历)。本书中出现的所有月份皆为旧历月。——中文版编辑注

第四章 "日本国"的成立与列岛社会

据说,政变五天后,新政权首次定年号为大化。毫无疑问,大和政权在此迈出了走向建立真正的中国式国家的重要一步。政变的消息很快便传到了高句丽和百济。

摸索建立真正的国家

新政府于8月向东国(关于东国的诸观点中,主张其为后来的三河、信浓以东的地区的观点较具说服力)派遣八组"国司"(即总领,不同于后来的国司)。这些"国司"与派往大和六县的使者一样,具有巡视广大地区政情的巡检使的职能,他们传达政变的消息,调查东国的实际情况;同时还负责制作户籍,调查田地,建立武器库即兵库并将兵器集中到该处。本州东部——东国的首领虽然基本上已经归附大和政权,但仍然牢牢地保持着独立的地位。将这些首领纳入新秩序便成了新政府的首要课题,而派遣"国司"也正是出于这一目的。翌年,众"国司"返回都城,政府很快就查明他们几乎全都不顾政府的禁令接受了当地首领的款待、馈赠,便对他们加以处罚。实际上,东国首领基于"供给"[①]这一招待外来贵客的习俗,款待"国司"并向其馈赠礼物,"国司"也就自然地接受了。而且,如前所述,当地首领被称为"国造",他们拥

[①] 也作"奉物",指进奉的物品、贡品。此处指招待贵客的习俗。

日本社会的历史

有裁判权,对土地和民众仍然保持着自有的统治权力,这些"国司"也不得不依靠他们。

新政府还遏制众首领扩大土地占有的做法,并向各地派遣使者,开始调查统治领域内的田地和人口,还设置了新的诉讼机关。当然,这些也是在承认各地首领的独自统治的前提下进行的。同一时期,还制定了区别良民(平民)和奴婢(奴隶)的"男女之法",开始对僧侣和尼姑加以管理。

9月,中大兄以古人大兄(已经躲入吉野)有谋反之意为由,杀害了政变以来的这位竞争对手。12月,孝德大王离开大和之都——"倭京",在面向大海的难波营造了长柄丰碕宫,并移居该处。据说,这座宫殿的"朝庭"① 规模空前,不仅大夫、臣、连、国造和伴造,连"百姓"(平民②)也被召集至该处,面承大王口谕。可见,该宫殿与以往的宫殿有质的不同。

而且,翌年(646,大化二年)正月,新政府发布诏书,公示了有关改革的构想。虽然《日本书纪》所记载

---

① 古代日本宫殿中,由多间朝堂殿舍围成的一面开口的"コ"形露天空间。
② 作为指代普通民众的词语,此后的记录和文书大多使用"百姓"一词,但考虑到至今仍十分普遍地存在"百姓"等同于"农民"的错误成见,下文使用"平民"一词,该词几乎与"百姓"同义,且整个古代中世一直使用。——原书注

第四章 "日本国"的成立与列岛社会

的"改新之诏"明显含有后来的润色,但该诏书确实反映了基本的改革构想,包括调查国家统治范围内的土地和人口,设立区域性地方行政单位,划定"畿内国"这一大和政权的基础,征发一定的调及仕丁①,给大夫及其他"官员"发放俸禄,等等。可以说,其旨在建立按地区编制人口、以最高首领大王为顶点、将各首领作为官员重新组织的真正的国家体制。

派往各地的总领和大宰依照"改新之诏",在分割、统合各地大首领——国造的统治区域的同时,推进新型行政组织的设置。3月,中大兄宣布将自己统治下的部民和屯仓(即人口和土地)充归国有,向众首领发布禁止建造古坟的"薄葬令"。8月,新政府提出全面废止部民制的新方针,将包括大王在内的各首领所统治的部民变为"国家之民",并将众首领定位为新国家机构的官僚。

实际上,在畿内及其周边地区,虽然方坟和圆坟那样的首领古坟整个7世纪都在建造,但小古坟群在7世纪中期就销声匿迹了。古坟时代逐渐走向终结,这在考古学上也得到证实。新政府的方针虽然并未能立即直接地顺利落实,但确实逐渐渗透到了各地。

---

① 仕丁是律令制下的一种劳役,每50户征成年男子2人,每3年一轮换。仕丁一般作为直丁或驱使丁在官府服杂役,征自封户的仕丁则在封主处服役。

日本社会的历史

虽说如此，自古以来的首领对土地和民众的独自统治依然延续着，地方行政制度的改编也有赖国造推进，国家的方针并未能轻易贯彻。但是，中大兄等人意欲强制推行既定方针，647年，制定了旨在将众首领作为大王的官员进行排序的冠位十三阶，规定了朝参仪式，要求被授予冠位的有位者清晨聚集到"朝庭"，参拜大王，办理公务。然而，当年年底，中大兄的宫殿起火。这一事件突出反映了中大兄的政治遭到反对，众首领对改革的抵触可谓根深蒂固。

649年，冠位由十三阶增加至十九阶，国博士开始调整官职体系，评制（后来的郡制）也在这时真正付诸施行。然而这一年，左大臣阿倍内麻吕刚去世，便发生了右大臣自杀事件——突然被指涉嫌谋反的苏我仓山田石川麻吕在山田寺自杀，政府内部围绕改革产生的对立凸显出来。653年，中大兄等人派出遣唐使，以求恢复与唐朝的关系。这一年僧人旻去世后，孝德大王与中大兄之间的对立也公开化了，中大兄与其妹（即孝德的大后）间人王女把孝德留在难波，带着所有官员转移至飞鸟。连妻子也叛离自己，翌年，孝德大王便在难波孤独地离世。

东亚的古代小帝国

如此一来，大化政变后登场之人似乎都已销声匿迹，

第四章 "日本国"的成立与列岛社会

而中大兄的独裁体制却形成了。而且，唐朝的又一次进攻在即，高句丽和百济的使者向畿内政权寻求援助。作为应对，畿内政权这一年派出了高向玄理及其他遣唐使（不过玄理客死于唐），而中大兄则重新将自己的住所移至大和。

按理说中大兄早已不受任何人制约了，但他并没有当大王，而于655年让自己母亲，即已退位的皇极再次即位为女性大王（即齐明），自己则依然甘于以大兄的身份执政。可以认为，这既是出于对受到残酷肃清的反对派反扑的顾虑，也受到当时那种紧张的对外关系的影响。在这样的形势下，齐明女王开始为自己营造新的宫殿，于656年令人开凿运河运送石材，在多武峰的山腰筑造石垣围绕的宫殿，动员了大量人力。虽然也有人视多武峰的设施为应对朝鲜半岛局势而建的山城，但这一以女王的名义兴建的规模庞大的土木工程进一步招致了民众的强烈不满。包括飞鸟板葺宫在内的齐明的宫殿被烧一事无疑反映了这种情况。

在此种背景下，孝德之子、阿倍内麻吕的外孙有间王子公然谴责齐明女王失政，并策划叛乱。然而其阴谋于658年事前败露，有间王子在被捕后依中大兄之令被斩。至此，齐明女王和中大兄的专制姿态变得愈加露骨。这一年，唐朝对高句丽的又一次进攻也终于开始。旁观中，畿内政府以身在越国的阿倍比罗夫为将向东北派出大军。此前越之

· 85 ·

地即已设置了渟足栅、磐舟栅两座营寨，以此为据点阿倍比罗夫率领大规模的水军沿着东北地区的日本海海岸北上。被大和的统治者唤作"虾夷"的秋田和能代地区的东北人的多数首领，在比罗夫的军事压力面前暂时显出归顺的姿态。翌年比罗夫继续北进，渡至津轻后返回畿内。660年，比罗夫再次率水军渡至"肃慎"之地（"肃慎"大概指住在日本列岛以外，尤其可能是松花江至黑龙江流域的通古斯族）。但比罗夫为何进军至此，原因不明。不过可以肯定的是，这一时期的畿内政权已经以"古代帝国"的姿态加快了侵略东北的步伐，进而越海将目光投向了东北亚大陆。前一年（659），派出的遣唐使携"虾夷"作为其"征服的民族"同行——从这点看，不妨认为阿倍比罗夫的"外征"也是畿内政权用以向唐帝国显示其势力的手段之一。

同在660年，对高句丽的攻击遭到抵抗，唐遂与新罗结盟，调转矛头渡海攻打百济。在占有压倒性优势的唐朝新罗联军面前，百济最终灭亡了，其遗臣向畿内朝廷求援。对此齐明女王立即决定外征，她于661年率中大兄和大海人王子两兄弟及中臣镰足等全体政府中枢要员于难波出发。据说和歌"乘舟熟田舟，待月把帆扬；潮水涌，操棹桨！"[①]即为齐明女王在此途中所作（主张是额田王所作的观点也

[①] 《万叶集》第8首。除特别说明外，本书《万叶集》和歌翻译均引自《万叶集》，赵乐甡译，译林出版社，2009。

很有说服力)。女王置大营于筑紫,亲自指挥出兵,却于战争正酣之际猝然离世。

白村江战败

迫于形势,中大兄尚未即大王位便开始掌管政务(这被称为"称制")、指挥外征,并以阿倍比罗夫为将,令大军分批渡海。大军以"海部"(即海民)所支持的西国首领——国造的水军为主力。这些水军663年在白村江与唐和新罗的联军作战,遭遇毁灭性的失败,畿内政权的军队不得不与众多百济流亡者一起败退。

考虑到唐和新罗的军队有可能乘胜追击、渡海进攻,而且战败的巨大代价已使人心大为动摇,政府不得不采取措施。中大兄于战败第二年,将冠位增至二十六阶,将氏分为大氏、小氏和伴造,并指定各氏的代表"氏上"[1],赐大氏以大刀,赐小氏以小刀,赐伴造以盾牌和弓矢,正式承认首领对民众即"民部、家部"的统治。这些措施旨在承认首领对民众的统治的同时,对其加以制约——将氏上划分等级并承认其地位,使氏与冠位相关联,以确立秩序。此外,可以说,这种避免过激改革的做法,还带有

---

[1] 氏的首领,由朝廷任命,作为一族的宗家统率本氏成员,负责祭神。8世纪末9世纪初以后一般不再使用"氏上"作为氏的首领的称呼,而称"氏长者"。

日本社会的历史

安抚战败众首领的动摇情绪之意图（关于这点，议论纷纭，尚无定论）。

政府在应对内部动摇的同时，同年还在对马、壹岐和九州北部的筑紫设置防人①和烽燧，加强对唐朝和新罗军队来攻的防备，并在筑紫修筑"水城"；665年，在筑紫、长门修筑山城，加强防御，并派出遣唐使，缓和与唐朝的关系；667年，在大和的高安、赞岐的屋岛和对马的金田筑城，据推测还有可能在金田、屋岛等处部署了水军。这些城都按"朝鲜式山城"样式建成。值得注意的是，政府在对马建造与朝鲜半岛对峙的"朝鲜式山城"，可以说是第一次萌发了将朝鲜海峡视作"倭国"与新罗的边界的意识。与此同时，"国"的单位逐渐形成，畿内有实力的首领被派遣至各地担任拥有军事、财政权力的国宰（后来的国司），兵力动员体制也得到完善。

中大兄于667年迁都至近江的大津。毫无疑问，这些行动出于对唐朝和新罗的警戒和顾虑。实际上，这一年唐朝和新罗军队对高句丽展开攻势，并于第二年将高句丽消灭。但没过多久，新罗成功地排除了唐朝势力，建立起了强大的统一国家。

---

① 即戍守边疆之人。在日本古代，多指征发自东国，负责守卫筑紫、壹岐和对马等九州北部的士兵。

第四章 "日本国"的成立与列岛社会

壬申之乱

在白村江战败之后的七年里,畿内政权的大王之位始终空缺。这充分反映出当时政府情况之异常。668年,中大兄终于在近江大津宫即位,成为天智大王。有观点认为,在该处制定了真正的国家统治法——《近江令》。但是,否定《近江令》的存在的观点也很有影响力。这样的法令究竟是否存在,只好存疑。此外,也正是从这一时期开始,天智大王与其弟大海人王子之间萌生了对立。

大海人王子处于大王继承人的地位,669年藤原镰足去世后,两人的对立越发明显,天智大王加快了自己的步伐。他于670年制作了全国性的户籍"庚午年籍",又于671年任命亲生儿子大友王子为太政大臣,并任命了左右大臣和御史大夫,制定了新的中央官制。固然,庚午年籍是全国性的户籍,而且授民众以姓,但此次户籍以承认一部分民众归首领支配为前提制作而成,不难想象五十户一里的地域性编户并未彻底落实。特别是当时社会对将姓名写到户籍上一事本身存在莫名的抵触,导致造籍未能彻底完成。新官制也并非依诏令制定的恒常制度,而是对任用畿内有实力首领为大臣和大夫之体制的继承,这露骨地反映了天智的意图,即排斥大海人的势力,强化以天智有意立为继承人的大友为中心的体制。

日本社会的历史

在此期间，唐和新罗的关系终于缓和，大军来袭的危险也逐渐散去。新官制制定后不久，天智便病入膏肓。大海人意识到自己有生命危险，主动引退到吉野。天智大王将一切托付给大友后，于12月去世。

672年，近江的大友朝廷与吉野的大海人之间的紧张关系迅速激化。6月，大海人预料到近江方面的攻击，呼吁东国首领举兵，并在其妃鸬野赞良王女、草壁王子、忍壁（刑部）王子以及少数舍人的陪同下，从吉野向东国出发。在伊势遥拜神宫后，一行人成功地进入了拥有左右战争成败之兵力的东国。众首领对白村江之败及战败后强化军备的负担多有不满，大海人成功地将他们组织起来。不断有首领响应大海人，特别是大和最具实力的首领大伴吹负也加入大海人阵营，这具有决定性意义。而近江的大友一方在所有方面都处于被动，未及充分动员军队便被迫与设大营于美浓、动员了东国军队的大海人的大军作战。7月，隔濑田桥对峙的两军展开决战，大友军败北，大友自尽。

壬申之乱就这样把东国也广泛地卷入战局，并以大海人一方的彻底胜利告终。这是东国首次自愿归附大王，可以说，畿内政权对东国的统治终于稳定下来了。胜利的大海人迁至飞鸟净御原宫，并于673年即位，成为天武大王。

第四章 "日本国"的成立与列岛社会

第二节 "日本国"的出现
——藤原京和大宝律令

天武对国家体制的完善

天武仅率领少数舍人从吉野出发,便打倒了理应掌握所有权力的大友,取得了"奇迹般"的胜利。侍奉天武左右的人自然要高唱"吾大君乃神……"来称颂他。对此,天武宣称自己为"现御神",并决定将一个王女作为"斋王"[①]派往伊势,以表达对壬申之乱中有力地护佑了自己的伊势神宫的感激。据说,就是此事之后,伊势神宫最终被选定为供奉大王之祖天照大神的地方,天照大神后来便成为天皇家的氏神[②]。同一年(673),天武还着手建造自其父舒明发愿以来尚未完成的高市大寺,即前文称为百济大寺的大寺院。天武将祭祀和宗教(佛教)作为国家制度加以完善,试图以此彰显大王的权威。可以说,此

[①] 侍奉伊势神宫或贺茂神社的皇族女性。天皇即位后不久,从未婚的内亲王或王女中选拔任命,通常一代天皇任命一位斋王。伊势神宫斋王称为斋宫,贺茂神社斋王称为斋院。
[②] 氏的守护神,后成为地区共同体的神。在古代,氏神是受地方首领——氏上奉祭的守护神,后来演变为氏的血缘性祖先神。到了近世,乡村社会和守护神也被称为氏神,形成了地缘性氏神。

日本社会的历史

事也只有被敬仰为神的天武才能做到。

朝鲜半岛方面，由于唐朝仍试图对已经独立的新罗恢复原有的影响力，半岛局势依旧紧张。天武试图趁此良机一举确立真正的、有组织的国家制度。这种国家制度早在大化政变之时便已宣布，但尚未真正落实。其内容包括：公地公民制，即将首领个人支配下的民众和土地全部收归国家所有；官僚制和食封制①（俸禄制度），即将首领作为国家官员重新加以组织，并支付其俸禄；为维护该统治机构而向公民征收租税的制度；等等。

675年，天武宣布全面否定各首领对"部曲"②的统治及对山泽岛浦、林野和池塘等的占有。觉察到众首领有反抗的动向，天武宫廷集中、强化军事力量，营造出极为紧张的气氛，将之彻底遏制，强行贯彻中央官制和地方统治制度。至此，畿内国已经成为由大和、河内、摄津和山背四国组成的行政区（后来，和泉从河内分离出去，形成畿内五国），各地诸国也基本确立了。天武任命并派遣国宰到各国，令他们将已经成为"公民"的平民按居住地以五十户为一里进行编制。按地区编制民众可谓真正国家的根本大事，在此终于完成了。

---

① 律令制下，作为皇族、高位高官者、寺院神社等的俸禄的一部分，赐予其封户的制度（关于封户，见第137页注释①）。
② 豪族的私有民。

第四章 "日本国"的成立与列岛社会

中央官制方面则效仿隋唐,新设了太政官、大弁官[①]和六官。不过,这时的太政官中的纳言,虽然相当于以往的大夫,但对国政没有发言权。天武通过太政官和大弁官这样的行政组织,自己掌握了中央和地方的所有行政大权,独裁体制就此确立。这迥异于后来的太政官与天皇的关系。可以说,天武大王的独裁体制暂时得到巩固。

除了与大后鸬野赞良王女所生的草壁王子,包括在壬申之乱中建功的高市王子在内,天武还有十几个异母的王子。天武大王为确定继承人而苦思焦虑,681年,他在下令编纂《净御原令》的同时,决定立草壁为继承人,继而下令开始编定"帝纪"和"上古诸事"(旧辞)。不久后,《古事记》和《日本书纪》完成。它们主要由神话和传说构成。其中,神话强调大王的权威及大王对众首领的统治早在众神的时代就已经确定;而传说则叙述了大王的祖先为了实现众神授予的统治权而奋战的过程。通过这项工作,这些神话和传说最终定型。

天武满怀信心地继续前进。新都的营造计划也真正开始落实。为了将尚未失去实力的各首领的氏排序,将之编

[①] 令制弁官局的前身,不如令制弁官局完善,仅设"大弁官",未分左右弁官。关于大弁官的性质,有观点认为,虽然大弁官拥有不同于太政官的机构,但与令别弁官一样,是联结太政官与六官(八省的前身)的事务中枢机构;也有观点认为,大弁官与太政官同为天皇直属机构。关于令制弁官,见第208页注释③。

入国家组织，天武首先于684年确定了"八色姓"。将此前在所有姓中地位最高的臣、连置于下位，其上增设真人、朝臣和宿弥等姓。这一姓制不同于此前作为首领尊称的姓，是为了标明大王统治下的氏的顺序而重新制定的。天武进而于685年制定了四十八阶爵位，规定了朝廷官员的朝服的颜色，并规范了食封和俸禄制度。他还规定了各地国与国之间的界线，开始规划修筑以都城为中心的笔直的大道，并以这些大道为轴，划分了东海、东山、北陆、山阴、山阳、南海和西海等大范围的行政区划，并将它们确定为七道。历经30多年，建设以畿内为中心的真正的国家这一目标终于临近完成。然而，未等到最终的完成，天武便于686年辞世。

"日本"的诞生

天武的殡礼持续了相当长的时间。[①] 殡礼这一自古以来的仪式，以相信死者并未真正死去为前提。值得注意的是，天武的殡礼中添加了佛教的色彩。举行这一庄重的葬礼时，因大后鸬野赞良和草壁王子以其有谋反之意为由相逼，最受天武瞩望的大津王子被迫自尽。然而，继天武之后掌握政务、将大津逼死的鸬野赞良，却也不得不于天武

---

① 天武的殡礼持续时间长达两年又两个多月。

第四章 "日本国"的成立与列岛社会

葬礼结束的第二年（689），直面亲生儿子草壁之死。

689年，大后鸬野赞良下令施行已经完成的首部真正的令，即《净御原令》。该令首次将几个称号制度化："日本"、"天皇"、"皇后"和"皇太子"。其中"日本"替代了"倭"这一国号，"天皇"取代了"大王"这一君王称号。"日本国"首次出现在列岛上，"天皇"也首次成为正式的称号。[①] 而且，依据此令，各国国宰受命制作户籍，完成了"庚寅年籍"。该年籍按每里一卷制作，以五十户为一里的制度在此确立。此后，户籍每6年重新制作一次，成了班田、征收租税和动员士兵所依据的基本底册。

690年，鸬野赞良即天皇位（持统）。持统天皇实行以《净御原令》为依据的官制，该官制综合此前的太政官和大弁官设置了新太政官，并在新太政官这一机构中设置了大臣作为执政官，这为过去的首领议论政治开通了渠道。然而，持统天皇却任命高市皇子为太政大臣，试图掌控国政。

[①] "日本"既非部落名，也非地名。其意为日出处，即东方，以此为国号，既由于太阳信仰这一背景，又由于统治者非常在乎中国的存在。关于"天皇"这一称号，也有观点认为它与中国大陆的君主称号"天王"有关。此二者都明显反映出国家统治者的态度，他们在对亚洲大陆大帝国的存在耿耿于怀的同时，自身也意欲建设小帝国。——原书注

日本社会的历史

藤原京和白凤文化

持统以顽强的意志继承了丈夫天武的事业，于692年首次实施班田，于694年建成新都藤原京，并迁都至该处。藤原京的设计以7世纪初奈良盆地修建的四条大道为基准，以由内廷和朝堂院构成的藤原宫为中心，按条坊制①布局，可谓真正的中国式都城。而后，藤原京内的大官大寺（高市大寺）也建成了，天武时期开始营造的药师寺也即将竣工。就这样，自大化以来长年未能实现的目标，全都在这一都城里实现了。宫廷诗人柿本人麻吕在持统去吉野时，以长歌"山川承侍皇神明"②，大力歌颂了受到天地众神祝福的天皇之世的繁荣。正如这首和歌所象征的那样，新时代的繁荣似乎都汇集到了这座都城。而且，包括人麻吕的长歌在内的贵族的和歌，以及百济王移居带动发展的汉诗文，使宫廷文化更显华丽。法隆寺金堂的壁画和高松冢古坟（位于奈良明日香村）的壁画等，受到初唐的巨大影响。天皇和贵族终于完成了新国家的建设，他们信心十足，由此诞生了落落大方的白凤文化。

---

① 日本古代都城采用的城市布局，效仿中国古代的里坊制而来。都城由南北、东西走向的大路分为棋盘状布局，相邻两条东西走向大路之间的区域称为条，相邻两条南北走向大路之间的区域称为坊。
② 《万叶集》第39首："山川承侍皇神明；河谷激流处，驾御舟出行。"

第四章 "日本国"的成立与列岛社会

不过，该文化依然是以都城的天皇和贵族为中心的文化。693年，国家发布法令，强行要求以衣服的颜色区别良民和奴婢，即平民和奴隶的身份差别。不久后，又为征服东北、九州南部而发兵，由此可知，日本国带有专制的、古代帝国的性质，贯彻对民众的严厉统治。此外，平民出于无法缴纳租税、偿还债务等原因而沦落为奴隶的问题也显露出来。

《大宝律令》

在此期间，高市皇子于696年去世。翌年2月，女帝持统将草壁之子、自己之孙轻皇子立为皇太子。8月，持统将天皇之位让与15岁的轻皇子，后者就是文武天皇。不过，持统作为太上天皇即上皇（唐朝的制度中没有与天皇处于同等地位的太上天皇，这是日本特有的制度），仍旧全面掌握着政务，命令刑部亲王和藤原不比等（镰足之子）等编纂新律令。而后于701年，以对马向朝廷进奉黄金为契机，定年号为大宝。有观点认为大化以后曾断断续续地以白雉、朱鸟等为年号，但也有观点质疑这两个年号是否真正存在过。[①] 从大宝这一年号开始，此后虽

[①] "白雉"和"朱鸟"作为年号，首次出现于《日本书纪》，此后的《释日本纪》《扶桑略记》中也有出现。但《日本书纪》之前的书籍中并无关于"白雉""朱鸟"的记录，且目前尚无别的证据表明当时确实用过这两个年号。

有迂回曲折，但年号纪年一直持续到现在。

《大宝律令》也于这一年完成，并立即付诸施行。正如"文物之仪，于是备矣"所宣示的那样，这一律令的确是"日本国"作为真正的国家得以确立的标志。而且，这一年，中断多年后再次派出的遣唐使在女帝则天武后面前，一改此前的"倭国"国号，而首次自称是"日本国"的使者。武后在提出种种质问之后给予认可，"日本国"这一称号首次正式出现在东亚，并在此后主要作为对外使用的国号。

以畿内为中心的日本国，统治着除东北北部和九州南部之外的本州、四国和九州各岛，正如"殡"这一仪式所反映的那样，虽然社会中广泛地残留着未开化的巫术性因素，但以首领为中心，接受了中国大陆高度文明的制度——律令。这个国家的出现对此后的日本列岛社会具有极为重要的意义。

第三节　列岛社会和律令制度

北海道与东北北部，九州南部与冲绳

8世纪初列岛社会的整体情况如下。北海道的续绳纹时代临近终结，虽然狩猎和捕捞依然是生活的基础，但土

第四章 "日本国"的成立与列岛社会

器上的绳纹逐渐消失，石器也减少了，与此相对，人们开始使用铁器。该文化越过海洋，影响到东北北部。当时，本州正充满活力地推进国家的形成，其文化伴随着土师器北进，无疑也给北海道带来了新的影响。此外，鄂霍次克海沿岸的鄂霍次克文化的先锋也影响到北海道东部，北海道社会也正迈向新的文化即擦纹文化阶段。

在与北海道的文化有深厚关系的东北北半部，虽然部分地方也耕种水稻，并且近畿、列岛西部的文化经由东北南部和越，从西南方向传入此地，但该地区处于古坟文化圈之外，狩猎、捕捞和采集所占比重较大，同时也饲养马匹、经营牧业。视该地区为"未开化"的异族"虾夷"之地的日本国朝廷，修筑多贺城，设立陆奥国，接着于712年（和铜五年）将出羽从越后分离出来，设立新国，并在与"虾夷"的交界处设营寨，令平民迁移至该处。日本国给东北北半部带来的侵略压力不断增大。

至于冲绳诸岛，它从一开始就处于绳纹文化圈之外，其南部与北部的社会发展进程并不相同。冲绳诸岛南部的宫古、八重山等先岛诸岛，受东南亚和台湾地区等南方文化影响，传入了旱田耕作，形成了独特的社会。而北部的奄美诸岛和冲绳本岛等，自绳纹时代起，便受到中国大陆南部和九州的影响，其中，冲绳本岛虽说受到九州弥生文化的影响，但并未有铁器和稻作传入；而奄美诸岛却可归

· 99 ·

入九州南部的文化圈。

多祢（种子岛）、奄美、夜久（屋久岛）和德之岛的居民，迫于畿内政权的压力，从7世纪末开始向日本国进贡。不过，他们之中也有人与九州最南部的隼人一起抵抗日本国的压迫。8世纪初期，萨摩和大隅先后从日向国分离出来。而多祢国虽然大体上处在畿内朝廷的统治之下，但还谈不上深受日本国国制的影响。尽管如此，从整体上看，日本国的国制，即所谓的律令制已经影响到日本列岛的中央部分——除东北北部外的本州、四国和九州的大部分地区及周边诸岛。

文明的制度和"未开化"的社会

《大宝律令》的制定使律令制得以真正确立，其受大唐帝国的影响甚大。其中，相当于刑法的"律"几乎完全同于唐律；而"令"作为国家统治中必不可少的法，对仪礼和仪式的体系、行政组织、租税、劳役以及官员职责等做出了规定，它虽然也参照了唐令，但比较切合列岛社会的实际情况。

《大宝律令》完成后立即付诸施行，全国热心地举办由编纂人员进行的官员讲习会。朝廷首次制定了完整的律令，信心百倍地寄望于众官员，而各地对新国制的期望也颇高。这一制度采取彻底的文书主义，其原则是所有的命

第四章 "日本国"的成立与列岛社会

令和报告都采用文书的形式,一改此前采用口头形式的做法。如此一来,要成为国家官员,就必须学习并使用文字(汉字),后宫的女性官员也不例外。出土于这个国家的边缘地区秋田城的木简反映出当地人学习文字的热情非常高,由此不难想象全国各地的人们学习律令的积极性有多高。在这种自发意愿的推动下,日本国国制或深或浅地渗透到其统治的各地的社会之中,文字也传播到郡司、里长(乡长)等地方基层官吏之中,就连女性也开始掌握文字了。可谓硬质文明①的律令制通过统一的文字和文书在列岛社会中运行,这无疑在此后相当长的时间内深刻地影响着列岛社会。

但是,当时社会的实际情况是,至少日本西部的亲族组织是双系的,男女社会地位差别较小,列岛社会整体上仍旧残留着带有巫术性质的"未开化"的质朴,地域特性极其多样。而且,当地社会并非仅仅依靠稻作维系,人们还从事旱作以及各种与山野河海相关的生业。这些情况在统一的国制下也延续着,并未轻易消失。而律令制度则以基于家长制原理的儒教农本主义为基础,是高度文明合理的制度。不过,列岛各地的社会由于"未开化"的质朴和天真烂漫,强烈地憧憬着文明,过早地接受了律令制

---

① 律令制作为国家制度,其本质是硬性规定,在这个意义上,作者称律令制为"硬质文明"。

度，这也决定了以该制度为支柱确立起来的日本国本身的性质。

天皇在以"日本"为国号的这个国家中处于至高无上的地位。一方面，壬申之乱后，天皇将臣服的各地首领的权威集于一身，通过律令使平民成为"国家之民"，自己则作为所有平民的首领，控制了原本由各地首领支配的山野河海，即"大地和海洋"。在这方面，天皇与中国式皇帝有相似之处。另一方面，天皇拥有给从首领到平民的所有人赐氏名和姓的权力，而自己却不使用氏名和姓。这充分反映出天皇与中国皇帝的不同。天皇在这方面的权威，通过大尝祭及其他皇位继承仪礼、祭祀众神的体系以及与神代相关的"历史"的记述等得以加强。此类场合下，天皇成了与人力之外的世界——神界相通的神圣王。正如大尝祭仪式的一部分所反映的那样，天皇的这一面具有浓厚的未开化的巫魅色彩。

不过，对于天皇的这一面，以水田为基础建构起来的文明的制度——中国式律令并未进行相关规定。此外，天皇的权力实际上也受到律令规定的以太政官为中心之官制的制约。

律令官制

《大宝律令》将天武所设的六官（外廷）和作为大王

第四章 "日本国"的成立与列岛社会

的家政机关发展而来的机构（内廷）加以合并。在太政官下设置了八省（中务、式部、治部、民部、兵部、刑部、大藏、宫内），这使分担政务的中央官制首次得以确定。八省之下设置了职、寮和司这些小官厅。神祇官与太政官并列，作为不同于太政官—八省系统的机构，专门负责祭祀众神。此外，还设置了监察官员的弹正台、负责宫城和都城警备的军事性官衙五卫府、马寮及兵库等。

这类与公共政务相关的机构官员仅限于男性，而近侍天皇的内侍司之类的机构则由女性官员构成。8世纪统管后宫的女性仍然拥有政治发言权。此外，不同于大陆国家的是，由于该社会畜牧业不发达，不具备阉割技术，宫廷里没有大陆和半岛国家中出现的宦官，后宫由女性自己掌管。

如前所述，这个国家的统治领域被划分为畿内和七道行政区，以里长管理的五十户一里（后来的乡）为基础，在地界已确定的国和郡中分别设置国衙和郡衙作为官厅。作为特别行政区，在外交、军事要地九州北部设置大宰府，在难波设置摄津职，在京城设置京职等机构。

七道分别规划、铺设了连接都城和道内各国的宽达十几米的大道，而且尽可能将之修得近乎直线。大约每4里[①]（16公里）便建有一座驿家，供因公务往来于都城

[①] 长度单位，每里约为3.9273公里。

日本社会的历史

和各国之间的官员使用。这个国家成立以前，列岛社会的交通体系以河海等水上交通为基础。但成立之初的日本国似乎无视这点，以陆上交通为交通体系的基础，修建了这种近乎直线的"驿路"①。驿路的修建以西抗朝鲜半岛的新罗、东侵东北为前提，具有军事和政治意义，充分反映出这个国家具有古代帝国的性质。不过，这个国家成立以前既已存在的首领之间联络用的道路也不容忽视，它们继续起着传马之道，即连接郡与郡的"传路"②的作用。

都城和各地的各类机关，由长官、次官、判官和主典（省级为卿、辅、丞和录，国司级则为守、介、掾和目，等等）四个等级的官员以及下级官员构成，据说官员数量有1万人左右。《大宝律令》修改了过去的冠位制，制定了三十阶的位阶，形成了官职与位阶相对应的官位相当制。这种官位相当制以标明官员与天皇之间的距离的"位"为基准，这与唐朝以官职为基准、使品与官职相对应的做法不同。特别是在位的赐予方面，长期保持着由天皇口头赐予这一自古以来的习俗。

---

① 连接中央与大宰府、国衙等地方据点的直线道路，供传达政令、国司的行政报告、紧急事态的急报等的官吏、公使使用。每16公里左右设一驿站，称为驿家。

② 传路即传马之道，由律令制以前的交通体系改造而成。传路的作用以送迎从中央到地方的使者为主，又由于传路连接着各地据点即郡家，因此也起着地区与地区之间信息传递的作用。国家统一规定每郡置马5匹，供替换用，称传马。

如此，官僚组织算是确立了，它具有严整的指挥系统和统属关系，原则上依靠文书运行。但是，正如位阶的具体情况以及传路与驿路并存等现象所反映的那样，列岛社会的实际情况和国家形成的经过，都在制度的各个方面打上了烙印，使其形成了二重构造。例如，8世纪屡屡出现女性天皇，退位天皇（即太上天皇）与天皇享有同等待遇，官位在三位以上的女性可以拥有与男性相同的家政机关，等等。这些都反映出列岛社会与大陆国家不同，该社会中女性的社会地位相对较高，而且这一情况又对国制产生了一定影响。

贵族、平民、"五色贱民"

太政官作为议政官，统管包括八省在内的全部官厅，拥有很大的权力。太政官的实质是合议机关，它由律令制形成以前就已存在的畿内有实力的氏的代表组成，在各方面制约着天皇的权力。该合议机关统管天皇的内廷机构，对包括大尝祭在内的重要祭祀、国家预算和官员名额的增减、国和郡的废置以及重大罪行的裁断等拥有提议权，并且拥有足可与天皇的叙位大权和军事大权相抗衡的权力。尤其不可忽视的是，大尝祭是继承天皇之位时必不可少的祭祀，太政官拥有大尝祭的提议权，自然就拥有了对皇位继承的发言权。律令制建立在天皇与太政官之间的紧张关系之上，这在后来屡屡导致二者的对立。

官厅官员的选拔不分门第高低，录用有才能并通过国家考试之人。为了广泛培养人才，中央设大学①、诸国设国学。而且，一旦被录用为官员，便可依据每年的业绩考评升至更高的位阶，就任更高的官职，这在形式上开辟了平民子弟成为官员的道路。但实际上五位以上的人有荫位的特权，其子孙一到成年，就自动被授予相应的位，这自然使一介平民成为官员的道路变得极为狭窄。

成为官员就有季禄，并被免除课役。官至大臣和大纳言等太政官中枢部的官职，获赐职分田、职封；五位以上者获赐位田，三位以上者获赐位封，四位和五位者获赐位禄。如此，拥有五位以上位阶的人（通贵②），享有各种特权，尤其是三位以上的人（贵）的特权最为突出，可以说通过荫位，这些人对官位的世袭在事实上得到了保障。这些被称为"贵"的五位以上的人即贵族有100~300人。贵族、六位以下的有位者、占人口绝大部分的没有位阶的平民即白丁（公民、百姓）、品部和杂户等，都为良民。其中，品部和杂户作为特别职能民集团，被免除

---

① 即大学寮，相当于中国的太学。
② "贵"即"贵人"之意，而"通贵"则指通向贵人的阶层。三位以上称"贵"，四位、五位称"通贵"。这些"贵"和"通贵"及其一族称为"贵族"。

课役，并根据职能分属、服务于各官厅。与良民相对，官户、陵户、家人、公奴婢和私奴婢被划为贱民，即"五色贱民"。在衣服的颜色及其他方面，这些贱民被严格地区别于良民。其中，官户和家人是有自己家庭的奴婢，而包括公私奴婢在内的大多数奴婢则是出于犯罪、无法偿还债务等原因而沦为不自由民的人，他们甚至可被称为"奴隶"，连承担课役的资格都没有。据推测，官户、家人和公私奴婢约占总人口的 10%。陵户则是圣地天皇陵墓的守墓人，可以说，他们不同于世俗的"奴隶"，与侍奉神的"神贱"类似，是超越人力的神圣者的"奴隶"。大概正是出于这个缘故，他们才被区别于平民而归入贱民的。此外，吉野的国栖和九州南部的隼人被大和政权视为"异族"，其中一部分被迫移居畿内，以其特异的巫术和艺能为天皇服务。

班田收授法

承担课役、维系着国家财政和军事的是占人口绝大多数的公民，即平民。平民也被称为"百姓"，他们不同于奴婢之类的私有隶属民——不自由民，可以说，他们作为国家的正式成员是自由民。

国家统治下的所有人，不论良民还是贱民，都必须把实名和原则上由天皇赐予的氏名和姓登记到六年一度制作的户籍中。而且，6岁以上的良民、官户和公奴婢的男子分得二反①口分田②，女子分得男子的三分之二，家人、私奴婢分得良民男女的三分之一。国家承认民众对房屋、宅地以及周围园地的占有，但禁止买卖口分田，死者的口分田于六年一度的班田时收归公有。这就是作为国家基本土地制度的班田收授法。

与此相应，8世纪前半期，各地以郡、国为单位实行条里制。条里制以自古以来采用的划分方法为基础，将田地整齐地划分为方形。对于面积广大的山野河海，则规定"公私共其利"，将其作为"无主"之地共同利用。

对班给公民的口分田，一反地课租二束二把（后来改为一束五把，大约为收获的3%）。"租"起源于自古以来向神和首领进奉初穗的做法，贮藏于各国的正仓③中。位田、职田以及赐予有功之人的功田，也必须缴租，这些叫作"输租田"。而其收获作为天皇的粮食（供御）的官田、赐予神社和寺院的神田和寺田，则作为神圣者的田地不必纳租，叫作"不输租田"。

---

① 反，也作"段"，土地面积单位。《养老令》规定长30步、宽12步为1反（360步）。太阁检地则规定300步为1反。明治的地租改正则以6平方尺为1坪，300坪为1反（约991.7平方米）。
② 班田制下的口分田原则上都是水田，水田不足的地方，也采用按一定比例分配旱田的做法。
③ 律令制下诸国收纳正税并由国司管理的仓库。

第四章 "日本国"的成立与列岛社会

分完口分田之后余下的田地叫乘田或公田，国司每年将它们出租（赁租）给百姓，征收收成的五分之一作为地息。地息的性质不同于租庸调，是对通过开垦或别的途径拥有该土地的所有权的人，征收收成的一部分作为该土地所生的"子"。公田的地息被送到太政官处，用于临时支出及其他。如此，日本国律令制的一大特征是，其土地制度和租税制度基本上以水田为基础。正如后文将要说明的，当时列岛社会所开垦的水田，并没有达到足以保障该制度实现的程度。但是，这个国家的领导层坚信"农乃天下之本"这一儒教农本主义的主张，意欲贯彻该制度，这对后来的列岛社会产生了巨大的影响。

计账与课役

在制作户籍的同时，每年还编制"计账"①。由里长（乡长）在计账中记入人口、性别、年龄乃至每个人的身体特征，并按国别加以整理，作为征课调、庸、杂徭和兵役等的基本底册。调原本是首领层在归顺仪式中进奉的称为"御调"的贡品，在此则是向成年男子（21~60岁为正丁）征收的地方特产。由发掘出的大量木简可知，调包括一定量的绢、绝、丝、棉布和麻布等纺织品，盐、鲍

---

① 律令制下国司为征收调和庸制作的文书，每年向太政官提交。计账与户籍同为统治人民的基础底册。

鱼、海藻和鲣鱼等海产品和铁，以及作为调副物①的油、染料、海产品和山中物产等各种物品。这一事实本身充分说明，这一时期社会生业极为多样。庸则指代替每年为期十天赴都城服劳役的岁役而缴纳的物品，与调相同，用麻布、棉布、海产品以及米等物品缴纳。调和庸由平民自备口粮运至都城，运送调庸的这种劳役则称为运脚。调用于官员俸禄和国家经费等，庸用作仕丁、卫士以及被强制雇用的畿内劳动者的粮食。负担公共课役是国家成员身份的标志，其负担者限于成年男子，女性、老人和幼儿不在其列，这对此后的列岛社会产生的影响不容忽视。国家还免除了重病人和残疾人的课役，与对待登录在户籍上的年龄在80岁以上的平民一样，为他们安排护理人员。

此外，徭役是指正丁在国司的指挥下进行的各种公共劳役，包括建造国家所必需的池塘、堤防、道路、桥梁以及仓库等。可以说，徭役是国家将平民为首领效力的义务加以制度化的结果。

出举和兵役

租稻的征收起源于向神进奉初穗的做法。国家将租稻储存于国和郡的仓库之中，并将其中一部分贷给中层以下

---

① 附属于调的税，只向正丁征收，主要为纸和漆等工艺品。

第四章 "日本国"的成立与列岛社会

的平民作为稻种或农业开支，令他们于秋收季节贴50%的利稻归还，这就是"正税①出举"制度。过去，首领将由其管理的初穗作为稻种贷给共同体成员即平民，令他们在收获的季节连同给神的还礼即利稻一并归还仓库。因此，可以说，出举制度是将自古以来的习俗加以制度化的结果。这种由国家实行的出举称为"公出举"，民间以同样方式实行的出举则称为"私出举"。出举真可以称得上是一种金融形式。对国家而言，出举的利稻是地方财政的重要收入。此外，为了防备凶年，国家还制定了每年缴纳一定量的粟的"义仓"制度，这也是将原本由共同体实行的习俗制度化的结果。

就这样，这个国家将列岛社会传统的进献初穗、归顺仪式和贷放稻种等习俗，作为租税制度系统地加以制度化。如此确定下来的以水田为基础的租税制度，几经变形，由后世的列岛国家继承了下来。

此外，兵役也是成年男子的沉重负担。按比例，正丁的三人到四人中有一人被征发，他们被安排到各国的军团接受训练，其中一部分来到都城，作为卫士，从事宫门警卫或宫廷杂役。特别是"东国"（东海道、东山道的各国），作为畿内政权的新征服地，其军事力量受到重视，

---

① 律令制中作为田租征收的稻谷，贮藏于各国正仓，作为地方财源，其中一部分用于出举，其利息充当地方开支或置备进贡朝廷物资所需的经费。

日本社会的历史

士兵的三分之一，三年中必须作为防人守卫筑紫、壹岐和对马等面向朝鲜半岛和中国大陆的海岸。这与白村江战败使日本西部的军力受到较大打击有关，同时，可以说这个国家对待东国的态度，与迫使新征服的异族隼人和国栖为其效力的态度有相似之处。

职能民的组织化

正如前述调、庸的品目所反映出来的，在当时的列岛社会中，平民从事纺织、制铁、制作木器、采集乃至制盐和捕捞等各种生业，社会分工也发展到了相当高的程度，集市交易也活跃起来。但是，对于来自大陆和半岛的高度发达的技术和平民力所不及的技术，国家有必要专门培养和组织职能民。因此，国家将职能民作为免除课役的品部、杂户加以组织，强制推行职能和技术的世袭；同时，向海民、山民和狭义的艺能民中有实力的人授予官位，任命其为职能官员，令他们教授技术。这种制度在中国大陆国家并不存在，对此后列岛社会的职能民的形态产生了相当大的影响。

与令规定的赋课不同，天皇食用的鱼贝、海藻、果实等山野河海的产物即所谓的山珍海味，作为"贽"由包括畿内的网曳①、江人②和鹈饲等直属于天皇的贽人在内

---

① 用网捕鱼之人。
② 用鱼梁、筌等工具捕鱼的人。

的各国赘人进贡。其实际情况也通过发掘出的木简得以明了。赘与山民和海民的初尾奉献①有关,与天皇具有同神相通的神圣王的性质有关,它不属于以水田为基础的土地制度的范畴,是天皇家经济来源的一部分。

双重统治构造——国司和郡司

由都城派往各国的国司被授予诸多权力,包括制作户籍、班田和征税等民政权,本国的财政权,监督军团士兵的军政权,裁决罪行的裁判权,管理和祭祀本国寺院神社的权力等。国司的政厅即国衙的所在地称为国府。国府作为在各国夸示以天皇为中心的畿内统治者的威势和权力的机关,具有与都城相似的区划和设施,只是规模较都城小。

虽然国司的权力非常大,但是对于为数甚少且并未在当地扎根的国司而言,在实际统治的过程中,自然有必要录用、补充当地有实力之人,以取得他们的支持。其中尤属郡司及里长等人的力量最有必要依靠。这一时期,从前由国造掌握的军事、行政权力集中到了国司手中,而延续了国造谱系的首领所担任的郡司则被置于该统治体系的末端,只有祭祀权留在新设置的部分国造(出云、纪伊等)

---

① 初尾奉献,也作"初穗奉献",指将当年首次收获的农作物及其他产品进贡给神佛或朝廷,或者进贡相应的金钱。

手中。

郡司的独立性在制度上遭到否定,但他们保持着传统首领的权威,许多情况下,他们居住在以首领个人住宅为基础建成的郡衙中,在管理为数甚多的正仓的同时,还掌握着实际的裁判权。而且,郡司是终身职务,与其说他们是官员,不如说他们带有更为浓厚的首领和豪族的色彩,并凌驾于平民之上。不可否认,国司的统治是以郡司对民众的统治为前提的。但是,从官制上看,郡司的地位远远低于国司,在国司面前必须下马、屈膝行礼,无论郡司的位阶如何高升,都不能成为国司。这个国家在继承了畿内首领血统的贵族和官员与各地首领和豪族之间,设置了不可逾越的鸿沟,日本国在成立之初的本质说到底就是一切以畿内为中心的国家。

律令国家的矛盾

日本国的国家体制依赖于郡司的首领制性质的统治,这屡屡被称为"双重统治关系",其形态迥异于隋唐那样的中国王朝,可以说,这种体制充分反映了日本作为律令制国家早熟的特点。律令可谓合理的文明制度,而实际社会中却明显残留着未开化的性质,这两者间存在乖离,并表现在其他各个方面。例如,从刑罚看,律令制的刑罚有笞、杖、徒、流和死五种,背叛天皇和国家、对尊长不孝

第四章 "日本国"的成立与列岛社会

等称为八虐，属于最严重的罪行。按规定，犯了八虐的人，无论有多大的特权都不能赦免，但实际上达官贵人可以利用身份特权减免刑罚。此外，律几乎照搬唐律的规定，确实具有很大的权威，但很难说它已经渗透到了整个社会之中。如前所述，原有的一些做法根深蒂固地残留在社会中。例如，视罪行为污秽并通过祓褉驱除的习俗，盟神探汤之类的神判，杀人者判处死刑、无法偿还债务就必须沦身为奴等刑罚，在集市和河滩执行死刑、举行祓褉等习惯，等等。我认为，切合这种社会实际的郡司的裁判权在实际中起着巨大作用。

此外，户籍和继承制度也效仿唐制，国家基本上贯彻以家长制为基础的制度，规定由作为家长的男性户主管理该户，由父系嫡派继承。不过，《养老令》（后述）对《大宝律令》做了部分修改，结合当时社会中母系继承的观念依旧盛行、承认女性具有财产权的实际情况，对唐令做了较大的修正，在很大程度上承认了女性继承遗产的资格。而且在编制户籍时，将包含着两三个小家庭的二三十人的父系复合大家庭作为一户记录，将五十户作为一里编制，但由于添加了许多为符合制度要求而进行的人工操作，结果未必如实反映了家族的实际情况。当时的社会中，不同地区的家族呈现出相当大的差异，具体情况尚不清楚。我认为，居住在多个住处的小家庭，以父母两系的血缘为纽

日本社会的历史

带组成了小共同体；而这样的小共同体又以双系血缘为纽带形成了同族集团。这一时期，在有实力的首领层中，逐渐形成了包括奴婢之类的非亲属成员在内的由家长管理的"家"，不过，村落的边界尚未确定，集体成员也具有相当大的流动性。针对这种情况，为了军事和征税之便，国家编制了户籍。户籍虽然在一定程度上符合实情，但由于编制过程中依据家长制将家族编成了井然有序的户的形式，与变动着的社会之间产生尖锐矛盾在所难免。

另外，正如前文所提及的，国家基本上把水田作为国制的基础，但是，当时列岛上所开垦的水田，根本不足以保证国制的实现。不仅如此，实际上，维系平民生活本身的也并不限于水田。国家下令制作"桑漆账"，统计具有悠久栽培史的桑树和漆树的棵数。各地平民女性广泛地养蚕，也从事绢布、麻布等的生产。山民从事各种生产，包括：使用火耕地，种植麦、豆和粟等各种旱地作物，栽培栗、柿、蘑菇和薯类等山中特产，采集果实，狩猎，用漆制作漆器，制作常用木器，烧炭，制铁，生产木材，等等。海边的海民则采集海藻和贝类，捕鱼钓鱼，使用土器大量制盐，使用船只从事水上交通，等等。整个社会在很大程度上依旧依靠水田和旱作以外的生业维系。不仅如此，各地集市交易活跃，还出现了周游各地的交易民、云游的宗教徒和女性艺能民等。这些人具有较大的流动性，

第四章 "日本国"的成立与列岛社会

但他们是否全都在国家的控制之下,还是个问题。不过,国家确实希望将以水田为基础的国制贯彻到社会之中,想要控制所有的人口,分给他们水田,例如,试图将尾张国的口分田分给志摩国的海民。然而,即使分到口分田,海民也并不自己耕作,一般将之租赁给他人。

如此确立的日本国国制,作为列岛上首次成立的真正的国家所制定的制度,在统治阶层强烈意志的作用下,对此后的列岛社会产生了巨大的影响。这个早熟的国家仍旧处于未开化的质朴之中,还不能切实地吸纳和体现各地极其多样的平民生活。而且,社会未开化的现实本身在国家的形态上打上了深深的烙印。为了实现自己期待的统一的、整齐划一的国制,这个国家给平民强加了沉重的负担,限制他们的移动自由,将他们的生活严格地限制在一定的范围之内。并且,如前文所述,这个国家是以畿内为中心的国家,都城、畿内的贵族和官员与各地首领之间存在显著差别。这不可避免地招致了地方社会的不满。上述各种矛盾,早在天皇和众贵族自豪地宣布国家成立之时便已出现了。

第五章　古代小帝国日本国的矛盾和发展

第一节　古代日本国的矛盾和8世纪的政治

铸造货币和迁都平城京

《大宝律令》制定翌年即702年（大宝二年），持统上皇去世。此前一年，病弱的文武天皇与藤原不比等之女宫子生了首皇子。不比等和刑部亲王等人在《大宝律令》的撰定上起了很大作用，他们作为太政官的中心负责处理政务。但是，704年（庆云元年）以后，天灾和疫病等灾害不断，社会越发动荡不安，政府不得不迅速应对严峻的局面。706年（庆云三年），政府采取了一系列对策，对刚刚制定的《大宝令》加以改订，将庸的征收量减半、

第五章 古代小帝国日本国的矛盾和发展

减征义仓之粟,以减轻平民负担;同时,禁止诸王和大臣占有山林原野(庆云改革)。

在此期间,政府便已开始考虑迁都之事。707年(庆云四年),文武天皇病故,因首皇子尚年幼,作为过渡,文武之母阿闭皇女即位为元明天皇。但是,由于首皇子的母亲出身于藤原氏而非皇族,因此首王子的地位并不稳固,其皇位继承权遭到以皇族为首的贵族和官员的强烈反对,宫廷气氛一时异常紧张。

不过,藤原不比等通过前述改革,巩固了自身在宫中的地位,强有力地领导政府度过了这一危机。708年,武藏进献铜①,政府以此为契机,改年号为和铜,并铸造铜和银的货币"和同开珎"②(银钱的铸造不久便停止了)。710年(和铜三年),宫廷迁至新都平城京,以期人心为之一新。此前一年,日本国便开始对东北和北陆北部发起进攻。畿内统治者视该地之人为未开化的异族,称之为"虾夷"。军队侵占了日本海沿岸地区,如前文所述,于712年(和铜五年)设立了出羽国。翌年,日本国的统治者又在同样被视为异族的九州南部隼人之地设立了大隅国。

---

① 708年,武藏国秩父郡发现一种含杂质极少的自然铜"和铜"。
② 这次铸钱并非首次,7世纪末便铸造了巫力备受期待的富本钱。——原书注

日本社会的历史

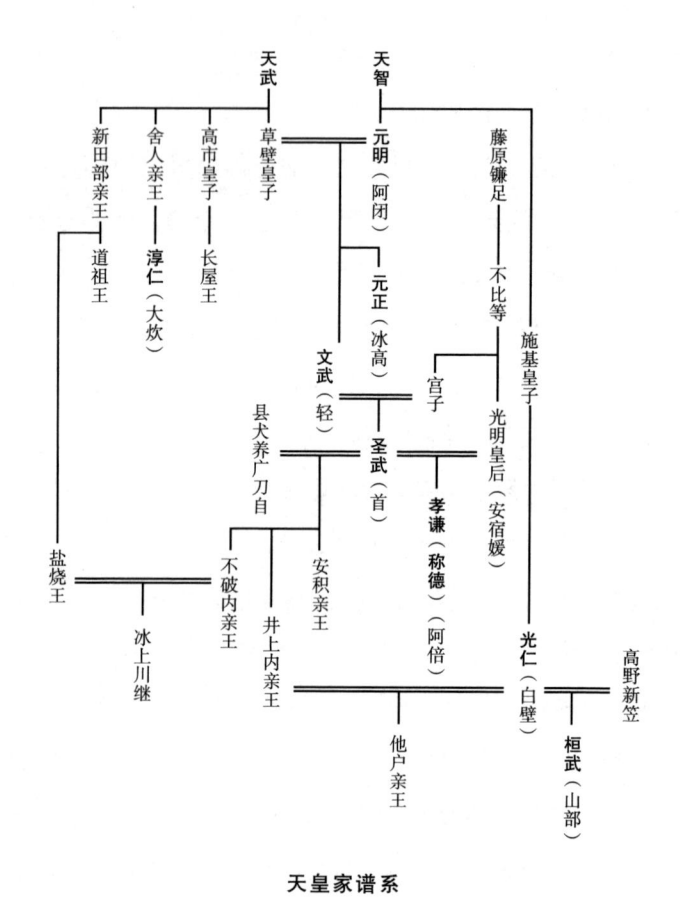

天皇家谱系

* 黑体字为天皇号

如上所述，藤原不比等领导的政府试图通过向内外夸示国威来打开局面。以畿内为中心的日本国对"虾夷"的攻击和对隼人的压迫，无非是为扩大版图而单方面发动的对东北、九州南部民众生息之地的侵略。而且，针对贵

第五章　古代小帝国日本国的矛盾和发展

族和官员中潜在的不满，政府营造出戒严的气氛，强行迁都。《万叶集》中，类似"仰承天皇命……"①这样的和歌在这一时期多了起来。可以说，这些和歌是高压政治下人们感情的隐晦表达。在此前后，都城的卫士和仕丁，以及被组织起来营造都城的役民不断逃亡；有些运脚把调运送到都城后，在归途中因粮食吃尽而死去。

政府竭力应对这些情况，严厉禁止民众逃亡、浮浪②，以推进都城的建造。新都平城京的规模比藤原京大，以雄伟的平城宫为中心，按条坊制布局，笔直的大道将都城划分得整齐如棋盘。大安寺和药师寺等建于飞鸟的大寺院陆续移建至此；官衙（官署）林立，分设东西的两市中聚集着交易之人，从贵族到庶民；房顶全以瓦铺葺，政府还鼓励人们以丹漆涂柱。被歌颂为"如同花开香满溢……"③的奈良之都，就这样展现在世人面前。

藤原不比等的政治

712年，自天武以来的修史大事之一《古事记》告成。翌年，政府下令各国编纂《风土记》。714年（和铜

---

① 《万叶集》第1020首："仰承天皇命，去国隔海邻。惶恐出口唤，住吉现人神。坐镇在船首，保佑我夫君。所到诸岛岬，所靠诸矶岬，莫遇风浪暴，无恙无病瘟。赐其速速归，早返故国门。"
② 律令制下，非法离开原籍地流浪他国。
③ 《万叶集》第328首："奈良京城，如同花开香满溢，而今正盛。"

七年），都城中出现了来自列岛西南的信贺（石垣岛）、球美（久米岛）的人，新罗使者也屡屡来朝。日本国也一批接一批地派遣遣唐使，随行的还有留学生和留学僧。频繁增设国、郡，充实中央官厅，不断完善直线大道和驿站，等等。至少从表面看，这个以畿内为中心的国家反而以内部矛盾为动力，向内外宣示权威，逐渐走向繁荣。

在此种背景下，714年，首皇子被立为皇太子。翌年，元明退位，元明之女即文武之姊即天皇位（元正）。716年（灵龟二年），藤原不比等之女安宿媛（后来的光明皇后）成为皇太子妃。如此一来，藤原氏便与天皇家结成了密不可分的姻戚关系。通过这种关系，藤原氏打通了将本氏之人送入太政官中枢、排挤他氏的渠道。不过，这同时也为藤原氏与对其不满的皇族及其他有实力贵族之间的暗斗埋下了祸根。

此外，尽管政府再三下令禁止，平民依旧逃亡、浮浪。许多人为躲避课役而侍奉皇族或贵族，躲入他们的私人保护之下；或自己削发为僧侣或尼姑，即成为私度僧。当时，有些僧侣在这些私度僧的拥护下，在民间云游、化缘，宣传佛教。特别是行基及其弟子的活动，尤其引人注目。

针对这些情况，不比等领导的政府于715年（灵龟

第五章 古代小帝国日本国的矛盾和发展

元年)鼓励陆田(旱田)耕作,努力扩大农业基础。同时,以乡里制取代以往五十户一里的制度,在乡的构成单位乡户①之下,新设置了更小的单位——房户,力求彻底控制平民。对浮浪人的追查也相当严厉,717年(养老元年),严禁贵族将浮浪人置于自己的保护之下。同时,压制以行基为代表的僧侣的活动,通过统管佛教界的僧官即僧纲,进一步强化对僧尼的管理。

718年(养老二年),不比等根据在维护律令制的过程中积累的经验,修改《大宝律令》,制定《养老律令》。《养老律令》限于部分修正,并未对《大宝律令》进行大幅度修改,且并未立即施行。不过,这确实进一步完善了律令。720年(养老四年),作为天武以来的修史事业的另一项成果,以编年体编写的真正史书《日本书纪》告成,该书是六国史②的第一部。

不比等不懈的努力取得了一定的成果,但这个国家的内部矛盾显然已经不是高压所能抑制的了。这一年,政府不得不采取措施缓和对逃亡平民的压制。不比等政

---

① 律令制下作为乡的构成单位的复合家族。从正仓院所存8世纪的户籍和计账看,1户平均20人左右,最多为100多人。实施乡里制后,乡内部分成两三个近似直系家庭的房户。
② 奈良、平安时代朝廷编纂的六部史书《日本书纪》、《续日本纪》、《日本后纪》、《续日本后纪》、《日本文德天皇实录》和《日本三代实录》的总称。

府的内外高压政策招来了不满,并在西南①和东北②,分别以隼人和"虾夷"叛乱、抵抗的形式爆发出来。不比等终生致力于施行的政策破产了,他在这种政治旋涡中去世。

长屋王的时代

不比等死后,天武之孙、高市皇子之子长屋王成为政府的中心。长屋王之妻是草壁皇子与元明之女。近年从其宅邸发掘出的木简上有"长屋亲王宫"的字样。长屋王享有与天皇相同的贽,由此可知他在皇族中拥有非常重要的地位。长屋王对不比等的施政持批判态度,他主张儒教灾异说,认为如果王者的政令有误,天地便会加以责罚、降下灾异,因此,他严格要求贵族和官员端正态度,履行职责。他还令当时的一流文人侍候在皇太子首皇子左右,以自己独特的方式教导培育皇太子。此外,他还屡屡亲自主办诗歌宴会,使宫廷洋溢着文雅之风。宫廷聚集了大伴旅人、山上忆良和山部赤人等富有个性的《万叶集》歌人,以及后来因《怀风藻》而闻名的汉诗人。

长屋王减轻平民徭役(力役),并使被告发的浮浪人

---

① 即九州南部。
② 即本州东北。

第五章　古代小帝国日本国的矛盾和发展

除被遣送回原籍地之外，还可选择改编入浮浪之地的户籍。他采取了一系列顺应形势的措施，其施政带有不同于不比等高压政策的色彩。722年（养老六年），长屋王顺应各地积极垦荒的形势，发布了良田百万町步①开垦令。实际上，日本列岛水田总面积在16世纪才达到百万町步，至于当时为何提出如此庞大的数字，现在只能存疑。也许是由于意识到水田严重不足，也许是出于政府对水田的根深蒂固的执着。然而，这项庞大的计划在动员国衙、依靠普通平民的徭役付诸实施后，很快便被证实是不可能实现的。翌年，长屋王便不得不改变政策，实行所谓的"三世一身法"，规定开垦者对所开垦土地的权利为：新修灌溉设施开垦的土地，归开垦者三代所有；利用原有设施开垦的土地，仅限一代所有。不管怎样，这个国家的水田绝对不足以保证国制的落实。可以说，长屋王是在以自己的方式努力攻克这个难关。

开垦者的权利在一定期间内受到保护，但又受国家掌控。该做法带有依靠继承了首领血统的豪族和有实力的平民私人劳动力促进开垦的意图，可以说基本切合实际，同时也不可否认这是对律令原有原则的修正。

721年（养老五年），支持长屋王的元明上皇去世。藤

---

① 以町为单位计算田地和山林等的面积时的用语。1町约为99.17公亩。

原不比等的四个儿子——武智麻吕、房前、宇合和麻吕①对长屋王不稳定的施政大加批判，态度逐渐强硬起来。

724年（神龟元年），元正天皇退位，首皇子终于即位，成为圣武天皇。727年（神龟四年），中国大陆东北的渤海国首次遣使来日，宫廷的活动也盛大起来。圣武的夫人②光明子③也于这一年生下一子，孩子在一个月后便被立为皇太子。然而，该皇子翌年便夭折了。而圣武的另一位夫人县犬养广刀自也生了一个皇子。意欲立光明子为后的藤原氏因此陷入困境。他们对妨碍自己实现目标的长屋王施压，将其周围的大伴旅人及其他文人政治家左迁至遥远的大宰府，使长屋王逐渐陷入孤立的境地。

藤原四子的政权

729年（天平元年），长屋王被冠以谋反罪，其宅邸被藤原宇合所率士兵包围，长屋王被迫与妻儿自尽（长屋王之变）。而且，这一年藤原不比等的四个儿子——武智麻吕、房前、宇合和麻吕，打破皇后必须是内亲王（天皇之女）这一自古以来的惯例，立光明子为皇后，这是第一个非皇族出身的皇后。以武智麻吕成为大纳言为始，不比等

---

① 藤原氏谱系参见第149页。
② 律令制中天皇的后妃，地位仅次于皇后和妃，位阶为三位。
③ 即前述安宿媛。

第五章 古代小帝国日本国的矛盾和发展

的四个儿子陆续进入政府中枢,并确立了以他们为中心的体制。

藤原四子基本上继承了其父不比等的施政方针,于729年(天平元年)实行真正的班田,断然采取措施,将所有的口分田收公,重新班给,试图强化在长屋王时代呈现出松弛倾向的律令制。但是,这一强制手段——可谓口分田的重新分割——招致社会的强烈不满,甚至引发了负责落实班田的官员自尽的事件。各国盗贼和海贼①出没,行基那样的宗教人士周围聚集了许多人……不安的情绪在社会中蔓延。

针对此种情况,政府一方面采取怀柔政策,考虑到隼人的反抗,决定不在大隅和萨摩实行班田,对跟从行基的部分僧尼给予认可。同时,还设置了面向浮浪人、病人的施药院和悲田院。另一方面,采取各种武力措施,以军事手段镇压社会的动乱。731年(天平三年),在畿内新设总管,在山阴道、山阳道和南海道设镇抚使。翌年,又在东海道、东山道、山阴道和西海道任命节度使。这一时期,中国大陆方面,渤海国和唐之间爆发了战争,新罗也在唐朝的命令下出兵,局势相当紧张。但不管怎样,武智麻吕政权通过武力镇压平息了社会动乱,走上

---

① 古代到镰仓末期多指海盗行为及海盗势力,南北朝到战国时期多指拥有海军力量的豪族。

了正轨。735 年（天平七年）①，圣武天皇通过在朱雀门举办男女歌垣②、游览各地等举措，似乎让宫廷恢复了文雅之风。此外，政府对东北的政策也逐步落实，737 年（天平九年）开通了连接殖民活动频繁的陆奥和出羽的道路。

但是，这段时间由于天灾，各地发生了饥馑。735 年前后开始，九州流行的天花传播至各地，夺走了许多生命，又顺着紧密连接且繁忙的交通和流通路线蔓延到京都。737 年，以藤原氏四人为首，政府要员病亡殆尽，武智麻吕政府全面崩溃。

藤原广嗣之乱与橘诸兄的政治

身为右大臣的橘诸兄（皇族，光明皇后的同母异父兄）率领少数幸存的议政官，努力收拾残局，重建政府。至 739 年（天平十一年），他们一方面全力调整政府阵容，禁止各地贵族和富裕豪族日益嚣张的私出举，严厉整顿贵族和官员的作风；另一方面，实施大胆的减轻负担政策——让东国出身的防人回到故乡，令筑紫人戍守壹岐和

---

① 经核，此处应为 734 年（天平六年）。《网野善彦全集》第 16 卷中关于同一事件的时间，表述也为"734 年（天平六年）"。
② 古代男女集体歌舞祈祷丰收的一种仪式。歌垣原本为农耕仪式，后来逐渐以举行这种仪式时进行的歌舞活动和两性结合为主，演变为民间求婚仪式、宫廷的风流活动。

第五章 古代小帝国日本国的矛盾和发展

对马,除大宰府、东北等部分地区外,令各国士兵全部留在家乡。政府痛下决心采取的这些措施旨在减轻前述灾害对社会的影响,却导致律令制被大幅度修改。

在此期间,738年(天平十年),圣武与光明皇后之女阿倍内亲王被立为皇太子。立女性为太子已属罕见,在此前后,圣武还逼退了此前给佛教界带来巨大影响的道慈,信赖从唐朝归来的玄昉和吉备真备,等等。圣武按自己的意志频繁调整人事,玄昉与真备成了橘诸兄实际上的政治顾问。

政府的这种动向,引起了以藤原氏的某些人为首的宫廷内部的强烈不满。以此为背景,740年(天平十二年),被橘诸兄贬到大宰府的藤原宇合之子广嗣以施政欠妥为由弹劾政府,要求罢免玄昉和真备,并动员九州军团士兵,率领隼人发动了叛乱(藤原广嗣之乱)。刚刚令各国士兵留在家乡的橘诸兄政府陷入了困境,于是,重新动员各道士兵,任大野东人为大将军,历时一个多月,平定了叛乱。广嗣遭隼人背叛而失败,他试图逃往耽罗(济州岛),却被大风吹回,并被斩于五岛。圣武天皇担心都城人心动摇,匆匆舍平城京而去,意欲前往东国,并到达了美浓,却由于橘诸兄的阻止,转移到距橘诸兄别墅不远的山背恭仁,仓促地定该处为都城。

翌年即741年,在光明皇后的恳请之下,圣武下诏在

日本社会的历史

各国修建国分寺①。各国修建僧寺和尼寺，建造七重塔一座，分别置《金光明最胜王经》和《妙法莲华经》各一部。当时，国家动荡不安，甚至在藤原氏中出了叛乱者。国分寺的建造旨在依靠佛教之力镇压国家动乱。佛教作为镇护国家的宗教，开始对现实政治产生巨大影响。与此同时，行基及其弟子没有因长年遭受打压而气馁，积极为恭仁京的营造出力，如搭建桥梁等，圣武和橘诸兄也不得不对他们刮目相看。佛教不仅在镇护国家方面，也在这些方面深深地渗透到社会之中。

垦田永年私财法

疫病、饥馑、战乱等灾害之后，都城和寺院的营建极为艰难。政府努力精简地方行政，废除乡里制而整合为乡制，减少郡司人数，等等。这时都城和寺院的营建已不得不转而依靠行基的弟子之类的自发劳动力，以及向各地郡司及富裕有实力之人募捐。743年（天平十五年）发布的垦田永年私财法，无疑也是此类做法之一。该法取消了三世一身法的限制，虽然根据官员的位阶规定了开垦的限额，但承认限额内开垦的田地为私有财产。其意图在于将

---

① 分为国分僧寺和国分尼寺。其中，僧寺建七重塔一座，放《金光明最胜王经》一部，称为金光明四天王护国之寺；尼寺亦建七重塔一座，放《妙法莲华经》一部，称法华灭罪之寺。

第五章　古代小帝国日本国的矛盾和发展

限额内的田地和实际开垦的大量田地一起纳入支配体系，强化土地管理；同时，顺应地方有实力之人的开垦热情，引导他们配合政府。但是，这个法令无疑大幅度修正了班田收授法，以此为契机，畿内贵族和寺院的势力开始渗透到各地的社会中。

营造大佛

这一时期，住在恭仁的圣武屡屡前往位于近江紫香乐的离宫，并在发布垦田永年私财法的743年10月，下诏在紫香乐建造大佛。圣武宣布，为了祈求佛祖的力量平息社会动乱，将以天下的财富和力量建造卢舍那大佛；[①] 同时又强调愿接受一切自愿的支持，以推动大佛的建造，哪怕是"一根草一把土"。行基及其弟子积极响应，开始向各方化缘，呼吁人们主动支持大佛的建造。大佛的建造在紫香乐开始了。20年前，行基等人是严厉压制的对象，而现在却成了推动大佛建造的中坚力量，律令制国家在此面临重大转折。

圣武并没在紫香乐安居下来。744年（天平十六年），他前往难波宫，开始考虑迁都难波之事。然而，圣武唯一的儿子安积亲王却猝死于途中——有观点认为是毒杀。这

[①] 诏文为："夫有天下之富者朕也。有天下之势者朕也。以此富势造此尊像。"

导致圣武将皇位传给直系男子的可能性几乎为零。

橘诸兄宣布放弃恭仁宫的营造,准备迁都难波。该地自大化以来便具有都城的传统。然而,圣武却再度前往紫香乐,致力于正在进行的甲贺寺大佛的建造。紫香乐一时被称为"新京",但其附近频频发生奇怪的山林火灾。于是,贵族、官员、僧侣和市井之人终于如愿以偿地回到了平城。自藤原广嗣之乱以来,圣武天皇一直未能找到安居之所,时隔五年后,也终于回到了平城京。

立未婚女性为皇太子这一异常事件严重影响了政局的稳定,事态至此仍未平复。围绕皇位的继承问题,藤原武智麻吕之子仲麻吕与橘诸兄之子奈良麻吕之间的对立逐渐显露出来。745年(天平十七年),玄昉左迁九州。失去左膀右臂的橘诸兄致力于政府的重建,恢复士兵的征发;授位阶给各地有实力之人,以促使他们向政府进献物品;接着,为维持国衙财政的支柱"正税出举",命令各国实行公廨稻制度,即出举一定的稻谷,将所得收入作为国司的俸禄。这使财政状况多少得到好转。但是,将公廨稻的运作委于国司的做法,不久便发展为由国司承包租税征收,这成了国司制度蜕变的契机。

大佛开眼

在此期间,大佛的建造转移至平城京,由大伴家持等

第五章　古代小帝国日本国的矛盾和发展

人合力推进。748年（天平二十年），与橘诸兄关系甚密的元正上皇驾崩，翌年，行基也去世，营造变得极为困难。但是，这一年即天平胜宝元年，陆奥首次进献黄金，宇佐八幡之神降神谕要求援助大佛建造，这类事被大肆宣传，圣武天皇和橘诸兄越发执着于这项工程。

然而，同年圣武退位，独身的孝谦即位为女帝，情况发生了巨大变化。藤原仲麻吕更改光明皇后的皇后宫职名称，设置紫微中台，并亲自担任长官，将心腹聚集于紫微中台，倚仗光明的权威，开始掌握政府的实权。在这种动向中，750年（天平胜宝二年），橘诸兄仅剩的顾问吉备真备也被贬到九州，橘诸兄越发孤立。翌年，第一部汉诗集《怀风藻》编定，其中汇集了近江朝以来的汉诗。不过，该诗集的编者似乎对这种时代动向颇为不满。在这种微妙的政治状况之中，752年（天平胜宝四年）4月，大佛建成，并举行了开眼仪式。

开眼仪式以名为菩提的天竺人（印度人）为导师，正如这点所反映出来的那样，该仪式颇具国际色彩，甚至可以说，自佛教传到日本以来未曾有过如此盛大的仪式。象征天平文化的巨大佛像出现在东大寺。这次仪式所用的各种美术工艺品，至今仍珍藏于正仓院。由这些珍藏品可知该仪式之华丽、盛大。

虽然佛教逐渐渗透到国家和社会之中，但不容否认的是，这一时期的佛教带有镇护国家的性质，被用于现世目的之倾向较为明显。不过，在东大寺大佛完成前后，南都[①]六宗（三论、成实、法相、俱舍、华严、律）所做的教义分科研究渐趋完备，系统地理解佛教的前提条件成熟了。754 年（天平胜宝六年），历经长年艰辛乃至双目失明的唐朝僧人鉴真终于到达日本，带来了真正的戒律。这一年，鉴真在大佛殿前，首次为圣武、光明和孝谦举行了授戒仪式。不久后，东大寺建造了戒坛院，接着又建造了唐招提寺，且筑前的观世音寺、下野的药师寺也设置了戒坛。这个国家成立之初，由于僧尼令的存在，佛教受到世俗权力的严格限制。可以说，至此佛教终于开拓出了以独自权威为基础的发展之路。

藤原仲麻吕（惠美押胜）的霸权

开眼仪式之际，举政府之全力建造大佛的橘诸兄开始显现失势之态。开眼当日，孝谦天皇前往藤原仲麻吕的宅邸，并留在该处，政局的主导权完全转移到仲麻吕一方。756 年（天平胜宝八年），橘诸兄辞官（翌年去世），接着，圣武上皇也去世了。

圣武临终前指定道祖王（新田部亲王之子、天武之

---

① 奈良的别称，相对于京都（北都）而言。

第五章 古代小帝国日本国的矛盾和发展

孙）为皇太子。然而，翌年即757年，仲麻吕便废黜道祖王，立亲近自己的舍人亲王之子大炊王为皇太子。这一年，仲麻吕开始施行其祖父不比等制定的《养老律令》。时隔40年之后再次施行《养老律令》，反映出仲麻吕意欲继承不比等的政治方略。仲麻吕还将中男、正丁的年龄分别提高1岁（中男为18~21岁，正丁为22岁及以上），以减轻平民负担，表明了他在新的条件下恢复律令制的政治主张。仲麻吕还一手掌握兵马大权，表现出防备反对派反击的强硬态度。

实际上，橘诸兄之子橘奈良麻吕早就对仲麻吕的抬头强烈不满，他纠集包括对仲麻吕不满的前皇太子道祖王在内的诸王，以及大伴氏、佐伯氏等自古以来支持着畿内政权的氏族，以救平民于水火为旗帜，为打倒仲麻吕的政变积极做准备。然而，该计划于事前泄露，7月，孝谦天皇和仲麻吕先发制人，杀害奈良麻吕等人，仲麻吕成功扫清反对派（橘奈良麻吕之乱）。

以大量长歌和短歌抒发情感的大伴家持，曾由衷地支持橘诸兄政权和大佛营造，但在目睹了同族和僚友因支持奈良麻吕而没落后，左右为难，最后不得不站到了藤原仲麻吕一边。《万叶集》所收家持的和歌之中，最晚的作品创作于759年（天平宝字三年），这绝非偶然。家持成了《万叶集》事实上的最后一位编者，可以说，他的命运象征性地反映了天平文化的某些情况。

仲麻吕一扫反对者,巩固了专制体制。一方面,他推出将杂徭减半、废止东国防人等一系列减轻负担的政策,以顺应民意;另一方面,他也致力于重新校检田地,揭发隐田,整顿班田制。758年(天平宝字二年),大炊王即天皇位时,仲麻吕获授姓名惠美押胜。仲麻吕将百官的名称全部更改成唐朝风格的,试图依靠唐风文化增强政权权威,从这时开始,宫廷的文化充满了浓厚的唐风。

道镜与女帝

仲麻吕也积极地采取对策应对东北问题,在陆奥修筑桃生城,在出羽修筑雄胜城,努力压制东北人。755年唐朝爆发了安禄山、史思明之乱,758年,派往渤海国的使者将这一消息带回日本后,仲麻吕迅速制订了远征新罗的动员计划。这大概是由于断定当时新罗得不到唐的援助,正是进攻新罗的最佳时机,但也许更为重要的目的在于,通过使各国处于临战状态的紧张之中确保权力的稳定。760年(天平宝字四年),押胜终于当上了太政大臣,但光明皇太后于这一年去世。此前,押胜主要通过与光明联合确保权势,光明之死给他的前途投下了阴影。而且,成为上皇的孝谦倾心于侍奉其左右、照顾其病体的道镜,与天皇对立,乃至在762年(天平宝字六年)宣布国家大

第五章 古代小帝国日本国的矛盾和发展

事全由自己亲自处理。如此一来，权力集团分裂为上皇孝谦-道镜与天皇（大炊）-押胜两个阵营，押胜的处境进一步恶化。

此外，这一时期，由于饥馑、疫病，不安的情绪在社会中不断蔓延，人们开始公开反对押胜的专制。大伴家持等人图谋推翻押胜，但政变被扼杀在摇篮中。764年（天平宝字八年），逐渐陷入困境的惠美押胜试图凭借手中所握的全国军事大权，与孝谦上皇对抗，却遭到孝谦的先发制人。押胜失败后，试图前往越前，该地有其一手培植的势力，但他逃至近江便被杀（惠美押胜之乱）。

孝谦随即任命道镜为大臣禅师，废黜天皇［废帝，1870年（明治三年）追赠淳仁谥号］，并将之流放淡路。而孝谦自己虽然已经出家，却再次登上天皇之位（称德）。道镜为河内土豪出身，据说通过山中修行掌握了咒术，此时，他集女帝的宠爱于一身，掌握了政权。对此，众贵族自然极为不满。765年（天平神护元年），称德杀害身处淡路的废帝，压制众人的不满，并任命道镜为太政大臣禅师，使其以僧人身份成为太政大臣，翌年又试图授予道镜法王之位。在此期间，称德一味地听从道镜的建议，不断建造包括西大寺在内的大寺院，向寺院布施封户[①]和

[①] 律令制下根据位阶或勋封给皇族、高官和寺院的民户。封户上缴的租的一半以及庸和调的全部都归受封者所有。

田地。而且，765年废止垦田永年私财法、禁止新增垦田之时，也单单把寺院作为特例，推行明显偏袒寺院的政策。接着，对在平定惠美押胜之乱中立功的人以及进献稻谷和钱财的地方有实力之人，滥赐位阶，后宫也不断出现出身于地方有实力家庭的女官，等等。律令官员体制由于女帝的恣意妄为而乱成一团。而且，称德并未指定继承人，769年（神护景云三年），她竟然假托宇佐八幡宫的神谕，试图立道镜为天皇。这引起了众贵族的强烈不满，在此背景下，和气清麻吕阻止了女帝的企图。怒火中烧的女帝称德处罚了清麻吕，而她本人却也于翌年病逝。

称德临终前指定白壁王为继承人。白壁王是天智之孙，其妻为圣武之女井上内亲王。众贵族也赞同称德的这一决定。白壁王即位，成为光仁天皇，立自己与井上所生的他户亲王为皇太子。道镜下台，被流放到下野的药师寺。这种安排，旨在通过井上内亲王的血统传承天武的皇统。然而，即位后的光仁于772年（宝龟三年）废除皇后井上、皇太子他户，将二人幽禁至死。拥有天武血统的人继承皇位的道路几乎断绝。在此情况下，翌年，以藤原百川为首的贵族立山部亲王（后来的桓武）为皇太子，其母高野新笠拥有朝鲜半岛移民血统。所谓的奈良时代至此告终，新时代开始于重整政局。

第五章 古代小帝国日本国的矛盾和发展

第二节 8世纪的列岛社会

周边地区与日本国的交流

在整个8世纪里，以畿内为中心的日本国在内部矛盾的驱使下，屡屡强行侵略东北北部，扩张势力。这也给北海道带来一定压力。北海道长期处于续绳纹文化阶段，这一时期，从南面传入了土师器、铁器、农耕和机织技术，北海道在一定程度上吸收了这些技术，开始形成以鲑鱼和鳟鱼捕捞为主，兼含采集、狩猎和原始农耕的独自的新文化，即擦纹文化。

擦纹文化向南传播，影响到东北北部。东北自8世纪起便普遍饲养马匹，当地人用马匹跟"日本国人"换铁和棉布。他们不仅耕种水田，还发展旱地耕作。在此种社会背景下，东北也出现了有实力的首领，他们联合反抗日本国的压迫。

同一时期，北海道东海岸出现了具有较强海民性质的鄂霍次克文化人群，他们主要以狩猎海兽为生，也狩猎有限的几种野兽，还从事捕捞。一般认为，这些人继承了东北亚大陆文化谱系，他们通过海洋与从库页岛到黑龙江流域的地区进行交流。我认为，这与当时渤海国的活动及其文化对北海道东部的影响不无关系。

日本社会的历史

实际上,渤海国兴起于 7 世纪末,为了开展贸易,从 727 年(神龟四年)到 10 世纪,先后共向日本国派遣使者 30 多次,带来了皮毛、草药、蜂蜜和海带。日本国则回赠丝织品和工艺品,先后共 13 次派遣遣渤海使。这一横跨日本海的交流非常频繁。渤海国的使者在日本的入境地点主要为日本海沿岸诸国:东面从出羽到能登、越前和若狭等北陆诸国,西面为山阴诸国。渤海国与唐朝关系密切,如关于安史之乱的消息等唐朝方面的信息及文化产物自然随着渤海国使者传到了日本。日本方面,也有遣唐使经由日本海取道渤海国前往唐朝。

整个 8 世纪,日本国与新罗的关系较为疏远,有时甚至处于敌对状态。当时的遣唐使放弃以往的北路即沿朝鲜半岛前往中国的线路,而从南路前往唐朝,即横穿南海①,在长江口登陆。这一时期遣唐使的船舶屡屡遇难也正是这个缘故。许多留学生、留学僧随这些使者一同漂洋过海前往中国大陆,后将国际色彩浓厚的唐文化带回了日本列岛。从 8 世纪后半期到 9 世纪,唐风文化的盛行正是在这种背景下出现的。

不同于国交层面或交流或敌对的关系,大陆、半岛和列岛三地海民之间的日常交流一直很活跃。可以说,他们

---

① 原文此处有误,应为东海。

第五章　古代小帝国日本国的矛盾和发展

之间的相互影响遍及日常生活的各个方面。正如志摩、丰后和肥后的海民将"耽罗鳆"①作为调进贡所反映的，济州岛与列岛之间很早便开始交流了。日本国也强烈地影响到南方，将农耕和铁器带到了冲绳诸岛。608年隋朝征讨琉球，《隋书·流求传》记录了当时社会风物之一端。7世纪到8世纪，冲绳诸岛与中国大陆的联系也频繁起来。在包括日本国的影响在内的各种因素的作用下，冲绳诸岛社会也开始出现首领制的萌芽。

中国式、佛教式文化的浸透

在日本国国制下的本州、四国和九州等列岛主要地区的社会中，从都城来到各国国府和国分寺的国司、官员和僧侣等不仅落实了国家制度，也带来了新的文化产物。在常陆国的行方郡，当地首领于山谷之中设社祭祀妨碍田地开垦的蛇身"夜刀之神"②，而官员却倚仗天皇的权力，命令首领杀尽"夜刀之神"，修建池堤。这个关于官员的故事，充分反映出当时以开明的中国式儒教思想武装的官员，

---

① 耽罗为济州岛的旧名，对于为何在"鳆"之前冠以"耽罗"，存在多种说法。有观点指出，耽罗鳆未必指耽罗的鳆鱼，而是因为鳆鱼是耽罗的特产，所以冠以该名。
② 据《常陆风土记》行方郡段记载，行方郡家周围的原野上群居着"夜刀之神"，它们为头上长着角的蛇。相传看到"夜刀之神"的人将全族被灭。

· 141 ·

作为代表"文明"的统治者,管理仍旧畏惧自然伟力的民众。当时的人相信树木、石头会说话,认为人有可能与牛、马、蛇和狐等通婚,也可能转世投胎为这些动物,对怨灵、鬼魂也充满了恐惧。景戒写了《日本灵异记》,认为这些可怕之事源于因果报应,宣扬佛祖的功德,强调破坏互酬原则及私用佛物的严重性,致力于佛教的传播。

诚然,通过官吏与僧侣的媒介作用,唐风文化和佛教文化的影响已渗透至社会各层面。但是植根于庶民日常生活的传统习俗,虽然在此过程中逐渐发生了演变,却仍然以其强韧的生命力存续着,并对统治阶层自身也产生了影响。正如将观音菩萨视为水神或蛇、龙的化身所反映的那样,佛教本身也在此过程中吸纳了本土宗教的要素。

祭祀活动与市

主要从事水稻耕作的村落在举行农耕仪式的日子里,有特定的习俗:春祭之日,将集中起来的稻种贷放给每家每户;秋祭之日,用收取的利稻酿造神酒,大家围着长老共饮共食。国家视此为宣传国法的好时机,试图以水稻耕作为中心完善其制度。

实际上,除稻作仪式外,旱地和火耕地的耕种仪式,海民和山民等对海神和山神的祭祀,对巨石、巨木和阴阳物等自然的信仰,对怨灵的恐惧,等等,在社会中根深蒂固。国

第五章　古代小帝国日本国的矛盾和发展

家压制借助这些施法的巫女以及在山林中修行并获得灵力的役小角①等人，但根深蒂固的观念使国家的压制遭到抵触，反而使国家本身的祭祀和统治者的观念等逐渐发生重大变化。

在自然和神佛的世界即超越人力的世界与人的世界的交界处，如河滩、沙洲、海滨和长着大树的地方，人们设置了市。在这类被认为是神力控制的场所，世俗的人与人、人与物的关系暂时中断了，人们将物品带到此处，使之成为可以交换的商品。人们走出共同体，聚集到集市，活跃地进行交易。米、布和绢等是主要的一般等价物，虽然畿内周边地区也使用铜钱。人们还在此举行悦神的艺能，世俗的夫妇、亲子关系也暂时中断，男男女女"歌垣"对唱，无拘无束地发生关系。

商业、金融和交通

国家在都城设置东西两市，在各地设置由国衙管理的市，要求人们集中到市上进行交易。但是，对于这样的市的习俗，国家的统一管理终归鞭长莫及。据《日本灵异记》记载，各地的市中有时会出现卖蛤蜊的力气很大的女性，正如这所反映的，各地的市中有不少女性商人。女性不必承担公共课役负担，但实际上主导着养蚕、纺织绢

---

① 生卒年月不详，飞鸟时代至奈良时代的巫师。一般称为役行者，被视作修验道的开山祖师。

日本社会的历史

和布等生产活动。不仅如此,她们在主要从事这些商业活动的同时,还在米、钱和酒等的私出举、金融等国家管控范围之外的活动中,找到了自己的舞台。而且,大安寺及其他大寺院也从事金融,贷放被视作佛物的米钱。商人以此类钱作资本,乘船渡过琵琶湖前往越前的敦贺津做交易。正如这一情况所反映的,当时出现了利用湖海交通在广阔的天地中活动的人群。早在8世纪中期,国家便被迫允许通过海上交通运输沿海各国的物资,修正了以陆上交通为交通体系之基础的原则。

至于连接都城与各地的交通,当初以国家修建的直线大道为中心。国司、官员以及往都城运送调和庸或服兵役和劳役的平民恒常往来于这些道路。国司和官员由官道到达目的地后,当地人不顾政府的规定,按照"奉物"(供给)这一自古以来的习惯,隆重地招待远道而来的贵人。平民前往都城时的情况则是,先向村社供奉物品,再带着食物出发,途中在路边做饭。不管是路边做饭,还是随行人中出现因病死亡的情况,都必须给沿道的村民付祓物[①],其中也有因粮食吃尽而饿死的人。虽然政府努力解决这些问题,但问题出在制度本身,孰能奈何。8世纪后半期,官道便开始荒废了;9世纪前后,包括"传路"在

---

① 指犯罪之人或给他人带来污秽之人为补偿罪过而交出的物品或赎罪物。

第五章 古代小帝国日本国的矛盾和发展

内的自然而然形成的道路又开始出现了。陆上交通的比重下降，而江河湖海等水上交通重新在社会中发挥巨大作用。不仅是都城与地方的交流，地区间的独自交流也活跃起来，例如，浜名湖西部的陶器传到了东国。

富豪之辈

国家的各种负担无疑沉重地压到了平民肩上。许多人不堪劳役之苦，从都城逃回乡里。而且，整个8世纪，由于承受不了调、庸负担或无法还清出举等而逃亡、作为"浮浪人"迁移到他国的情况多了起来。平民的实际生活不乏变动，而国家却强行将平民限制在僵硬的制度框架之中，其做法的不合理在此凸显出来。国家财政不可避免地陷入了困境。而且，这些浮浪、逃亡的人不仅投靠畿内的王臣贵族和寺院、神社，还寄身于被称为"富豪之辈"的平民家中——这种倾向越发明显。这些"富豪之辈"中既有郡司这类人，也有新兴的地方实权者。郡司等人继承了过去的首领的血统；而新兴的地方实权者则是通过私出举和交易富裕起来的，他们积攒米、绢，拥有牛马和奴婢，经营开垦的田地。这些富豪让贫困的平民归附自己，加以保护，以不断增强自己的实力。而且，富豪之中也有人主动成为浮浪人，从事商业和交通业。此外，还有些官员一直留在任地，不再回都城，通过出举和经营田地，在地方作威作福。

日本社会的历史

针对社会的新动向，政府软硬政策兼施，一进一退，一退一进，不断反复。实际上，政府也不得不逐渐顺应发展的现实。例如，改变对浮浪和逃亡的压制，制定"土断法"，将流浪之人编入流浪地的户籍，作为平民管理。另外，顺应王臣贵族、寺院及富裕的地方实权者的开垦热情，发布垦田永年私财法，这也可谓顺应现实发展之举。

贵族、寺院势力和初期庄园

在这种形势下，东大寺及其他大寺院以及上层贵族，很早便开始在畿内的交通要冲之地设置称为庄的仓库设施，自主开展贸易。垦田永年私财法发布之后，大寺院及上层贵族便派遣下人到畿内近国抢占未开垦之地，并在该处设置庄，借助当地富豪之辈和实权者的力量，动员周围平民开垦。这称为初期庄园或垦田地系庄园。开垦好后，大寺院及上层贵族便任命有实力之人为庄长，而实际的经营则以平民租佃的方式展开。初期庄园开垦的大多是条件差的低湿地，难以成为稳定的田地，而且也被课租，因此经营并不顺利。但是，各地实权者通过这种庄的经营，加强了与寺社和贵族的关系，通过他们的推荐取得官位，逐渐巩固自身在当地的有利地位。

实际上，8世纪大规模的都城和寺院的建造，正是依靠这些地方实权者的力量才得以实现的，但这些工程进一步加重了普通平民的负担。都城营造期间,屡屡发生山林火灾,各地仓库被烧,人们传言这些是"神火"。不知源于何处的批判时政的"童谣"也被四处传唱。这些火灾和歌曲的背后是平民深切的怨愤。当时还盛行巫蛊之术。不知从何时起,世间盛传关于政治暗斗中死于非命的人的"怨灵"的谣言。不难推测,游历民间的私度僧和巫师与这些谣言的传播有一定关系。这些问题长期困扰着掌权者,使他们苦恼不已。

在道镜时代的余乱中掌权的光仁、桓武,不得不承受"怨灵"的威胁,直面日益混乱的社会。

第三节　新王朝的创始和平安京

桓武天皇:天智系王朝的创始

对以藤原百川等人为中心的光仁朝廷而言,当务之急是紧缩道镜时代散漫的财政,重新巩固政权基础。光仁在精简冗余官厅的同时,加强对国司的监督,力求稳定平民生活。但是,平民浮浪逃亡、富豪钻营私利等事态早已到了难以抑制的程度。

东北人的情况也敏锐地反映了日本国的不安定。一方面,有些首领意欲争取自身在日本国中的地位;另一方面，政府视归服的"虾夷人"——东北人为"俘囚"，强迫他们移居九州及其他地方，将他们区别于平民，激起了东北人的强烈不满，他们于774年（宝龟五年）攻打陆奥的桃生城。东北人与日本国之间的"三十八年战争"拉开了序幕，该战争一直持续到811年。

780年（宝龟十一年），时任陆奥国伊治郡郡司的东北人首领伊治公呰麻吕发动叛乱，杀害了督促胆泽建城的按察使，烧毁了陆奥国府多贺城，并抢夺城内仓库的物资。光仁立即派遣大军征讨。不过，翌年即781年（天应元年），光仁让位于皇太子山部亲王，不久后便去世了。光仁朝廷的所有课题落到了时年45岁、正值壮年的桓武天皇身上。

如前所述，桓武天皇的母亲拥有朝鲜半岛移民的血统。畿内贵族视桓武之母出身低微，起初对桓武天皇的抵触非常强烈。782年（延历元年），桓武治盐烧王之子即天武之曾孙冰上川继以谋反罪，将其逮捕，并将冰上川继及其母——圣武之女不破内亲王流放。至此，天武系血统彻底断绝。

军事和营造

桓武宣称自己即位乃遵照天智所定之法，并以强权扫清左大臣藤原鱼名（房前之子）及其他反对派，以藤原氏南家之人为中心改组朝廷，试图推行强硬的政治。他不仅准备向动乱不止的东北发动战争，而且突然于784年

第五章　古代小帝国日本国的矛盾和发展

（延历三年）断然迁都山背国乙训郡的长冈。

长冈所在的山背（山城）及附近的近江和河内，有众多与桓武之母血统相同的朝鲜半岛移民。桓武与这些人联合，重用在河内交野拥有据点的百济王室后裔——百济王氏。继承了移民血统的桓武凭借百济王氏的力量，以取代天武系王朝的、以天智为祖的新王朝的开创者自居，定都长冈，踌躇满志地着手建设新王朝。

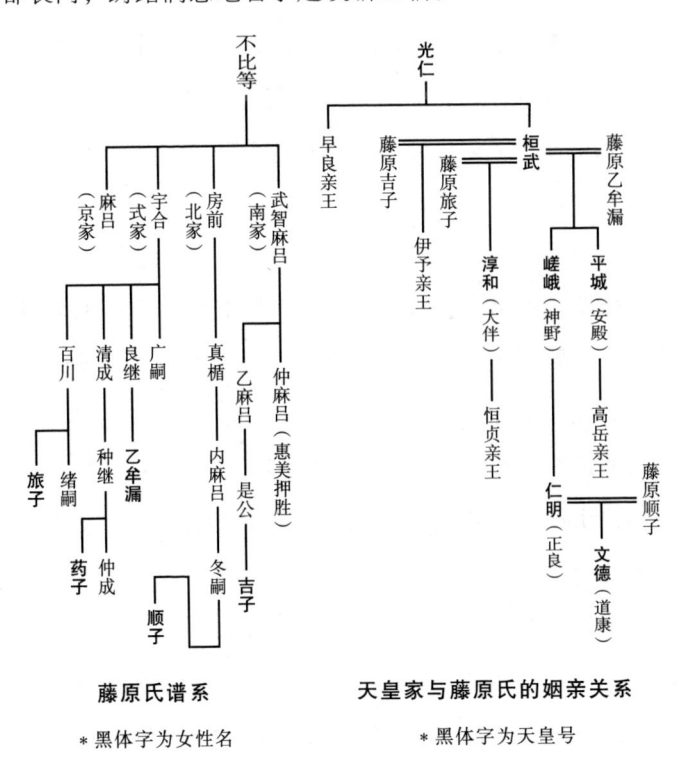

藤原氏谱系

不比等
- 武智麻吕（南家）— 仲麻吕（惠美押胜）、乙麻吕 — 是公、内麻吕 — 吉子、冬嗣 — 顺子
- 房前（北家）— 真楯
- 宇合（式家）— 广嗣、良继 — 乙牟漏、清成 — 种继 — 仲成、**药子**
- 麻吕（京家）— 百川 — 绪嗣 — **旅子**

*黑体字为女性名

天皇家与藤原氏的姻亲关系

光仁
- 早良亲王
- 藤原吉子 = 藤原旅子 — 伊予亲王
- **桓武** = 藤原乙牟漏
  - 淳和（大伴）— 恒贞亲王
  - 嵯峨（神野）— 仁明（正良）= 藤原顺子 — 文德（道康）
  - 平城（安殿）— 高岳亲王

*黑体字为天皇号

日本社会的历史

新京的营造以营造使藤原种继为中心,在山背国及邻近各国富豪的援助下展开。种继出身于藤原氏式家,其母为移民秦氏。由于仅靠普通平民之力无法完成都城的营造,种继采取依靠有实力的寺院和富豪的财力的做法。785年(延历四年)某夜,种继在监督施工时被暗杀。桓武听说该事件是大伴氏、佐伯氏所为,而这两氏的中心则是与平城京的寺院关系甚密并且反对迁都的皇太弟早良亲王和大伴家持,便立即废除了早良的皇太弟身份,对于已经去世的家持,则以夺去其官位的方式加以侮辱。对此,早良亲王始终坚称自己是无辜的,并绝食而亡。

作为替代早良的皇太子,桓武立了与种继一样出身于式家的皇后藤原乙牟漏所生的安殿亲王。桓武指定亲生儿子为新王朝继承人之后,还于同一年在百济王氏的根据地交野,举行了史无前例的祭祀"昊天上帝"的中国式仪式。该仪式基于异姓革命的思想,一般认为,桓武举行这一仪式旨在宣布从天武系到天智系的王朝更替。但是,种继暗杀事件不可避免地给新都的前途蒙上了难以消除的阴影。

不过,都城的营造依旧进行。军事方面,788年(延历七年),恒武以纪古佐美为征东将军,动员东海和东山两道即坂东各国5万多人的军队,正式开始与东北作战。迎战的东北人依靠首领阿弖流为的巧妙战术,于第二年在

第五章 古代小帝国日本国的矛盾和发展

北上川包围日本国军队,将其重创并击退。

尽管屡屡战败,但桓武并没有放弃"征讨"东北。作为新王朝创始人,桓武无论如何都必须完成"军事和营造"这两大任务:在军事方面,凭借胜于前朝的军力,给反抗的东北人——"虾夷"以致命的打击,彻底征服东北北部;在营造方面,将新都建成安定的政治中心。

作为其前提,桓武一方面施行"删定律令"和"删定令格",根据实际情况改订律令;另一方面严格抑制王臣贵族和寺院占有山川沼泽,以使平民生活免受侵害。同时,严厉监督国司、郡司,严禁调、庸品质恶化,由中央掌控郡司的任用,制定国司业绩审查条令,等等,努力强化对地方的控制、重建财政。在此基础之上,桓武竭尽全力推进再次向东北派兵的准备工作。

但是,由平民组成的军团战斗力之减弱,已成为无法掩盖的事实,桓武遂将鹿岛社的"神贱"编入军团。"神贱"不同于世俗的奴婢,可谓神的奴婢,是以神的权威为背景的有实力之人,较平民更为武勇,他们成为强大的军事力量。武器的制造、供给也不得不依靠富豪之辈的力量。如此一来,军团的形态发生了巨大变化。

791年(延历十年),大伴弟麻吕和坂上田村麻吕分别被任命为征夷大使、征夷副使。792年(延历十一年)

日本社会的历史

开战前夕，桓武突然废止了除陆奥、出羽、佐渡、大宰府和九州各国之外的各国士兵，解散了平民军团，挑选郡司等的子弟组建健儿军①，开始对军制进行根本性改革。以此为基础，弟麻吕及其他人于794年（延历十三年）向东北进军，投入了10万兵力。

这期间，长冈京的工程进展顺利，平城京的大门也被移到此处。然而，在此前后，关于长冈京前景的不祥预感在桓武心中逐渐强烈起来。

实际上，当时饥馑和疫病流行，凶事接二连三。789年（延历八年），桓武之母高野新笠去世，翌年，皇后乙牟漏也去世。时人认为，这是早良亲王等受桓武排挤之人的"怨灵"在作祟。社会上开始盛行杀牛祭祀汉神的做法。丑年出生的桓武于791年禁止这种行为。然而，竟连皇太子安殿亲王也于这年病倒，桓武最终决定放弃长冈京。

"军事和营造"的破绽

这一时期，喜好游猎的桓武经常到长冈京周围的山野狩猎，寻找新都城的候选地。793年（延历十二年），桓武宣布了在山背国葛野郡宇太建都的计划，随即着手建

---

① 奈良、平安时代废除平民军团后在诸国配置的组织，主要负责本国兵库、国府及关所的警备。其成员从地方实权者的子弟中挑选。

第五章　古代小帝国日本国的矛盾和发展

造，并于翌年即794年迁居该地，改"山背国"为"山城国"，将新都命名为"平安京"。

当时，东北众首领产生了分歧：是彻底抵抗日本国军队，还是服从并确保在日本国国制中占有一席之地？坂上田村麻吕趁着东北内部分裂的时机，斩杀了众多东北人，成功占领胆泽。东北战争的捷讯传来，天皇和众贵族视这次胜利为新都城前途的吉兆。795年（延历十四年）正月的踏歌节会上，众贵族高歌"新京乐，平安乐土，万年春"，祝愿新都城前景美好，祈祷永远平安。796年（延历十五年），铸造了新钱"隆平永宝"，翌年《续日本纪》也告成。

在喜庆新京启用的气氛中，桓武意欲进一步推进都城的"营造"和东北的"军事"。同时，为了避免反复迁都给平民带来过重负担，桓武把出举的利率从五成降到三成，将杂徭从60天缩短为30天，进而在国司更替方面，新设置了令外官①勘解由使，以严厉监督事务交接，并制定监督标准"延历交替式"（803年），还厉行班田收授法。桓武在致力于内政的同时，还积极地展开外交，频繁与渤海国交涉，有力地推进遣唐使派遣的准备工作，等等。

对于东北问题，桓武于797年（延历十六年）任命坂上田村麻吕为征夷大将军。田村麻吕于801年（延历

---

① 在律令官制规定的官职之外设置的官职。

日本社会的历史

二十年）再次率军 4 万，攻入东北北部；翌年，修筑胆泽城，使前述北上川之战的胜者阿弖流为率兵投降。田村麻吕将阿弖流为带回京都，主张饶他一命。结果，阿弖流为被斩，此事招来了东北人对日本国的深刻仇恨。803 年（延历二十二年），田村麻吕进一步北进，修筑志波城。对东北的征服看似进展顺利。

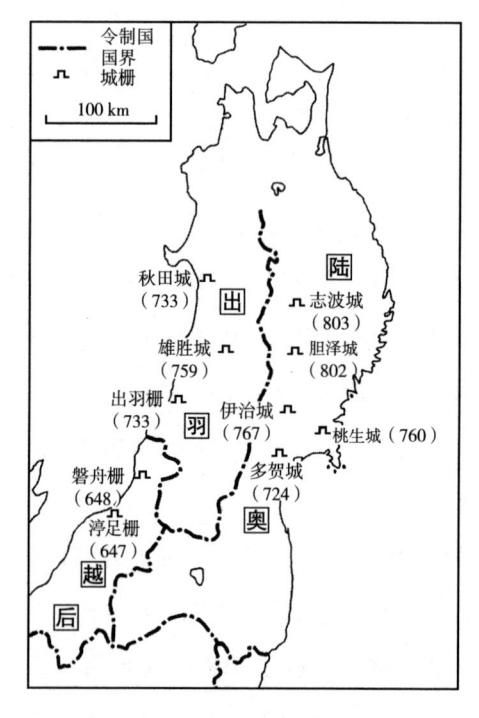

东北战争中的城栅

＊括号内为城、栅的修筑年份

第五章　古代小帝国日本国的矛盾和发展

桓武严格管理寺院和僧侣，在平安京仅建造了东寺和西寺，却对遁入山林思索修行的学僧①庇护有加，并修改出家和授戒的制度，意欲将佛教界引导至新的方向。如此背景下，南都六宗自然也出现了许多优秀学僧，其中，最澄和空海开始摸索各自的道路。这二人加入了桓武于804年派遣的遣唐使一行，到了唐朝。最澄在东大寺受戒后，进入平安京东北的圣地比叡山修行，他作为天台宗学僧已广为人知，渡唐是为求取天台宗的经典，而空海则是作为一介留学僧渡唐的。最澄于翌年归国后创立了日本天台宗，空海则晚一年归国，也为佛教界带来了一股新风。

但是，新都城营造进度迟滞不前，而且桓武重视百济王氏及其他亲族、姻戚贵族，赐给他们田地和原野。桓武的施政逐渐引起贵族的不满。桓武宠爱皇太子安殿亲王的异母弟伊予亲王，这使桓武与皇太子的对立也开始显现出来。桓武还为早良亲王的"怨灵"苦恼不已，虽然他于800年（延历十九年）追赠早良亲王崇道天皇称号，并郑重为其祭祀，但至死都未能摆脱这种苦恼。此外，投入压倒性的兵力后，东北虽然看似已被征服，但当地的动乱丝毫没有平息。804年，桓武不得不再次任命田村麻吕为征夷大将军，准备征讨。

---

①　有学问的僧侣或正在学习佛学的僧侣。

日本社会的历史

桓武意识到众贵族对自己的施政不满，于805年（延历二十四年）令众贵族在自己面前议论政治的形态和"天下之德政"。藤原绪嗣当场论述道，"方今天下所苦，军事与造作也。停此两事，百姓安之"，强烈主张当务之急乃是停止东北战事和平安京的建造。对此，菅野真道反驳不止，桓武本人却赞同绪嗣的主张。最终，由于东北人的顽强抵抗，东北的战争还未等取得最终胜利便结束了，怀着永远平安的祈祷而开始建造的平安京，也落得个永远未完成的结果。翌年，桓武驾崩，时年70岁。

两个朝廷——药子之变

两个月后，安殿亲王即位，成为平城天皇，改年号为大同。平城在强烈意识到自己是桓武的后继者的同时，对桓武施政的某些部分也抱有不满。即位之初，平城便在除西海道[①]之外的六道新设观察使之职，由太政官的议政官即参议担任。翌年，平城又在畿内和西海道设置了观察使。观察使制度要求观察使依据桓武制定的国司政绩审查条令，调查地方政治实情，依据调查结果及时向太政官会议献策——这不同于桓武牺牲各地财政强化中央

[①] 根据大冢德郎著《平安初期政治史研究》（吉川弘文馆，1996），本处与下一句中的"西海道"应为"东山道"。参见《网野善彦著作集（第16卷）》第434页"校注十一"。

第五章 古代小帝国日本国的矛盾和发展

财政的做法。808年（大同三年），平城又实行大规模的官厅机构改革，废除或统合原有官厅，此措施带有禁欲主义色彩。在这点上，平城也明显不同于喜好游览、狩猎的桓武。

平城反对桓武最明显的表现则是，807年（大同二年）给自己的异母弟——桓武晚年所宠爱的伊予亲王及其母藤原吉子冠以谋反的嫌疑，并逼他们自尽（伊予亲王之变）。结果，吉子出身的藤原氏南家的贵族垮台，力量遭到决定性的削弱。相反，在藤原氏式家，被暗杀的藤原种继之后，仲成和药子兄妹深受平城信赖。

平城尚是皇太子之时，药子的女儿嫁入东宫（皇太子的居所），药子也因此成了东宫的高级女官。平城即位后，药子经常侍候其左右，作为听录平城言语的内侍司的典侍、尚侍，在后宫中权势遮天。而药子之兄仲成既有在地方任职的经验，又曾任武官。他们兄妹俩深得平城信任。

然而，平城天皇精神状态不稳定，因自己把伊予亲王和吉子母子逼致惨死而苦恼、自责，即位才三年，就于809年（大同四年）以生病为由，让位于其弟神野亲王，即嵯峨天皇。让位后，成了太上天皇的平城和仲成、药子一起移居旧都平城京，他一康复，便发布政令介入嵯峨的政治。正如时人所说的"两个朝廷"那样，王权出现了

日本社会的历史

分裂。这一事态的背景则是，日本律令授予太上天皇等同于天皇的权力。

因为由内侍司统管的后宫被药子掌控，嵯峨设置了新的令外官——藏人头①，并任命藤原氏北家的藤原冬嗣和巨势野足担任该职，令他们取代内侍司，在天皇和太政官之间传宣、请奏，以防机密泄露到平城处。而且，对平城上皇迁都回平城京的命令，嵯峨表面上摆出顺从的姿态，暗地里却采取强硬手段，命坂上田村麻吕逮捕仲成，剥夺药子的官位。愤怒的平城上皇试图和药子一同率兵进入东国，与嵯峨朝廷对抗，却被嵯峨的军队阻止。仲成被射杀，药子也服毒自尽，平城上皇削发，在嵯峨即位之时被立为皇太子的平城之子高岳亲王也在被废后出家（药子之变）。

药子之变后，太上天皇拥有与天皇同等的权力容易导致王权一分为二的问题得以清算。此后，上皇的政治地位整体下降，后宫女官也不再干预政治。而且，仲成被处以死刑之后，直到保元之乱，无人被判处死刑。直到短暂的福原迁都为止，未再出现迁都的动向，未建完的平安京的首都地位暂时稳固。嵯峨改年号为弘仁，设置直属于天皇的令外官检非违使，命其负责弹劾官员的违法行为，承担都

---

① 朝廷中由公卿以下的官人执行公事、举办仪式和活动，其中负责实际事务的称藏人、弁官。藏人头就是藏人所的长官。

城治安警察的职务。从此，检非违使与藏人所这些令外官，一同成了王朝国制的中轴。

藏人头藤原冬嗣作为嵯峨的心腹，在朝中的地位由此得到提升，他牢牢把握这次机遇，扩张藤原氏北家势力，取代了没落的式家。

第四节　都市贵族世界
——弘仁、贞观期的政治和文化

嵯峨朝廷：弘仁期的政治和文化

823年（弘仁十四年），嵯峨天皇让位于皇太子（淳和天皇）。淳和天皇是嵯峨的异母弟，他赠予嵯峨太上天皇号，又立嵯峨的皇子正良亲王为皇太子，并于833年（天长十年）让位于正良亲王（仁明天皇）。仁明天皇又立淳和之子恒贞亲王为皇太子。皇统的继承，呈现为嵯峨、淳和兄弟俩的子孙交替继承的迭立之状。

在此期间，退位后成为上皇的嵯峨仍然健在，但他并不像以往的太上天皇那样干涉国政，只是低调地保持着自己作为天皇家家长的权威。

由于皇统安定，9世纪的宫廷不同于尔虞我诈、明争暗斗的8世纪宫廷，得到离开各自大本营而聚居于平安京

日本社会的历史

的贵族——都市贵族的支持，其内部维持了历史上罕见的安定局面。

东北方面，811年（弘仁二年），文室绵麻吕率奥羽军队到达太平洋沿岸最北部，长达38年的战争打上了终止符。由于东北人的顽强抵抗，日本国最终未能将东北最北部纳入其统治之下。

此后，政府强迫关东的平民和浮浪人移居东北的城栅，并开发该地区。同时，为了利用归服的东北人的武力，政府强迫这些被称为"俘囚"的人移居日本西部和关东，并利用东北首领的力量，努力控制除最北部之外的东北地区。然而，由于"民"与"夷"、平民与"俘囚"之间的对立，以及东北人——"虾夷"内部的对立，东北长期处于不安定的状态。东北各首领虽然被歧视为"俘囚长"，却力求确保自身在日本国内部的地位。东北逐渐形成了自主发展的政治社会。对此，嵯峨宫廷采取在一定限度内容忍事态发展的态度，以维持安定。

嵯峨子女多达50人，除皇后、妃子等有正式地位的女性以及特定上级贵族出身的女性所生子女之外，其余全部于814年（弘仁五年）受赐源朝臣之姓，被降为臣籍。嵯峨的这一做法既有节减财政之意，也有培养自己的亲族源氏这一朝廷内部新势力之意。除源氏之外，嵯峨天皇还与桓武一样，依靠藤原氏北家的藤原冬嗣等心腹贵族巩固

第五章 古代小帝国日本国的矛盾和发展

朝廷。嵯峨就这样主导着朝政。

嵯峨在天皇位期间，于812年（弘仁三年）召开花宴，又于翌年举办奢华的宫廷活动——内宴，也下令编纂《凌云集》《文华秀丽集》《经国集》这样的敕撰汉诗文集等，使宫廷受到唐风的熏陶。结果，除嵯峨本人之外，这一时期还出现了菅原清公等众多优秀汉诗人。空海受到嵯峨宫廷欢迎，与其说是缘于其宗教家的身份，不如说是由于其汉诗人的身份。空海留下了论述诗文之法的《文镜秘府论》和汉诗文集《性灵集》（空海的弟子真济编）。滋野贞主也按类收集古今文书，写成论述诗文之法的《秘府略》。此外，空海、嵯峨和橘逸势并称唐样[①]书法名手，后称"三笔"。唐风文化在该朝廷绽放出最绚烂的花朵。

而且，朝廷还针对此前的社会变化，制定了大量的格（律令的修正）和式（律令的施行细则），并在对这些加以总结的基础上于820年（弘仁十一年）编纂了《弘仁格式》；接着还编纂了《弘仁仪式》《内里式》，将宫廷的仪式改为唐朝风格。在此过程中，内里取代大极殿成为新的政治、仪式场所，[②] 文书行政更加彻底，天皇地位也发

[①] 中国的样式，在此指中国式的字体。
[②] 内里为宫城中最靠里的场所，原为天皇的住所。从奈良末期到平安初期，天皇开始在内里而不是大极殿处理政务，议政官的办公地点也因此移至内里的前殿（后来的紫宸殿），内里逐渐成了政治中心。

生了变化。天皇不再亲自执政,而是作为一个权威君临朝廷。到了淳和时代,提供令的标准解释的《令义解》也于 834 年(承和元年)正式付诸施行。可以说,律令研究进入了一个新阶段。日本国确立过程中接受的中国式制度和文化深深地渗透到宫廷中心,并影响到贵族官员的日常生活。例如,当时离开大本营移居都城的各地下级官员将氏名改成中国式的;包括地位较高的贵族在内,众贵族一改以往以动物和自然物的名称为实名的做法,而使用包括通字①在内的各种意象较好的字或含义抽象的汉字。

佛教界的革新:最澄和空海

这一时期,天台宗和真言宗先后创立,佛教界的这一新风与宫廷的动向相互作用,对社会产生了甚为广泛的影响。

如前所述,最澄于 805 年从唐朝归国后,在桓武朝廷的许可下创立了天台宗。最澄认为"一切众生悉有佛性",主张真正的佛门弟子不应受僧纲这一统管佛教界的世俗机构的权威束缚,指出只要依照天台教理如法修行,不论王还是奴隶,不论男性还是女性,所有人均可达到与佛陀相同的境界。

---

① 代代相传的用于实名的字。如平氏的忠盛、清盛、宗盛中的"盛"字。

第五章　古代小帝国日本国的矛盾和发展

在这点上，最澄的立场不同于法相宗主张的"五性各别"。最澄去东国传教时，围绕这点与德一①展开了激烈的争论。最澄进一步主张天台宗作为真正追求佛道的人的教团，须有独自的大乘戒坛，而不使用既设的东大寺等的授戒设施、戒坛。为了证明这点，他写了论著《山家学生式》和《显戒论》，正面反驳反对自己活动的僧纲。

不过，最澄于822年（弘仁十三年）去世，最终未能看到天台宗拥有独自的大乘戒坛。最澄死后不久，同情最澄的嵯峨天皇和藤原冬嗣同意在比叡山上开设大乘戒坛。于是，天台宗教团作为独立于南都六宗之外的教团，首次获得承认。比叡山的寺院被命名为延历寺，成了新型佛教的一大中心。

与最澄不同，空海一度进入大学，后又离大学而去，成为云游的修行僧，他写了《三教指归》，坚定了唯佛教有真理的信念。如前所述，他与最澄乘坐同一艘遣唐船，以留学僧身份入唐，在唐受到惠果的教诲，获授真言秘义，806年（大同元年）才回国，比最澄晚。空海也宣扬所有的人现身即可达到佛陀的境界的"即身成佛"说，

---

① 平安初期法相宗的僧侣。在南都学习佛法后搬至会津，在东国产生了巨大的感化作用，被称为"菩萨""东国化主"等。815年德一收到空海的书简后，撰写了《真言字未决文》。从817年到821年，他与最澄展开了激烈的三一权实争论。

这点与最澄相同；但空海认为要达到这样的境界，必须掌握特殊的秘法，其教诲即"密教"。

最澄也很早便开始关注密教，承认它是天台宗的一个重要因素，并向空海表示希望借用他从唐朝带回的经典，空海也给予了回应，两人关系密切。但是，后来两人的观点逐渐产生了巨大分歧。最澄认为密教和显教不分优劣，而空海的主张却更为激进，他认为诸佛教流派可分为密教和显教两类，不过唯有密教传达佛陀真理，其余教派仅为到达密教的阶梯而已。816年（弘仁七年）以后，两人彻底断绝了往来。

816年，朝廷赐予空海奈良附近的圣地高野山的土地，此后的一段时间里，空海都专心经营在该处修建的金刚峰寺。最澄死后，天台宗获准独立，空海也开始积极向朝廷争取。823年，嵯峨将东寺赐给密教做根本道场，真言宗的教团在此成立。

进入淳和时代后，不同于与僧纲正面对立的最澄，空海自己也成了僧纲的一员，深得朝廷信赖，并在朝廷的认可下，陆续将高雄山寺（后来的神护寺）和室生寺变成真言宗的寺院。空海进一步设置了向庶民子弟开放的综艺种智院。这是此类教育机构的先例。空海写了包括主要著作《秘密曼荼罗十住心论》在内的大量著作，成功地将自己的主张体系化。被称为"东密"的真言宗密教与被称为"台密"的天台宗密教一同实现了长足的发展,密教的全盛时代由此开启。

这也孕育出了新的艺术样式,当时盛行制作象征性地解释和表现世界或宇宙的两界曼荼罗、园城寺的黄不动和观心寺的如意轮观音等密教风格的图像、佛像。而且,大多数寺院都与延历寺、金刚峰寺和室生寺等一样,修建于被当时的社会视作圣地、俗人不可随意进入的山中寂静场所。这是这一时期的寺院的特征。自然,堂塔和伽蓝的布局与向来建于平地的寺院大不相同。此外,还须注意的是,土地神、山神等原始自然信仰和佛教在此产生了关联。作为圣地的这些寺院自然拥有了独立于国家之外的、高度自治的僧侣组织,这也给此后的社会动向带来了巨大的影响。

另外,这些山林圣地不许女性入内,虽然奈良时代有不少尼姑都正式受戒,但无论是天台教团还是真言教团,都不承认女性的正式受戒。不可忽视的是,这切断了女性成为受国家承认的正式僧侣的道路。

租税制度的变化

嵯峨天皇以后,弘仁期的宫廷通过积极地接受时代现实及社会和文化的新动向,实现了宫廷的安定和繁荣。这在租税制度和土地制度等各方面的政策上也明显表现

日本社会的历史

出来。

这一时期，全国性班田已经不再实施。对于调和庸的滞纳及品质恶化等问题，从前代开始便对国司和郡司施以严厉处罚，但状况并未因此得到丝毫改善。为了应对这种情况，嵯峨朝廷要求将正税的一部分作为交易杂物①、年料舂米②运进京都，以充当政府的经费、官人的俸禄。正税原本是维持各国财政的重要财源。823 年，朝廷采用小野岑守的提案，在大宰府管辖的九个国设置大规模的公营田，任命当地有实力之人为"正长"，委任其经营，支付粮食和耕营的费用，令平民耕作，把耕种所得作为租庸调和出举的利稻，以确保财政收入。这种经营方式下，包括动员平民在内的各种事务，都必须依靠富豪之辈。该政策旨在既接受社会新动向又同时确保财政收入，采取委托有实力之人经营田地的方式，令他们负责征收租庸调和利稻。这种做法可谓不久后的国制转变的开端。

而且，819 年（弘仁十年），国家认可富豪的私出举，令他们救济贫困者。821 年（弘仁十二年），对于尽力经

---

① 律令制下诸国以正税（作为田租征收的稻谷）为财源，通过交易换取中央政府指定的各种物品，向中央进贡。
② 律令制下诸国每年向中央进贡的一定量的舂米。年料即诸司一年所需的食品和物品。

第五章　古代小帝国日本国的矛盾和发展

营田地的"力田"者，国家依其收获授予官位，这为富豪、有实力之人打开了出人头地之道。这一时期，下级郡司的名额有增加的倾向，有些富豪成了下级郡司，获得了步入仕途的资格。各地富豪、有实力之人逐渐增加，政府视那些采取切合实际的政策并取得成效的有为国司为"良吏"，加以重用，并在他们的支持下维护了国家的安定。

此外，进入9世纪后，天皇家在各地设置了大规模的敕旨田，令国衙促进开发，进而将海和岛屿等划归天皇直属，新设冰室和药园，努力强化内廷经济。

当然，王臣贵族和寺院等也不甘示弱，积极行动起来，把富豪之辈收为自己的下人，依靠后者的力量促进田地的开垦，并购买土地、扩大庄园。这些动向不可避免地加剧了调和庸的滞纳，导致了恶性循环。

藤原氏出身的摄政

在这种事态发展的过程中，9世纪中期前后皇族内部产生了新的政治对立，原有的安定出现了崩溃的征兆。842年（承和九年），以太上天皇身份长年处于天皇家中心的嵯峨去世，皇族内的政治对立显露出来。伴健岑和橘逸势涉嫌拥护皇太子恒贞亲王前往东国、意图谋叛，受到处分。恒贞被废去太子之位（承和之变），仁明天皇和藤

日本社会的历史

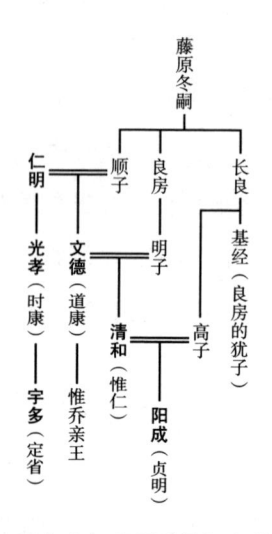

```
                  藤
                  原
                  冬
                  嗣
         ┌────────┼────────┐
   ┌─────順        良        長
   仁    子        房        良
   明              │         │
   │    ┌─────────┤         基
   光    文        明        经
   孝    德        子        （良房的犹子）
  （时   （道               
   康）   康）     │        
   │    │        │        
   宇    清        高        
   多    和        子        
  （定  （惟      │        
   省）  仁）     阳        
         │        成        
         惟      （贞       
         乔       明）      
         亲              
         王              
```

天皇家与藤原氏的姻亲关系

＊黑体字为天皇号

原冬嗣之女所生道康亲王被立为皇太子。很明显，该事件背后的操纵者是与仁明联手的冬嗣之子良房。850年（嘉祥三年），仁明去世，道康即位（文德天皇）。道康一即位，便破例把出生才九个月的良房之外孙惟仁亲王立为皇太子。

如此一来，藤原氏北家的良房的权势极度膨胀。这一时期贵族中出现了不少因高升无望而消沉于失意深渊的人，就连文德天皇非常赏识其才能的惟乔亲王也不例外。

858年（天安二年），文德猝死，年仅9岁的惟仁即

第五章 古代小帝国日本国的矛盾和发展

位为清和天皇，太政大臣良房代天皇总揽政务。866年（贞观八年），大纳言伴善男被指在应天门放火欲使左大臣源信下台（应天门之变）。该事件使伴氏也退出了政府中枢，良房正式站到了摄政①的位置。就这样，良房成为天皇的外戚后，将天皇拉入自己的阵营，独揽了大权。必须注意的是，良房的权力还通过太政大臣这一令制官职得以正当化。此外，不可忽视的是，年幼的惟仁之所以能直接当上天皇，是由于天皇的地位发生了变化，已经不同于桓武和平城及他们之前的天皇了。

贞观期的政治文化

至此，伴氏、纪氏和橘氏等都从太政官中枢销声匿迹，取而代之的是藤原氏北家和没有实务经验的嵯峨源氏。自然，从这一时期开始，"公卿合议体"作为制约天皇的议政官会议的作用变得相当微弱，重要的人事实际上逐渐由天皇及代天皇执政的摄政掌控。

而且，9世纪后半期以后，敕旨田频繁增设，且几乎都由管辖天皇领地的机构——后院管理，作为天皇家直接

---

① 古代日本辅佐未成年天皇的重要官职，有权代行一部分天皇政务，如有权代行叙位、除目和官奏等政务。摄政一职，自圣德太子以来都由皇族担任，但清和天皇年幼之时由藤原良房担任，此后，长期由藤原氏担任。

日本社会的历史

支配的领地与天皇的地位一同被继承。

同一时期,嵯峨时期设置的藏人所开始直接统领内藏寮、修理职及主殿寮等与内廷经济相关的机构,检非违使也开始统领卫门府等武官机构。这些机构的职员与进物所①、作物所②等各机构的相同,由天皇的略式③命令——宣旨④任命。于是,律令规定的官厅的统属关系出现了解体重组的征兆,在此,后来的"官司请负制"⑤的前提形成了。

而且,到了这一时期,为了使在前述恶性循环中再度窘迫的财政恢复正常,政府决定接受调、庸和杂物大量滞纳的现实,不再要求受领⑥补交其任期之前滞纳的部分,同时令负责国务的长官(受领)担负全部责任,征收送

---

① 平安时代以后,与御厨子所共同负责天皇和皇族御膳、保管每日进贡的御赘之部门。
② 平安时代,负责制造各种宫中用品及献纳诸社的宝物之部门。
③ 省去正式的手续,采用简便的方式。
④ 依据《公式令》制度,敕旨需通过诏书、宣命、敕书、敕符、位记等文书形式下达。至平安时代,随着藏人所等机构的设置,敕旨传达的相关制度逐渐发生变化,文书形式亦随之演变,由此产生了不采用诏书、敕书等繁复程序,而以简易手续制作的文书形式,即所谓的"宣"或"宣旨"。
⑤ 官司即官厅,请负即承包。
⑥ 从平安中期开始作为国司的别称使用,指真正赴任、负责诸国国司事务的最高责任人。平安中期以后,越来越多的国司在任命后继续居住在京城,并不前往任国,成为名义上的国司,称"遥任国司";真正前往任国负责实际国司事务的最高责任人称"受领"。

第五章 古代小帝国日本国的矛盾和发展

往中央的调、庸等贡物，也就是说，税收制度开始向受领承包的方向发生巨大转变。这有利于列岛各地采取切合地方实情的政策，由此也确实出现了一些被称为"良吏"的国司，他们热心于地方政治，属于优秀的实务家。但它也有一些消极的影响。有些受领利用担负全部责任之便，专注于自家财富的积累，有时为了征收贡纳物和劳役，甚至不惜使用武力，也有一些受领与郡司、当地有实力之人及富豪发生冲突。857年（天安元年）对马守被郡司杀害，此后，各地频频发生类似纷争。此外，与诸王大臣、有实力的贵族勾结的各地富豪不服从国司、郡司的命令，这也引发了纷争。各国国司（国守）则依照称为国例的本国方式自行处理这类事件，各国的国衙机构也出现了解体的征兆。

藤原良房主导的朝廷采取了各种措施，如铸造新的货币，仿照《弘仁格式》编纂《贞观格式》，等等，努力维护年幼的清和天皇的权威。但是，当时出现了多少有些偏离政府方向的新动向。例如，惟宗直本不满足于对律令的统一解释，编纂了集多种解释而成的《令集解》。又如被逐出政界、放弃仕途的遍照和在原业平那样的人，他们使和歌领域再次充满了生机活力。在对此前的唐风文化的抵触中，被称为"国风"的新文化孕育而生。

这一时期，天台宗、真言宗的教团也出现了各种各样的问题。最澄的弟子圆仁和圆珍相继渡唐,学习新的密教知识后回国,天台宗密教的基础不断得到巩固。不过,与延历寺相对,圆珍(智证)在近江国大津新建了园城寺,在此播下了传承圆仁(慈觉)流派的山门与传承圆珍流派的寺门之间对立的种子。

真言宗内部也出现了东寺与高野山的对立。此类各教团内部的对立,又因牵涉到天皇家和贵族而进一步复杂化。而且,为了在这样的对立中处于优势,僧侣们承应天皇家和贵族的要求,频繁地进行祈祷。把密教视作祈求现世利益的加持祈祷的宗教倾向,从这一时期开始显著起来。

关白的出现

就这样,进入9世纪后半期,宫廷的稳定和繁荣开始显现出衰退的征兆。872年(贞观十四年),良房去世,其地位由其侄子并成为其犹子[①]的基经继承。基经之妹高子与清和所生的贞明亲王于869年(贞观十一年)成为皇太子,当时他才三个月大。876年(贞观十八年),清

[①] 贵族、武家社会的家族制度中,把兄弟、亲戚或他人的孩子作为自己的孩子养育的做法。有观点认为犹子仅限于名义上的亲子关系,不以家业的继承为目的,但也存在犹子与以家业继承为目的的"养子"混用的情况,两者间的区分不是非常严格。

第五章 古代小帝国日本国的矛盾和发展

和让位后,贞明亲王即位为阳成天皇,基经则成了年幼的阳成的摄政。然而,阳成在逐渐成长的同时,异常行为也多了起来,最后竟在内里殴杀近臣。基经对阳成彻底失望,将其从天皇位上拉了下来,于884年(元庆八年)使已降为臣籍成为源氏的55岁的时康重返天皇家,令其即天皇位(光孝天皇)。依靠基经之力成为天皇的光孝,所有政事都先征求基经的意见,在此,基经实际上已站到了"关白"①的位置上。

887年(仁和三年)光孝之子定省即天皇位(宇多天皇)时,对基经发布了"关白国政"的敕书,但围绕诏书中的"阿衡"一词的解释,基经引发了"阿衡纷议"。其中掺杂着当时互执门户之见、排斥异己的藤原佐世与橘广相两学者之间的对立。迎合基经的佐世称广相草拟的敕书中的"阿衡"是个有名无实的官职,基经听后避居家中,不问朝政。结果,宇多不得已于888年(仁和四年)采取了撤回敕书这样极其异常的办法,重新下"关白"敕书,基经这才复归。由此,太政大臣有了"关白"这一职务,"关白"的更替由天皇敕书指定的惯例也确立了下来。

---

① 平安时代以后辅佐已成年的天皇的重要官职。关白的实质与摄政相近,但与摄政设于天皇未成年之时相对,关白设于天皇成年之后,且其权限较摄政小,仅限于内览上奏天皇的文书,代行政务。

日本社会的历史

国家机构的解体

这一时期，国家机构也在混乱的局势中进一步解体。天皇家、有实力的贵族、寺院、中央官厅及各地国司和郡司等，越发明目张胆地各行其是。879年（元庆三年），畿内在时隔50年后再次施行班田，同时还新置官田4000町步。这是为缓解中央财政的窘迫而采取的穷极之策，由地方财政支付经营费，任命"有力之辈"为"正长"，管理平民的耕作，由此所得收入充当官人、诸司的俸禄。然而，仅仅两年后，就有三成的官田被中央官厅瓜分。此后官田不断遭瓜分，不久便全部成为诸司田①了。

就这样，各官厅取得了各自的诸司田，加快了独立的步伐。883年（元庆七年），内膳司和进物所、"诸院、诸宫"竞相授特权给琵琶湖湖民中有实力之人，使其成为额外的赘人。正如这个例子所反映的，当时，官厅、官署和皇族为扩大自己的经济基础而开始相互竞争。如前所述，在这种变动中，以太政官为中心的官厅统属关系进一步解体。

对此，天皇家试图以直属于天皇的藏人所、检非违使等机构为中心，重新统合已解体的官厅。天皇以畿内及其

---

① 8世纪中叶以后分配给中央各官厅和地方官衙，充当其经费来源的田地。

第五章 古代小帝国日本国的矛盾和发展

周边为中心，强化自身的经济基础。例如，882年（元庆六年），在畿内、美浓和备前设立辽阔的藏人所直属猎苑。特权贵族和寺院也纷纷起而效仿，为强化各自的经济基础相互竞争，为掌控山野河海，在各地与平民发生冲突。这些纷争是围绕山野河海的多种功能而产生的。当时，山野河海既是捕捞、制盐，以及获取矿物、木材和草料等的场所，又是交通要道。

实际上，这一时期，调、庸等贡纳物的运送已经普遍利用河海等水上交通了，还出现了专门的运输业者，令制的交通体系退化后，陆路交通的比重下降了。王臣贵族和官厅纷纷派出下人，频繁地强行征发往来的船只和人马，这导致各地的津、泊等交通要冲也纷争频起。交通体系陷入混乱，畿内和各地的治安也随之迅速恶化，盗贼集团和海贼开始横行。这也从侧面反映出社会的某种新动向，即以山野河海为基础的"富豪"和有实力之人意欲将交通置于自己的管理之下。9世纪初，卫府改编成了由左右的近卫、兵卫、卫门组成的六卫府，但该暴力机关早已外强中干，无力对付严重恶化的治安问题。针对此种情况，卫门府的官员兼任天皇直属的检非违使，掌管杖刑和裁判，吸纳了以往官厅的权力并加以强化，负责追捕都城中经常出现的盗贼集团等。

官厅机构的解体，一方面使天皇对京都、畿内的支配得以强化；另一方面使地方政府在镇压各地"海贼"和盗贼团伙频繁的活动时，不能再如以往那样等待中央的命令，而是采取各种新方式，如利用安排到各国的俘囚的武力在各国设置检非违使等，镇压的权力逐渐转移到国司手中。

如上所述，日本国国家机构面临在财政、军事等各方面解体的危机。在9世纪后半期的日本列岛内外社会大变动中，这种事态的发生不可避免。

第五节　9世纪的列岛社会和亚洲

大陆、半岛和列岛之间的交流

9世纪，历经了安史之乱（755~763年）的唐帝国逐渐走向衰亡。唐帝国曾在7~8世纪君临亚洲，给大陆东西带来巨大压力，它的衰亡自然给日本列岛和朝鲜半岛社会带来不小的影响。

最为重要的是，无论是新罗王国还是日本国，与唐帝国之间的紧张关系都逐渐缓和。这使两国给统治领域内的地区及周边地区带来的压力减小了。9世纪后半期，这三国之间正式的国交很少，但民间交流频繁起来。三者各自内部的地方社会出现独自动向的趋势越发明显。

第五章　古代小帝国日本国的矛盾和发展

遣唐使方面，834年派出的遣唐使历经多次失败后，终于在839年（承和六年）回到日本国，他们成了最后一批遣唐使。从当时小野篁因拒绝乘船而受到处罚可知，对于正式向唐遣使的做法，贵族中已经出现了反对意见。

这一时期，朝廷在派遣使者方面，有时也依靠新罗的援助。例如，圆仁随遣唐使渡海入唐后，在唐期间乃至回国过程，都深受在唐新罗人的帮助。

当时，在唐的新罗人增多了。进入9世纪后，移居日本列岛的新罗人也为数甚多，经常可见来航的新罗商人。以海为舞台的交流兴盛起来，也正是在这种背景下，出现了诸如援助圆仁渡海回国的张宝高（张弓福）（846年被杀）那样的人物。张宝高通过中国大陆、朝鲜半岛及日本列岛之间的贸易积攒财富、增强实力，拥立神武王、文圣王对抗新罗王，以莞岛为据点扩张势力。

这一时期，出现了可谓"国际人"的一类人。经常可见唐朝商人来航，列岛也出现了从事对唐和新罗贸易的人，还有圆仁那样的僧侣。虽然有时会发生诸如渡海而来的新罗人与当地人的冲突，或被迫移居远江、骏河的新罗人发动暴动之类的事件，但就整体而言，9世纪前半期，大陆、半岛和列岛通过海洋开展的交流是顺利的。

"海贼"横行的西海

9世纪后半期,新罗王国和日本国的动荡加剧,原本潜藏的问题暴露出来。例如,843年(承和十年),与张宝高联手自主开展贸易的前筑前守文室宫田麻吕因谋反罪受处罚;866年,肥前国郡司被发现与新罗人在新罗制造武器并试图夺取对马。此外,隐岐前国司与新罗人图谋造反也是一大问题。9世纪前半期,大陆、半岛和列岛的交流出现了新的迹象,即向以海为媒介的地域间的政治军事联合演变。特别是869年,朝鲜半岛(新罗)的两艘海贼船侵犯博多津,袭击丰前国的贡调船,抢夺绢和棉布。该事件极大地刺激了朝廷。

濑户内海连接九州北部、四国、山阳地区和畿内,自古便是主干道式的海上交通要道。这一时期,陆上大道逐渐荒废,濑户内海变得极为重要。大约与新罗海贼袭来同一时期,也出现了袭击濑户内海上载着国司和贡纳物的往来船只的海贼。这些海贼的机动性极强,朝廷难以镇压。可以认为,这些海贼也具有以海为舞台的商人的性质,而且列岛内部的海贼与朝鲜半岛的海贼联手的可能性也很大。以前述新罗海贼事件为契机,日本国朝廷再次明确反新罗的态度,同时,由于担心脱离陆上秩序的海上交流演变为本国的内乱,逐渐倾向于"孤立主义"。

第五章 古代小帝国日本国的矛盾和发展

但是，列岛与大陆、半岛之间通过海洋开展的交流拥有极为悠久的历史，并没有因国家间的"孤立主义"而中断。据说，五岛列岛的小值贺岛是唐朝和新罗商人必定前往之处。与官方的交流不同，唐朝和新罗的商人来航更加频繁了。

水上交通日趋活跃

日本国朝廷采取"孤立主义"政策之后，日本西部的海贼活动却并未因此停止，甚至连统治海民的地方官员、富豪和商人等也参与其中。此外，这一时期，海上交通活跃起来，运送商人的商品和交通业者承运的贡品的船队、出租船及卖盐商人的小船往来于濑户内海。北陆、山阴等邻接的日本海的情况也是如此。特别是从越前的敦贺、若狭的气山通过陆路进入琵琶湖的通道，也成了贡纳物的输送通路。这一时期，不少琵琶湖的湖民在从事捕捞的同时，也从事水运和贸易。

此外，由最近的考古发掘成果可知，当时，尾张猿投窑烧制的陶器、浜名湖之西烧制的须惠器运送到了常陆国（茨城县）。由此可见，从伊势湾到东国进而到东北的海上交通此时也逐渐稳定下来。

以规划修建的陆上直线大道为中心的以往的交通体系，在这一时期已经全面崩溃；随着社会自身的发展，国家成立以前的海洋、湖泊、河川的交通以及陆上自古以来的道路实现重新体系化的条件逐渐成熟起来。

东国、东北的武装集团

东国牧业分布广泛，盛行马匹的饲养，用马驮运物品的陆上运输也相当活跃。9世纪末期，坂东①出现了称为"僦马党"的租马运货的集团。该集团"偷盗"东山道的货物之后前往东海道，"夺取"东海道的马之后再前往东山道，不断积攒财富，这可以说是东国富豪之辈的形态之一。这些人与海贼一样，既是用马运送贡纳物的运输业者，也是袭击运送贡纳物的同行的盗贼集团。仿佛是响应日本西部海贼的蜂起，这些骑马的武装集团在东国活跃起来。

此外，东北人——"俘囚"因强悍勇武而被迫迁移到各国，成为各国"军事力量"，到了9世纪后半期，这些人屡屡在上总、下总等地掀起叛乱。规模较大的一次是878年（元庆二年）出羽国"夷俘"的叛乱。当时，"俘囚"——东北人火烧秋田城和郡的仓库，要求朝廷承认秋田川以北的地区为他们的统治领域。战争持续了相当长的时间，双方终于在翌年即879年达成妥协，叛乱平息。

---

① 关东地区的旧称。

第五章　古代小帝国日本国的矛盾和发展

在出羽秋田川以北的山北三郡①和陆奥胆泽城以北的奥六郡②地区，东北人的自治性社会秩序根深蒂固，这可以说是此次叛乱发生的背景。当时，东北首领在被畿内统治者贱称为"俘囚之长"的同时，在国家机构内部获得郡司等地位，自立性增强的倾向逐渐明显起来。

不可忽视的是，东北的这种动向的背景之一，在于北海道的动向和东北亚大陆的动荡。当时北海道已进入擦纹文化阶段，并影响了东北北部；而东北亚大陆的动荡使鄂霍次克文化影响到北海道。由最近的考古发掘成果可知，东国拥有不同于日本西部的制铁技术，而且据推测这很可能是从北方传来的。可以认为，东北、东国的社会性质自古以来就不同于日本西部社会，以铁和马为基础的强有力的武装集团在这里成长起来了。

国制的弛废

就这样，在中国大陆、朝鲜半岛、东北亚大陆的社会剧变中，日本列岛各地的特色逐渐增强，开始出现新动向。在此过程中，以畿内为中心的国家对全国的统治迅速松动、变质。班田早已不再施行，各国国司征税不再严格

---

① 指律令制下设于出羽国的山本、平鹿和雄胜三郡。
② 指律令制下设于陆奥国中部的胆泽、江刺、和贺、紫波、稗贯和岩手六郡。

日本社会的历史

依照律令的规定,而是采取切合本国情况即"国例"的方式。而且,过去被严厉追查的浮浪人这时也得到与登入户籍的公民即土人相同的待遇,"土人浪人""土浪人"等词的使用普遍起来。原本向成年男子赋课的调、庸或出举等正税,也在前述公营田的延长线上以田地为基准赋课。

到了这一时期,国司制作的户籍中,不课役的女性、老人和儿童增多了。由于不施行班田,土地账簿——国图虽记录了荒废的田地,却根本不记录新开垦的田地。国家丧失了把握平民和田地的实际情况的能力。在此情况下,为了确保包括年料春米在内的以各种名目增加的给政府的贡纳物,国司增加郡司的名额,录用当地有实力之人,令其承包征税,郡司则又让富豪、有实力之人承包贡纳物。

但是,地方有实力之人和富豪巴结王臣贵族和六卫府等中央官员,他们中的许多人以六卫府舍人[①]的身份拒绝向国司缴税;国司与当地富豪、有实力之人的冲突也频频发生。在这样的社会背景下,海贼、盗贼集团的活动更加猖獗。因此,到了这一时期,一直以来处于首领地位并凭借其地位承包征税的各地郡司的权威已经难以维持了,国司(受领)也开始摸索新的征税体制。

---

① 律令制下侍奉天皇、皇后和皇太子等的下级官员,从贵族及下级官员的子弟中选出,免除课役。

第五章 古代小帝国日本国的矛盾和发展

神佛习合和"御灵会"

这一时期的社会中,关于与首领权威相结合而受到敬畏的"神"的观念,以及神社的社会地位也发生了变化。一直以来对自然神、海神、山神或巨石、巨木等的朴素信仰在广大平民之中依旧根深蒂固,而曾经受到首领祭祀的诸神则逐渐呈现出特定的人格,这些神得到新成长起来的富豪和有实力之人的崇信。8世纪后半期以后,政府试图把各地主要的神社定为官社,授予神阶(神的位阶),将其置于国家的管理之下;到了9世纪后半期,相当广泛的地区开始滥授神阶。当时,伴随着各国内部诸势力的此消彼长,各神社的地位也发生了变化。可以说,政府的做法是对这种变化的应对。寺院也一样,进入9世纪后,新兴的天台宗、真言宗积极地在各地扩张传教范围,频繁活动于富豪、有实力之人中间,广泛兴建寺院、佛像。8世纪后半期,政府将这些寺院称为定额寺(将私寺官寺化),干预其经营,力求对其加强管理。但到了9世纪后半期,这类寺院激增,政府终究无法凭此进行有效管理。

从整体上看,这一时期的政府基本上依旧坚持律令的原则,但实际上逐渐将各地的问题交由国司处理,对神社和寺院的变化也明显开始采取放任自流的态度。

日本社会的历史

不过，在平民关于神的观念发生动摇之时，出现了云游各地倡导教化的僧侣，这些僧侣主张神正处于苦恼之中，而佛可以挽救神的痛苦，以此布教。"神佛习合"①的倾向显著起来，各地可见与神社结为一体的神宫寺的建造。同时，人们纷纷模仿佛像，大量雕刻与佛教调和的、具有人格神性质的神像。

就这样，佛教与平民对神的信仰相结合，深深地渗透到社会中。可以说，这一时期神佛观念动摇的背景在于天灾造成的饥馑及疫病的流行。饥馑和疫病在人口集中的都城最为严重。人们认为这些灾害源于怨灵作祟。863年（贞观五年），朝廷在京都的神泉苑举行御灵会，祭祀那些在政治事件中死于非命的人，试图消除由他们的"怨灵"作祟引发的灾害。

京都的真正都市化

进入9世纪后，以天皇的居所和神社为首，人们忌讳污秽的心理越发显著，经常举行被除污秽的祓禊。政府为了避免京都内由死带来的污秽殃及自身，将庶民的埋葬地

---

① 神祇信仰与佛教的融合。传入日本的大乘佛教本来就融合了各种信仰，因而与尚未高度体系化的神祇信仰的冲突不多，在包容神祇的同时逐渐渗透到日本社会中，而神祇信仰也在与佛教融合的过程中逐渐具备了较完整的宗教形态。

第五章 古代小帝国日本国的矛盾和发展

限定在京都城外的鸭川（贺茂川）和佐井川（桂川）的河滩。结果，灾害和饥馑使该处死尸累累。对此，政府于842年令悲田院收容之人将死尸集中焚烧。据说集中起来的骷髅多达5500余具。

当时，悲田院收容孤儿及无依无靠的病人，该处养育的孤儿长大后作为平民登入京都的户籍，看不出他们受到歧视。但9世纪中期，这类埋葬、去除污秽的事成为他们的工作。这一事实反映出一种倾向，那就是这类工作开始成为那些属于悲田院的人的职能。

此前，针对各国的饥馑和疫病，政府以免除课役的方式赈济，到了9世纪后半期，对京都饥民的救恤显著多起来。867年（贞观九年），京都设置了调节米价的常平所，设置该设施的目的也在于更好地救恤饥民。同年，还为乞丐修建了住处。就这样，包括前述御灵会在内，这一时期政府的基础逐渐以京都为主。不光是天皇和贵族，京都中居住的各行各业的人也明显崇敬上下贺茂、松尾及稻荷等神社。上下贺茂神社获得与伊势神宫同等的待遇。859年（贞观元年），男山劝请①石清水八幡宫，新的神社体系以京都为中心开始形成，京都的周边地区还建造了天皇家发愿建造的嘉祥寺、贞观寺、元庆寺等御愿寺（为天皇祈

---

① 指至诚请求神佛来临，或迎接神佛之灵而把它分祀在其他地方。

祷的寺院）。平安京逐渐成为光影交错的都市，真正开始发展起来。

假名文字的创造

9世纪产生了假名文字，对后来的社会和文化产生了决定性影响。

早在8世纪人们便已广泛使用万叶假名。进入9世纪后，为便于读经典和汉文，僧侣们开始打训点、使用省略笔画的万叶假名。慢慢地，这些万叶假名大部分固定下来，成为与音声相结合的文字，即片假名。

同时，万叶假名的草体也被广泛使用。在汉诗文盛行的9世纪前半期，万叶假名主要为后宫女性使用。到了9世纪后半期，和歌领域开始焕发出新的活力，用被称为"女手"的平假名书写和歌的做法普遍起来。就这样，平假名开始作为专门用于读和写的文字使用，不久又出现了追求字体华丽美观的书法艺术，稍后诞生了称为"国风"的书法家。

男性贵族带有"公"的性质的世界仍然使用汉字，但两种假名文字的诞生意义重大，这要归功于寺院僧侣和宫廷女性。日本人将包括汉字在内的三种文字组合起来，有了七种文字表达方式，首次获得了自由地表达其思想和感情的手段。

第五章 古代小帝国日本国的矛盾和发展

而且,以各地的国衙和寺院为媒介,这种文字向社会普及、渗透的速度逐渐加快,对这个国家统治下的普通平民的意识也产生了巨大的影响。不过,假名文字仅用于寺院内部和后宫女性等私人场合,或书信等私人文书。贵族的"公"的世界及公文虽然已经带有日本风格了,却依然使用汉字。不容忽视的是,将汉字视作官方文字的意识,在此后相当长的时期内一直存续着。尽管如此,9世纪新文字的创造仍然对后世的列岛社会产生了难以估量的影响。就这样,从9世纪末到10世纪,无论社会还是文化,都开始进入重大转型期。

第六章　古代日本国的蜕变与地方势力的胎动

第一节　宽平、延喜的国制改革

宇多天皇和菅原道真

891年（宽平三年），权倾朝野的关白藤原基经去世后，宇多天皇任命菅原道真为藏人头。

菅原道真是儒者菅原是善之子。作为学者、文人，道真具有渊博的学识，是文章博士[①]；作为政治家，他曾被任命为赞岐守，有到地方赴任的经历，对庶民生活的实际情况有一定了解。

[①] 大学寮纪传道的教官（令外官），教授文章生汉文学以及中国正史等学问。相当于唐朝的翰林学士。

第六章 古代日本国的蜕变与地方势力的胎动

宇多天皇垂询道真和出任国司并颇有政绩的藤原保则等人的意见,并根据他们的建议着手进行大规模的国政改革(宽平改革)。他首先于891年禁止诸王大臣家的下人未经国司同意便到当地夺取调、庸;又于894年(宽平六年)禁止诸王大臣家的下人强行雇用往返的船、车、民夫和马匹;进而于895年(宽平七年)对诸王大臣家的私出举,翌年又对私营田严加禁止。

该改革侧重切断院宫王臣家与诸国富豪、有实力之人的联合,遏制这类人谋取私利的行为。

同时,该改革充分运用道真以及保则那样的国司的经验,面对当时已经极为严重的调、庸和官物①滞纳问题,只要求国司承担在任期间的责任,并规定现任国司若有在任期间的"总返抄"②(收据),就可以与继任国司办理交接。该改革结合各地实情,进一步推广了由国司承包进贡的调、庸和官物的做法。

---

① 律令制下,各国向政府缴纳的贡纳物的总称,有时也单指其中的租。10世纪以后,随着正税和调转为土地税,把以公用为基准征收的各种税目统称为官物。
② 公式令规定返抄为国司收到在京诸司发送的公文后向对方发送的收据。9世纪以后返抄作为物资收据的性质增强,中央收到地方的贡纳物后开具各种返抄。其中,年贡等贡纳物彻底缴清后所开的返抄称总返抄。

日本社会的历史

宇多天皇新设了五位藏人①和泷口武士②，力图充实统辖内廷经济（天皇家私有经济）诸机构的藏人所。对于在维护都城治安方面拥有很大权力的检非违使厅，宇多天皇进一步强化其裁判权及对犯人施杖刑的权力等。整体而言，宇多天皇试图以内廷机构为中心，将以往的行政机构全面重组到藏人所、检非违使厅等天皇直属官厅之下。而且，在增加天皇直领——后院领的同时，宇多天皇还进一步摆脱太政官的干涉，扩大通过藏人所直接授官和叙位的范围，强化天皇对人事权的掌控。可以认为，针对国司请负体制不可避免地带来的各地的独立化，以及由官司请负制导致的官厅组织统属关系的瓦解，该改革试图越过太政官的合议，由天皇本人通过直属机构重组官厅。

宇多非常信任道真，专听道真所献之策，推进改革。正如《菅家文草》《菅家后集》所反映的那样，道真是当时首屈一指的文人，历史知识相当丰富，古典造诣非常深厚。他几乎独自编辑了按部类划分国史记事的《类聚国史》；上承六歌仙时代，编纂了《新撰万叶集》等。实际上，他的才能远不止于此。他向宇多所献的政治建议，敏锐地把握了当时

---

① 律令制下日本的官职（令外官）之一，藏人所的次官，藏人头的次位，负责掌管宫中事务。一般为二人至三人，选自五位殿上人中门第好且有学识才能之人。
② 平安时代以后，负责宫中警卫的武士，隶属于藏人所。泷口是宫中清凉殿内东北角的一处地名。这些武士因被部署于该处而得名。

第六章　古代日本国的蜕变与地方势力的胎动

的形势。众所周知，894年，长期延续的派遣遣唐使的做法就是因道真的建议而废止的。该建议不仅提及航海危险及财政困难等理由，还建立在对贸易的发展以及东亚现实的充分认识的基础上。当时，中国大陆和朝鲜半岛的商船频频来航，与这些商人交易便可以自由地获得朝廷所需物品；而且唐、新罗和渤海国等在这一时期逐渐衰落了。

延喜改革

897年（宽平九年），31岁正值壮年的宇多天皇让位于13岁的醍醐天皇。宇多效仿嵯峨，意欲以上皇身份继续左右国政，他要求醍醐天皇通过藤原时平和菅原道真处理所有政务。这便是内览①制度的开始。899年（昌泰二年），时平和道真分别升任左大臣、右大臣。

道真是文人出身却官至右大臣，这当然是宇多极力促成的。但这种破格晋升极为罕见，以致招来了以时平为首的藤原氏的强烈不满。结果，道真于901年（昌泰四年、延喜元年）突然被指图谋废醍醐天皇而改立娶道真之女为妻的齐世亲王为天皇，并被左迁至大宰权帅。

---

① 指摄政、关白或天皇任命的大臣阅览上奏天皇的文书，代行政务。源于9世纪末太政大臣的职能，其地位与关白相近。10世纪后半期以后，出现了既非太政大臣也非关白的内览，作为一个独立的职位，由天皇宣旨任命。

· 191 ·

日本社会的历史

903年（延喜三年），道真在对自身悲惨命运的哀叹中于大宰府去世。

在此前后，东国于899年发生了"儇马党"（参见第180页）的暴动，盗贼集团越发横行无忌，最终发展到被称为"东国之乱"的程度。可以说，这时已经出现了东国独立的征兆。在此种局势中，成功排挤了道真的时平拥护年幼的醍醐，以自己的名义接连施行宇多和道真筹划的改革和事业（延喜改革）。

时平于901年下令完成《日本三代实录》，从结果来看，该史书成了最后一部国史。以此为序幕，翌年即902年（延喜二年），开始了大规模的改革。首先，恢复班田，下令提高越来越粗劣的调和庸的品质，禁止院宫王臣家占据山川薮泽。班田已经数十年未实施了，这次改革决定严格按十二年一次（一纪一班）的原则实施。可以说，这些政策旨在结合时代变化，维持律令制的原则。其次，发布了所谓的延喜庄园整理令，禁止院宫王臣家借平民私宅作"庄家"以积蓄稻谷等谷物，禁止开垦敕旨田；同时，禁止院宫诸王大臣家和五位以上的人买入平民的田地和房屋，或抢占闲置、荒废之地。此外，还发布了御厨[①]整理令，废止负责进贡贽的天皇家所设临时御厨及院宫诸

[①] 古代和中世向天皇家、摄关家进贡贽或向伊势神宫、贺茂社进贡神之御馔的皇室、神社所属领地。

第六章　古代日本国的蜕变与地方势力的胎动

王大臣家所设御厨。延喜的庄园整理令和御厨整理令在抑制已经得到承认的庄园——官省符庄和御厨进一步扩大的同时，切断了院宫诸王大臣家与各地富豪、有实力之人的勾结，废止了设在他们之间的庄家，可以说，该改革继承了旨在令国司负责国务的宽平改革。班田在当时确实得到部分施行，但此后再未施行。不过，正如"格前""格后"等提法所反映出来的[1]，这部最早的庄园整理令在此后相当长的时间内一直是庄园整理的基准。

时平接着于905年（延喜五年）开始编纂《延喜格式》。其中，《延喜格》于907年（延喜七年）完成，《延喜式》则在历时20多年后，终于在927年（延长五年）告成。《延喜格式》是三代格式（弘仁、贞观、延喜）之中规模最大的，特别是《延喜式》，网罗了当时制度的细则，是极为珍贵的资料。这是最后一次编纂格式，此后再没有编纂过格式。此外，907年铸造了延喜通宝，至此，奈良时代以来的货币铸造也逐渐接近尾声。

"国风文化"：假名文学的发达

格式编纂开始的905年，醍醐天皇命纪贯之、纪友

---

[1] 此后相当长的时间内（直到1045年），历次庄园整理都以延喜庄园整理令为标准，将延喜庄园整理以前的庄园称为"格前庄园"，将其后的庄园称作"格后庄园"，列为整顿对象。

则、凡河内躬恒和壬生忠岑等编纂《古今和歌集》。这是天皇主导编纂而成的第一部敕撰和歌集，其背景则是从六歌仙时代开始，和歌领域再度活跃了起来。纪贯之在编纂《古今和歌集》时，对六歌仙的和歌进行了批判性思考，将和歌视作新的诗歌形式。他所写的"假名序"虽然尚未摆脱汉文句法的束缚，但作为首篇使用平假名的和文写成的歌论，备受瞩目。实际上，在此前后，现存最早的假名物语《竹取物语》及以在原业平为主人公的和歌物语《伊势物语》也诞生了。贯之以女性口吻用平假名写了《土佐日记》，记录自己在结束土佐守之任后渡海回京途中的经历。此外，经常使用平假名的后宫女性之中也形成了创作文学作品的氛围，假名文学从这时开始迅速发展。

从实施最后的班田到颁布最早的庄园整理令，从编纂最后的国史和格式到诞生最早的敕撰和歌集，这个时代发生了许多象征着从律令政治转变为王朝政治，从唐风文化转变为国风文化的事情。时平自身命短，909年（延喜九年）便去世了。有传言说他的死是由于菅原道真的"怨灵"作祟。此后相当长的时间内，没有藤原氏出身的人担当大臣，醍醐天皇亲自站到政治舞台的中心推进改革。不过，醍醐不再试图恢复律令式政治，而将征税、军事等权力委于国司，至此，国司请负体制已经完全走上正轨。

至于军事方面，如前所述，延喜的东国之乱使改革的步伐加快了，政府放松了以往在发兵——军事动员方面对国衙的严格限制，授予国司动员大规模军队的权力。同时，在诸国设置押领使，作为拥有督促军队、推举功勋奖赏等权力的军事机构。这是为了便于灵活追捕屡屡出现在各国的凶党、盗窃团伙和海贼。

通过这样的军制改革，政府无须再一一干涉小规模的纷争，而是由各国独自处理。押领使有时也可由国司兼任，他们通过追捕凶党或相互间的私斗，在国内组织起自己的武装力量。在此过程中，兵、武勇之辈逐渐壮大起来。

天皇家统治基础的强化和征税的请负体制

到这一阶段，政府彻底放弃了班田，以国图即国衙保存的土地账簿为基准，根据其中记载的田地——公田进行征税。此后未再重新制作国图（基准国图），各国的公田数完全固定下来。按田地赋课的租、庸、调、正税等贡纳物（官物）的量自然也就固定下来了。政府将各国的征税权、检田权和裁判权委于国司，令其全面承包定额的官物贡纳。特别是临时仪式等所需的费用，以临时杂役的形式命令国司征收。由此，政府的官物征缴稳定下来，各国司则获得了广泛的权力，结合本国实情以自己的方式征税。

例如，对于在当地扎根的前国司和富豪之辈，以及这

日本社会的历史

一时期被称为"田堵"的有实力的农业经营者,国司任用他们为国衙的下级官员,同时让他们作为"负名"(请负"名"① 的人),按实力承包一定的公田,缴纳官物;而且,官物的运送也承包给"梶取""纲丁"等水陆运输业者;等等。一切以承包为基础的运营体制开始形成。

914 年(延喜十四年),醍醐令廷臣和国司陈述对各种政治问题的看法,式部大辅三善清行的回答"意见封事十二条"非常有名。在"意见封事十二条"中,清行从各个角度论述了当时的社会情况。例如,他指出户籍中登记的大部分百姓已不存在,实际上应该承担调、庸的公民却未分到口分田,那些死亡、逃亡之人的口分田则成了私田。清行还极力主张重建班田制和租庸调制。该意见本身明显反映了宽平和延喜的改革未取得任何成效,甚至可以说其主张也仅仅是表明一种理想而已。

不过,醍醐试图通过这样的方式,越过太政官会议,直接掌握廷臣和国司。他在国司的人事方面也延续宇多的做法,强化了不经过太政官而通过藏人将实权掌握于自己手中的形式,试图以藏人所为中心,强化天皇家的经济基础。

---

① 平安时代,随着课税基准从人头变为土地,有实力的农业经营者(田堵)向国衙和庄园领主承包一定田地的公事和官物等的征收。现在一般认为,当时的"名"并非指具体的土地经营者对该土地的权利,而是指征税的组织;而且,这一征税组织是由复数的农业经营体构成的。

第六章 古代日本国的蜕变与地方势力的胎动

例如，对贽的制度所做的修改。这一时期，诸国向天皇家进贡鱼贝、海藻和果物等贽的制度也非运行无碍的。905年，重新制定了相关制度，对于和泉、河内、摄津和山城等自古以来向御厨进贡贽的贽人，保证其自由地在广大河海进行捕捞的特权。911年（延喜十一年），新制定了要求畿内五国及近江共六国每天进贡御贽的制度，以畿内及其周边为中心重编贽的制度，相关事务及依据这些制度设立的称为"所"的小官厅都由藏人所集中管理。藏人所统管包括这些小官厅在内的令制之下的内廷各机关，巩固了其作为天皇家家政机关之中枢的地位。

就这样，以天皇家为首，朝廷的统治基础向京都和畿内转移。与此同时，国司请负制下政务被委于国司，这不可避免地导致了诸国和朝廷之间的乖离，使政治本身的情况也发生了巨大的变化。9世纪以来的列岛社会的动荡在此达到了极点。

第二节 东国国家的建立
和"海贼"对濑户内海的统治
——天庆之乱

东亚的动荡和朝廷的孤立主义

875年，中国大陆上发生了以黄巢起义为高潮的农民

日本社会的历史

起义；907年，唐帝国在这种混乱中灭亡。此后直到960年宋朝建立为止的大约50年时间，中国大陆处于五代十国时期。这次动乱使周边各国、各民族发生了巨大变动。新罗丧失了维护国家统一的力量，各地豪族陆续建立新的国家，朝鲜半岛陷入分裂状态。结果，918年建国的高丽历时约20年，终于在935年消灭新罗，并于翌年在半岛上建立了新的统一王国。

在此期间，919年，渤海国向日本的王朝派遣使者。926年，渤海国被在唐朝灭亡后势力急速扩张的契丹所灭。契丹越过长城，介入五代之争，937年发展成以辽为国号的强大势力。[①]

就这样，10世纪前半期，亚洲大陆局势发生了翻天覆地的变化，该动荡的余波以各种形式影响到日本。从893年（宽平五年）到翌年，大规模的新罗"海贼"即朝鲜半岛的海上势力侵袭对马、壹岐和九州西北部，北方则发生了渡岛的"虾夷"与陆奥国的俘囚之间的战争，列岛东西顿时陷入动荡之中。

整个延喜年间，唐人的商船几乎连年来航。903年，政府加强相关管理，禁止诸王大臣家擅自与这些商人进行

---

① 根据《辽史》记载，"大辽"国号创立于947年。太宗会同十年（947）正月，契丹灭后晋，"二月丁巳朔，建国号大辽"。——中文版编辑注

第六章 古代日本国的蜕变与地方势力的胎动

私人贸易，规定唐商来航的年岁，同时委任大宰府管理贸易，由政府派出天皇直属的藏人所的下人，确保必要的物品进贡至藏人所。可以说，这种做法是将权力授予地方机关、强化天皇家经济的延喜改革在贸易领域的表现。

如前所述，这一时期，朝鲜半岛上各势力相互对立，并陆续派来使者。929年，契丹灭亡渤海国后设立的属国——东丹国也派来使者。但是，政府高度防范列岛外的动荡波及国内，奉行孤立主义政策，根本不回应这些使者。

930年（延长八年），醍醐天皇让位于8岁的朱雀天皇，不久后去世。时平之弟忠平长时间处于摄政之位，辅佐幼帝朱雀。这一时期的政府也拒绝与派来使者的吴越和高丽正式通交。但是，伴随着天皇的更替，日本列岛社会的各地也变得骚动不安。

世间本来就盛传导致醍醐天皇死亡的清凉殿雷击事故系菅原道真的怨灵作祟。醍醐去世翌年即931年（承平元年），又接连发生了不安定的事件：宇多上皇去世，疫病流行，京都盗贼集团横行，等等。

而且，932年（承平二年）以后，濑户内海海贼再度猖獗起来，不久便成为以伊予国日振岛为据点的大集团，拥有船只千余艘。为了对付濑户内海海贼，政府采取与对付新罗海贼相同的做法，设置警固使，派遣追捕使，加以

· 199 ·

镇压，同时也相应地推进军制改革。警固使对包括水军在内的国衙军队拥有军事指挥权，后来发动叛乱的伊予掾藤原纯友这一时期也担任警固使，与追捕使伊予守纪淑人一起剿抚海贼。

平将门叛乱：东国国家的建立

整个延喜年间，东国的骏河、飞驒、下总、上野、下野和武藏等地"凶党"蜂起，各地官舍被烧毁，国府遭袭击，国司被杀害。935年（承平五年）以后，东国有实力的武将平将门和常陆大掾平国香之间多次发生激烈的私斗。这些人作为国司被派到地方，并就此扎根成为当地的豪族，以称为"宅"、"营舍"和"宿"的房屋、馆①为据点，承包广大地区的征税事务，并在这样的承包体制中，通过出举及其他方式控制平民，利用负债的平民劳动力经营田地。豪族通过出举和营田，积蓄了巨额财富，控制了广泛设置于东国的牧场，进而涉足东国独自的制铁及其他行业，掌握河海交通等，各自支配着广泛的领域；置办武器，征服平民，使他们成为自己的从者，称之为伴类、从类，从而形成强大的武力集团。

这些豪族骑着来自辽阔牧场的马匹，身披甲胄，自如

---

① 此处指武士的居所，最初仅指一部分上层武士的居所。武士的馆一般位于交通要冲，既是政治军事据点，也是商业发达之地。

第六章　古代日本国的蜕变与地方势力的胎动

地使用弓箭作战,被称为"兵"。通过相互间频繁的私斗,这些豪族之间形成了独特的风气和战斗礼仪,这些被称为"兵之道"。他们取代了那些继承古代首领血统的郡司,成为"君""大君",凭借自身的强悍勇武成了新的地方首领,通过激烈的战斗,争夺豪族中的豪族、"君"之中的"君"的地位。

其中,平将门发动全族参与作战,在战争中不断获胜,壮大了势力。939年(天庆二年),他站在庇护受国司压迫的郡司、反抗国司的富豪的立场上,与常陆的国衙军队作战,将之击破,并趁势烧毁了国府,俘虏了国司,走上了正面对抗王朝国家之路。

平将门控制常陆后,进而袭击下野、上野的国府,把国司赶回京都,几乎控制了整个关东。当时,有巫女被神灵附体,降神谕称:八幡神通过菅原道真立将门为"新皇"。将门在从者的欢呼声中即位为新皇,在下总设王城,任命包括伊豆在内的坂东诸国的国司。在激烈的动荡中,东国诞生了新的国家。

将门的新皇地位,通过被指为王朝的叛逆者的菅原道真得以正当化。日本东部的风土和社会迥异于西部,关东和伊豆脱离拥戴京都的"本天皇"的王朝国家的统治,归入新皇将门的东国国家的统治之下。而且,从伊豆处于这个国家的统治之下这点可知,将门以称为"水乡"的常总和武总的内海为基础确立霸权,控制了通往伊豆的海上交通。

在此之前,将门把摄政忠平视为主君,这时将门致信忠平,主张自己以武力获得坂东统治权的正当性。将门自比灭渤海国的东丹国王,① 放言"今世之人,必以击胜成君",即以渤海国到东丹国的王朝更替为依据,主张自己地位的正当性。从这点看,也许可以认为,关于东北亚大陆的动荡与将门之乱之间存在一定关系的推测也是成立的。

纯友之乱:"海贼"对濑户内海的控制

同年,仿佛与将门呼应,扎根于伊予国的藤原纯友俘虏了反对其活动的备前和播磨的国司,进而于 940 年(天庆三年)与赞岐、阿波的国衙军队作战,袭击国府。纯友所率"海贼"实际上控制了濑户内海。

以濑户内海为中心的日本西部海域原本就是海民活跃的舞台,自弥生时代以来,这里的海民便从事捕捞、制盐以及海上运输。该地区缺少平原,豪族之中有不少人依靠善于操舟驾船的海民在广大的地域内进行交易,同时组织

---

① 此处史实应有误,中国学界一般认为,辽太祖耶律阿保机于天显元年(926)正月灭渤海国,二月建东丹国,封皇太子耶律倍为人皇王,以王东丹。——中文版编辑注

第六章 古代日本国的蜕变与地方势力的胎动

水军,成为海上豪族。该地区的国衙为了向新罗和海贼发动攻势,召集了这些豪族所率领的水军,而纯友的军队就是这些水军中的一支。纯友的水军拥有 1500 多艘船,甚至显出袭击淡路、通过淀川进入京都的气势。

将门的东国国家也试图将势力往北扩张至陆奥,往西扩张至伊豆、骏河一带。东西大叛乱使王朝政府陷入了前所未有的危机之中。"本天皇"的朝廷向各神社派遣奉币使,令寺院祈祷,祈求神佛镇压叛乱,与此同时,任命东海、东山两道的追捕使,任藤原忠文为征东大将军,首先着手镇压东国叛乱,对西边的纯友则尝试采取叙以从五位下的怀柔之策。

东国国家的瓦解和西海"海贼"的镇压

在此期间,新皇将门令旗下军队与自己任命的诸国国司全部归任,直属军队的力量变得单薄。同族平贞盛和下野国押领使藤原秀乡早就与将门处于敌对状态,二人联手响应王朝政府的号召,乘此机会举大军攻击将门。新皇将门亲自骑马在阵前向贞盛、秀乡的军队挑战,被流箭射中而亡。征东大将军忠文到达坂东则是在此之后的事情了。将门任命的众国司也因失去领导核心,接连被忠文军队讨伐,东国国家未满三个月就瓦解了。

如此,幸遇将门战死,政府成功平定了东国后,接着又任命小野好古和源经基为南海道的追捕使，开始镇压纯友。

纯友全力抵抗，首先以400余艘船袭击赞岐和伊予，烧毁备后和备前的船只，进而在安艺、周防击败追捕使的军队，并攻击土佐。但是，以海为主要舞台的水军虽然具有较强的机动性和集中作战的破坏力，却缺乏对抗固守陆地的王朝政府、建立国家的组织力。到了941年（天庆四年），纯友的军队中也出现了叛离之人。纯友仍旧攻打并火烧大宰府，结果，因追捕使小野好古的海陆攻击而败于博多津，在逃回伊予的途中，被伊予的警固使斩杀，至此，西边的"海贼"也被镇压了。在此前后，政府任命藤原忠文为征西大将军，但与将门之乱一样，未等其到来，纯友的叛乱就被当地武将组织军队镇压了。

天庆之乱终于结束，京都的王朝政府幸运地度过了危机。但是，在列岛东西的叛乱之中，京都的天皇对日本国的统治被截断，陷入了瘫痪状态。特别是东国，建立起了独立的国家，虽然维持的时间很短，但其意义极大。新皇将门、骑白马的英雄将门的记忆长期留在东国人脑海中，每当东国试图走向独立，这种记忆便会苏醒过来，激励着东国人。

动乱的时代和"市之圣"

平贞盛和藤原秀乡应王朝政府之命，摧毁了东国国

第六章 古代日本国的蜕变与地方势力的胎动

家，并凭此功劳获得官位，他们选择侍奉天皇和贵族的雌伏之道，与此同时，在包括东国在内的各地进一步扎根，养精蓄锐。这些豪族承包征税，掌握军事及其他权力，他们盘踞的东国实际上逐渐地脱离了京都王朝的统治。此后，东国人反复面临将门之道和贞盛、秀乡之道的抉择，即反抗王朝独立，抑或在名义上服从王朝的同时，实质上确保其对东国的实质上的统治。天庆之乱让这个问题在日本社会的历史上首次浮出水面，就这点而言，它具有划时代的意义。而东北也以天庆之乱为契机，开始走上自己的道路。

与此相对，在日本西部作为水军——"海贼"活动的人们，此后更加深入地参与越来越活跃的与中国大陆的宋朝和朝鲜半岛的高丽之间的跨海交流，成为从事环绕列岛的海上交通运输的豪族、商人，不断积蓄自己的力量。

正当天庆之乱对列岛社会造成巨大冲击之时，京都的市中出现了教导那些被称为"小人""愚女"的庶民念佛的僧侣。被称为"市之圣"的空也的这种行为，引起了著名的天台寺僧源信、著名文人庆滋保胤等人的注意，并且在净土思想的发展及其对社会的渗透等方面，也具有划时代的意义。

作为对此次平乱的还愿，942 年（天庆五年）石清水八幡宫举行临时祭，天皇也开始"行幸"贺茂社，这后来成了京都每年例行的仪式和活动。而且，为了镇抚道真的

日本社会的历史

"怨灵",同一时期创建了北野神社。从这一时期开始,送瘟神的夏季活动祇园会也成为恒例。就这样,平安京从单纯的贵族和官员的聚居地逐渐转变成了王朝的新都市。

将门之乱的来龙去脉可通过《将门记》了解。一般认为该书写于动乱后不久,在描写激烈的战斗场面的过程中,产生了与以往的汉文不同的新文体。这就是后来的军记物语①的先驱。值得注意的是,文化的"国风化"倾向不仅反映在宫廷内的和式文化上,同时也以这一动乱为契机在其他各方面开始了。

第三节 10世纪的社会和政治

"天历之治"

天庆之乱后不久的945年(天庆八年),在大批唱着童谣的群众的簇拥下,不少抬着名为志多罗神和小蔺笠神等神的神舆,沿山阳道东进。到达山城国的山崎时,神附身于群众中一女性,传达了神意。人们遵照该神谕,把神舆

---

① 也称军记物、战记物语等,中世流行的以战乱为主要素材的、采用明快的和汉混合文体的战记文学。以《将门记》为滥觞,代表性作品有镰仓时代的《保元物语》、《平治物语》、《平家物语》和《源平盛衰记》,室町时代的《太平记》和《义经记》,等等。

第六章　古代日本国的蜕变与地方势力的胎动

抬进了石清水八幡宫。当时的社会因战乱而动荡不安，加上疫病流行，暴风雨屡至，天灾饥馑连年，庶民渴望丰收和富庶，便将狂热的祈祷寄托于童谣之中，不断传唱。这一时期，各种新神开始深得庶民之心。可以说，这与人们对空也的狂热信仰相同，预示着时代的转变。在这种背景下，朱雀天皇于946年（天庆九年）退位，村上天皇即位。关白忠平于949年（天历三年）去世后，村上并未任命新的关白，而是亲自主政。后来称为"天历之治"的时代开始了。

村上天皇试图继承延喜的政治，于958年（天德二年）铸造乾元大宝，推进始于前代的国史编纂，等等。不过，国史的编纂最终未能完成，而乾元大宝也成了王朝最后一次铸造钱币（从和同开珎到乾元大宝的十二种铸币称为皇朝十二钱）。

而且，正如庆滋保胤在《池亭记》中感叹的，右京即西京已经彻底荒废，与鸭川的河东之地一同成了以左京为中心的都城的周边地区。在都城规模明显缩小的同时，被称为"杂人"①的大量各色人等进出其中。在这些城市民的支持下，京都开始具备都市的性质。不过，天皇一直在都城的内里之中，几乎不踏出内里一步。

---

① 意为身份低微之人，既指一般庶民，也指隶属主家并任主家买卖、让与的贱民。进入镰仓时代后，将不具有公家、武士、侍从或郎党身份的庶民统称为"杂人"。

日本社会的历史

朝廷的规模缩小了,其实际统治区域也几乎仅限于畿内、近江和丹波,其余诸国形成了由其国司承包实务、各官厅形成了由其长官承包实务的运营体系。

这一时期,太政官公卿会议称为"阵定"①,其权限也明显缩小,除与大陆和半岛的外交以及突发事件外,其议题主要限于以下范围:诸国请求裁决的各种问题(各国申请杂事),受领即国守的政绩评定(受领功过定),国司承包贡纳物的基准田地中有一成以上未耕作时的处理("不堪佃田"的奏),等等。

在此期间,各种仪式也逐渐固定下来,年年依例举行,被指定为仪式主办者的公卿即上卿,指挥太政官事务局即外记②、弁官③,通过藏人取得天皇的裁决,举办仪式和活动。贵族认为这类仪式和活动与自然运行相关,确保其顺利开展才能实现政通人和,所以非常重视先例。也

---

① 平安时代摄关期的朝议形式之一。左右近卫府的阵中设定公卿的座次,公卿出席议论政务。公卿接受上卿的通告,根据外记、弁官制作的先例、勘文等,从末席开始陈述意见,经合议后,由上卿裁决,并命参议作成文,上奏天皇,请求裁可。
② 外记局,律令制下的太政官的事务局。少纳言下设大外记、少外记各两名,作为弁官之外的狭义的太政官的主典,负责起草、校对诏书,论奏和奏事等,以及主典的基本职务。
③ 弁官局,律令制下的太政官的事务局,分左右弁官,左右弁官又各设大、中、小弁官及大史、少史、史生等。左弁官掌管中务省、式部省、治部省和民部省,右弁官掌管兵部省、刑部省、大藏省和宫内省,受理文书、起草并传达政令,构成行政中枢。

第六章　古代日本国的蜕变与地方势力的胎动

正是出于这个缘故，记录了仪式的程序和手续的《西宫记》《北山记》等书及天皇和贵族的日记受到高度重视。

由于认为这些仪式和活动与自然运行相关，并且认为死亡、分娩和火灾等暂时破坏了自然和社会之间的均衡，会带来污秽，并且会玷污由围墙和门等围成的空间，因此，人们竭力避免这些污秽玷污天皇、朝廷和神社，并对仪式和活动的相关程序做了细致规定，如清洁污秽的"忌笼"[①]的时间等。可以说，这种现象也是伴随平安京的都市化而出现的。

另外，太政官任命公卿、藏人和弁官为"别当"[②]，管辖包括御厨子所在内的称为"所"的小官厅和大寺院，以保证仪式和活动顺利开展。虽说太政官权限缩小了，但仍然具有包括除目、叙位等人事权在内的国政中心的机能。这一时期，包括左右大臣在内的公卿之职几乎都被藤原氏和天皇家出身的赐姓源氏占据，而这两个氏族又围绕国政主导权展开了激烈竞争。

围绕摄政、关白展开的暗斗

在这些公卿的支持下，村上天皇亲自执政约 20 年，

---

① 一定期间内，脱离日常生活守斋忌的行为。守斋忌的场所既可能是临时设置的专门场所，也可能是平时生活的场所，但须排除日常生活要素。
② 有官职的人临时兼任别的官职之意，后成为专任长官的名称。

日本社会的历史

于967年（康保四年）去世。皇太子宪平亲王即位为冷泉天皇。冷泉虽年满18岁，但因精神异常，所以由藤原氏长老实赖以关白身份主导国政。不过，冷泉毕竟无法长期留在天皇位上，围绕其继承人的问题，藤原氏和源氏暗斗不止。

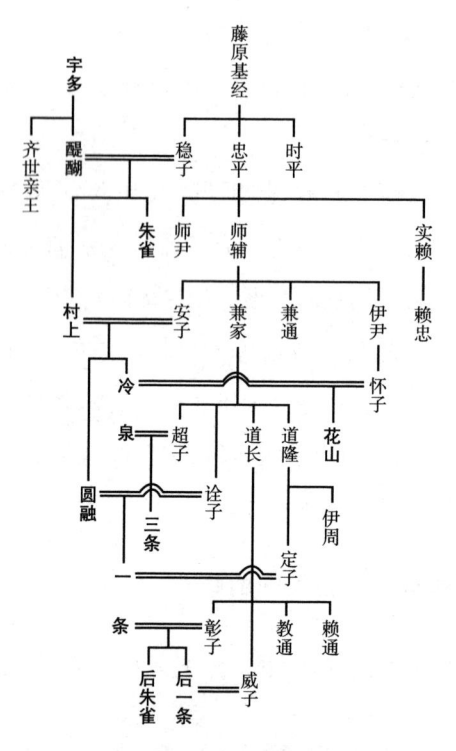

天皇家与藤原氏的姻亲关系

＊黑体字为天皇号

第六章 古代日本国的蜕变与地方势力的胎动

结果，村上天皇诸子之中，为平亲王（《西宫记》作者源高明的女婿）遭到排挤，守平亲王被立为皇太子。左大臣高明也于969年（安和二年）因谋反嫌疑而左迁，随后倒台（安和之变）。一般认为，安和之变是藤原忠平之子、右大臣师尹与其兄师辅的诸子等藤原氏之人策划的。

该事变的导火索是源满仲及其他人在师尹的指示下密告高明谋反。由于这一密告，藤原千晴被捕。满仲是天庆之乱中以武将身份成名的源经基之子，其据点在摄津、河内。千晴是天庆之乱中讨伐将门的藤原秀乡之子，他在下野设有据点。当时，包括满仲、千晴在内的武者竞相在都城攀附有权势的贵族，以巩固自己的地位。而且，在安和之变中立功的清和源氏满仲的诸子进一步加强与处于摄政关白之位的藤原氏的关系。下台的千晴的子孙则以下野的据点为中心，深深地扎根于东国，成为东国豪族。这一时期，众武者面前有两个选择，或成为主要在京都活动的武者，或在地方深深扎根、逐渐发展为豪族武将。

安和之变后，冷泉立即让位于11岁的守平，守平即位为圆融天皇，实赖成为摄政。实赖死后，师辅之子伊尹成为摄政，伊尹拥立其外孙即冷泉之子师贞为皇太子。

当时贵族的婚姻关系中，子女一般在母亲的父母家养育，自然被置于外祖父的保护之下。天皇的子女也不例外，其外祖父一般处于摄政、关白的地位。摄政、关白的

日本社会的历史

职务以基于令制中职位最高的公卿即太政大臣之职务为基础，掌握着除目、叙位等人事决定权。安和之变后，已经没有别的氏族可以与藤原氏竞争了，但在藤原氏内部围绕师辅的地位继承，师辅的子女暗斗不断。特别是伊尹死后，依照师辅之女即村上的皇后安子的遗嘱，藤原兼通成为圆融的关白。兼通与其弟兼家激烈竞争，为了排挤兼家，以实赖之子赖忠为关白，迫使兼家左迁。

然而，兼通死后，兼家因女儿为圆融生下皇子而占有优势。984年（永观二年），花山继圆融之后成为天皇，他与兼家关系比较疏远。花山即位仅两年，兼家便利用花山的出家之念，成功使其退位，并令自己的外孙即位为一条天皇。

当时，兼家非但没有官至公卿的最高职位太政大臣或左大臣，甚至主动辞去右大臣这一正式官职，在此基础上成为摄政。如此一来，摄政与太政大臣分离，兼家首次使摄政成为凌驾于令制官职之上的最高官职。兼家进一步行使到手的人事权，强行提高诸子的官职和位阶。于是，兼家成了藤原氏的长者[①]，他这一脉固定为继承摄政、关白之位的门第，即成了摄关家。继承这一脉的人拥有特殊的官位晋升之路，并作为惯例被视为理所当然之事。

[①] 氏长者，即氏的首领。参见第87页注释①。

第六章　古代日本国的蜕变与地方势力的胎动

藤原道长的霸权：摄关家的确立

兼家于990年（永祚二年、正历元年）去世后，兼家诸子相互竞争。道隆、道兼继其父兼家之后成为摄政、关白，但都城中流行的疫病使两人于995年（长德元年）相继去世。之后，道兼之弟道长和道隆之子伊周之间产生了激烈的对立。两人的争斗于翌年决出胜负，道长依照其姊即一条天皇之母诠子的指示成为内览，作为首席太政官即"一上"①（第一上卿），成了事实上的关白，牢牢地巩固了自己的地位，其在宫廷中的地位已无可动摇。可以说，从此开始了真正意义上的"摄关时代"。

当时，一条的皇后是伊周之妹定子。道长使自己的女儿彰子成为一条天皇的中宫②，强行开创了一个天皇两个皇后的新例。继一条之后即位的三条天皇是冷泉天皇之子、道长的外甥。由于三条与道长不和，道长强行令其退

---

① 执行朝廷公事的公卿中的首席。太政大臣与摄政、关白不在其列。通常由左大臣出任。如果左大臣兼任摄政、关白或者缺员的话，由次席大臣出任。
② 令制中称皇后宫为中宫，有时也称皇太后宫或者太皇太后宫为中宫。中宫设中宫职掌管其庶务，侍奉皇后、皇太后或太皇太后。990年立藤原定子为一条天皇的皇后时，为其设中宫职。1000年立藤原彰子为一条天皇的中宫时，定子的中宫职改为皇后宫职，为彰子设中宫职。此后，根据立后的顺序，新立的皇后附属中宫职，先立的皇后附属皇后宫职。两者根据附属职有中宫和皇后宫的说法，但同是皇后。

位，并成功地使自己的外孙即彰子之子即位为后一条天皇。接着，道长又迫使三条之子敦明亲王辞去皇太子之位，立彰子的另一个儿子敦良亲王（后来的后朱雀天皇）为皇太子。1018 年（宽仁二年），道长又成功地使女儿威子成为后一条的中宫。和歌"斯世我所有，一如我所思；皎皎十五夜，满圆无缺时"[①] 正是这一时期所作，当时道长正处于人生得意的顶点。

仅仅一年后，道长便辞去了摄政和太政大臣之职，站到了继任摄政之职的其子赖通背后，实际上则以"大殿"身份继续指导国政。如此一来，公职和实际上的权力者"大殿"相分离，这标志着摄关家这一"家"的确立，以及拥有世袭权力的"摄关职"之实态的形成。

后宫文化

这一时期，对上层贵族而言，自己的女儿能否生下皇子关系到全族的命运。自然，村上天皇的皇后安子或一条之母诠子（后来成为第一个女院，称东三条院，享受太上天皇的待遇）的意见，对摄政、关白的继承问题具有很大的影响力。这反映了后宫的女性虽然被隔离在正式的政治舞台之外，但她们绝没有失去自己的立场。

[①] 此和歌译文引自王金林《简明日本古代史》，天津人民出版社，1984，第 173 页。

第六章 古代日本国的蜕变与地方势力的胎动

这一时期，后宫机构以侍候天皇、皇后和中宫等的高级女官——女房为中心构成，其原有机能丧失殆尽。贵族们争相把女儿送入后宫，以图接近天皇和摄关家。这一时期的后宫中，优秀的文学作家、歌人辈出，如彰子的女房、《源氏物语》的作者紫式部，侍候定子的、《枕草子》的作者清少纳言，以及和泉式部、赤染卫门等。

这说明这些女性虽然身处宫廷这一狭小的世界中，但并未失去自由的眼睛，她们能够批判性地洞察人际关系，并借助女性独有的文字——平假名以文学的形式形象地表达出来。可以说，这种现象在人类社会历史中也属罕见。

不过，后宫女房的世界也受到当时宫廷中开始形成的贵族门第观念的影响。后宫中门第较高的女性和门第较低的女性之间，也逐渐形成了上﨟、中﨟和下﨟的区别。

官司请负制："家业"的成立

从道长到赖通，摄关家成为贵族的最高门第"摄关职"的地位确立。这也意味着天皇家自身的门第"天皇职"的稳固。而一般的贵族又分为公达之家和诸大夫之家。公达之家的贵族由侍从升至公卿；而诸大夫家的贵族位阶仅止于四位、五位，罕有升至公卿之人。

日本社会的历史

而且，伴随着国政本身逐渐向一定的仪式和活动转变，以这些上层贵族为首的拥有各自家业的官员氏族，根据自己的门第和职能分别负责相应的仪式和活动。不久后，这些职能式的氏族凭其家业独占了特定的官职，例如，作为太政官事务局的外记局的中原氏、统管弁官局事务的大夫史小槻氏、司阴阳道的安倍氏、典药寮的和气氏。垄断并世袭这些业务的"官司请负制"形成了。同样，检非违使是都城及其周边地区治安警察机关的中心，在以明法道①为家业的惟宗氏之后，该职务由中原和坂上两氏世袭。

此外，在此过程中，贵族和官员之中出现了如前述源满仲和藤原千晴那样的人，他们在各地设根据地，以武者之道，即"兵"之道为家业，同时也出现了成为国司（国守）－受领承包各国的事务和征税并积蓄财富的人。

地方政治和受领

这一时期，受领承包定额的官物（租和正税的利稻等）和临时杂役（调及其他），与此同时，其对任国的巨大权力得到认可，受领享有国内的检田权、所开垦田地的

---

① 律令制下大学的四道之一，针对律令的实际运用而产生的法律解释学以及以此为教学内容的学科。

第六章 古代日本国的蜕变与地方势力的胎动

租税免除权、租税赋课率变动权、裁判权和军事动员权等。受领将自己一族或者因官厅蜕变而不能保障自身地位的下级官员作为自己的郎从、郎官，任命在承包业务上有能力的人为目代①，任用当地有实力之人为国司的下属，通过调所、田所和船所等称为"所"的小机构管理本国的业务。而且，以有实力之人、郡司和前述称为田堵的有实力的平民百姓为"负名"，令其承包国内的田地；同时，也给自己的郎从田地，令其承包征税，以田地为基准，统一征收包括利稻和调、庸及中男作物②等正税在内的各种名目的租税。

这些贡纳物被收到当地收纳所后，受领便令梶取和纲丁等承包其运输，缴至都城周边的纳所，必要时签发又名"切符"的国符之类的支付命令书，供弁济使及其他相关人员使用。这种流通网络的形成使通过受领征税的手段成为可能。同时，还形成了官厅发出"切下文"，从京城周边的纳所领取诸国直纳到官厅的贡纳物（料国制）的体系。

受领之中有些人依据这一体制，往来于都城和任国之

---

① 国司的代官。平安中期，国司遥任制盛行，国守任命目代为自己的代官，令其指挥在厅官人处理任国内的事务。
② 令制下的租税。向畿外诸国的中男（18岁到21岁的男子）征课的中央官厅所需的地方特产，其生产和筹措以中男服杂役的形式完成。

间，行使其在任国内的巨大权力，收取多于规定承包额的物品，或者利用自己的权力设置国免庄——其官物送给特定贵族和寺院的免田[1]，露骨地放纵自己的贪欲，正如《今昔物语集》所描述的"受领摔倒也要抓把土"。当然，朝廷也通过"功过定"抑制这种情况，同时，针对各种仪式和活动的费用超过了定额的贡纳物收入的问题，依天皇的命令（永宣旨）新征课各种物资，以确保收入充足。至于具体的国制则因国而异，不断变化，呈现出过渡性。

各种"艺能"和职能民

这样的变动全都发生于以往的官府组织解体和蜕变的过程中。下级官员中也出现了这样一类人，如前所述，他们在受领手下担任弁济使，垫付受领的贡纳物，运用原始的具有支票功能的"切符"、"切下文"或"替米"（米的汇票），积聚财富。此外，原本由官府组织起来的各种手工业者、运输业者、山民和海民等职能民，这一时期则成为独立的职能集团，他们在保持官府的寄人[2]身份的同时，开始在广大的社会中开展自己的职能活动。

---

[1] 古代、中世的庄园或公领内，因其年贡、公事用于特定目的（如交给特定贵族、寺院），而免向领主或国衙缴纳年贡、免除公事或临时杂役的田地。

[2] 平安后期以降，隶属于中央官厅或寺院神社的工商业者和流通业者。

第六章　古代日本国的蜕变与地方势力的胎动

曾经属于后宫的下级女官和歌姬，组成被称为"游女"的女性职能民集团，以都城为中心驾船在各地的津和泊活动；傀儡师①以宿②为大本营，也置身于这一变动中；仍以某种形式隶属于官府的"双六打"③成为赌博者的集团，作为诸国的"博党"开始在各地活动。

此外，悲田院收容的孤儿和病人也与陷入同一境遇的人一起，在以都城为首的日本西部的城市性场所中，成为专门清除人们畏惧的污秽的集团。

在这样的整体动向之中，以宫廷为中心广泛地出现了如下看法：各种职能都为"艺能"，从中可看到"才"的发挥，种种职能均拥有独自的"道"。这些职能包括：贵

---

① 傀儡表演艺人。人们认为傀儡拥有灵力，傀儡表演也并非单纯的娱乐活动，还带有一定的巫术意味。在中世，傀儡师受国衙及其他机构的管理，并为其祭祀服务。
② 平安末期以降，在各地水陆交通要冲出现的具有住宿、交通功能的场所。宿通常因旅游业者、运输业者聚集于交通要冲而形成。其中不少宿还聚集了商人、职人、游女和僧侣等各行各业的人，作为地域经济中心逐渐发展成了城市。
③ 双六是一种室内游戏，类似于飞行棋，参与者掷骰子决定点数，按点数走格子，以先到终点者为胜。7世纪末前后从中国传入日本。双六打指玩双六赌博的行为或者习于此道之人。古代日本一方面视双六打为赌博行为，加以禁压；另一方面也视其为一种艺能，认为其具有一定巫力。双六打与宫廷有密切的关系，从史料上看，平安时代末期，京都朝廷的官厅设有管理双六打的机构，而加贺国的国衙也设有"双六别当"一职。

日本社会的历史

族的管弦、和歌、明法、算术和武术，手工业者的冶炼、木工、铸造和制作桧物①等技术，以及游女的美色和赌博者的手艺，等等。

天皇家仍旧依存于太政官，由这些贵族和官员为其服务，通过由藏人所统管的各机关组织职能民。而以摄关家为首的上层贵族，也将诸大夫和实务官员作为家司组织到以政所为中心的家政机关之中，以武者为其侍卫加强警备，竞相取得各种职能民的服务。

摄关家在道长和赖通父子时代拥有压倒性的实力和地位，他们将自己的家政组织充实到堪比天皇家的程度。不仅如此，在道长大兴土木建造宅邸和法成寺等寺院的时候，许多受领为了使勤务评定有利于自己，争先恐后地以财力支持道长、赖通。为了攀附摄关家或其氏寺，受领争相在国内设置大量免田（国免庄），乃至时人称"天下地悉一家领"（《小右记》）。

当然，天皇家拥有敕旨田、御厨、御园和御牧等直领，而摄关家在此之前也已拥有包括后来称为"渡领"的庄园和牧场在内的封户，凭借各地受领设立免田，很快便获得了大量的庄园。不容忽视的是，这一时期摄关家还

---

① 桧物是使用丝柏等木材的薄板制作的圆形容器，桧物师即制作桧物的匠人。在古代，桧物师作为供御人，在为官府、寺社制作桧物的同时，享有在特定地区垄断桧物买卖的特权。

第六章 古代日本国的蜕变与地方势力的胎动

将目光投向了列岛各地发展起来的河海交通，试图控制要冲之地和重要港口。

世俗化的寺社势力

畿内的大寺院虽然受到太政官通过俗别当实行的统辖，但也纷纷为强化自身的基础而积极活动。东大寺、兴福寺、东寺和延历寺等大寺院原本就获得了许多封户，拥有免租税的庄园，同时还组织免除课役的寄人维持其经济。但到了这一时期，藤原氏的氏寺兴福寺和氏神春日神社自不待言，延历寺（强化其与摄关家的关系，被称为"山门"）、日吉社以及园城寺（993年即正历四年，与延历寺圆仁的门徒对立的圆珍门徒的据点，被称为"寺门"）等寺院，积极在诸国开垦、获取新的免田，开始具有金融、商业等机能，并将武装的下级僧侣以及包括各种职能民在内的当地人组织到寺院内。

伊势神宫和上、下贺茂社获得神户，广泛地将进贡贽的有实力海民的大本营变为自己的衙厨。这一时期，石清水八幡宫、北野社、熊野社和祇园社等同样也为获取免田、组织职能民而开始行动。这些大寺院和神社与摄关家一样，也瞄准了海上交通，山门、日吉社向九州北部、濑户内地区和北陆扩张势力，贺茂社也向濑户内地区、北陆扩张势力，而伊势神宫则向太平洋一侧的东海道等地扩张

日本社会的历史

势力。

这些神社的祭礼和活动均得到大肆操办。正如向伊势和贺茂派遣斋王所反映出来的,伊势、贺茂依然得到特别的待遇。石清水临时祭、贺茂祭以及祇园御灵会等京都的祭礼,作为天皇和朝廷参与的仪式及活动举行,这些祭祀带上了被称为"风流"的艺能色彩。

大寺院为了禳灾招福而频繁地举办法会,御斋会和仁王会正式成为朝廷每年例行的活动。以天皇家、摄关家为首的众贵族各自邀请僧侣,举行密教的修法和祈祷,这样的法会也开始带有艺能色彩。

与天皇家有密切关系的醍醐寺、仁和寺及摄关家所建的法成寺自不待言,延历寺和兴福寺等大寺院的上层僧侣中也不乏出身于天皇家、摄关家之人,世俗的门第观念也被直接带进了寺院内部。而各地的寺院和神社也以国衙为中心,根据该国的实际情况,排定了等级次序,强化了与当地有实力之人的关系。

一般认为,尽管国制如此变化不定,道长、赖通父子主导的宫廷整体上依然保持着安定,在其屏风、拉门和拉窗等物件上均绘有唐绘和大和绘的寝殿造①宅邸中,贵族

---

① 平安时代贵族住宅的样式。以朝南的寝殿为中心,左右两侧及背后建有配屋,并以游廊把它们连接起来。寝殿南面又从左右两侧配屋向前伸出廊庑,廊庑尽头建造面向水池的钓殿。

第六章 古代日本国的蜕变与地方势力的胎动

男女坐拥诸国贡纳的各式各样的物产。在华丽的贵族文化绽放出绚丽花朵的同时，社会中也存在一些不容忽视的问题：都城及其周边群盗横行，疫病流行，天灾不断，贵族十分忌讳污秽。而且不容否认的是，由于任国内的统治全部委于国司-受领，由他们负责一切，掌握国政中枢的贵族脱离了各地的现实生活，变得不了解各地的实际情况了。

宋朝的建立和 10 世纪的社会

自然，从 10 世纪后半期到 11 世纪前半期，各地开始呈现出独自的动向。特别明显的是，诸国郡司和百姓频频上京，向朝廷控诉国守的苛政、掠夺，如 988 年（永延二年）尾张国的郡司和百姓控诉尾张守藤原元命的不法行为。这种矛盾也时常发展成当地的武力冲突。

寺院、神社与国守之间也经常发生纠纷。例如，宇佐八幡宫的神人[①]与大宰府发生冲突，上京向朝廷控诉；伊势神宫和越前的气比神宫的神人、兴福寺的僧侣大举上京，向朝廷控诉受领无法无天；等等。各地骚动再起。

当时列岛与外部世界的交流也非常活跃。10 世纪前半期，中国江南的吴越商人屡屡派遣使者到九州北部，10

---

① 古代末期到中世，隶属于神社并从事神事、杂役的下级神职或寄人。

世纪后半期高丽也派来使者。960年宋朝建立后，宋朝商船也年年来航。如前所述，当时的日本朝廷对国家间的正式交涉非常消极，将所有交易交由大宰府管理。宋朝商船对此颇为反感，转而在肥前和萨摩等九州各地以及若狭和越前等北陆各地的港口入港。同时，包括奝然等僧侣在内，从日本列岛渡海到宋和高丽的商人也增多了，列岛各地区之间的自主交流在这一时期也取得了较大的进展。

这一时期，北海道的擦纹文化影响到东北北部，北海道东部沿海一带发展出与库页岛保持着关系的鄂霍次克文化，其遗迹中发现了少量宋钱，说明该文化通过北方与亚洲大陆进行交流。

1019年（宽仁三年），刀伊（女真）侵袭对马、壹岐和筑前，东北亚大陆诸民族的活动波及列岛。擅长海上活动的女真驾船50余艘，侵袭、掠夺这些地区，被当时在大宰府的藤原隆家击退。此前不久，奄美人于997年（长德三年）从南面袭击九州各国，甚至烧毁"海夫"的住宅，抢夺财物，掳走男女。列岛内外的动荡逐渐频繁起来。

1027年（万寿四年），道长在法成寺的阿弥陀堂口念"南无阿弥陀佛"，辞世而去。在10世纪初的"市之圣"空也之后，净土思想主要通过延历寺的僧侣广泛地渗透到贵族之中。道长也不例外，抱着往生极乐的愿望去世了。不

第六章 古代日本国的蜕变与地方势力的胎动

过,停滞的国政却以道长之死为契机开始转变,时代的变化进一步加剧。

第四节 地区社会的活跃和11世纪中叶的国制改革

平忠常之乱

前任上总权介平忠常的势力覆盖了安房、下总和常陆的内海(霞浦、北浦、印幡沼、手贺沼、常陆川)。道长死后翌年即1028年(万寿五年、长元元年),忠常便杀了安房守,将房总半岛一带纳入自己统治之下,显示出独立的姿态,拒不从王朝之命。继道长之后成为关白的藤原赖通派出追讨使,却遭到忠常的顽强抵抗。到1031年(长元四年)为止的大约三年的时间里,忠常一直控制着房总。

1031年,朝廷重新任命河内源氏赖信为追讨使,派其前往东国,忠常降服,叛乱告终。至于降服的原因,则是忠常曾在赖信任常陆国国司之时臣从于赖信。这暂且不论,当年将门的东国国家不到三个月就瓦解了,而此次东国部分地区彻底脱离王朝统治达三年之久,这充分反映出忠常实力之雄厚。可以说,这次动乱充分反映出国守-受领统治的维系已经离不开这类豪族了。

这些豪族以自己的馆为中心，驱使下人经营农业，致力于新田地的开垦。不仅如此，他们还支配着各行业的平民，控制河海交通，管理设置于各地要冲的营所、馆等租税收纳所和仓库，通过出举和交易等，有时控制着好几个郡的平民。像忠常那样的豪族凭借这样的影响力承包租税。这一时期，他们在东国（关东和东北）各地打下了牢固的基础。秀乡一脉的藤原氏、常陆平氏和下总平氏等豪族则攀附都城的贵族，往返于京都和根据地之间，作为长于"弓马之道"的强有力的军事集团，在当地耀武扬威。如前所述，他们被称为"君""大君"等，相互间的竞争非常激烈。

受领的地方统治和宽德庄园整理令

包括畿内周边地区在内，日本西部和九州的情况也大致相同，赖信及其他河内源氏、伊势平氏与摄关家和天皇家关系密切，被称为"京之武者"，负责京都警卫，同时，他们又利用关系担任受领，积累财富。

不过，在畿内周边及现在的中国、四国、九州北部这些地方，由于小规模的豪族和有实力之人错杂分布，对利用船只展开的河海交通的依赖程度高于东国。在淀川、濑户内海和九州北部，众豪族可谓"海领主"，他们与列岛

第六章 古代日本国的蜕变与地方势力的胎动

外的地区也有一定联系,其中不少人有时从事"海贼"活动。包括天皇家和摄关家在内的上层贵族以及官府、大寺社都想将这些人组织起来,加以控制,于是,在各地展开了激烈的竞争。

这种状况因地而异,极其多样,无法一语概之。从整体上看,国守-受领以被称为"馆侍""御馆人"的直属郎从为中心,将国内有实力之人组织为"国之侍",对于独立于国守之外的豪族军事力量,既防备又拉拢,以维持本国的体制。

对于豪族和有实力之人开垦并意欲独占的田地,国守力求通过检田将之归入公田。对此,各豪族把这些田地设为贵族和寺院神社的免田,迫使国守给予承认,成为国免庄。此外,直接攀附贵族和寺院神社,成为寄人而获免临时杂役的人也多了起来。

由于这样的利益冲突,不单是东国,各地都发生了国守-受领与豪族的冲突或众豪族的纷争。当时,各地多有郡司百姓上京向朝廷控诉受领的不法行为,大寺社的神官和僧侣的活动也活跃起来。

对此,1040年(长历四年、长久元年),后朱雀天皇和关白赖通围绕如何整顿庄园展开了讨论,朝廷也从这时开始从整体上改革国制。继后朱雀之后,后冷泉于1045年(宽德二年)即位。在天皇换代之际,关白赖通领导的朝廷发布了新的庄园整理令（宽德庄园整理令）。此前的庄园整理将延喜庄园整理令以后的庄园称作"格后庄园"，视作整顿的对象；而宽德庄园整理令则规定必须废止的新庄园仅限于前任国司在任期间所建的庄园。从这点可以看出，朝廷对国司独自许可的庄园也予以承认，朝着承认豪族和有实力之人支配田地的现实这一方向迈出了一大步。宽德庄园整理令成了此后的庄园整顿的新基准。

一国平均役

在朝廷出现这些新动向的同时，诸国指定负名并令其承包上缴国家的物品的制度也发生了巨大的变化。虽然因地而异、名目多样，但郡、院、乡、保和名等作为拥有收纳所的征税承包单位逐渐固定下来。这些单位的郡司、院司、乡司、保司和名主等，在对本单位承担责任的同时，也获得一定收入（得分①）保障。这些职位主要由豪族、领主补任，由他们世袭这些地位的制度也逐渐走上了正轨。

朝廷规定了这些单位的田地（公田）的官物（包括租、调、正税利稻和交易杂物等在内）赋课比例

---

① 即利益。中世庄园公领制下，庄园领主、庄官和地头等根据其权利获得的相应利益。

（率法）。同时，对于内里营造和伊势神宫每20年一次的改建等朝廷重大仪式和活动的费用，以及被称为"公事"[①]的大小活动的临时费用，向诸国所有田地赋课"一国平均役"。诸国所缴官物并不一致，进入11世纪后，开始根据各国的地域特色赋课特产，如《新猿乐记》的"诸国土产"中所列的，美浓的绢、甲斐的班布、但马的纸和出云的席子等。在此出现了后来的年贡的原型。

东北的独立："前九年之役"

朝廷抑制受领的恣意妄为，逐渐形成切合各地实情的土地制度和税赋的承包体制。朝廷这种顺应现实发展的态度，使郡司、百姓不再直接上京控诉受领了，但也给各地势力的独立提供了机会。

统治着衣川以北的奥六郡、被称为"俘囚之长"的安倍赖长（后来的赖时）、安倍贞任父子就是典型的例子。他们于1051年（永承六年）击败了国守的军队，控制了陆奥国。在此之前，安倍氏通过控制奥六郡，关注奥

[①] 中世以人为对象的赋课之一。公事原指朝廷的仪式（每年例行的仪式和活动），后将为举办这些仪式和活动而向诸国征收的各种税（院事、大小国役等）也称为公事。庄园中也征收庄园领主举办佛事、神事等所需的实物，这也被称为公事（万杂公事）。

日本社会的历史

六郡以北的"日本国"国制所不及的津轻和下北等东北最北部以及陆奥国府等南面的动向，顺利地开展马匹贸易。至此，安倍氏进一步明确了独立的姿态。

陆奥守源赖义（河内源氏赖信之子）到任后，安倍赖时一度与赖义妥协，陆奥局势暂时得到缓和。但是，1056年（天喜四年）双方发生正面冲突，在奥州引发了大规模战乱。赖时很快便战死，但贞任不向赖义投降，战乱长期持续。赖义动员以姻亲关系及其他关系相结合的各豪族以及关东武将，特别是取得了控制出羽北部山北三郡的豪族清原武则的协助，终于在1062年（康平五年）打败贞任，结束了战争（前九年之役）。

此后清原氏把陆奥也纳入其统治之下，陆奥和出羽都受其影响。安倍氏和清原氏都与东北北部和北海道南部有深厚的关系。至此，包括北海道南部在内的东北地区开始呈现出脱离王朝而独立之势。

这一时期，来自宋朝的商船经常到达九州、山阴和北陆等地的津、泊，其中有不少宋人在当地定居。朝鲜半岛的高丽使者和漂流民也经常前来。与此同时，包括僧侣在内从列岛前往大陆的人也增多了。日本西部的领主们试图顺应这种动向采取新的行动，这一时期列岛社会所处的局势开始发生巨大变化。

第六章　古代日本国的蜕变与地方势力的胎动

后三条天皇的国制改革

在此种背景下，1068年（治历四年）后冷泉去世后，时年35岁正值壮年的后三条天皇即位。后三条天皇的生母并非出自摄关家一脉的藤原氏，与最终未能立亲外孙为天皇的关白赖通及其弟教通等摄关家贵族关系紧张。在此种情况下，后三条应对前述局势，推进独自的国制改革。

后三条首先重建大约10年前被烧毁的内里，接着开创先例，确立了天皇在宫廷仪式中的主导权，特别致力于把京都作为天子脚下的都市加以整顿，以树立天子的权威。他还在各地设置天皇直领敕旨田，设立御稻田取代向天皇提供食物（供御）的畿内诸国的官田，并且保障买卖大米之人自由通行于诸国的特权，要求他们作为供御人贡纳供御米。后三条进而更改了由摄津、河内、和泉、山城和大和（五畿内）及近江的赘人进贡海产品的制度，保障作为鱼贝商人活动的有实力的海民自由通行的特权，使他们成为供御人，同时，将分给这些供御人的免田（免除年贡①和公事）作为与庄园相同的天皇直领御厨，力求充实天皇家的私有经济。

虽然当时大寺社已经把各种职能民作为直属于神佛的

---

① 庄园制下的年贡是指田地耕作者向庄园领主贡纳的物品。年贡延续了国衙征课的官物的谱系，按田地面积征课。

"神奴""寺奴"——神人、寄人加以组织，但后三条把这些职能民规定为天皇家的直属民——供御人，命内廷机关加以统管。此后，这一制度确立下来。

延久庄园整理令和记录所的设置

后三条天皇最为重要的政策是 1069 年（治历五年、延久元年）发布的庄园整理令（延久庄园整理令）。该法令是天皇换代之际发布的，与内里的营造有一定关系，却导致全国土地制度发生了巨大变化。与以往的庄园整理令一样，延久庄园整理令要求废止宽德庄园整理令以来新建的庄园。除此之外，该整理令还规定了各种措施，以明确庄园和国衙领（公领）的范围，要求庄园向朝廷汇报庄园的位置、领主及田地面积。这是记录诸国庄园、公领内各单位的田数和领主等信息的"大田文"的渊源。此次庄园整理首次将在此之前处于土地制度之外的旱地列为国家检注[①]的对象，在这点上具有划时代的意义。

而且，庄园整理之际，后三条下令废止所有证据文书不明的庄园及妨碍国司完成任务的庄园，同年，新设立了记录庄园券契所（记录所）作为实施机关，并把大江匡

---

① 庄园公领制下的土地调查，相当于古代的检田、校田，以及近世的检地，指为了制定庄园的年贡及其他的征收基准，而对田地面积、耕作情况等做的调查。

第六章　古代日本国的蜕变与地方势力的胎动

房那样的天皇近臣安排到记录所以推动庄园的整顿，对皇族、摄关家和大寺社也毫不例外地要求其出示庄园的相关文书。据说摄关家试图抵制，但实际上也提交了文书，这次整顿无疑相当彻底。特别是记录所的设置具有重大意义，它明确地将此前由国守掌握的庄园废立权基本转移到太政官和天皇之手，国守－受领的权力因此受到很大制约。

1072年（延久四年），后三条规定"宣旨升"为国家的公定升，要求一国平均役及其他赋课均按宣旨升征收；他还制定沽价法，规定京都市中的物价及各种纳物的交换比例，努力完善国家租税征收体制。

从整体看，后三条的新政压制了摄关家，强化了天皇权威，天皇家逐渐掌握了国政的主导权，这导致此后政局沿着这一方向发生了巨大转变。

此外，后三条还对寺社采取积极政策，发愿建造了御愿寺圆宗寺，与此同时，重视延历寺和日吉社，派遣敕使参加各神社的祭祀活动，或者亲自前往神社，开创了天皇干预神社和寺院的新例。此举试图增强天皇在独立倾向日益明显的大寺社中的权威。后三条于1072年让位于白河，试图以上皇身份掌握政治实权，却于翌年去世，未能实现其意图。

以后三条的新政为契机，朝廷的主导权转移到了天皇家，摄关家的发言权变小了。不过，大寺社的自主行动反而更活跃了，政情开始变化不定。而且，与这种动向相呼应，各地也逐渐形成新的行政制度和土地制度，社会进入了急剧变动期。

第五节　11世纪后半期到12世纪前半期的社会和政治

后三年之役和院政的开始

后三条去世后，赖通、教通也分别于1074年（延久六年、承保元年）、1075年（承保二年）去世。赖通之子师实成为白河天皇的关白。师实的养女贤子是白河的宠妃，贤子的生父是村上源氏源显房，而师实自己也娶显房之妹为妻。白河在师实和显房等人的支持下，沿着后三条开辟的道路前进。

白河于1076年（承保三年）率群臣前往嵯峨野，又于1078年（承历二年）在清凉殿举行歌合①。这些做法效仿延喜、天历之例，试图进一步彰显仪式和活动的主办

---

① 平安时代到镰仓时代贵族中流行的一种文字游戏。参加歌合之人分成左右两组，两组轮流就同一主题咏和歌，由判者判别和歌的优劣，裁定两组的胜负。

第六章 古代日本国的蜕变与地方势力的胎动

者——天皇的地位。1075年，朝廷发布了庄园整理令，废止的对象包括宽德整理令以后的新立庄园以及"加纳"田地［为扩大原已得到认可的庄园的田地（本免田地）而加设的田地］。此庄园整理令也是对后三条政策的继承。

这一时期，列岛同外部的交流也多了起来。宋朝皇帝通过入宋巡礼天台山的成寻①的弟子向朝廷赠送经论，宋朝商人也分别于1078年和1080年（承历四年）来到大宰府和敦贺。1080年，高丽遣使请求为病重的国王派去医师。面对这些情况，白河采取了与摄关时代不同的积极态度，虽然拒绝了高丽的请求，但给宋朝送了回信，且亲自看了从宋朝带来的羊。此外，白河早在1075年便开始在鸭川东岸的洛北②白河之地营造法胜寺。这一行动带有在河东建立新的政治、文化中心的意图。该寺院于1077年（承保四年、承历元年）竣工，寺院营造过程中得到受领的巨大支持。其背景是当时中下层贵族、官员和武将正开始竞相攀附新的权力中心。

---

① 平安中期的天台宗僧人，善慧大师。1072年与弟子赖缘一同入宋，巡礼天台山和五台山，将所得经典托赖缘带回日本。其本人则因祈雨成功而受宋神宗重用，未再回日本，1081年于开封开宝寺去世。著有《参天台五台山记》，共8卷。
② "洛"特指京都。中国历史上自东汉以后，洛阳为数朝都城，因此，日本也以"洛"指代都城。

在此期间，大寺社也积极地活动，力求获取庄园，将各地有实力之人和职能民收为寺院的下级僧侣、寄人或神人。这又与受领和各地豪族、有实力之人的动向相互交织，导致各地纷争频起，例如，1079年（承历三年）的尾张、美浓源氏内部的争斗等。这些纷争有时甚至极大地震动了朝廷，例如，1081年（永保元年）兴福寺与多武峰、延历寺与园城寺的大冲突。对此，白河令东北战争以来名望很高的源义家和源义纲兄弟在其身边严加警备。而这又进一步提高了义家的威势。

1083年（永保三年），义家受封陆奥守，前往陆奥，介入早已控制了奥羽并显出独立姿态的清原氏的内部纷争，由此开始了一直持续到1087年（宽治元年）的东北战争（后三年之役）。义家协助藤原清衡攻打清原家衡，结束了战争。此后，奥羽完全落入藤原氏的控制之下。奥州藤原氏以北上川上游的平泉为根据地，统治范围远达外浜，在12世纪使日本国国制首次影响到过去处于日本国统治范围之外的东北北部。协助义家作战的其弟义光则在关东扎下根，开始在东国扶植源氏势力。

就这样，各地豪族势力及大寺社的自主活动更加活跃了。白河无视后三条的遗志，未把皇位传给自己的异母弟辅仁，而于1086年（应德三年）让位于亲生儿子善仁（堀河天皇）。堀河当时年仅8岁，由师实摄政，但朝廷实权掌

第六章 古代日本国的蜕变与地方势力的胎动

握于白河上皇之手，在此出现了院政①这一政治形态。

赖通时代官职已经逐渐世袭化，弁官等职位也逐渐由摄关家政所的家司②兼任。白河与此相抗，在充实院厅的过程中，重新以近臣为别当、判官等院司③。这些近臣包括村上源氏和闲院一脉的藤原氏等上层贵族、作为弁官精于实务的中层贵族，以及历任受领、精通地方事务的人，等等。白河为这些人打开了新的官职晋升的通路，进一步推进了官职的世袭化。而且，还通过把实务官员吸纳到院厅的殿，把武人吸纳到院厩④和北面⑤，使院厅壮大成对国政拥有巨大影响力的机关。

白河还强力干涉叙位、除目等人事领域。但不久后，堀河天皇成长起来，开始独立发言，且得到继师实之后成为关白的师通的支持，因而白河尚未能完全掌控人事。

独立化的社会和朝廷、大寺社、地方豪族

白河的新动向导致权力中枢不断变化、动摇，引起了

---

① "院"原指建有围墙的规模较大的建筑，平安中期开始指上皇的住所，并成为上皇的别称。由院主持朝政的政治形态称为院政。
② 平安中期以后，亲王、内亲王、摄关、大臣和三位以上贵族的家政机构的职员。
③ 平安后期，伺候上皇或女院，掌管院厅的各种事务的职员。
④ 管理院的牛马的部门。
⑤ 即北面武士，处于院的御所的北面，负责院的警卫。始于白河院政时期。

日本社会的历史

以贵族、官员为首，包括武将在内的各地势力以及大寺社间的激烈竞争，这又进一步与早已活跃起来的平民百姓、职能民的动向相呼应，广泛波及各地社会。

前文已述各地出现了平民生产的各种特产，从事商业的各种工商民或职能民则通过河海交通活跃在广大的地域中。在交易方面，东国以绢和布、西国主要以米为实物货币。货币流通得到发展，被称为"借上"①的金融业者也活跃起来。天皇家、摄关家、大寺社以及各地包括武将在内的豪族和有实力之人相互竞争，力求有效地控制社会中出现的这种新动向。

如前所述，摄关家与院厅相对抗，在充实家政机关的同时，将原来的免田扩大、统一为庄园，凭借奥州藤原氏和美浓源氏等各地有实力的豪族、武将的"寄进"②，积极行动，以确保拥有更多新庄园，更好地组织寄人。

大寺社也开始积极行动。他们说动白河上皇，力求使到手的成果得到正式认可。1090年（宽治四年），白河上皇向鸭社（下贺茂社）和贺茂社（上贺茂社）分别寄进

---

① 平安末期到南北朝时代的高利贷者。
② "寄进地系庄园"是中世庄园的典型形态。平安后期以后，有实力农民和开垦领主为逃避国司的掠夺，将私领田地寄进给中央寺社、公家等。接受寄进的一方称为领家，寄进者将原本向国司缴纳的租税缴纳给领家，获得下司和公文等下级庄官职位，确保自身的在地支配权。一部分成为领家的中下级贵族又将其所得的一部分寄进给大贵族、皇族和寺社，尊之为本家。

第六章　古代日本国的蜕变与地方势力的胎动

600余町免租税田，向熊野社寄进100余町田地。同时，东大寺等传统的寺院把封户换成与其收入相当的特定田地，并使之向庄园转化，努力把免田变成庄。这些庄园除了米以外，还分别以绢、布、铁、盐和纸等各种特产为年贡。这些物品都是交换媒介。天皇家、摄关家以及大寺社在获取这些特产的同时，力求控制庄园领域内的交通以及津、泊和宿等交通要冲。

其中，鸭社和贺茂社两个神社，使以濑户内海为中心从事捕捞和海上运输的有实力的海民成为其供祭人；延历寺、日吉社使从琵琶湖到北陆的日本海沿岸有实力的海民成为日吉神人；伊势神宫在东海道的海域，熊野社在从东海道到南海道、濑户内地区的海域，控制着海上交通。为了把铸造、冶炼及其他行业的工匠等各种职能民组织为神人、寄人，各寺社相互竞争。

频发的纷争和嗷诉

各武将也纷纷开始摸索成为武家栋梁、掌握各自的社会力量的道路。例如，由于前述东北的战争（后三年之役）被视为私战，源义家把自己的私有财产恩赏给追随者，得到广泛的信赖，其威势大震天下。诸国"百姓"竞相向源氏寄进田地。

对此，从1091年（宽治五年）到翌年，白河下令禁止向义家寄进田地，并废止其庄园。1093年（宽治七年），白河在重新整顿庄园的同时，重新规定升的大小，令诸国开展检注，制作大田文。据推测，大概在此前后，还对旱地，在家（百姓的家），桑、漆和柿等的棵数以及栗林的面积进行检注。而且，白河按一己之意调动人事，努力以诸国上缴的贡纳物扩充自己的财政基础，还采取措施推动将职能民组织成供御人的做法制度化。

这一时期，知行国①增多了。上层贵族推举自己的子弟及近亲为名义上的国守，获取作为国守的利益。知行国增加的倾向与国衙的请负体制的真正形成是相对应的。

诸国的国衙已经转而由税所、田所、文所、健儿所、船所和细工所等所构成，也设有统管巫女和双六打等的别当。到了这一时期，诸国有实力之人作为在厅官人承包各所及附属于自己的名田畑（在厅名），逐渐形成了世袭的在厅机构。新的体制也逐渐形成：国守很少到任地赴任，他们派遣目代，指挥被称为留守所的在厅机构完成征税及其他实务。具体情况因地而异，本州东部、畿内周边、本州西部、四国以及九州、九州南部等都具有鲜明的地域特

---

① 平安后期、镰仓前期，国司制度变形，朝廷将某国的国务执行权授予特定的皇族、公卿或寺社等，使其获得该国的收益。知行国主往往推荐自己的子弟和近亲担任国守，派目代前往当地处理事务。

第六章 古代日本国的蜕变与地方势力的胎动

色。尽管如此,白河却试图按一己之意操纵这些国衙机构。

各地的在厅官人与国内豪族立场对立、相互竞争,不断引发纷争。除此之外,前述大寺社在各国积极活动,围绕神人和田地经常与国守和在厅发生冲突。九州的宇佐八幡宫和大宰府之间也发生了这样的冲突。神佛直属民——神人或众徒的大集团抬着神木、神舆等神圣之物进行示威,兴福寺、东大寺和延历寺(南都北岭)等大寺院,以及以石清水、熊野、祇园为首的大神社据此不断向白河朝廷"嗷诉",力求实现自己的主张。嗷诉发生时,表达神意的飞砾漫天,僧侣(或僧兵)用神圣的衣服——袈裟裹头,只露出眼睛,带着长刀和撮棒等,给当时畏惧神佛的人们以极大的压力。这些僧侣在实际生活中从事商业和金融,被称为"恶僧"。由于他们的嗷诉,也有不少国守遭流放或受到别的处置。

不单是嗷诉这种特殊时刻,在这一时期的都城中,被称为"京童"的人以及商人和工匠等职能民集团经常打架斗殴。所谓的"京童",包括已经形成独立的职能集团、身兼车借①的牛饲童,作为艺能民集团的赌博者,以及成为祇园社的犬神人等的"非人"②。在祇园会和贺茂

---

① 中世以后使用牛马拉车、从事运输的劳动者。
② 在此指出家遁世的沙门。

日本社会的历史

祭等活动期间，经常发生这类人之间的纷争。当时，田乐[①]引起了这些人乃至贵族的兴趣，1096年（永长元年）以后，出现了多次大流行。白河上皇本人亲自在白河殿举办了田乐，此后又在建于洛南水上交通要地的鸟羽殿大肆举办。而且，他经常前往熊野、吉野、高野山、石清水、贺茂和日吉等处，与贵族一起参加城市民的活动。此外，贵族经常沉溺于与游女冶游。这些游女驾船聚集在江口、神崎和津、泊等处，甚至出入宫廷。

正是在这样的气氛下，藤原明衡创作了《新猿乐记》，通过西京右卫门一家描绘了从游女、赌博者到铁匠、铸工等各种"所能"；而写了《江家次第》和《续本朝往生传》、以才学闻名的白河的近臣大江匡房，也创作了《傀儡子记》《游女记》。此外，《宇津保物语》也描写了同样的社会现象。

白河法皇的专制

恣意游乐的白河也为嗷诉问题而苦恼，他于1096年出家成为法皇。1107年（嘉承二年），不受白河操纵而走

[①] 从平安时代中期到室町时代盛行的民众艺能，由音乐和舞蹈组成。一般认为源于插秧等农耕仪式上祈祷丰收的神事艺能。院政时期，作为集体舞蹈流行起来。舞者身穿华丽服装，做奇怪滑稽的动作。中世作为神社的祭礼艺能得到发展，成为田乐能。

第六章　古代日本国的蜕变与地方势力的胎动

独自道路的堀河死后,白河立了年仅5岁的堀河之子为鸟羽天皇。当时,师通已经去世,其子忠实成为鸟羽的摄政。但鸟羽生母的兄长公实（属于闲院一脉的藤原氏）渴望得到摄政之位,与忠实相竞争。忠实恳请白河表明其任摄政乃白河之意,终于保住了自己的地位。此事表明,当时的摄关家早已无力与白河对抗。而且,由于忠实不听从白河的命令,未将女儿送入后宫,1120年（保安元年）其内览之职被停,事实上甚至一度被罢免。操纵着摄政、关白人事的白河,按一己之意决定除目、叙位,并操纵太政官的公卿会议落实其安排。

　　白河抑制庄园增加的态度并未改变。他起先于1099年（康和元年）废止新立庄园;后于1111年（天永二年）效仿延久之例,设置记录庄园券契所,令其裁决国司与庄园支配者（本所）之间或本所相互之间的诉讼,同时令大寺社和贵族报告其支配下的庄园的实际情况,以进一步明确庄园和公领的范围;又于1119年（元永二年）废止了关白忠实接受寄进在上野国建立的5000町的庄园;等等。

　　白河还为当时经常泛滥的鸭川（如1098年,即承德二年的泛滥）而苦恼。他于1107年命令检非违使禁止飞砾,于1114年（永久二年）禁止京中流行的华丽服装摺衣和赌博。针对大寺社的恶僧、神人几乎每年都举行嗷诉的情况,

日本社会的历史

他于1120年（保安元年）向延历寺、园城寺下院宣①，禁止僧侣的武装和胡作非为，并以源平二氏的武者为检非违使，试图以武力压制神人、恶僧的嗷诉。

这一时期，源义家之子义亲获得登入院的大殿的资格，以对马守身份在任地扩张势力，据推测他试图控制该地区的海上交通（该地区海上交通远达朝鲜半岛），因此与大宰府发生了冲突。义家也参与对其子的追讨，但于1106年（嘉承元年）去世。取代义家追讨义亲的是伊势平氏正盛。正盛此前便向六条院（白河之女郁芳门院的菩提所）寄进伊贺国的庄园，不断接近白河。此时，他离开流放地隐岐追讨义亲，因军功而得到白河提拔，负责防备美浓源氏和义亲之子为义等豪族武将以及恶僧、神人，与此同时，开始在濑户内海扩张势力，组织海领主。

白河于1123年（保安四年）令鸟羽退位，立鸟羽之子为崇德天皇，此后仍掌握着政治实权。他还热衷于兴办佛事，于1125年（天治二年）下令诸国停止杀生，烧毁渔网，等等。1129年（大治四年），白河去世，享年77岁。白河法皇生前随心所欲地操纵着政治，据传他曾说只有鸭川的河水、双六的骰赛、山门的法师不如意（三不如意）。鸟羽继白河法皇之后施行院政，但据说当时的天

---

① 院的宣旨的简称。院政时期，由院司根据上皇或法皇的命令所发出的正式公文。

第六章　古代日本国的蜕变与地方势力的胎动

皇崇德并非鸟羽之子，而是白河之子，鸟羽与崇德处于对立状态，其与白河的行动方向大为不同。

鸟羽院政

鸟羽继承了白河的实权，在除目方面独断专权，凭一己之意安排人事较白河还甚。特别是鸟羽于1132年（天承二年）下院宣，任命被白河免去关白之位的摄关家的忠实为内览，令其回到朝廷，接着，鸟羽排挤了一些白河时代的近臣，重新起用闲院一脉的藤原氏等。在此过程中，贵族层被进一步洗牌，摄关家的地位变得与院的近臣相近，清华家、羽林家和名家等贵族门第框架大致形成。

而且，正如太政官的事务局（官务由小槻氏独揽）、外记局（局务由中原氏世袭独占）一样，官厅由特定的"家"世袭独占的体制也在鸟羽院政时期大体固定下来。由于官职晋升过程已固定由其门第决定，众贵族自然把根据自己的家格担任官职、履行与之相应的实务视作一种"艺能"。

在这种门第秩序中，升殿制与官位相当制一起规定了贵族的门第尊卑。升殿指获得登入天皇和院的大殿、成为"殿上人"的资格。官员所在的氏族以医道、阴阳道等"艺能"作为各自的家业，巩固了独占各种职能官职的地位，官司请负制在此真正走上轨道。

这种倾向不限于世俗社会，对大寺社也产生了影响。

早在白河院政时期，白河上皇便打破先例，授予其子法亲王的资格。法亲王属于僧籍，却与世俗的亲王享有同样的地位，这给寺院的世俗化大开方便之门。这一时期，统管寺院、僧团的座主和别当等役职由最上层贵族出身的人担任，甚至出现了寺院内的地位受世俗门第制约的情况。

鸟羽重编贵族和官员的等级秩序，将处于这种秩序中心的人组织为院司，使官厅管理体制化，使太政官、公卿的合议符合自己的意愿。

知行国制和庄园公领制的形成

与白河院政期不同，鸟羽上皇无意抑制庄园扩大，反而积极地将由诸国负担的天皇家、院和御愿寺的各种仪式活动费用转嫁到特定地区的田地，并以女院领、御院领的名目将那些田地转成庄园。针对这种动向，各地武将、豪族、有实力之人乃至国守积极建立庄园。与以往庄园建于远离国衙的地方不同，鸟羽院政期，在邻近诸国国衙的中心地建立的天皇家领庄园迅速增多。而且，各官厅也采取了同样的发展方向，即从设置于特定地区之田地的"保"[①]

---

① 此处指"便补保"。11世纪末以降，为确保上缴中央官司的贡纳物而设立的所领的形态之一。11世纪末由于贡纳物滞纳严重，诸国国司承认中央官厅和封主在本国设立所领，由这些所领承担上缴诸司和封主的贡纳物。

第六章　古代日本国的蜕变与地方势力的胎动

直接征收诸国负担的贡纳物。由此形成了可谓天皇家直领的官司领。

针对天皇家的这种动向，摄关家也采取行动，以巩固自身地位。忠实将在此之前因分割继承而分散的庄园集中起来，巩固了摄关家领的基础，同时确定了与摄政、关白的地位一起传承的"殿下渡领"。

各寺社也为了维持并扩大自己的寺领或社领庄园而相互竞争，特别是三寺两山，即兴福寺、延历寺、园城寺和熊野山、金峰山，以及伊势、石清水、上下贺茂、住吉、日吉和祇园等神社。

虽说大部分庄园处于当时遍及诸国的知行国制之下，但国衙也对知行国制不满，以目代和在厅官人为中心努力维持并扩大公领。因而，诸国国衙与庄园支配者（本所）之间不断出现各种纷争。在此过程中，以天皇家及摄关家为首的贵族、官厅和寺社的贡纳物的承包单位庄、保，以及处于国衙管理之下的承包单位郡、乡和名也逐渐固定。可以称为庄园公领制的土地制度、租税征收制度在此开始真正形成。

在此动向中，中、下层贵族不仅以受领的身份侍奉天皇家和院，也支持院和摄关家建立庄园，他们在庄园建立之后，成为领家或预所，承包庄园，为院和摄关家等效力。

日本社会的历史

与知行国制的普及相互影响，受领的活动也开始活跃起来。各地有实力之人、豪族和武将等与受领联手推进庄园的建立和立券①，庄园建立后，被领家、预所补任为下司、公文②等庄官，承包年贡、公事等贡纳物的上缴，并力求世袭该职位，巩固自己在当地的地位。

也有些在庄的有实力之人和武将被国守、目代补任为郡司、乡司和在厅名的名主等，承包上缴给国衙的贡纳物。地方上的这些人各怀想法，灵敏地对京都政局做出反应，为使自己处于有利地位而相互竞争。不过，有实力之人和豪族的情况因地而异，从整体上看，本州东部（东国）和九州南部等地，以面积广大的郡和院为承包单位，相应的，庄园规模较大；而畿内近国、濑户内海沿岸地区及九州北部等处的承包单位则是乡和名，相应的，庄园的规模也较小。

"神人、供御人制"的形成和活跃的海陆交通

畿内近国有不少大小武人、有实力之人成为三寺两山（兴福寺、园城寺、延历寺以及熊野山和金峰山）的下级

---

① 获取、买卖、让渡物品时制作公文（立券文）的手续。
② 下级庄官之一，原指管理和制作庄园文书之人，他们同时也负责检注、征收年贡等事务。

第六章　古代日本国的蜕变与地方势力的胎动

僧侣，如夏众、彼岸众、先达①和寄人等；也出现了不少既是武人又是山僧的人。他们承包各地庄园和公领的贡纳物，以佛物和神物为资本，从事将这些物品贷出的金融活动，特别在延历寺这类人非常多。日吉社的大津神人与熊野社神人辗转各地，贷放被称为"日吉上分物""熊野御初穗物"等的神物初穗，以"借上"为业积攒财富。而且，这些日吉神人之中，也有兼事手工业的人。大津神人则同时兼有回船②人身份，分布于从琵琶湖到北陆诸国的广大地区，形成了紧密的网络，从事海上运输。

同样，随着官司请负制的发展，此前隶属于国衙的职能民凭借各自的"道"或"艺能"形成按职能分类的组织。例如，铸物师属于藏人所；贡纳殿上的铁灯炉之人被称为灯炉供御人，兼有摄关家的工匠和日吉神人的身份。他们一方面通过官厅直属于天皇家，取得供御人的地位，依自己的职能提供服务；另一方面，作为摄关家的寄人，或者作为神社的神人、寺院的寄人以取得"神佛的奴婢"这一资格，可免除平民负担的课役和关、渡、津、泊的交通税。职能民的这种倾向在这一时期明显起来。

---

① 给参拜灵地的人引路的山卧及其他修验者。
② 指在沿岸的航线上运送旅客或货物的大船。从中世开始得到发展，进入江户时代后，随着沿岸航线的开发，成为远距离大批量运输米谷之类物资的主力。

日本社会的历史

与此相对应，天皇家、摄关家以及寺院、神社在这方面也为强化、扩大各自的经济体系而相互对立、相互竞争。在这种背景下，可以称为"神人、供御人制"的制度逐渐形成。值得注意的是，东国职能民的活动与日本西部的一样活跃，但其地位由俗世规定，并未呈现出成为神佛直属民的倾向。

鸟羽上皇本人也置身于这种社会动向的旋涡中，他充分利用自己的权力积极行动。例如，鸟羽上皇在白河上皇营造的基础上，又建造了大量殿舍、寺院，完成了鸟羽离宫的营建，由此可窥其一斑。该宫殿位于鸭川、桂川汇合形成淀川之处，离京都南郊巨大的巨椋池和宇治川也很近。该地甚至可以称为水乡，据说其100町土地中有一半是池沼。它是从淀川到濑户内海的河海交通的据点，院厩也设于此。隶属于鸟羽殿的院直属民被称为殿侍、殿人，他们之中也有人从事海上运输。而隶属于厩的牛饲、舍人和居饲等人在管理牛马的同时，还以车借、马借①的身份，担负着淀川和京都之间的陆上交通职能。鸟羽上皇令近臣加强对他们的管理，意欲有力地控制从淀川、濑户内海到九州的海上交通。伊势平氏自正盛以来便不断接近院，这一时期，他们与怀有此种意向的鸟羽上皇结成密切

---

① 中世、近世使用马匹从事运输的劳动者。

第六章 古代日本国的蜕变与地方势力的胎动

关系，以此在西国海域扩张势力。

正盛之子忠盛承包为鸟羽上皇建造得长寿院千体观音堂（三十三间堂）的工程，于1132年（天承二年）完成。翌年，他还以鸟羽近臣的身份，排挤大宰府，倚仗院的权威，独自与前来院领肥前国神崎庄的宋船进行交易。1135年（保延元年），忠盛追讨濑户内海的海贼，并利用备前守的地位，逐渐加强了其在西国的海的世界、濑户内海沿岸诸国的势力。

当时，列岛与宋朝之间通过海上交通开展的交流也活跃起来。不断前来的宋船将包括数目庞大的青瓷、白瓷等瓷器在内的大量物品带到列岛。在定居于列岛的宋人之中，还出现了担任京都贵族的翻译的人。列岛也出现了用船满载硫黄及其他物品前往宋朝的商人。平氏与这种动向密切相关。

在大宰府的外港博多，来自中国大陆并定居于此的宋人增多了，其中有些宋人还成为筥崎八幡宫神人。九州北部的大山寺、宇佐弥勒寺、香椎社、筥崎社和宇佐社等大寺院大神社，为将这些人吸纳为神人、寄人，屡屡与大宰府的府官等发生纠纷。此外，当时冲绳诸岛与九州南部之间的交流也频繁起来，出现了陶瓷器的贸易。

奥州藤原氏和都市平泉

后三年之役后，奥州藤原氏成为奥羽霸主，在陆奥的

日本社会的历史

平泉建造居馆。1126年（大治元年），清衡完成中尊寺的建造，接着，基衡又建造了毛越寺。包括大量使用奥州出产的黄金装饰而成的中尊寺金色堂在内，该地区出现了许多绚烂夺目的寺院。平泉掌控着从陆奥的入口——白河到最北的外浜一带，同时对北海道南部也有一定影响力，展现出一副奥州藤原氏政权小都城的姿态。

大量来自中国大陆的陶瓷器以及常滑、渥美等地的陶器通过太平洋的海路传入平泉。奥州藤原氏在保持着这种独立地位的同时，通过日本海的交通加强与摄关家的联系，在奥羽建立摄关家的庄园，承包奥羽特产黄金和马匹及北方特产海兽毛皮等的贡纳；同时，关注着京都政局，逐渐发展巩固自己的独立地位，几乎成了一个王权。

河内源氏则通过两次与东北的战争，以关东为中心在东国培植了自己的势力。义家死后，河内源氏由于一族内部的纷争，遭到同为"京之武者"的平氏的排挤。在京都，统率着源氏一族的为义势力远远弱于攀附院的平忠盛，故而攀附摄关家，以巩固自身地位。不过，为义之子义朝在下总、上总、武藏和相模等地拥有根据地，在南关东称霸一方。义朝以该地区的牧场和海路为基础，与成为广大庄园的庄司和公领的郡司等东国豪族结成主从关系，在东国构筑了独自的势力。

第六章　古代日本国的蜕变与地方势力的胎动

就这样，到了 12 世纪，各地诸势力独立的动向频繁起来。在畿内近旁，始于白河院政期的园城寺与延历寺、金峰山与兴福寺之间的大规模冲突经常发生。当时出现了觉鑁一派，他们原是高野山的念佛圣①，意欲建立真言与念佛一体化的新宗派。这使其与高野山内的反对派愈加对立，并最终导致武力冲突。觉鑁取得鸟羽上皇的支援，在纪伊国建立根来寺，并在该地修筑新的据点。由这些寺社之间的对立和竞争引发的嗷诉持续不止，例如，1147 年（久安三年），平忠盛之子清盛与祇园社神人发生冲突，延历寺众徒要求流放清盛，抬着神舆拥进京都。清盛付了赎铜，好歹解决了此事。这种神人、恶僧的嗷诉经常震动朝廷，影响政局的稳定。

宫廷的分裂和动摇

鸟羽上皇非常宠爱近臣藤原长实之女得子（美福门院），1141 年（永治元年），鸟羽要求与自己关系不甚和睦的崇德天皇让位，立得子年仅 3 岁的儿子为近卫天皇。结果，得子身边的贵族也顿时成了红人。

在鸟羽院政下恢复了地位的藤原忠实努力强化摄关家的基础，在宇治川和巨椋池的边缘设置富家殿等殿舍，开

---

① 平安时代中期，末法思想传播，出现了将净土教信仰向庶民推广的僧侣，他们被称为念佛圣。

日本社会的历史

始掌控这一带的水上交通。不过，忠实与处于关白之位的其子忠通不和，忠实赏识忠通之弟赖长的学识才能，乃至要将摄关家托付给赖长。

忠通则勾结以美福门院为中心的势力，与赖长对抗。忠通、赖长二人争相使自己的养女成为近卫天皇的皇后，摄关家的分裂已不可避免。1150 年（久安六年），忠实断绝了与忠通的父子关系，借助源为义及其他武士的力量查封了摄关家的本邸三条邸，把藤原氏长者的地位让给赖长，并把象征该地位的朱器台盘交给赖长。就这样，忠通的氏长者的地位被剥夺了。

翌年，赖长作为近卫天皇的内览参与所有政务，忠通则依然固守关白的地位，摄关家已然公开决裂。鸟羽法皇[1]坐视这种事态的发展，甚至试图利用这种分裂局面，随心所欲地操控摄关家。

1155 年（久寿二年），年仅 17 岁的近卫天皇去世，鸟羽法皇驳回崇德上皇立其子为天皇的强烈请求，而满足美福门院的强烈心愿，立自己的第四个儿子雅仁为后白河天皇，并立雅仁之子守仁为皇太子。而且，近卫死后，鸟羽并不理会赖长想成为新天皇后白河的内览的希望，使赖长下台。赖长的孤立是其个性造成的：他是性格刚烈的

---

[1] 鸟羽于 1142 年（康治元年）于东大寺受戒，成为法皇。——中文版编辑注

第六章 古代日本国的蜕变与地方势力的胎动

人，被称为"恶左府"；喜好男色，不惜采取暗杀手段对付与自己敌对的人。由此，对鸟羽和美福门院的处置抱有极大不满的赖长和崇德迅速接近，双方的对立激化到一触即发的程度。

1156年（保元元年），鸟羽命令以源义朝为首的在京武者守卫后白河的居所、内里和鸟羽殿等，以防万一，却于同年7月去世。长期持续的鸟羽专制政治结束，事态出现了新的发展。

平安后期的文化和社会

鸭川之东——河东的白河之地呈现出一派新都市的风貌。天皇家的御愿寺六胜寺（包括白河上皇建造的"国王之氏寺"法胜寺在内的、带有"胜"字的六座寺院）并立，贵族的宅邸和各种杂人的房屋鳞次栉比。而且，此白河之地是连接京都和琵琶湖的要津坂本的交通要地。古都右京之地荒废后，西京以北野神社为中心，同样发展成为新的城市区域。京都的南郊以鸟羽殿为中心，与宇治川、淀川的河川交通联系紧密。随着白河、西京以及京都南郊的发展，京都转变为以上京、下京为中心，整体上可称为"水都"的新都市。

从天皇家和摄关家等贵族到侍奉大寺社的武人、下级官员和僧侣，再到工匠、商人和艺能民，各种各样的人进

日本社会的历史

出和居住于这个都市。《鸟兽戏画》、《伴大纳言绘词》和《信贵山缘起绘卷》等优秀的绘卷物[1],生动地描绘了在急剧变化的政局中以都城为主要活动舞台的这些人的身影。庞大的说话[2]集《今昔物语集》收入了各种各样的故事,展现了急剧变化的各地动向,从中我们可以了解那个时代形形色色的人群形象。

当时许多人强烈地感觉到时代迎来了彻底的转变,其中也有人认为反倒是以前的道长时代、摄关时代更美好。在这样的气氛中,诞生了《荣花物语》[3]和《源氏物语绘卷》之类的作品。而且,末世思想也深深占据了许多贵族的心,各地建造阿弥陀堂,净土教广泛传播。净土教之所以得到如此广泛的传播,很大程度须归功于被称为"圣""上人"的求道者和民间传教者。那些圣、上人为了宣扬净土教,离开既成的教团和寺院,进入山林,或者云游各地,独自活动。与《荣花物语》形成对

---

[1] 即绘卷,以画卷表现文学作品。其内容主要为经典、物语、说话文学、高僧传、社寺的缘起和仪式的记录等。绘卷物效仿 8~9 世纪中国画卷的形式,于 10~12 世纪发展出独具特色的绘卷艺术。

[2] 口传或书面记录的神话、传说和童话等的总称。记纪神话(《日本书纪》与《古事记》)也被包含在广义的说话中,但狭义的说话多指说话集,最早的说话集是平安初期的《日本灵异记》。

[3] 也称《世继物语》,是最早的和文编年体史书。成书于 11 世纪,共 40 卷。基于女房的日记等资料,以宫廷为中心,以编年体记述了从宇多天皇到堀河天皇大约 200 年的贵族社会的历史。其主题是藤原道长的荣华。

第六章 古代日本国的蜕变与地方势力的胎动

比,历史物语《大镜》站在批判摄关政治的立场上,以独特的犀利笔锋展开叙述,对后世的历史叙述产生了深远的影响。就这样,包括前述绘卷物在内,思想文化领域出现了着眼于时代的急剧变化、开拓出各自天地的新动向。

第七章　东国王权的出现与王朝文化的变化

第一节　12世纪后半期的社会和政治

地方诸势力的抬头和南宋贸易的活跃

在1126年的中国大陆上，女真建立的金王朝攻灭了宋（北宋），并使高丽臣服。宋政权南迁，并于翌年以江南为基础建立了南宋王朝。亚洲大陆的这一动乱从南北两个方向波及列岛社会。

鄂霍次克文化圈的人被称为亚洲的维京人①，他们善于狩猎海兽，与黑龙江（俄称阿穆尔河）流域交流密切。

---

① 8世纪到11世纪，以斯堪的纳维亚及丹麦为根据地，经海路侵扰欧洲各地的北方日耳曼人的通称。

第七章　东国王权的出现与王朝文化的变化

这一时期，包括金属器在内的多种物品从大陆传到北海道，这无疑与当时女真频繁活动有关。鄂霍次克文化圈的人群在与擦纹文化人群往来的同时，逐渐在鄂霍次克海沿岸的北海道东部扎根。一般认为，他们在精神层面上对后来的阿伊努文化产生了深远的影响，如祭祀熊的习俗。

与鄂霍次克文化人群相对，擦纹文化人群主要以河川捕捞为生，同时也耕种粟、稗子和荞麦等作物，在河边形成了大小交错的聚落，使用擦纹土器。该社会的铁器和冶炼等各方面都反映出本州对其的影响，同时擦纹文化也影响着东北北部。北海道南部与东北北部之间经由津轻海峡展开的人和物的交流非常活跃。

当时该地区的人被本州人称为"虾夷"。继安倍氏和清原氏之后，奥州藤原氏自称"俘囚之长"，以平泉为小都城，进一步巩固其作为控制着该地区乃至整个东北地区的独立政权的基础。

如前所述，奥州藤原氏在陆奥和出羽设立了许多摄关家的庄园，藤原赖长要求增收这些庄园的年贡，特别是黄金。当时的奥羽之主藤原基衡应赖长的要求，向摄关家赠送了黄金以及马、布、鹫的羽毛和漆等。赖长意欲以这些黄金为资本，与南宋开展贸易，获取唐物[1]。不过，出乎赖长意料，

---

[1] 中国及其他国家的舶来品。

日本社会的历史

奥州藤原氏已经通过商人之手，获得中国制的陶瓷器及其他各种舶来品。平泉孕育出融合了京都文化的绚烂的平泉文化。

与此相对，在包括关东和中部等地在内的东国，豪族武将以庄司或郡司的身份，承包以郡为单位的广大的庄园和公领，在各自国内扎根。这些豪族控制了国衙的在厅机构，巩固了作为本国统治者的地位。在东国，延伸至河湾及别处的原野上设有牧场，饲养着大量马匹，有力地支持着强大的骑马军团。众武将在控制骑马军团的同时，统治着当地的平民百姓。这些平民百姓根据南关东和东海地区河川纵横、海岸犬牙交错的自然条件，在台地上开发田地，并在其上种植桑麻，生产绢布。众武将与河海交通的关系也极为密切，他们拥有以马匹和船只为基础的军事力量。如前所述，义朝所代表的河内源氏，以前九年之役和后三年之役奠定的、义家以来的传统为背景，对该地区的武将拥有强大的影响力。

列岛内活跃的海上交通

伊势神宫和熊野社的下级神官和神人通过太平洋的海上交通，活跃于东国，建立了许多伊势神宫的御厨和熊野神社领庄园。特别是熊野神人和山卧[①]，他们的活动并不

[①] 又称山伏，遵从修验道、以山野为道场的巫术信徒。一般认为其始祖为奈良时代的役小角。在整个中世和近世，山卧作为民间信徒占据着非常重要的地位。

第七章 东国王权的出现与王朝文化的变化

局限于东国范围,还以纪伊半岛为据点,扩大到从土佐到九州、濑户内海,进而遍及日本海沿岸的北陆诸国。

从山阴和北陆到东北的日本海沿岸诸国,自古以来便通过海上交通紧密地连接在一起。特别是若狭和越前可谓北陆的窗口,经常有南宋船只到来。而且,从该处经琵琶湖到京都的交通路线,是当时列岛南北方向上的水上交通干线。延历寺和日吉社把从琵琶湖到北陆的回船人作为神人加以组织,并把越前的气比社和加贺的白山社的神人也收入旗下,在北陆获得了大量庄园,对该地区拥有极大的影响力。贺茂社(上贺茂社)和鸭社(下贺茂社)也与日吉社竞争,力求控制回船人。北陆这些回船人的活动北达津轻,西达山阴和九州。

热衷于海上贸易的南宋商船载着大量陶瓷器及其他货物和钱币频繁前来九州,甚至到达冲绳诸岛。冲绳传入了中国的青瓷和白瓷,以"城"为据点、被称为"按司"的首领通过与九州南部的交流,逐渐活跃起来。

除九州北部外,九州南部的坊津和九州西北部的有明海也出现了大量宋船。其中,大宰府的外港博多是最大的入港地,有许多宋人定居于此。从他们当中有人由博多向故乡宁波寄信这一事实可知江南与博多的联系之紧密。

与此相应,当地的海领主也非常活跃,他们控制着被称为"海夫"的海民。在肥前的松浦地区,有些源氏之人像源久那样使用单字名，他们作为海领主在海上的活动非常活跃，后来被称为"松浦党"。海领主中有人与宋人结成了姻戚关系。宇佐八幡和筥崎八幡也与日宋贸易关系密切，如前所述，宋人之中也有人成了筥崎八幡神人。

围绕九州北部、濑户内海和淀川的交通道路之争

濑户内海、淀川的河海交通连接着与宋朝有紧密关系的九州北部和京都，在这一时期仍是重要的交通干线、大动脉。诸势力围绕其支配权展开了激烈的竞争。

大寺社中，上贺茂和下贺茂两社自古以来就在这个海域拥有许多御厨，还有力地控制着新获得的沿海庄园。贺茂社供祭人不仅从事捕捞，还作为获准自由往来于诸国的回船人四处活动。

石清水八幡宫也与九州北部的宇佐和筥崎呼应，在沿海诸国的各地设置别宫，占有许多庄园。八幡宫神人以山崎、淀和交野等淀川流域地区为据点，活动范围越过濑户内海远达山阴诸国的广大地区。与此相竞争，祇园社和山门的活动也频繁起来。

院与摄关家也力求控制濑户内海的海上交通。如前所述，院以鸟羽殿为据点，支配着属于院厩的牧场、马借和车借，控制着前往京都的交通路线，把沿海诸国作为院的分国，进而获得包括面朝有明海的肥前国神崎庄在内的许

第七章 东国王权的出现与王朝文化的变化

多庄园,占据了最大的优势。

这一时期有力地支持着院的是平氏。平氏与白河、鸟羽上皇联合抑制大宰府,以知行国主的身份统治着安艺和伊予等濑户内海沿岸的重要据点,在濑户内海的岛屿上拥有根据地,有时也有力地掌控着被称为"海贼"的海领主,逐步控制濑户内海和九州北部的海上交通,加强了对西国的统治。

与此相对抗,摄关家在近江的大津拥有厩,在淀川拥有包括楠叶牧在内的许多庄园。如前所述,忠实、赖长父子在涉足濑户内海的海上交通的同时,以奥州的黄金为资本,积极地开展与宋朝的贸易。忠实把从宋朝带回的孔雀和鹦鹉献给了鸟羽法皇,这可以说是其与宋朝贸易的成果之一。

就这样,亚洲大陆的新动向通过海路深刻地影响了日本列岛各地,这又与列岛内活跃的海上交通相结合,从北面和南面影响到整个列岛社会,促成了列岛内外的交流。

保元之乱:"武者之世"的开幕

在这种背景下,以京都为中心的各种势力为强化自身地位而相互竞争。如前所述,以1156年7月2日鸟羽之死为契机,他们分裂成两派,矛盾进一步激化,最终演变为武力冲突。

日本社会的历史

支持后白河天皇的关白忠通和藤原通宪（信西）动员源义朝、平清盛和多田源氏赖政等京中有实力的武者，以加强内里的警备。这些武者使崇德上皇、忠实和赖长所依赖的大和源氏上京受阻，结果崇德方只召集到与他们结成主从关系的义朝之父为义、义朝之异母弟为朝和伊势平氏平忠正等武者。双方的战斗始于鸟羽死后第十天即7月11日后白河方的夜袭，当天崇德方便彻底失败，赖长身负重伤，三日后便死去。追随崇德的武者为义和忠正都被处以死刑，崇德也含恨被流放赞岐。

"保元之乱"在一场简单的战斗之后便结束了，但众武将以京都为战场开始了真正的武力冲突。结果，不仅摄关家的人被杀，连久未动用的死刑也恢复了，甚至上皇也遭流放，武将的力量左右了政权，这具有极其重大的意义。此事件宣告时代发生了重大变化，后来《愚管抄》称"日本国乱逆事起后，武者之世到来"。

保元新制：庄园公领制和神人、供御人制

后白河的朝廷借保元之乱一扫反对派，踌躇满志地以信西为中心施行新政。信西学识惊人，能用汉语与宋人对话，学者之家出身的他与赖长也曾有深交，还著有《本朝世纪》和《法曹类林》等大作。信西之妻是后白河的乳母，这使信西站到了辅佐后白河的位置，成功地指导其

第七章 东国王权的出现与王朝文化的变化

在保元之乱中取得了胜利。

保元之乱胜利后，信西试图以天皇的名义实现自己的施政构想。在信西的主导下，1156年闰9月18日，朝廷以诏书的形式发布了七条新制，接着于翌年10月制定了三十五条新制。其中，前者更为重要，被称为"保元新制"，其第一条宣称"仰九州之地者，一人之有也。王命之外，何施私威"，鲜明地提出全国土地都归天皇支配的王土思想。该新制还发布了新的庄园整理令，废止后白河即位后新建的庄园；没收原有免田之外的田地，如出作①和加纳的田地等；废止所有不服从国司管理的庄园；由天皇裁定那些持有白河、鸟羽的院厅下文及后白河的诏书的庄园（三代御起请地）；要求大寺社汇报其庄园及由庄园收入维持的神事、佛事的开支情况。

1156年10月，朝廷设置了新的记录庄园券契所，作为实施庄园整理令的机关。该机关实际上处于信西的领导之下，强行对山城国以及兴福寺牢牢掌控下的大和国开展检注，积极推进庄园整顿。可以说，此整理令使庄园公领制真正进入了确立的阶段，具有划时代的意义。

所谓的庄园公领制，是指庄园和公领以大田文所确定

---

① 从古代到中世，特定所领的农民离开居住地，耕种别的领主的田地。出作农民向出作地的领主缴纳官物，向居住地的领主缴纳在家役和公事。领主之间经常因为出作而发生激烈的纷争。

日本社会的历史

的田地为制度基础，其贡纳物维持着天皇家、摄关家及大寺社的经济，保证各种级别的或固定或临时的仪式和活动的举行。其中，在庄园，管理平民百姓的公文、田所①、总追捕使和下司以及拥有这些职务的任免权的预所和领家，奉戴院、摄关家和大寺社等为其本家，根据各自的职位承包上缴本家的上分（初穗）及给领家的年贡、公事。与此相似，在公领，补任乡司、郡司等的目代以及拥有目代的任免权的知行国主，根据各自的职位，从掌握着这些人事的、由"治天之君"②统辖的朝廷处承包相应的年贡、正税和贡纳物等。新制明确规定这些庄园和公领全都在天皇的统治之下，由此确立了天皇作为"职的体系"之顶点的地位。

保元新制规定了伊势、石清水、上贺茂、下贺茂、春日、住吉、日吉和感神院（祇园）八座神社的神人名额，要求神社提交"交名"（名簿），严厉抑制三寺两山的寄人和先达等"恶僧"以出举之类的名目从事金融活动，收取过高的利息。这带有神人整理令的意义，在天皇的名

---

① 庄园的下级庄官，主要负责田地的管理。
② 对中世朝廷主宰者的称呼。伴随着由上皇主宰朝廷的院政真正确立，这一词开始使用。实行院政的情况下，治天之君为上皇；不实行院政的情况下，治天之君指天皇。上皇以现任天皇的尊属亲的身份实行院政，例如，后高仓院虽从未成为天皇，却以后堀河天皇之父的身份实行院政。皇统迭立之时，天皇换代便意味着治天之君的更替。

第七章 东国王权的出现与王朝文化的变化

义下，压制神人和寄人、山僧和山卧的活动。当时，神人和寄人成为神佛的"奴婢"，以神佛的权威为背景，利用特权展开活动；山僧和山卧出举神物、佛物，同样假借神佛的权威钻营私利，恣意妄为。可以认为，天皇家的官厅统辖下的供御人的形态与此一同得到确立，由此形成了西国的神人、供御人制（这一制度在东国并未起作用）。不过，天皇作为神人、供御人制之顶点的形象，与其作为"职的体系"之顶点的形象不同，具有与神佛相近之处。

就这样，保元新制在一定程度上促进了可谓王朝国家两根支柱的庄园公领制和神人、供御人制的确立。

1157年（保元二年）制定的三十五条新制，则对王朝所在地京都、天皇居所内里及在其中为王朝服务的官员和职能民等都做了规定。

这一时期的京都大不同于当初的平安京。如前所述，以左京为中心的"洛中"及其周边的白河、河东、西京的"洛外"之地都属于城市区域，规定道路维修和厉行清扫等的市中法也被应用到洛外地区，这成了此后新制的基准。这时的京都城市区域，以"保"为单位划分，每个保都配置检非违使（各保的官员），负责保内的检察。作为王城的暴力、警察机关的检非违使厅与"京职"在这一时期发挥了很大的作用。

就这样，为了应对新的社会动向，王朝国家在信西的领导下，以新建的内里为中心，走上了新的轨道。但是，日益活跃的各地社会仍有各自的动向，并不会轻易按信西构想的路线发展。

平治之乱与平清盛

1158年（保元三年），后白河让位于其子守仁亲王（二条天皇），以上皇身份实行院政。但是，二条天皇颇有英明之誉，对后白河不唯命是从。而且，支持二条的贵族也不少，宫廷因此分裂为天皇派和上皇派，政局再次发生变化。

在此期间，院近臣藤原信赖迅速抬头。信赖是后白河乳母的甥侄辈，为反抗与信西联合的平清盛，他与源义朝联手，这使局势突然紧张起来。义朝与清盛的对立源于双方围绕濑户内海海上交通展开的竞争。清盛成为播磨守、大宰大式后，意欲强化平氏对濑户内海交通的控制。而义朝成为左马头后，控制着淀川沿岸的牧场，同样也对濑户内海交通抱有极大兴趣。1159年（平治元年），与天皇派联合的信赖和义朝的军队趁清盛带领其族人前往熊野参拜之机，突袭信西。信西一度躲藏起来，但被追杀的人发现并杀害，他所追求的政治体制因此受挫。

清盛回京后与天皇派商定，挟后白河上皇、二条天皇与义朝的军队作战。平氏的清盛方面动员了畿内近国和濑

第七章 东国王权的出现与王朝文化的变化

户内海的武士，源氏的义朝方面则主要率领东国的武士，他们以京都为舞台展开了激烈的战斗。义朝败北，逃往东国时在尾张被杀。除被流放到伊豆的赖朝之外，参与这场战斗的义朝之子全部被杀，战争结束（平治之乱）。这场战争导致此前最具实力的武家栋梁——河内源氏顿时衰弱了，清盛所率伊势平氏一门的武家势力开始左右政局。

平治之乱后，后白河派（上皇派）与二条派（天皇派）之间，围绕政局主导权展开的斗争进一步激化，清盛处于两派之间，正如《愚管抄》中所说"左右逢源"，巧妙地斡旋于两派之间，并于 1160 年（永历元年）当上参议，成为第一个武者出身的公卿。五年后的 1165 年（永万元年），清盛晋升为权大纳言，其子重盛也位列公卿，平氏一门中成为知行国主和国守的人也逐渐增多。

这一年，二条天皇以生病为由退位，其子六条天皇即位，成为上皇的二条仍然干预人事。不过，二条很快便去世了，后白河院政这才真正走上轨道。平氏以一门中最有实力的院的近臣清盛为首，进一步增强自身的权势。1167 年（仁安二年），清盛终于晋升至从一位太政大臣。

平氏一门的隆盛和日宋贸易

清盛使女儿盛子成为忠通之子即关白基实之妻。基实于 1166 年（永万二年）去世后，清盛把基实的大部分遗领置于盛子的管理之下，实际上把庞大的摄关家家领纳入自己的支配之下。结果，摄关家的权威进一步丧失，平氏进入了全盛时期。从这时起清盛与后白河之间出现了对立的迹象。

当时，后白河使包括弁官在内的公卿成为院司，进一步增大院厅在国政中的作用。接着他又授予深得众贵族支持的清盛之子重盛追讨东海道、东山道、山阳道和南海道之贼徒的权力，乃至全国范围内的军事警察权，试图强化院的权力。当时"内里大番役"制度（以诸国国衙为中心编成的武士轮流上京，负责守卫宫廷的制度）已近乎完备，平氏则负责催促诸国武士完成内里大番役。

但是，平氏一门之中也潜藏着重盛路线与清盛路线的对立。重盛主张与院联合，加强对院的军事部门的控制；而清盛则笃信供奉于安艺国宫岛的严岛明神，向其献纳"平家纳经"，主张控制濑户内海和九州北部的海上交通权，并以大宰府为据点，促进与宋朝的贸易，以日本西部为主要基础，确立平氏独自的地位。

1168年（仁安三年），清盛身患重病，陷入濒死状态。当时，清盛之妻时子的妹妹滋子与后白河所生皇子已8岁，取代5岁的六条天皇即位为高仓天皇，其后清盛出家。清盛不久便病愈，前述平氏一门内部的两条路

第七章 东国王权的出现与王朝文化的变化

线的对立进一步激化。当时的平氏之中，时子之弟平时忠成为检非违使别当，负责维护京都的治安。时忠放言"非平家不人"（《平家物语》），并在河东的六波罗建立了平氏一门的宅邸，平氏在京都的势力早已无人可比。

清盛出家后离开京都，建居于摄津国福原的山庄，致力于福原的外港大轮田泊的修筑，引导从宋朝前来九州的商船经由濑户内海进入大轮田泊，积极从事与宋朝的贸易和交流。实际上，1170 年（嘉应二年）清盛邀请后白河到福原山庄后，才在这里与前来福原的宋人会面。不久后清盛获得唐船，通过频繁的贸易，得到了包括《太平御览》等书籍在内的大批珍贵的唐物，同时开始大量地输入宋钱。

清盛抱有明确的志向，那便是推进日益繁盛的日宋贸易，与中国大陆保持紧密的联系，并在此基础上支配九州北部和濑户内海的海领主，确立其对日本西部的有力统治。他还倚仗平氏的势力，于 1171 年（承安元年）使女儿德子（后来的建礼门院）成为高仓的女御，接着又成功地使之成为中宫。

后白河与清盛的对立：鹿谷阴谋

清盛的行为和平氏一门的权势可谓前所未有，以摄关

日本社会的历史

家为首的贵族的不满情绪逐渐强烈起来。而且，强大的延历寺（山门）因广泛地组织从畿内周边到北陆一带的山僧和神人，而与后白河的近臣产生了对立，政局越发动荡不安。在此背景下，平氏支持天台座主明云，试图排挤院的宠臣藤原成亲，这导致清盛与后白河的关系进一步恶化。

1177年（安元三年），后白河的近臣藤原师光（西光）与日吉社的末社[①]白山社发生冲突，后白河与清盛的对立逐渐白热化，西光和成亲等后白河的近臣及法胜寺执行俊宽等人一起密谋打倒平氏。然而，后白河也参与其中的鹿谷阴谋被清盛揭发，其结果是后白河几乎丧失了对包括人事在内的政治的发言权，拥护高仓天皇的清盛在宫廷内的主导权越发稳固。

作为高仓即位后标志世代更替的法律，新制十七条[②]于1178年（治承二年）颁布，这是由清盛主导的朝廷颁布的新制，继承了保元新制。同年，清盛之女德子生下高仓天皇的儿子后，清盛立即将其立为皇太子，他本人则作为皇太子的外祖父进一步巩固了自身的地位。

[①] 祭祀与本社所祭之神有密切关系的神的小神社，附属于本社，受其支配。
[②] 平安时代，天皇即位后（如果即位时尚年幼，则在成年后）颁布的标志世代更替的法律称为"新制"。高仓天皇于1168年即位，当时年仅8岁，因此10年后其成年时才颁布。

第七章　东国王权的出现与王朝文化的变化

但是，宋钱的大量流入终于在 1179 年（治承三年）导致物价异常高涨，以京都为中心，各地风传当时流行的疫病是"钱病"，人们对大量输入宋钱的以清盛为首的平氏的反抗逐渐由暗中发展到明里。清盛重新发布新制，采取由官方规定物价的物价稳定法——沽价法，以应对这种动向。不巧，这一年清盛之女盛子和清盛之子重盛相继去世，平家势力一时弱化。后白河与关白基房把握时机，联手从清盛手中夺回摄关家领的管理权，再次开始打倒平氏的行动。

至此，清盛终于决心动用武力，从福原率领大军入京，攻击后白河的据点法住寺殿。据《平家物语》记述，后白河只召集到"印地[①]、泼皮、无赖、乞丐"[②]，因而被清盛军队轻而易举地打败了。清盛在占领法住寺殿的同时，剥夺了 39 位院近臣的职位，终止后白河的院政，将其软禁于鸟羽殿。

这一年，平氏一门的知行国数增至 25 个，平氏一门

---

① 许多人分成两组，互相投石，模拟战斗，被称为"印地"。印地源于占凶吉的仪式，多带有宗教意义，主要在 1 月或 5 月的特定日期举行；有时从模拟战争演变为斗争，并造成人员伤亡，因而再三遭到禁止，但仍延续到后世。印地之党有时成为临时的武力集团。

② 此处引文出自《平家物语》卷 8 "鼓判官之事"，原句描述的对象是后白河法皇面对源义仲军队时召集来的军队，而非清盛攻击法住寺殿时的情况。参见《网野善彦著作集（第 16 卷）》第 434 页"校注十四"。

任国守的国数增至 29 个，其势力并不限于日本西部，也遍及东国诸国，政权完全落入平氏之手。平氏一门的庄园达 500 余处，而且平氏并非以与统治权相关的本家身份，而是以领家、预所身份直接掌控着大部分庄园的实际情况。与此同时，对于为数极少的一部分庄园，平氏一门任命家人为地头[①]，开始摸索新的军事统治方式。

后白河的宫廷和艺能、文化

后白河丧失了政治实权后，拜美浓国青墓的傀儡师为师，开始用功学习从少年时代起便热衷的"今样"[②]，编撰了多达 20 卷的今样集《梁尘秘抄》，进而令人制作了《年中行事绘卷》，描绘宫廷每年例行的仪式和活动，这同时也反映了京都民众活跃的身影。后白河在艺能的世界中始终处于中心地位。

[①] 中世庄园公领的职位。平安末期，平氏既已任命家人为地头。1185 年源赖朝获得敕许，使地头这一职位的设置制度化。地头以治安警察权为基本职权，还逐渐掌握了下地管理、征税及裁判等权力。从所领性质看，地头可分为庄乡地头、国地头、郡地头和乡地头；从补任的情况看，可分为本领安堵地头和新恩地头；从得分的形态看，可分为本补地头和新补地头。随着地头职权的扩大，地头与庄园领主的矛盾加深，庄园领主被迫采取地主请或下地分割等妥协之策。室町时代，地头逐渐确立了其作为领主的地位。

[②] 意为当世风，是与古体歌谣相对的"今样歌"的简称。今样流行于院政时期的京都。一般由七五音四句构成。其种类较多，有的产生于贵族和僧侣的文化圈，也有些是从地方流入京都的歌谣。

第七章 东国王权的出现与王朝文化的变化

这一时期诞生了大量绘卷物，除前文所举《鸟兽戏画》、《伴大纳言绘词》和《信贵山缘起》之外，还有《病草纸》、《饿鬼草纸》和《地狱草纸》等。据研究，这些绘卷物都是以后白河的宫廷为中心诞生的。在社会急剧变动的这一时期，文化领域诞生了丰硕的成果。

这些文化成果与圣、上人的动向密切相关。他们脱离南都北岭的大寺院，追求新道。他们之中既诞生了法然那样的人，也出现了荣西那样的人。法然进一步深化此前的净土思想，主张只有坚信阿弥陀如来的誓愿、一心念佛的专修念佛①才是最正确的获得解救的修行之道；荣西则屡次前往宋朝，带回了新的佛教流派——禅宗。

这一时期思想文化上的新动向以宫廷为中心，同时也以包括"京童"在内的各种城市民以及傀儡师、游女、赌博者等京都和畿内周边的职能民等的活跃为背景。各地形成了独自的政治、经济和文化中心，如东北的平泉、安艺的严岛、九州北部的博多、国东半岛的六乡满山等，并诞生了各种各样的文化成果。可以说，这早已远远超出了此前的王朝国家的框架。

---

① 法然提倡的思想运动。法然立足于选择本愿念说，即主张念佛才是阿弥陀佛选择的唯一往生要法，念佛以外的方法都不能往生。他否定通过诸行往生极乐，主张一心念阿弥陀佛的名号作为对弥陀的绝对信念的表现。这一思想运动被指责过于偏执，遭到朝廷和幕府的禁止。

第二节 东国的王权
——镰仓幕府的建立

打倒平氏的行动：以仁王举兵

1180年（治承四年）2月，高仓天皇让位于年仅3岁的皇太子（安德天皇），清盛成为天皇的外祖父。针对高仓成为上皇后首次参拜神社，清盛制订了参拜自己崇信的严岛神社的计划。

参拜严岛神社时，清盛亲自乘唐船前往，他原本想让高仓也乘坐该船，但由于这种做法有违先例，未能实现，高仓按常规航路去了严岛。对于清盛完全无视石清水、贺茂社社参惯例①的行为，园城寺、延历寺和兴福寺等大寺院搁置向来的对立，联合发起强烈抗议，甚至计划袭击京都。于是，平氏的权力在达到顶峰的同时，也面临严重的危机。

反平氏气氛逐渐高涨，4月9日，后白河的次子以仁王呼吁诸国武士起兵讨伐平氏。以仁王自称最胜王，仿效壬申之乱时的天武，宣布讨伐当时的天皇安德。其令旨得

---

① 在此之前，天皇让位后首次参拜的神社一般为石清水八幡宫或贺茂社、春日大社、日吉社等，选择严岛神社尚属首次。

第七章　东国王权的出现与王朝文化的变化

到后白河和鸟羽之女八条院的默许，传达到包括东国诸国在内的广大地区。

5月15日，平氏察知该计划后立即派遣军队去逮捕以仁王。逃脱后的以仁王一度进入园城寺，率领响应他的源赖政及其他武将的军队，呼吁延历寺起兵。但延历寺最终并未参与起兵，以仁王从园城寺逃向奈良，意欲依靠兴福寺的力量。但是，途中赖政的军队被平氏击败，以仁王和赖政一同败死于宇治。虽然京都周边的起兵仅限于小规模，且很快便被镇压，但以仁王的振臂一呼无疑引起了以大寺院为首的对平氏政权不满的各地势力的共鸣。

福原迁都和东国王权的建立

清盛突然将后白河、高仓和安德带往摄津的福原，强行迁都。虽然京都拥有长达400年的历史，但是由于来自南都北岭的压力过大，清盛放弃了京都，把都城设在从濑户内海和九州北部到中国大陆的海路的要冲之地福原。如前所述，可以说这反映出清盛意欲建立以西国为基础的新型国家。

8月中旬，响应以仁王令旨的叛乱之火在东国熊熊燃烧。被长期流放伊豆的源赖朝率先举兵，接着，继承义光血统的甲斐源氏武田氏一族、赖朝的堂弟信浓源氏义仲等纷纷高举反抗平氏的旗帜。但是，赖朝讨灭了伊

日本社会的历史

豆目代后，在相模石桥山彻底败于平氏军队，他只身逃亡，后来得到相模国势力强大的在厅官人三浦氏的援助，渡海到了安房。赖朝在安房取得在下总和上总势力强大的在厅官人千叶介常胤和上总介广常等的支援，率大军进攻武藏，击败平氏军队，进入武藏和相模，10月定镰仓为据点。

镰仓这一地区，自从源赖义劝请石清水八幡宫（后来的鹤冈八幡宫）以来，便与河内源氏结下了不解之缘，义家和义朝也曾在此建馆。该地不仅是三面环山的要地，也是古老的镰仓郡的郡衙所在地，还是西通纪伊半岛、土佐和九州南部，东达从六浦经由房总半岛到北上川的河口、三陆海岸的太平洋海上交通的要地。赖朝将据点选在该处，无疑是看中了其优越的地理位置。

除东国外，九州的肥后也爆发了反抗平氏的叛乱。纪伊国熊野山的别当湛增、近江源氏和美浓源氏也行动起来，尾张和美浓的局势日渐动荡。针对这种情况，平氏决定先讨伐赖朝，以平维盛为大将率军东进。赖朝于富士川迎战平氏军队，并于10月将其击败。赖朝意欲追击溃逃的平氏进入京都，但为三浦义澄、千叶常胤和上总广常等东国诸将劝阻。赖朝采纳了诸将劝其在东国站稳脚跟的建议，一回到镰仓，便席不暇暖地向常陆派兵，击败了佐竹氏，大体上把关东纳入了其统治之下。再次回到镰仓后，赖朝完

第七章 东国王权的出现与王朝文化的变化

成了宅邸的建造，设置侍所以统管已经成为其御家人①的从者，并以三浦氏的同族和田义盛为侍所别当。

当时世间风传以仁王尚活在东国，赖朝似乎有意效仿曾经成为新皇的将门，尊奉已故的以仁王为"新皇"。赖朝利用以仁王的权威，使自己对东国的庄园和公领的一切支配权得到承认，承认成为家臣的众武士对其先祖之所领的领有权，进而无视庄园和公领的统治者即本所和知行国主的权利，没收支持平氏的武士的领地，把它们作为新恩②赐给有功家臣。

翌年即1181年，京都的王朝改年号为养和，但赖朝拒不使用该年号，仍继续使用原来的年号治承（治承五年）。东国国家的王权在迥异于西国的风土和社会中诞生了，该王权以镰仓殿赖朝为首领，使用不同于京都王朝的年号。

对峙的东西王权

平家在富士川败北后，贵族和延历寺等势力强烈希望把都城迁回平安京。清盛应众人的要求，在距迁都福原仅六个月的1180年11月把都城迁回了平安京。他还同意恢复后白河院政。清盛在不断让步以求度过危机的同时，与阻碍其意志实现的大寺院正面交锋。他首先派

---

① 镰仓、室町时代指与将军家结成主从关系的武士。
② 指镰仓幕府赐予有战功的武士新的土地。

兵烧毁了园城寺，年末又采取了更为强硬的措施，令重衡的军队前往奈良，烧毁兴福寺和东大寺，并没收了这些寺院的庄园。

1181年，高仓上皇去世，后白河院政重开。重盛死后，清盛之子宗盛成了平氏一门的统帅，清盛任命他为五畿内以及伊贺、伊势、近江和丹波等国的总官。清盛还设置了丹波国诸庄园总下司一职，以诏旨的形式任命平家有实力的家臣平盛俊担任该职。该职位相当于后来镰仓幕府设置的一国地头职或守护。通过制定这些没有先例的官制，平氏把畿内近国纳入其军政统治之下。平氏在部分庄园和公领已经设置地头的基础上，又增设这些官职，由此可见清盛在不断摸索建立以西国为中心的新的国家机构。

与此同时，为了夹击刚刚诞生的东国王权，清盛呼吁东北平泉政权的首领藤原秀衡和越后大豪族城助职（长茂）追讨赖朝。这种东北和京都联合夹击东国的情形在后来的政治史上也屡屡出现，可以说，这种做法本身充分说明了列岛各地形成了独自的政治势力。

清盛进一步向京都城中的富人征收兵粮米以备战东国，同时对从美浓到伊势的船只发起总动员，试图加快与尾张和美浓方面的源氏作战的步伐，不料清盛自己患上热病并猝死于这年的闰2月4日。平氏一门失去了统帅，受到极大打击。

继承清盛的宗盛不同于其父，而与其兄重盛一样，决

两界曼荼罗中的胎藏界（奈良国立博物馆藏）

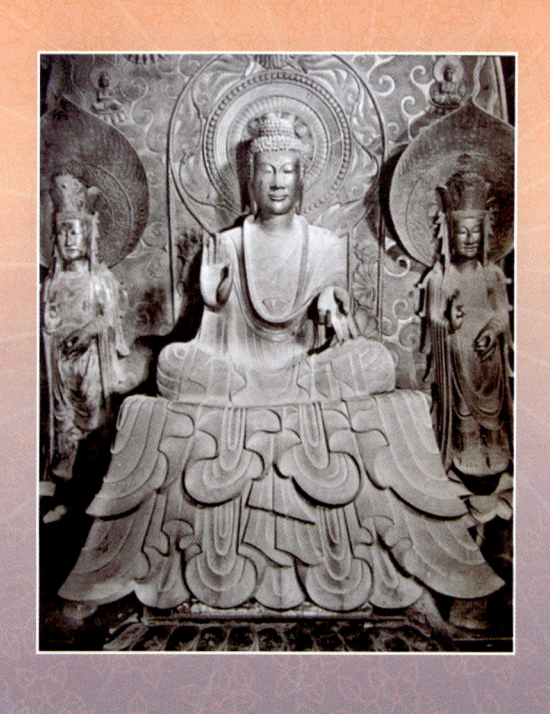

左：法隆寺金堂释迦三尊像（东京国立博物馆藏）

右：奈良时代的调盐货签（平城宫出土木简）
木简上可见"御调盐三斗"的字样，调盐三斗是令制规定的进贡量。

资料来源：国立文化財機構所藏品統合検索システム
(https://colbase.nich.go.jp/collection_items/nabunken/6AA0GH34000023?locale=ja)

上：《环日本海东亚诸国图》
又称"倒转地图"（逆さ地図），与常见的世界地图不同，此图是上南下北，体现的是从东亚大陆望向日本列岛时的视角。（此图为日本富山县所作，授权转载）

下：船形埴轮（东京国立博物馆藏）
资料来源：国立文化财机构所藏品统合检索システム
（https://colbase.nich.go.jp/collection_items/tnm/J-21498?locale=ja）

《伴大纳言绘词》（出光美术馆藏）

检非违使一行人护送着被流放的伴善男的马车。在骑马的检非违使前方，可见一名身着华美摺衣、手持异形长矛的放免。

伯耆国东乡庄绘图写本

（东京大学史料编纂所藏，原图由柳泽迪子收藏）

正嘉二年（1258）十一月，领家松尾社与某地头围绕中分东乡庄（含东乡湖在内）事宜制作的地图。不仅是田地和房屋，就连港口、牧场和渔场也被分为相等的两份。

上：关白九条兼实出门迎接法然（《法然上人绘传》第11卷第3段）

下：《倭寇图卷》（东京大学史料编纂所藏）
剃着月代、粗衣赤脚的"倭寇"（右）与明军在水上对战，他们使用弓矢、刀、长枪等武器战斗。

舟木本《洛中洛外图屏风》局部（东京国立博物馆藏）
17世纪初的洛中景象。扇店等商铺比屋连甍，前方的道路上可见游历的熊野比丘尼和山卧。

荒木船（写本，长崎市立博物馆藏）
这是长崎町人荒木宗太郎乘坐的、前往交趾的朱印船。

第七章 东国王权的出现与王朝文化的变化

定与院紧密联合以巩固自己的地位。宗盛凡事都按后白河的院宣行事，承认后白河的地位更为优越。继承了伊势平氏以来水军传统的平氏军队成功地动员了水军，在尾张和美浓境内的墨俣川之战中，击败了源行家及其他人率领的源氏军队。镰仓的赖朝——东国王权力求镇压东国诸国的敌对豪族，以巩固政权；而平氏主导的京都王朝则在后白河院政下极力镇压西国各地的叛乱。结果，二者的对峙状态持续了较长的一段时间。

平氏离京下西国

正如鸭长明在《方丈记》中描述的那样，当西国的饥馑最为严峻的1182年（寿永元年，镰仓为治承六年）结束、进入1183年（寿永二年，治承七年）之时，这种胶着状态松动，局势发生了急剧变化。

首先，以常陆为据点的赖朝的叔父志田三郎先生义广发动了叛乱，被赖朝镇压后，义广逃往信浓义仲处，赖朝和义仲的关系由此开始恶化。双方基本和解后，北陆的局势又开始发生变化，义仲打败越后的城氏，把势力扩张到了北陆。义仲与为追讨他而进入越中的平氏军队在砺波山的俱利伽罗岭展开了正面激战。义仲在这次战争中大获全胜，歼灭了平氏军队，趁势控制了北陆道，进入近江，并与得其援助而迅速活跃起来的畿内近国的源氏各军队相配合，事实上对京都形成了包围之势。

平氏一门迫于形势放弃了京都，护着年幼的安德天皇去往西国。从结果看，这是平氏悲剧的开端，但同时也可以将之视为自清盛以来在西国建立独立国家的梦想付诸实践的行动。实际上，平氏到达福原后，从该处出海，进入大宰府，并把大宰府定为临时的都城，凭借水军的力量，把山阳道、南海道和濑户内海沿岸地区纳入其控制范围。翌年，京都王朝改年号为元历，平氏却不遵从，依旧使用寿永这一年号，表现出在西国建立独立王权的态度。

后白河和赖朝的妥协

平氏向西而去后，以义仲为首的甲斐源氏、美浓源氏和近江源氏的军队进入京都。义仲拥立以仁王之子北陆宫为天皇。然而，留在京都的后白河拒不接受，并立安德年仅4岁的弟弟为后鸟羽天皇。

但义仲已经控制了从北陆道到山阴道的诸国，介于支配着南海道和山阳道的平氏与已将势力扩张到尾张、美浓和伊势的赖朝之间，而后白河法皇[①]的王朝则陷入了完全孤立的境地。东国的赖朝早已派遣密使，争取与后白河达

---

① 后白河于1169年（仁安四年）6月17日在法住寺殿出家，成为法皇。——中文版编辑注

第七章 东国王权的出现与王朝文化的变化

成妥协。实际上，庄园和公领的年贡几乎都未缴纳，现实迫使后白河不得不设法打开困局。于是，后白河与赖朝进行交涉，以求解决危机。

镰仓政权——东国"国家"自诞生之初起，其内部就存在一部分豪族性质的武将与赖朝之间的对立。那些豪族性质的武将志在建立以东国为基础的独立国家，而赖朝企图在与王朝妥协的同时掌握日本国的主导权。在与后白河领导的王朝交涉时，赖朝以东国的彻底独立为要挟，寻求与王朝的妥协。结果，王朝与赖朝达成妥协，于1183年10月发布宣旨，以确保东国内的天皇家、皇族和寺社的庄园、公领的年贡缴纳为条件，承认赖朝对东海和东山两道诸国国衙在厅的指挥权。赖朝接受了这一宣旨，在实际上确保了自己对东国的统治，但同时也等于承认了自己的东国政权只是"日本国"的一个机构。以此为契机，赖朝放弃了此前所用的年号治承，改用王朝的年号寿永，东国国家独立的路线暂时也被放弃了。不过，东国独立的志向此后仍在幕府内部、东国地区顽强地存续着。

义仲和平氏的灭亡

当时正在西国与平氏苦战的义仲得知该宣旨后急忙赶回京都。尽管当初正是由于义仲的反对，赖朝意欲把统治权扩大到北陆道的企图未能实现，但是义仲根本不信任向赖朝妥协的后白河，乃至烧毁了后白河的居所法住寺殿，杀死了守备的武将及众多贵族，罢免了后白河的大部分近臣，自己当上了征夷大将军。不过，此时义仲的处境可谓四面楚歌。翌年即 1184 年（寿永三年）1 月，义仲与赖朝派遣的由义经和范赖（两人均为赖朝之弟）率领的大军相战，败死于近江的粟津。

结果，赖朝把北陆道也纳入了其统治之下，并与已经到达福原的平氏展开了对决。义经和范赖的大军在一之谷大败平氏，把其逼退至海上。不过，逃到赞岐屋岛的平氏一门顽强地抵抗沿山阳道西进的范赖军。意欲进入九州的范赖终于在 1185 年（元历二年）到达长门，但只有少量军队渡到丰后。在此期间，义经与后白河接触颇多，因而与赖朝多有不和。不过，这年 2 月，赖朝鉴于范赖军的情况还是起用了义经。义经军一举渡海到达阿波，从背后追击平氏，将之赶出了屋岛。义经又将熊野和伊予的水军引为已援，于 3 月把平氏一门的船只逼至长门的坛之浦，经过一番激烈的海战，最终将平氏击败。安德天皇以及平氏一门的许多人投海自尽。在此，通往清盛所梦想的西国国家的道路彻底断绝了。

守护、地头的设置和奥州藤原氏的灭亡

平氏灭亡后，赖朝与义经的冲突再度凸显出来。当时

第七章　东国王权的出现与王朝文化的变化

义经被后白河任命为伊予守，成为院的厩司别当①，他取代平家控制了西国的海上交通，显露出与赖朝对抗的姿态。因赖朝试图暗杀义经，义经与其叔父即同样与赖朝对立的行家一起向后白河索要追讨赖朝的宣旨。得到宣旨后，义经成为九州的地头，行家成为四国的地头，他们以西国为根据地准备与赖朝作战。然而，义经因暴风雨未能顺利渡海前往西国，他一度潜藏起来，不久后进入东北的平泉，寄身于藤原秀衡的保护之下。

赖朝亲自率军直指京都，并派使者谴责后白河背信弃义。作为追捕义经和行家的条件，赖朝要求在五畿四道（七道中的东海、东山、北陆三道已在其统治之下）诸国设置国地头和总追捕使，后白河不得已答应了他的要求。国地头和总追捕使拥有相当大的权力。国地头有权干预劝农和领有田地，有权指挥在所没收的谋反者的庄园和公领上设置的地头；国总追捕使有权在战时对每反田地征收五升军粮米，有权对诸国在厅及庄园的下司发起军事动员，有权统管设置于庄园和公领的总追捕使。王朝把这两个职位的任免权授予赖朝，可以说是将其统治权的重要部分移交给了赖朝，赖朝于是拥有了巨大的权力。

---

① 院厅或摄关家负责管理院直属马厩及相关事务的官职。

日本社会的历史

赖朝任命当时与自己关系密切的右大臣九条兼实为内览，夺取摄政基通的实权，推荐了十位议奏公卿，通过议奏公卿的合议处理政事；同时要求王朝设置记录所及其他机构，采用新的体制，得到王朝的同意后于1187年（文治三年）设置了记录所。

赖朝进而任命妹夫一条能保为京都守护，建立了由能保负责与院交涉的体制。紧张的军事形势稍微缓和后，此前被迫做了巨大让步的后白河逐渐转向反击，赖朝在战乱中获取的权限逐渐缩小。

首先，对于西国谋反人的庄园和公领，后白河只承认地头的设置，不承认加征米的征收、田地的领有，这使王朝的统治权得到很大的恢复。其次，后白河又把国地头统合到总追捕使（守护①）中，把其对在厅、下司的军事动员权限定在成为赖朝家臣的御家人的范围之内，并把其对在厅的指挥权限定于指挥在厅奉送文书这一点。

在此期间，赖朝不断对藏匿义经的奥州藤原氏施压。

---

① 守护是中世幕府为统治诸国而设置的职别。守护源于1185年源赖朝获得敕许设置的总追捕使（关于守护的称呼及形成时期还存在别的说法）。守护的主要任务为督促其管国内的御家人服内里大番役、逮捕谋反之人和杀人犯，后来守护逐渐开始干预国衙行政。镰仓末期，守护强化对管国内御家人的统治。室町时代，守护吸纳管国内的国衙机构，侵夺庄园，发展成了守护大名。

第七章 东国王权的出现与王朝文化的变化

1187年秀衡死后,赖朝又对其子泰衡施压,泰衡于是杀害义经并送上其首级。尽管如此,赖朝还是于1189年(文治五年)以东国为中心动员全国的御家人,率大军攻入东北,转瞬间便蹂躏了平泉。试图逃往北海道的泰衡也在途中被杀,奥州藤原氏就此灭亡。由于这场关东与东北之战,呈现出走向独立之势的东北政权崩溃,整个东北地区落入处于日本国总追捕使、日本国总地头地位的赖朝的统治之下。

此后赖朝并未设置陆奥国和出羽国的守护,而是设置了拥有大范围支配权的奥州总奉行①,大量任命东国有实力的御家人为庄园和公领的地头。

至于最迟征服的九州,自1185年(文治元年)设置镇西奉行以来,由镇西奉行控制大宰府,统辖整个九州。如此一来,与东国一样,赖朝对九州也实现了强有力的统治。日本国的统治范围扩大到了包括贵海岛(喜界岛)在内的南岛十二岛。

---

① 奉行原指听从上级的命令执行政务的人,武家时代成为职位名称。镰仓幕府设有各种分管政务的奉行,同时,称中、下级事务官为奉行人。室町时代,奉行人被称为右笔方,对幕府政治拥有巨大的影响力,他们中的一些人组成将军直属的咨询机构,也有一些奉行人兼任别奉行,成为寺社的诉讼窗口。江户时代不单独把"奉行"用作职位名称,而具体设置勘定奉行、寺社奉行及町奉行等。

日本社会的历史

东国"国家"的建立

就这样,赖朝确立了其作为承包日本国治安警察事务的武家栋梁的地位。1190年(建久元年),赖朝首次上京,与后白河和九条兼实等人会面。赖朝请封征夷大将军之职,遭后白河拒绝,只被任命为权大纳言、右近卫大将军(右大将)。十日后,赖朝辞去这些职务,回到镰仓,以"前右大将"的身份于1191年(建久二年)通过政所(由公文所改称而来)重新实行对众御家人的恩给①。由此,武家栋梁与御家人之间的主从关系——御家人制确定下来。

与此相对,王朝也于同一年制定了新制,整顿了与官司、诸国和寺社相关的国制,庄园公领制及神人、供御人制得到进一步巩固。

京都与镰仓以这种形式相互对峙。但是,1192年(建久三年)后白河去世后,关白九条兼实的地位稳固下来,其弟慈圆成了天台座主,镰仓的赖朝也如愿以偿地成为征夷大将军。

如此一来,兼实主导的王朝与镰仓的赖朝的关系变得

---

① 指封建社会中,主人赐给家臣土地(恩地)等。广义上包括新恩给和本领安堵,狭义多指新恩给。本领安堵,指作为一种恩赏形式,主人承认家臣对其传承自先祖的所领的支配权。

第七章 东国王权的出现与王朝文化的变化

非常和睦。1193年（建久四年），赖朝在富士及东国其他地方举行大规模围猎，通过这次围猎，再次向东国诸国炫耀其作为武家栋梁的地位。赖朝还努力强化对西国的统治，调整、完善相关制度。例如，从1196年（建久七年）到翌年，要求提交西国御家人的名册、制作九州诸国的大田文等。而王朝则重建被平氏烧毁的兴福寺和东大寺。特别是东大寺，劝进上人[①]重源屡次渡海前往宋朝，带回宋朝的技术人员陈和卿和铸工等，赖朝大力支持重源，云游歌人西行也前来相助。重源通过"劝进"，积聚了巨额资本，完成了大佛头部的铸造，同时从周防采伐巨木修建大佛殿，完成了东大寺的重建。1195年（建久六年），赖朝再度上京，名义上是为了出席大佛的竣工仪式，实际上则是为把长女大姬送入后鸟羽的后宫做工作。赖朝背叛了与其关系密切的兼实，与兼实的政敌源通亲（土御门通亲）及后白河的宠姬丹后局联合。一般认为，此举是为了将来迎接大姬和后鸟羽所生的皇子到镰仓，取代"以仁王"作为东国"国家"的"王"。不过，由于大姬去世，该计划受挫。失去赖朝支持的兼实也因源通亲

---

① 劝进，原本指劝说世俗之人皈依佛道的行为，平安后期以降指广泛地向圣俗化缘，筹措建造寺院和佛像、抄写佛经或开办法会等所需的费用。负责劝进的遁世僧人称为"劝进上人"，向圣俗提供布施的机会，使其与佛陀结缘，劝进上人本人也期望通过建造寺院、佛像等善事，积累功德。

日本社会的历史

的排挤而于1196年下台，王朝的实权被通亲掌握。1198年（建久九年），通亲的外孙为仁亲王成为土御门天皇，后鸟羽院政开始。

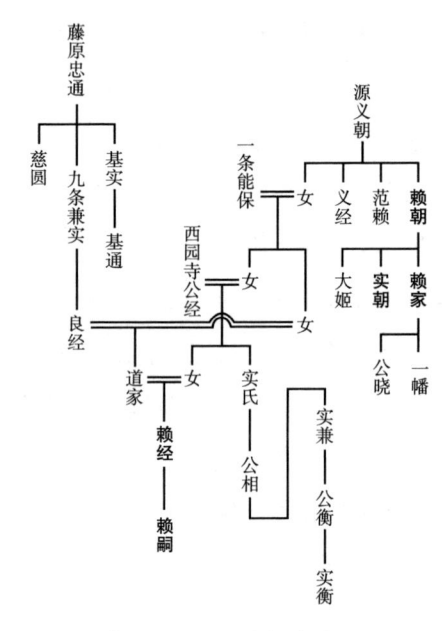

藤原氏与源氏的姻亲关系

＊黑体字为将军名

　　赖朝还想将别的女儿送入后鸟羽的后宫，不料这一年12月参加完为相模川的桥举办的法事后，在归途中坠马，并因此于1199年（建久十年、正治元年）去世。通亲把握住此机会，流放与幕府关系甚密的文觉上人，阻止西园寺公经出仕，等等，一扫京都的亲镰仓势力。

第七章 东国王权的出现与王朝文化的变化

镰仓方面，赖朝长子赖家继承其位。王朝方面转入攻势，这使以年轻的赖家为首领的东国"国家"陷入了新的危机之中。

第三节 东国西国战争
——东国王权的确立

镰仓的权力之争：北条氏的抬头

镰仓政权不稳的迹象早在赖朝去世那年便已经显露出来。有实力的御家人对年轻的赖家亲裁诉讼感到不安，决定由北条时政、北条义时、大江广元和三浦义澄等13位宿老[①]合议裁决诉讼。这极大地制约了赖家的权力。赖家对此心怀不满，试图削夺有实力的御家人的所领，转赐给身边的家臣，却遭到有实力的御家人的反对而失败，赖家也因此失去了东国豪族御家人的信赖。

赖朝时代以来的宠臣、侍所所司梶原景时支持赖家，但他与结城朝光和三浦义村等豪族御家人对立，并因60多个有实力的御家人联名弹劾而于1199年下台。景时一度逃

---

① 幕府、诸藩的重臣。镰仓幕府的评定众、引付众，室町幕府的评定众，江户幕府的老中、诸藩的家老。关于评定众，见第299页注释①；关于引付众，见第324页注释②。

日本社会的历史

往骏河的据点。1200年（正治二年），王朝发布宣旨授予景时镇西管领的权力，景时正准备上京，却被诛杀。景时事件的背后无疑暗藏着王朝的阴谋，即联合镰仓的亲王朝势力，在东国"国家"内部制造隔阂。翌年，与景时关系甚密的越后豪族城长茂在越后发动叛乱，意欲接受京都追讨镰仓的宣旨。可以认为此事件的根源与景时事件完全相同。

1202年（建仁二年），权倾一时的源通亲死后，后鸟羽全面掌握人事，站到"治天之君"的位置，进一步强化院政。翌年，赖家成为征夷大将军，其岳父比企能员被拥护赖朝次子千幡的北条时政杀害，赖家的长子一幡也与比企一族一同被灭。从能员被任命为检非违使一事及其他事实可见，能员也与后鸟羽有一定关系，能员事件的背后也隐约可见王朝的身影。以北条氏为代表的东国有实力的御家人废黜赖家，将其流放伊豆，拥立已经行冠礼的千幡——源实朝为赖家的继承人。实朝很快便被任命为将军，北条时政与大江广元一同成为政所别当，掌握了幕府的实权，并于1204年（元久元年）在伊豆的修善寺暗杀了赖家。

此后，时政站到了可以称为执权①的位置上，他任命

---

① 镰仓幕府中辅佐将军统辖政务的要职，作为将军权力的代行者逐渐掌握了幕府的实权。1203年北条时政任政所的执权别当，1213年时政之子义时消灭侍所别当和田义盛，从此北条氏世袭并兼任政所、侍所别当，其地位被称为执权。执权最初由北条氏的家督（得宗）担任，后来得宗与执权相分离，执权不再掌握幕府实权。

第七章 东国王权的出现与王朝文化的变化

平贺朝雅为京都守护，并将其派遣至京都。平贺朝雅之妻为时政与其后妻牧方所生之女。朝雅因武藏的国务而与畠山重忠对立，时政以重忠有谋反之意为由将其诛杀，并试图废黜将军实朝，改立朝雅为将军。这一事件的背后也可以看到信任朝雅的后鸟羽王朝的身影。赖朝之妻，即赖家和实朝之母北条政子与其弟义时借助有实力的御家人的力量，在事前提防了时政的阴谋，在京都杀害了朝雅，并把时政流放伊豆。

将军实朝从京都迎娶了坊门信清的女儿。坊门信清先后将两个女儿送入后鸟羽和后来的顺德的后宫。由此，天皇家与将军家结成了间接的姻戚关系，京都和镰仓的关系多少稳定了些。以此为背景，在政子的权威下，义时成为执权，北条氏不断地巩固自身的权力基础。

这时，侍所别当和田义盛开始与义时对抗。和田氏在镰仓的外港六浦拥有根据地，而且与对岸的上总关系密切，与和田氏同族的三浦氏则把持着太平洋沿岸多国的守护之职，对海上交通具有极大的影响力。我认为，其与同样高度关注海上交通的北条氏之间是一种激烈的竞争关系。北条义时挑衅义盛，称其子其侄参与了拥立前将军赖家的遗子发动谋反的阴谋，最终在 1213 年（建历三年）将义盛引向叛乱。义时甚至把与和田氏同族的三浦氏也引为己援，消灭了义盛（和田之乱、和田合战）。此后，义时身兼政所别当和侍所别当,全面掌控了镰仓幕府的政治实权。

后鸟羽上皇和"尼将军"政子

在这种背景下,将军实朝正如其和歌集《金槐和歌集》所反映的,通过和歌和蹴鞠接近京都的王朝。实朝还非常关注宋朝的文化,邀请从宋朝归来的荣西及其弟子行勇等僧侣到镰仓,并与宋人陈和卿会面,等等。1217年(建保五年),实朝甚至意欲乘坐陈和卿建造的唐船亲自赴宋,不过最后未能成行。

对镰仓政情发挥了巨大影响力的后鸟羽身为"治天之君",除政治外,还试图将所有的艺能纳入自己的统管之下。除完成了敕撰《新古今和歌集》之外,后鸟羽对从蹴鞠到双六等艺能、从刀的锻造到武艺等广泛领域也产生了一定的影响。而且,包括从鸟羽到水无濑离宫的淀川之游在内,后鸟羽参拜熊野多达31回,为此,他要求幕府废止纪伊与和泉的守护,等等,他对关东也施加了很大的压力。

1210年(承元四年),后鸟羽令土御门退位,让顺德即天皇位,彻底清除了以前的源通亲派。至此,后鸟羽的院政已经毫无障碍,他把将军实朝也置于自己的影响之下。后鸟羽在不断授予实朝高级官职的同时,也积极为对

第七章 东国王权的出现与王朝文化的变化

抗镰仓做准备，在北面武士之外新设置了西面武士作为直属武力，并试图控制大寺院的武力。独自撰写了史论《愚管抄》的慈圆虽然一度与后鸟羽关系密切，但他对后鸟羽的动向心怀畏惧。后来，后鸟羽逼退了慈圆，并令与镰仓交往甚密的西园寺公经蛰居，可以说，早已没有人可以约束后鸟羽了。

面对后鸟羽的动向，政子亲自上京，试图通过后鸟羽的乳母，即被称为幕后实力者的藤原兼子（卿二位），迎请后鸟羽的一个儿子去镰仓，但后鸟羽以这将导致"日本国分裂为二"为由，拒绝了她的请求。1219年（建保七年、承久元年），成为右大臣的将军实朝被赖家之子公晓暗杀。为了填补东国王权的空缺，政子再次尝试以有实力御家人的意向为由，迎请后鸟羽之子为将军，再次遭到后鸟羽的拒绝，政子最终放弃了这一想法。大约半年后，政子和义时将年仅2岁的三寅（后来的九条赖经）迎到镰仓，作为东国"国家"的首领。三寅是左大臣九条道家的儿子、赖朝之妹的曾外孙、西园寺公经的外孙。

东国西国之争：承久之乱

后鸟羽向陷入困境的幕府提出要求，要求废止其宠姬白拍子龟菊（伊贺局）的所领——摄津国长江和仓桥两个庄园的地头。遭义时拒绝后，后鸟羽派遣直属军突袭并诛杀大内守护源赖茂（赖政之孙）。

至此，东西两个王权的正面冲突已无法避免，后鸟羽只垂询了坊门忠信和高仓范茂等部分近臣，便秘密计划攻打东国。1221 年（承久三年），后鸟羽令顺德退位，立其幼子为天皇。5 月，后鸟羽动员直属军事力量北面武士和西面武士以及畿内、近国和在京都的武士，袭击京都守护伊贺光季，并随即拘禁了西园寺公经，同时命令诸国武士追讨北条义时。

后鸟羽预计东国王权将自动崩溃，结果却出乎其意料。在政子的竭力号召下，东国御家人积极响应，并在执权义时的指挥下集结起来，由义时之子泰时及义时之弟时房率领的东国 15 国大军为了早日攻打京都而开始向西进攻。后鸟羽也动员以畿内和近国为中心的西国武士，在木曾川迎击东国军队。本州、四国和九州——日本国的领域大致被分为东西两个部分，东国与西国的战争（承久之乱）在此开始了。在隔着木曾川展开的战斗中，东国军队轻而易举地击败了西国军队，使其溃逃，接着他们又突破了西国军队在宇治川和濑田川设置的防线，拥进京都。如此，东国与西国的战争历时仅仅一个月，便以西国的彻底失败告终。

关东和"西国"：六波罗探题的设置

获胜的东国即幕府立即废黜了年幼的天皇（废帝，

第七章　东国王权的出现与王朝文化的变化

明治时期追封仲恭天皇），将后鸟羽和顺德分别流放隐岐和佐渡，并依照土御门本人意愿，把并未参与战争策划的他流放土佐。幕府废除了在任天皇并流放了三位上皇，这种史无前例的处置使王朝的权力和权威一落千丈。

幕府进而让已经出家的后鸟羽之兄还俗为后高仓上皇，使其成为"治天之君"，并立其子为后堀河天皇。在幕府的主导下，参与战争策划的贵族都被处以包括死刑在内的严惩，王朝以西园寺公经和九条道家为中心重组。此二人是将军的亲族，与东国关系密切。幕府一度没收了后鸟羽手中庞大的庄园群，后来又重新以寄进后高仓上皇的形式归还王朝。就这样，以天皇为顶点的京都王权被置于东国强有力的制约之下。

占领了京都的泰时和时房就此留了下来，在六波罗建造住居，他们被称为"六波罗探题"①，负责战后处置和对王朝的监视，同时统管畿内以西的西国御家人。支持王朝的贵族和武士的所领 3000 余处被按战功恩赏给了东国御家人。在此，东国的势力大举进入西国。

在此之前，"关东"一词是京都对镰仓的称呼；从此时开始，东国王权便经常把这一名称用作自称，同时从镰

---

① 探题是镰仓、室町幕府下，掌管某一大范围内的政务、诉讼及军事等的要职的通称。例如，镰仓幕府下的六波罗探题和镇西探题等；室町幕府下的九州探题、奥州探题、羽州探题等。

仓的视角出发，把包括京都在内的西国称为"关西"。

东国御家人沉溺于战争胜利的骄傲之中，在其任地头的西国庄园和公领上，无视先例，剥夺领家的权利，压迫平民百姓，导致各地纷争频发。关东（东国）为了制约这些东国御家人的出格行为，于1223年（贞应二年）以宣旨的形式规定必须严格遵守的先例，并制定新补率法，规定无先例的情况下地头的标准收益：庄园和公领的地头按每十一町田地中一町为免田的比例享有免田，在此基础上还可向每段田地征收五升加征米；命令守护制定诸国的基本土地账册即大田文，记录庄园和公领的田地面积及支配者；等等。至此，京都的王朝和关东的幕府，即东西两个王权的统治领域基本上确定，开始走向互不干涉内政的方向。

执权政治和《御成败式目》

在战后处置过程中，1224年（贞应三年）义时突然去世，六波罗的泰时和时房匆忙赶回镰仓。义时的后妻伊贺氏策划立贵族出身的妹夫一条能保之子实雅为将军，以伊贺氏之子政村为执权。政子事前察知了这一阴谋，处罚了相关人员，将泰时推到了执权的位置上。

不过，翌年即1225年（嘉禄元年），政子便去世了。一代女政治家政子被称为"尼将军"，赖朝死后，她一直

第七章　东国王权的出现与王朝文化的变化

处于幕府、关东的中枢，妥善处事。此外，赖朝举兵以来的宿将大江广元也于政子去世的前一个月去世。

泰时任命叔父时房为另一个执权——连署，对于重要役职，采取双员制，并任命以北条氏一族为首的有实力御家人的长老和精通政务的吏僚等十一人为评定众①，按评定众的合议和少数服从多数的方式行使统治权，使新体制走上轨道。此外，泰时还制定了镰仓大番制度，规定由御家人轮流守卫将军赖经的居所，明确了以将军为中心的主从制的形式。一般称为执权政治的政治体制在此确立了。

这一年，京都的王朝制定了新制，与此相呼应，关东也发布了新制。东国与西国的王权情况因东国西国之战而发生了巨大变化，它们相互呼应，谋求社会的安定。从1230年（宽喜二年）到翌年，前所未有的大饥馑袭击诸国（宽喜饥馑）。忍饥挨饿甚至因此死亡的人非常多，特别是京都受灾极其严重。有流言称，之所以发生饥馑，是因为幕府禁止各社祭祀时举行飞砾，流言传布之广使泰时不得不加以辩解。这次饥馑给京都之类的城市带来的危害最为严重，这说明社会开始了城市化的进程。为了抑止流言，泰时不断地采取各种紧急措施，想方设法度过这一危

---

① 镰仓幕府、室町幕府的职制。1225年设置，定员十人左右，从有实力御家人中选拔，不得世袭。评定众与执权、连署一同构成幕府的政府、诉讼的最高评议机关（评定会议）。

日本社会的历史

机，例如，打开仓库借米给平民百姓，允许平民百姓自由进入地头支配下的山野河海，许可原本禁止的人身买卖，允许主人将饥饿之人作为下人或奴婢养育、保护，等等。通过王朝于1231年（宽喜三年）制定的新制四十二条可以了解这些情况。

1232年（贞永元年），泰时在评定众十一人的连署起请文的基础上制定了《关东御成败式目》（通常称《御成败式目》）五十一条。该法以裁判公正为理念，由成熟的合议体评定众运营，以评定众誓约的决定为全体的共同意志。在此确立了东国王权——将军的统治权行使之基础。

关东的这一基本法含有明显不同于王朝的法体系、律令格式的内容，是为没有学问、不懂汉字的武士制定的。泰时为了表明丝毫没有以该法改变王朝之法的意思，将该法抄写给在六波罗的其弟重时，以求王朝理解。同年，对显然象征着畿内、西国内统治权行使的所领边界纷争①的裁判权进行了明确规定，规定公领通过国守、庄园通过领家由朝廷（西边的王权，即天皇）做最后的裁断。泰时既谦虚又明确地肯定了关东是关东、王朝是王朝的态度，即东是东、西是西的态度。在此，东国"国家"通过自

---

① 镰仓时代，在原则上西国的本所之间的边界纷争由朝廷管辖，幕府不受理与此相关的诉讼。反之，东国的本所之间的边界纷争被视作幕府的管辖范围，幕府的公权力以东国为对象确立了。

第七章 东国王权的出现与王朝文化的变化

己的法规和机构，以与日本西部的王朝国家并存的形式，逐渐确立起来。东国"国家"在日本东部，即三河、信浓和能登以东的地区，行使统治权，以从者身份的御家人支持的镰仓将军、东国王权为其顶点；而王朝国家则以京都的天皇、西国的王权为顶点统治着日本西部。

第四节　13世纪的社会与文化

庄园公领制的确立

东国西国之战后，各地地头与平民百姓、领家之间的纷争逐渐平息了。本州、四国和九州被分为东西两部分，镰仓和京都分别建立了王权。从整体看，日本国把南起南岛十二岛、北到东北最北部的所有地区全部纳入其统治之下，相应地，其统治走上了正轨。

继建久年间制作的九州大田文之后，东国幕府在守护的参与下制作了诸国的大田文，明确了庄园和公领各自的范围和田数。12世纪以前便已形成基本框架的庄园公领制，在此正式确立为普及日本国统治下的整个社会的土地制度、租税行政制度。

如前所述，延久新制发布之后，诸国国衙进行了旱地检注。这一时期，按国别制定了旱地"账簿"——畠文，

日本社会的历史

并调查了庄园和公领内平民百姓的房屋数量——在家数，按国别制定了在家账。此外，还调查了庄园和公领的桑、漆和柿的棵数以及栗林的面积等。据推测，把此调查结果按国别整理而成的"账簿"也保管在国衙中。不过，为东西王权效力的各种役种（例如，御家人承担的京都和镰仓的大番役）以及两个王权举办国家仪式和活动所需费用（例如，王朝的大尝会和伊势神宫的式年营造①的费用）的征课，都以大田文中记录的水田数（公田）为基准。庄园公领制也与律令制下的土地制度一样，以水田为基础。可以说，这一时期东西王权的政策基本上以"农本主义"的"德政"②为基调。

这一时期，知行国制普及包括天皇家的分国在内的诸国。诸国公领被身为分国主的天皇家、摄关家和上层贵族等知行国主掌控。将军家也以东国为中心，拥有几个被称为"关东御分国"的知行国，同时掌控着没收来的庄园

---

① 神社每隔一定年限营造神殿、移动神体的活动。其中，伊势神宫的式年营造在奈良时代以后每20年举行一次。
② 为了禳灾而施行的仁政。"德政"原本是中国经典中的概念，基于天人相关说（认为天地变异的原因在于为政者无德）。日本从8世纪开始使用"德政"一词，具体的政策有赦免、赈济和减免租税等。以庄园整理令为主要内容的保元新制、重视要求恢复所领的诉讼的镰仓期各新制、以恢复神佛领为主要课题的神佛领兴行令，以及恢复御家人所领的永仁德政令等都是基于德政观的政策。镰仓末期德政之内容固定为取回已卖出的土地和勾销债务，室町时代经常发生要求实行这种德政的运动（德政一揆）。

第七章 东国王权的出现与王朝文化的变化

和公领，作为"关东御领"。这些没收来的庄园和公领原本属于平氏及东国西国战争中支持王朝即京方的贵族和武士。

当然，如前所述，以天皇家和摄政家为首，上层贵族、大寺院（如延历寺、兴福寺和东大寺等）和大神社（如伊势、上下贺茂、石清水和熊野等）等也依照出于自身交通和物产的考虑而制定的战略，在诸国占有庞大的庄园群，以维持各自的经济，确保每年例行的仪式和活动的举办。郡、乡、保、名等公领和各庄园以过去开垦并已通过调查确定的水田为征课基准，征收各地特产作为年贡。例如，东北征黄金和马，东国主要征绢、棉布、丝和麻布，西国则征米、油、纸、盐、铁和牛等。而且，对包括火耕地在内的旱地赋课麦、豆、粟和荞麦等旱地地子①；百姓的房屋则按"宇"（栋）征收每年例行的仪式和活动所需的各种物品、作物、劳役及其他杂公事。还按桑树棵数征收绢、棉布作为桑税；按漆树棵数征收生漆作为"地子"；按反征收晒干去皮的栗子作为栗林的地子。此外，还征收各种杂物，如鱼贝和裙带菜等海产品、松茸、伞菌、柿、胡桃和山药等山中特产。上述各种贡纳物在庄

---

① 地子在中世指年贡、公事以外，向水田征收的杂税。此外，还指向水田以外的旱地、住宅征收的杂税。在近世指向城市性场所征收的年贡的一种形态。

园和公领的统治者之间分配。

如上所述，在王朝国家下形成的庄园公领制在形式上也成了东国王权的基础。不过，由于西国和东国的社会迥异，双方庄园公领制的具体形态也存在明显的差异。

东西的庄园公领制："主从原理"和"职的体系"

西国一般尽可能令拥有若干从者的平民百姓（本百姓）平均地承包由检注确定的田地、房屋、桑和漆等，编成"百姓名"（平民名）[1]。成为这种百姓名名主的平民百姓，代表了许多包括小百姓在内的、居住于各个庄园和公领的"总百姓"[2]。

与平民百姓相比，在当地拥有大本营的武士（侍）身份的人可以拥有位阶。掌管庄园和公领实务（庄务、国务）的领家和知行国主授予他们下级职务（职人），如公文、下司、田所和总追捕使等。他们与被派到当地的上级官员一起征收年贡和公事。这些上级官员同样由领家或国主补任为预所、目代。庄园的运作情况则是预所在下级

---

[1] 百姓名，也称土名或平民名，11世纪以降，根据庄园、公领的土地调查编成的负担年贡、公事的田地之中，与地头名和庄官名相对的、承担年贡和公事的一般"名田"，也用于指与仅征课年贡的一色田相对的情况。
[2] 此处的"总"是指中世庄园解体期出现的带有村人共同体性质的组织，而"总百姓"则是组织到"总"之下的农民的总称。

第七章 东国王权的出现与王朝文化的变化

庄官的配合下，春季将种子和农资分配给平民百姓，明确他们对田地的承包（劝农），秋季征收既定的年贡、公事等（收纳）。这些上级、下级庄官相应地享有免除年贡的给田畠和免除公事的给名（杂免），征收的年贡和公事则基本上缴至领家（公领则是缴至国主）手中，其中一部分再作为上分（即初穗）送到处于本家地位的天皇家、摄关家和大寺社等处。此外，在庄园和公领内拥有大本营的铁匠、木匠和旋工①等职能民也与庄官一样，其给田受到官方保护；用于维护水渠的井费也从年贡中扣除。

如上所述，西国的庄园和公领由可谓"职的体系"的体制支配着。该体制以本家为顶点，包含由领家（国主）、预所（目代）、下司、公文以及百姓名的名主等各种职位的人组成的多重承包、任免关系。可以认为，之所以形成这种情况，是由于列岛西部社会中职能由一族或一家世袭的倾向较强。

与西国相比，东国的庄园和公领的规模大得多，整个郡成为一个庄园的情况也不少。幕府（东国王权）确立以后，东国广泛出现豪族御家人成为地头、承包整个郡和庄的情况。地头把同族、代官安插到庄园和公领内的乡、名，令他们征收年贡和公事。东国几乎不存在西国那样以

---

① 也称木地屋，是用轳辘等工具将木材旋成木盆、木碗、木勺等圆形器具的工匠。

日本社会的历史

平民百姓为名主、令其承包田地的情况，公事以百姓房屋为单位征收。

东国的庄园和公领统治在实际中由以地头为中心的同族、主从关系维持着。王朝方面的统治者虽然拥有收取年贡的权利，但对当地的影响力甚微。因此，东国的庄园和公领实质上处于关东（东国王权）的支配下，其统治按完全不同于西国的世俗的同族、主从关系的原则展开。不过，九州的庄园和公领的情况与东国的较为接近。但仍可以说，13世纪前半期，与东国相比，王朝方面的统治者的力量更为直接地作用于当地。不过，在西国的庄园和公领中，平氏的没收地已经被安排了地头，由关东（东国王权）掌握其任免权；东国西国战争中支持王朝一方的西国武士被没收的土地，在相当大的范围内由东国御家人以地头身份掌控着（新补地头）。

这些地头的权限一般与庄园和公领的下司、公文相同，其中也有适用前述新补率法的地头（新补率法地头）。对于担任地头的东国御家人和派遣到当地的代官，王朝的领家和预所完全没有任免权。这些地头和代官倚仗战争中获胜的东国"国家"——幕府的实力，把东国的统治方式强加于平民百姓，以平民百姓为自己的从者、下人。实际上，由于未缴纳年贡和公事或未支付地头课赋的科料而沦为下人的人也不少。

第七章　东国王权的出现与王朝文化的变化

对此，各地平民百姓强烈抗议，主张地头强加给他们的从属关系是不合法的。各地频繁发生支持平民百姓控诉的领家和预所与地头之间的诉讼、互诉。这是身为自由民的平民百姓的抵抗，他们拥有"去留"的自由，拒绝成为私人隶属民。此外，对领家、预所和地头的统治，这些平民百姓或以遭受损失之类的理由积极地请求领家、预所和地头减免年贡和公事，或逃散到作为圣地、圣域的"山野""山林"。

面对这类诉讼，东国王权（幕府）先明确二者的领域，依据互不侵犯原则处理，要求地头和庄官"公平""抚民"，把平民百姓安定在田地上。就这样，东国"国家"与王朝"国家"的庄园和公领的统治在内含着自身与平民百姓的矛盾的同时相互交错，两者间一直存在发生冲突的危险。

非农业人口和交易的发达

庄园公领制是以田地为基础的土地制度，年贡的征缴以田地为基准。大田文和畠文等自然成了基本的官方账簿。不过，处于该制度底层的平民百姓并非仅仅以水田或旱地等农业为生。确实，这一时期农业取得了较大的发展，人们修筑堤坝，填埋浅滩、海滩，大量开垦荒野为田地，一年两作制也普遍起来。这些生产技术的新发展也影

日本社会的历史

响到农业之外的各行各业。农业和非农业共同支撑着平民百姓的生活。

其中，桑、漆、栗和柿正式成为检注对象。桑是主要由女性从事的养蚕、丝织的前提；漆则维系着漆器的生产；栗和柿除了果实之外，还提供木材。如前所述，对于负担绢、布、纸、木盒、铁和盐等手工业产品及牛马等年贡的平民百姓而言，这些物品的生产成了主业，种植作物反而成了副业。就这样，为数不少的平民百姓以山野河海为主要劳动场所，从事捕捞、制盐、水上运输、狩猎、采集、各类手工业以及矿物开采等，其比重相当大。从食物看，比起大米，人们更常吃的是麦、豆、粟和荞麦等各种旱地作物。

而且，米、绢和布等除了贡纳之外，也用作交换媒介。除了进奉给神佛，平民百姓还拿这些到集市上换取各种物品，例如，锅、镰刀、铁环、锹和锄头等铁制品；陶瓷器；窄袖便服、单衣、武士礼服等衣物；长刀和弓箭等武器。集市自古以来便是海民和内陆民交换鱼贝、海藻、盐、农产品和采集物的场所，设置于自然与人类社会的交界处、神佛世界与世俗世界的交界处，如海滨、河滩、沙洲和斜坡等处。这一时期，在集市建房居住的人、酒屋[①]

[①] 中世酒的酿造和贩卖业者，较多兼放高利贷。酒屋从镰仓初期开始增加，盛行于室町时代。从室町时代开始，幕府对酒屋课以高额的营业税，这成为财政的一大来源。

第七章　东国王权的出现与王朝文化的变化

和高利贷者等增多了，城市开始形成。

13世纪前半期，从宋朝流入的金属货币——钱币，也与米、绢和布等一样在集市上大量流通。集市上有临时搭建的小屋，开市的日子里，铸工、油商、鱼贝商、盐商和窄袖便服商等各种商人周游巡回而来，在临时搭建的小屋中开店，与周围的平民百姓交易。而且，这些商人中有许多是女性，例如，鱼贝商、棉商和窄袖便服商等。

神佛直属民：供御人、神人、寄人

这些职能民在西国主要作为天皇和神佛等超越人力的神圣之直属民，拥有供御人、神人和寄人等称号。如前所述，铸工直属于天皇家，成为藏人所的灯炉供御人。鱼贝商中也有天皇家直属的粟津桥本供御人及属于祇园社的今宫神人等。油商多为石清水八幡宫山崎神人。还有些盐商拥有石清水八幡宫淀纲引神人的称号。这些神人、供御人和寄人拥有免除市、渡、津、泊的津费及关费之类的交通税的特权，作为神圣之分身活跃于广大地区，进行交易。

其中，尤属铸工游历范围最广。被称为回船铸工的集团利用回船周游从和泉堺经濑户内海、山阴和北陆到琵琶湖的大津一带。回船人在支持职能民的移动上起着非常重要的作用，西国的回船人也成为神人、寄人，运送年贡等贡纳物，在整个列岛内广泛地从事交易。

这些神人和寄人之中，也有像日吉神人那样被称为"借上"的从事金融活动的人。在被称为山僧的延历寺的下级僧侣和被称为熊野三山僧的山卧之中，放高利贷的人也很多。而且，这一时期，放贷资本不单有米，还有钱币，与日吉上分钱和熊野初穗物一样，只有作为进奉给神佛的初穗和上分的钱才能作为资本，利息则被视作给神佛的谢礼。与商人一样，"借上"之中也有为数不少的女性。可以认为，女性广泛参与这些商业和金融活动的背景之一在于当时女性从事养蚕和绢、布等衣料的生产。

在浦、滨、渡、津、泊和宿等回船人和鱼贝商等工商民的大本营，往往建有寺院和神社，也经常设有关所。过往的船只入港时，被要求支付关费作为进奉给神佛的初穗、上分。而且，海角和丘陵上设有用于加强港口和交通道路之警备的城，遇有拒不支付关费的船只，以城为据点的海领主、山领主或者职能民将行使武力，强行要求缴纳关费。采取这类行动时，他们被称为"海贼"、"山贼"或"恶党"等。

交通、交易的要地和城市的形成

这些津泊设有保管年贡及其他贡纳物的仓库，它们在这一时期由被称为问丸的人管理。回船人和鱼贝商的房屋成了聚集而来的行商的根据地。从 13 世纪前半期开始，

第七章 东国王权的出现与王朝文化的变化

问丸、酒屋和借上等金融业者聚集的津泊逐渐呈现出城市的面貌。列岛沿岸地区到处可见以津泊为中心不断形成城市的景象。例如，琵琶湖的坚田、船木、大津；宇治川的槙岛；淀川的淀、山崎和吹田；濑户内海沿岸的牛窗和尾道等要冲之地；越前的敦贺和三国凑、若狭的小浜等日本海沿岸的津泊；伊势的桑名和安浓津、志摩的泊（鸟羽）、尾张的热田等伊势湾沿岸等地；九州北部的博多和今津；等等。以淀川下游的江口和神崎为典型，这些津泊中都有操船出入的游女。

在连接东西中心即镰仓和京都的东海道以及连接九州和京都的山阳道，陆上交通和河海交通的交接点出现了许多宿，还汇集了被称为接待所的寺院以及游女、傀儡师和白拍子①的店。那些店通常由女性"宿长者"统辖，具备旅店功能。这些水陆交通的交接点逐渐成为城市。

京都的重生

就这样，伴随着海上交通和交易的活跃，从濑户内海到九州的西国各地的河海沿岸出现了前述城市。不过，年贡物的运送，仍集中于京都和奈良。这一时期的京都，在

---

① 平安末期兴起的一种歌舞或表演该歌舞的游女。

日本社会的历史

以过去的左京为中心的洛中南部（下京）聚居着许多职能民。酒商建的酒屋鳞次栉比；六角町和姊小路有鱼商的店铺；七条一带有磨针人和铜工艺人等职能民的作业场所，还有借上居住其中。而西京也以北野社为中心形成了新的都市。六胜寺并立的白河附近已经聚集了车借及其他职能民，其南面的六波罗自平氏时代以来便是武家的根据地，这一时期呈现出新的繁荣景象，镰仓幕府也在该处设立了六波罗探题，河东也正实现重生。

桂川和淀川的水运据点鸟羽以及琵琶湖的大津，不断有车借出入。这一时期的京都，除天皇家和摄关家等贵族和官员、东寺之类的大寺院的僧侣以及新的统治者武家之外，还聚集着极其多样的职能民，例如，各种工商民、牛饲童、赌博者、投掷飞砾的印地之党、以清除污秽为职能的非人以及处理牛马皮革的河原细工丸[①]等。此外，如前所述，京都还是"京童"活动的舞台。上述这些人与其他职能民一样，是神佛直属民，例如，非人成为祇园社的犬神人，河原细工丸成为北野社等的寄人。包括游女和赌博者在内的职能民基本上被置

---

① 河原者是中世受歧视的身份集团的总称。"河原"即河滩的意思，"河原者"这一称呼源于他们被硬性要求居住在河滩这一边缘性的、边界性的场所。河原者依据其职能（如处理死牛死马、执行刑罚和清扫等），也常常被称为河原细工丸、秽多、御庭者等。据推测，河原者在近世成了秽多的主体。

第七章 东国王权的出现与王朝文化的变化

于王朝"国家"的神人、供御人制之下，可以说这具有西国特色。

都市镰仓和东海道

与京都不同，神人、供御人制在日本东部（东国）几乎不起作用。当然，在东国，海上交通极为发达，以霞浦、北浦、手贺沼、印幡沼和常陆川等"常总内海"，以及深入陆地的东京湾和利根川的"武总内海"等为中心，海运与大河川的船运相连接。而且，从房总、三浦和伊豆等半岛到纪伊半岛的太平洋沿岸有众多津泊，如这些内海海边的武藏国六浦和下总国神崎等，大量船只出入其间，包括通往伊豆山的50艘获得幕府特许的神船在内。如前所述，东海道有许多宿，幕府还设置管理游女的游君别当，可见其繁盛。

镰仓街道的道路网、和贺江及其他位于镰仓的泊，以及凿开的山路所连接的六浦等，使东国的海陆交通最终汇集到了东国王权所在的"东国之都"镰仓。镰仓既是将军的居所，也是以幕府为首的东国有实力御家人和来自京都的文笔官员、职能官员的住地，与京都一样，町家鳞次栉比，商人和被称为"诸道之辈"的职能民聚居其中。在其海滨，满潮时为海水淹没的前滨与京都的鸭川河滩一样，成了墓地。

但是，这些"诸道之辈"并不像西国的神人、供御人那样成为神佛直属民，而处于世俗的主从关系之下。在东国，"非人"仅限于镰仓鹤冈八幡宫的犬神人，他们的存在可以说是个例外，因为至今几乎尚未发现当时存在河原细工丸及其他非人的证据。这大概是由于与西国相比，东国狩猎传统较强，作为武人的世界，对污秽的忌讳不强，因而在身份制方面，东国"国家"和王朝"国家"也有质的不同。

不仅如此，相对于天照大神，东国"国家"，即以将军为顶点的幕府，更崇信鹤冈八幡宫和祭祀叛逆王朝的菅原道真的北野社，拥有伊豆山、箱根、三岛社和日光等由东国诸神构成的独自的祭祀体系。例行的仪式和活动也在接受王朝国家的武人仪式的同时，形成了以流镝马、笠悬①等"弓马之道"为中心的仪礼体系，采用与王朝相异的仪礼。

东国的王权和宋风文化

进入 13 世纪后，列岛与南宋的贸易兴盛起来，陈和卿那样的宋人大量渡海来到九州北部，并定居当地。这些宋人中有些人成了神人、寄人，得到了庄园、公领的给田畠。

---

① 流镝马和笠悬皆为骑射比赛，与犬追物并称武士的"马上三物"。

第七章　东国王权的出现与王朝文化的变化

博多是列岛与中国大陆和朝鲜半岛进行交流的窗口，很早便形成了宋人聚居的大唐街（唐人街）。肥前的今津、萨摩的坊津、有明海沿岸的肥前国神崎庄以及日本海的越前国敦贺等地的津泊也有宋人渡海而来、聚居于当地。

包括荣西、俊芿和道元等僧侣在内，列岛上也有许多人渡海前往大陆。宋朝的文化、学问、技术和思想对列岛社会产生了巨大的影响。

东国"国家"的镰仓非常积极地吸收宋朝文化。北条政子邀请荣西到镰仓，使其成为寿福寺的首任住持；将军赖家援助荣西在京都建造建仁寺；如前所述，实朝对宋文化的关心也非同一般，荣西向实朝进献了《喫茶养生记》，介绍了从宋朝传入的茶。

美术、文学、艺能的新动向

在上述行动中，镰仓远远超过了京都，带有通过宋风文化彰显王权权威的意图。不过，在伴随东国新王权成立而出现的列岛社会的急剧变化中，王朝也感到了紧张氛围，其文化和思想也出现了新的动向。

当时出现了以写实手法描绘人物个性的"似绘"[①]，

[①] 镰仓初期，藤原隆信、藤原信实父子开创的大和绘肖像画，抓住个性，以写实的技法描绘真实的人物，以武人、天皇和僧侣等的肖像居多。

日本社会的历史

例如，一般认为是藤原隆信所作的源赖朝像和平重盛像（对此，有观点质疑所画人物是否为赖朝、重盛）等。还出现了运庆、快庆等庆派佛像工匠创作的肖像雕刻。这些都很好地反映出美术界的新动向。以后鸟羽为中心，藤原定家及其他人选编了《新古今和歌集》。该和歌集收录了在时代的紧张气氛中诞生的志气高昂的和歌，如西行和慈圆富有个性的和歌。特别是九条兼实之弟慈圆，他撰写了《愚管抄》。当时赖经被迎请到镰仓担任将军，以九条家为核心，东西王权的关系稳定了下来。慈圆很好地把握了时代状况，试图在历史中找寻身处这种时代状况的贵族社会应有的状态。该书洞察在错综复杂的道理之中演进的历史动向，以行事不应背离基本的道理为史论，可谓在紧张的时局之中诞生的优秀史书。

与此相对，以歌集《山家集》闻名的西行是个遁世歌人，他断绝了自身与这种东西王权对立的俗世的关系。以《方丈记》的作者鸭长明为首，圣、上人等从本来应是出家场所却被世俗化了的世界脱离出来，在这个时代的思想、文化、艺能和社会活动中发挥了巨大的作用。

这一时期，盲眼的琵琶法师也在各地活动，他们在广义上也可以被列入这类人的范围。据《徒然草》记载，高唱在急剧变动中灭亡的平家命运的《平家物语》，是遁世后受慈圆扶持的信浓前司行长创作并供东国出生的盲僧

第七章 东国王权的出现与王朝文化的变化

生佛说唱用的。因此，可以说《平家物语》的诞生也离不开这类人的贡献。

佛教界的新动向：法然、亲鸾和道元

法然是脱离山门（延历寺）的上人，他凝视人类的本真，苦苦思索，以求从中找出解救之道。他主张将显密的一切修行作为难行、杂行去除，强调只有坚信阿弥陀如来的誓愿并念佛的名号这一容易的修行方法才是正行，指出唯有如此，人才能往生极乐世界。平安时代以来的净土教在此时作为一种信仰实现了巨大飞跃。法然的教诲甚至唤起了不识字的人的强烈信仰，以至于出现"痴愚无智的尼入道"[①]的现象。其周围聚集了形形色色的人，既有摸索重新研究教义的学僧，也有云游民间布教的圣；既有不得不以杀人为业的武士，也有身处急剧变化之中对命运无可奈何的贵族。

一度进入比叡山的亲鸾也是法然的追随者之一。法然的教诲及净土宗引起的信仰狂热招致兴福寺、延历寺学僧的强烈反对，解脱上人贞庆撰写了弹劾法然及净土宗的"兴福寺奏状"。结果，王朝于1207年（建永二年）镇压法然一门，并流放了法然和亲鸾。

---

① 尼入道指在家削发入佛道的尼姑。此处这一表述出自慈圆的《愚管抄》。

日本社会的历史

被流放越后的亲鸾转移到常陆，向东国人布教。在亲历了宽喜饥馑的凄惨之后，亲鸾的思想进一步深化，形成了绝对他力的思想，即主张只有去除一切自力的尝试，全心信仰阿弥陀如来才能打开往生极乐之道；进而形成了"恶人正机"的思想，即主张如果自力作善的"善人"可以得到解救，则不得不以杀生为业的"恶人"不可能得不到救赎。亲鸾很快又回到了京都，撰写了《教行信证》等书。亲鸾的教义超越了巫术性解救，提倡追求来世利益的纯粹信仰，这便是净土真宗，后者不久便从海民、山民向城市民等群体渗透，对社会产生了极大的影响。

荣西从宋朝带回了临济禅，撰写了《兴禅护国论》，试图在显教、密教的基础上增加禅宗，并以禅为中心整合佛教。道元入宋时间较荣西迟，他专一地追求禅，遵从严格戒防接近权势的如净的曹洞宗教义，坚持专注坐禅，在京都的深草建寺结庵，传播教义。后来为了躲避比叡山强势的压迫，道元移居越前的永平寺，并终身贯彻这样的生活方式。《正法眼藏》是道元的主要著作，他从根源批判了当时已经世俗化的佛教。道元主张回归佛教本来的精神，这虽然与亲鸾的主张不同，但可以说同样是纯粹化的思想。

针对佛教界的新动向，高弁（明惠上人）从华严宗学僧的立场出发，撰写了《摧邪轮》，对法然的《选择本

第七章　东国王权的出现与王朝文化的变化

愿念佛集》进行严厉批判。不过，明惠同样也主张尊重佛陀本来提倡的戒律才是对其精神的继承，并且终身践行这一主张。这一时期出现了从各种立场出发提倡回归佛陀精神的思想家。可以说，这是社会状况发生巨大变化的先兆。

当时的社会，钱币流通，交易盛行，人的移动、物的流通非常活跃。同时还从宋朝传入了新的技术、学问和文化。在此背景下，长时期支配人心的巫术性质的力量及自古以来的神佛权威逐渐开始动摇。不断向社会渗透的文明与长期存续的质朴的、未开化的社会之间纠葛至深；伴随商业和金融业的发展而来的急剧变动与以农为本追求安定的思想之间矛盾激烈。可以说，正是置身于这种背景之下的人们力求看清人之本真而做的种种努力，促成了这种思想和文化。

第八章 东西王权的并存与纠葛

第一节 相互合作的东西王权

关东新制和公家新制

东国西国之战——承久之乱后,京都的王朝由东国之王,即将军赖经的外祖父西园寺公经与赖经之父九条道家联手主导。公经处于关东申次[①](可谓王朝面向幕府的外交窗口)的地位,他与关东保持着紧密联系,影响着政局发展。道家处于关白地位,其主导的朝廷先后于1225年(嘉禄元年)和1231年(宽喜三年)发布新制,致力于体制的完善。

---

① 镰仓时代朝廷中负责与武家联络的官员。坊门信清、西园寺公经和九条道家等先后担任该职。1246年幕府指名西园寺实氏担任关东申次以后,该职便由西园寺氏世袭。

第八章 东西王权的并存与纠葛

泰时主导的幕府在制定《御成败式目》之后，也试图通过追加法完善诉讼制度，规定尾张、加贺以西为六波罗探题管辖的西国，力求通过六波罗探题抑制西国地头的不法行为，特别是回应平民百姓对地头的控诉，令六波罗探题处理地头与预所、领家之间或御家人与神人之间的纷争。东西两个王权力求使王朝和幕府、东西"国家"的领域明确，统治安定。

幕府还与公家[①]新制相呼应，对动摇东西"国家"统治的行为，基本上以农本主义的姿态严加禁止。例如，禁止大寺院的众徒武装；抑制以金融活动和商业为职能的神人和山僧依仗神佛权威，以代官身份承包庄园和公领，或担任诉讼的代理人；禁止赌博和人身买卖；抑止黑衣念佛者横行；等等。

与王朝的公家新制相对，幕府的这些法令被称为关东新制。为维护社会秩序，东西王权相互呼应，相互合作，施行"德政"。

东西王权之间矛盾的凸显

无论是东面的幕府还是西面的王朝，都存在深刻的内

[①] "公家"一词原指天皇、朝廷。院政成立后，"公家"指天皇，与上皇的院相对。镰仓幕府成立后，"公家"指朝廷，与武家相对。后来"公家"成为朝廷官员，特别是上层公卿的别称。

日本社会的历史

部矛盾。1242年（仁治三年），在位大约10年的四条天皇去世。在幕府的强烈要求下，承久之乱的中心人物顺德的儿子遭到忌避，土御门上皇之子邦仁亲王即位，成为后嵯峨天皇。接着，执权泰时去世，其嫡孙经时继承其位。在权力中枢更替的过程中，东西双方的内部矛盾凸显出来。

关东方面，成长起来的将军赖经以政所（掌管作为

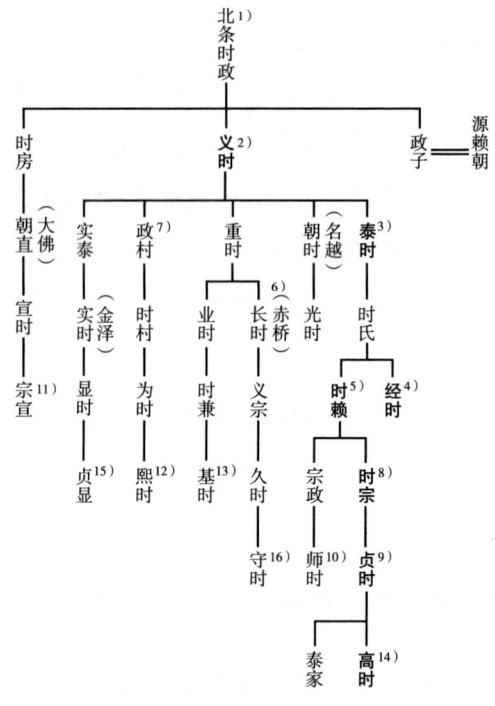

北条时政[1]
├─ 时房 ─ （大佛）朝直 ─ 宣时 ─ 宗宣[11]
├─ 义时[2]
│   ├─ 实泰 ─ （金泽）实时 ─ 显时 ─ 贞显[15]
│   ├─ 政村[7] ─ 时村 ─ 为时 ─ 熙时[12]
│   ├─ 重时
│   │   ├─ 业时 ─ 时兼 ─ 基时[13]
│   │   └─ （赤桥）长时[6] ─ 义宗 ─ 久时 ─ 守时[16]
│   ├─ （名越）朝时 ─ 光时
│   └─ 泰时[3] ─ 时氏
│   └─ **时赖**[5] ─ **经时**[4]
│   ├─ 宗政 ─ 师时[10]
│   └─ **时宗**[8] ─ **贞时**[9]
│   ├─ 泰家
│   └─ **高时**[14]
└─ 政子 ══ 源赖朝

北条氏谱系

＊黑体字为北条氏家督（得宗）名，数字表示执权就任顺序

第八章 东西王权的并存与纠葛

将军家内廷经济之延伸的镰仓市政）为制度基点,在近侍御家人的拥护下壮大了势力,开始对抗以评定众为基础掌管着裁判权的执权北条氏。对此,经时成为执权后立即阻断将军对裁判的介入,宣布不改变泰时时代的判决（不易法）,并不断采取措施强调只有执权才拥有裁判权,以牵制将军赖经的势力。

王朝方面,公经与道家相互对立。前者积极支持后嵯峨即位,后者则拥护遭幕府排挤的顺德之子。随着道家专权逐渐强化,二人间的对立愈加凸显。1244年（宽元二年）,公经去世,道家成为关东申次。东西政治因王朝的关白道家与关东的将军赖经之间的父子关系而动摇的可能性增大。出于这种担忧,执权经时逼迫赖经把将军之职让给赖经6岁的儿子赖嗣。

但是,病弱的经时在两年后的1246年（宽元四年）便去世了,其弟时赖成为执权。时赖排挤前将军赖经大殿①的近臣名越光时（北条氏的同族,支持赖经而与北条嫡流对抗）,罢免赖经派的评定众,把赖经送回京都,同时还使王朝的关东申次由道家改为公经之子西园寺实氏。而后嵯峨也于同一年让位于实氏的外孙——年仅4岁的皇太子（后深草）,并效仿关东采用新的院评定制,开始实

---

① 对公卿、大臣的敬称。赖经把将军之位让于其子赖嗣后,被称为"大殿"。

行院政，以抑制道家。在此出现了王朝的后嵯峨、西园寺与关东的执权时赖合作，共同应对关东的将军派及其背后的关白道家的局面。

该对立首先在关东表现为以主从制为基础的将军派与掌握统治权的执权派之间的对立，并于1247年（宝治元年）发展成武力冲突。执权时赖与姻族安达氏联手，挑战以其竞争对手三浦泰村（与时赖争夺海上交通支配权）为中心的三浦氏及其姻族千叶氏等势力，并将他们剿灭（宝治合战、三浦之乱）。而且，在时赖私邸召开的"寄合"① 聚集了其心腹北条氏一族和安达氏等，时赖在取得宝治合战的胜利后，依靠他们成功地清除了幕府的反对派。这很快便影响到王朝，九条道家的地位也因此受到影响。

1249年（建长元年），时赖增设裁判机关"引付"②，处理御家人的诉讼，以求正确迅速地裁决诉讼。与此呼

---

① 镰仓后期，北条得宗家召集少数主要的同族、评定众及御内人在私邸召开的幕政会议。寄合的出现及制度化，使得宗专制获得了重要的制度基础，同时也导致幕府原有的合议机关——评定会议名存实亡。
② 镰仓、室町幕府的诉讼机关。为充实裁判制度，建长元年，镰仓幕府执政北条时赖在评定会议这一机构下设3~8组引付轮流负责审理诉讼。每组引付均由评定众、引付众及右笔奉行人构成，由引付头人（由评定众担任）主持。室町幕府也继承了引付制度（设3~5组引付），但由于诉讼实际上遵循将军亲裁的原则，引付的机能减弱，变得有名无实，15世纪以后被废除。

应，王朝的后嵯峨也努力充实由评定众构成的公家的诉讼机关。东西王权相互呼应，在排挤道家的同时促进政道的推行。1252年（建长四年），时赖以道家参与策划推翻幕府为由，罢黜了道家之孙即将军赖嗣，并将其送回京都。与此同时，道家受到后嵯峨的苛责后突然离世（也有观点认为是被毒杀的）。如此一来，对东西"国家"拥有巨大影响力的九条家彻底没落了。

此后，时赖向后嵯峨发出请求，获得许可后，将后嵯峨之子宗尊亲王迎请至镰仓担任将军。可以说东国"国家"终于实现了自诞生以来的夙愿，即迎请可以被称为"新皇"的天皇家出身的将军作为东国"国家"的顶点。在此，北条氏一门进一步巩固了自身的地位，建立了专制体制。

而王朝方面，以世袭关东申次之职的西园寺家为首，负责实务的中流贵族和官员都支持将军之父后嵯峨。后嵯峨巩固了其以"治天之君"的身份掌握天皇职的体制。

1253年（建长五年），王朝发布十八条新制。与此相应，幕府制定了落实十八条新制的关东新制，同时还向诸国的地头下达指令。

从这些新制看，东西王权即王朝和幕府的法令旨在制定统管集市交易的沽价法，抑制神人和供御人的新增，把日益活跃的工商业控制在一定限度内；同时，严厉要求地头与国主、领家相互尊重对方的领域，坚持基于政道的公平姿态，以抚民之策对待平民百姓。毫无疑问，这是对自泰时以来的以农本主义为基调的"德政"的继承。

首都镰仓的繁荣

东西王权通过人与人的关系紧密相连，完善了统治各自治下的平民百姓的体制。相对于王朝首都京都，东国首都镰仓也实现了相应的建设和完善，并开始作为各行业的手艺人、商人和町人①居住的城市走上繁荣之路。近年考古发掘出土的大量遗物全面反映了镰仓的繁荣。

如前所述，三浦氏原本兼任相模、纪伊和土佐的守护，控制着九州北部的宗像社和有明海的神崎庄，对从太平洋经九州到中国大陆的交通拥有巨大的影响力。于是，除从很早开始就有力控制着的北陆的海路之外，北条氏在消灭三浦氏之后还掌握了从太平洋到大陆的海上交通。与此同时，镰仓也出现了许多唐船。

1254年（建长六年），幕府把进入镰仓港的唐船限定为五艘，意欲控制日宋交流。此前一年，时赖迎接从宋朝

---

① 指前近代社会中居住于城市、主要以工商业为生的人。中世后期，京都、镰仓等城市出现了地缘共同体——町，町的成员在兵农分离、商农分离政策下获得了固定的町人身份，享有相应的特权并履行相应的义务。

第八章 东西王权的并存与纠葛

来到日本的禅僧兰溪道隆,并建立了以其为首位住持的建长寺。该寺建筑引进了宋朝的禅宗建筑样式,这对后来的寺院建筑产生了巨大影响。

就这样,宋朝的各种文化产物,特别是大量中国青瓷和白瓷输入镰仓。这一情况通过考古发掘的结果得到证实。不仅如此,武家的王权——幕府的领导者被要求依照新政道施政,其所需的学问方面的书籍和佛典也从宋朝传来。北条氏的同族金泽实时收集了这些书籍,奠定了金泽文库的基础。

同一时期,巨大的木制阿弥陀佛完工于深泽。河内铸工也被召集至此,将从各地化缘筹集来的大量铜钱熔化,开始用金铜铸造镰仓新大佛。幕府中枢视该大佛为东国首都镰仓的象征。

钱币大量流入并向社会渗透

这些来自大陆的大量文化产物和钱币以博多为主要窗口,经由濑户内海被带到畿内。考古发掘的结果表明,博多这个城市作为列岛通往大陆的窗口实现了高度繁荣。西园寺家作为院的厩司别当,统管马借和车借,在北条氏一门的支持下,有力地控制着淀川、濑户内海和九州的海上交通。西园寺家在控制海上交通的基础上,依靠自己的力量向中国派遣船只,于1242年输入了多达10万贯的铜钱和各类珍宝。就这样，西园寺家通过与中国大陆开展贸易积攒了巨额财富，并以此巩固了自身在王朝中的地位。

宋文化也逐渐渗透到王朝内部，宋学对贵族和僧侣也产生了一定影响。最关键的是，从宋朝流入的大批铜钱广泛进入社会的流通环节，这给列岛社会带来了巨大影响，使商业和金融业发生了质的变化。值得注意的是，在东国，早在13世纪前半期，钱币便取代绢和布成为主要交换媒介，而西国在一段时间内仍以米和钱共同充当交换媒介。[①] 进入13世纪后半期后，对钱币和财富的渴求受到煽动，人们甚至把钱当作神佛崇敬，商人、高利贷者、赌博者及与他们相勾结的恶党和海贼大肆行动。东西"国家"对这些行为施以高压，试图加以控制，但这些新动向开始动摇幕府和王朝的根基。

高扬的镰仓新佛教

从1258年（正嘉二年）到翌年，列岛各地遭受了大范围的疫病和饥馑，诸国受灾惨重。这反映了列岛社会中城市化的进展，而该饥馑也使城市发展带来的矛盾凸显出来。由于平民百姓逃散至各地，未缴纳年贡和公事，这激

[①] 13世纪前半期，钱币在东国取代了绢和布，成为支付手段；14世纪初，钱币又在西国取代了米，成为支付手段。参考樱井英治·中西聪编集『流通経済史』山川出版社、2002。

第八章 东西王权的并存与纠葛

化了地头与预所、领家之间及领家与本家之间的对立,导致统治集团内部的分裂逐渐扩大。1260 年（正元二年）,出现在院御所的匿名讽刺文的末尾写道,"武家有过差（武家很奢侈——引者注）,圣运既在末",从中可窥见时代氛围之一斑。

同一时期,出生于东国的僧侣日莲撰写了《立正安国论》,并提交幕府。日莲预言若不遵守真理之源《法华经》,必将招致内乱及外国入侵。幕府对日莲加以压制,将其流放伊豆。

与日莲发出如此高昂的批判幕府之声不同,这一时期的亲鸾主张"诚恳为妨碍念佛之人念佛",提倡为敌人念佛。长寿的亲鸾于 1262 年（弘长二年）去世。此二人的思想都深入被当时社会视作"恶"的人的心中。

同年,西大寺的律僧叡尊应金泽实时和在常陆三村寺的弟子忍性的邀请前往镰仓。途中,他为众多庶民授戒。到达镰仓时,叡尊受到实时迎接,并为已经辞去执权之职的时赖授戒。叡尊强调复兴戒律,视杀生为恶并严加禁止,同时还努力救济包括非人在内的贫苦孤独之人。通过访问镰仓,叡尊的教义不仅得到北条氏的大力支持,后嵯峨的宫廷中也出现了许多皈依者。相对于官僧通过南都北岭的戒坛授戒,叡尊在西大寺和唐招提寺新设戒坛,开辟了为遁世僧授戒的新路,对社会产生了很大的影响。

日本社会的历史

弘长新制：幕府和王朝对恶党的禁压

1261年（弘长元年），幕府发布了六十一条关东新制，与之相呼应，王朝也制定了公家新制，进而于两年后即1263年（弘长三年）发布了四十一条新制。这一时期，王朝以接受关东新制的形式发布新制，关东与王朝——东西王权的地位发生了逆转。此次制定的关东和公家的新制的内容都极为丰富充实。

这些法令视尊重神佛、迅速公正裁决诉讼为政道之本，重视抚民，同时还抑制奢侈，对商人、金融业者和"诸道手艺人"等神人、供御人的活动加以限制。这是对此前的政策基调的进一步发展。特别不可忽视的是，这一时期的新制中有许多禁止性规定。例如，东西双方的新制都视杀生为恶事，严加惩戒；视赌博为诸恶之源严加禁止；严禁人身买卖。此外，公家新制还禁止把祭祀道祖神①及其他神的辻祭举办得过度奢华，而且禁止举行飞砾活动；祭祀时，严禁供奉人和放免②等身穿绫罗绸缎等奢

---

① 指在道旁或边界供奉的神灵。道祖神在作为旅行之神、交通之神受到信仰的同时，也在交界地带广受祭祀。道祖神后来与地藏菩萨信仰或猿田彦大神信仰融为一体。为祭祀道祖神，儿童在旧历正月十五日举行火祭。
② 免除刑罚、在检非违使厅从事搜查犯人和处理死骸等杂务的人。这些放免的犯罪经历有助于搜查犯人之类的工作的开展，但他们之中也有不少人倚仗检非违使厅的权力胡作非为。

第八章 东西王权的并存与纠葛

华的衣裳，肃清类似于后来的婆娑罗①的风气；等等。这些法令站在农本主义的立场上，视受未开化世界的不明力量驱使的各种行为为"恶"，并视以此为业的集团为"恶党"，表明了严加禁止的态度。特别是幕府在此前后多次发布恶党禁压令。

《融通念佛缘起绘卷》（清凉寺藏）

图中这些脚穿高齿木屐、手持大棒的人，伸手握刀柄的人，僧人打扮的人……都不知为何人，他们是衣着浮夸、举止随心所欲的"婆娑罗"风气的典型例子。

资料来源：佐藤和彦編集、工藤敬一著『図説 太平記の時代』河出書房新社、1990。

---

① 形容日本南北朝动乱期的审美意识和价值观的流行语，指穿戴华丽的服饰、追求虚荣的打扮及随心所欲、毫无顾忌的举止。

日本社会的历史

不过，这一事实本身反映出社会中广泛出现了召集恶党并借助其力量积极支持商业和金融活动的动向。不久后，这便作为与"农本主义"的政治路线相对立的"重商主义"的政治路线鲜明地出现在王朝和关东。

不管怎样，这些新制表明，这一时期的东西王权虽然深受叡尊及其他人的教诲影响，却遵循压制"恶"这一传统的农本主义的政治路线，整体上逐渐倾向于专制立场。

农本主义和重商主义

1263年，时赖计划让将军宗尊上京与其父后嵯峨会面，以向内外显示东西统治者之间的牢固关系，不料该计划因暴风雨受挫。此后不久时赖便去世了。

如设置引付之类的情况所反映的那样，时赖时代可谓执权政治的鼎盛期。时赖出家后仍然处于北条氏的家督[①]——得宗的位置，继续掌握着政治实权。与执权制的基础评定众不同，时赖把由北条氏一门及其家臣御内人构成的寄合作为其统治的制度基点。可以说，时赖时代

[①] 平安末期到镰仓时代指嫡子，南北朝时代到战国时代指族长、家长，近世用于表示家产或继承家产的人。作为家长、家产继承人，家督之位一般由嫡子继承。中世武家中家督的主要职能是对一族成员行使军事统率权及征课诸役权等。

已经开辟了通往得宗专制的道路。

王朝方面,上皇后嵯峨于1259年(正元元年)令后深草之弟龟山取代后深草即天皇位。当然,后嵯峨依然以"治天之君"的身份掌握着王朝的实权。不过,龟山的即位为后来天皇家的大分裂埋下了祸根。

政权中枢萌发分裂、对抗的根源在于伴随社会的新动向出现的两条政治路线,即农本主义路线与重商主义路线的对立。前者以庄园、公领的农业及田地所领为基础,以基于抚民之政道的政治为理想;后者依靠以神人、供御人为首的工商业者,积极支持积蓄钱币、增加财富的做法。同时,对于肆无忌惮的过分行为以及杀生等破坏社会均衡的行为,也存在两种对立的态度,一方视其为"恶"、污秽并努力将之祛除,另一方则试图在其中找出与未开化的野性有关的神圣部分并对其加以肯定。

进入13世纪后半期,来自列岛外的压力增加了,这种对立迅速凸显出来。

第二节 蒙古来袭和13世纪后半期的社会

阿伊努文化的形成

13世纪的中世"日本国"涵盖了本州、四国和九州

日本社会的历史

的全部地区，整体上以庄园公领制为基础。不过，东国与西国社会根深蒂固的本质差异依然存在，这导致东西王权的体制也存在本质的不同。海上交通把日本列岛的各岛连接起来，也把列岛与列岛之外的大陆、半岛及各个岛屿连接起来，人和物的经常性交流使各地个性得到凸显。

这一时期，津轻和下北等东北北部地区与北海道的渡岛半岛之间交流密切，东北北部作为处于"日本国"国制所及的社会与"日本国"国制所不及的北海道以北的社会之间的交界地带的性质愈加凸显。

北海道南部又称夷岛，自幕府成立以后就作为西国被捕海贼和恶党的流放地。安藤氏自称是"俘囚之长"安倍氏的后代，成为北条氏的被官[①]，作为"虾夷管领"统管着北海道南部。安藤氏作为北方的海领主，向东北的日本海沿岸和太平洋沿岸地区扩张势力。北条氏在通过安藤氏与北方世界保持一定关系的同时，指定日本海沿岸诸国要津的 20 艘大船为"关东御免津轻船"，授予免除交通税的特权，试图控制从夷岛、津轻经由日本海的海上交通及交易。

通过这条海路，北方的物产——海带和鲑鱼等被运到了本州、四国和九州；13 世纪以后，包括中国大陆的陶

---

① 从者的一种。起初把诸官厅、官员与其管辖下的人之间的关系称为"所官被官"（所管被管）的关系，后来泛指从者。

第八章 东西王权的并存与纠葛

瓷器和钱币在内的各种物品大量地从东北北部传入北海道。大量传入日本海沿岸地区（到北海道南部为止）的来自能登半岛的珠洲陶器，以及津轻的十三凑和道南的志苔等地出土的数目庞大的铜钱可以充分证明这一点。

在北海道，在由南传入各种物品的同时，从东北亚大陆传入北海道东部的鄂霍次克文化被遍及其他地区的擦纹文化吸收，在与库页岛和东北亚大陆等地交流的过程中，逐渐形成了阿伊努文化。创造出新文化的阿伊努既不使用陶器，也不从事农耕，而是以捕捞和采集为主兼事狩猎，同时活跃地在南北进行交易，获取日用品和食物。到了13世纪后半期，他们进入库页岛，进而到达黑龙江流域，广泛开展贸易。

北海道社会的最新信息也传到了"日本国"。"日本国"的人们认识到阿伊努之中还有日之本党和唐子党等，与跟本州人语言相通并活跃地进行交易的渡岛半岛的渡党集团不同，他们不懂农耕，使用毒箭，以狩猎和捕捞为生。通过与东北亚大陆的贸易和交流，在整个北海道和库页岛范围内形成了独特的阿伊努社会。

蒙古帝国的成立：列岛南北的新动向

列岛北部变化的背后则是亚欧大陆空前的大变动。13世纪前半期，正值日本列岛上东国与西国相战之际，游牧

日本社会的历史

民族蒙古的王者成吉思汗越过长城，攻入统治着华北的金政权的领域，同时还直指西亚，开始征服伊斯兰世界。接着，其子窝阔台汗从东欧打入西欧，与西欧的封建领主发生正面冲突，壮大成影响整个亚欧大陆的强大势力。①

蒙古于1234年攻灭金政权，把华北纳入其统治之下。在此之前，蒙古还于1231年开始进攻高丽。当时由武人掌权的高丽顽强抵抗蒙古人的再三攻打，把都城从开京迁至江华岛，依然保持着反抗蒙古的姿态。高丽王朝在该地完成了其最大的文化项目即重刊大藏经。

统治着江南的南宋在蒙古的重压下大体上保持着自身的地位。不过，这一时期为逃离蒙古的高压而渡海前往日本列岛的人增多了，其中有包括兰溪道隆和兀庵普宁等僧侣在内的各种文化和技术人才。北条氏消灭了三浦氏后，控制着太平洋沿岸、濑户内海、九州及北陆的海上交通，并于1264年（文永元年）把唐船的派遣也纳入其管理范围。北条氏欢迎来自大陆上的人，并分别赐予相应的地位，例如，任命道隆和普宁为建长寺的住持。这一时期大量传入的物品、文化及信息为列岛各地的人们接受。前述

---

① 窝阔台汗在位期间，蒙古发动第二次西征。有日本蒙古史研究者认为，当时神圣罗马帝国皇帝与教皇矛盾重重，西欧封建领主未能组成联军与蒙古军作战，除了局部的小规模接触，未与蒙古军发生大规模冲突。

第八章　东西王权的并存与纠葛

日莲预言他国入侵可能也是由于获得了这类信息。

大陆上的变动也给日本列岛带来了巨大影响。受从九州传入的文化产物刺激,从12世纪前后开始,以冲绳本岛为中心,包括奄美和先岛等在内的地区在俯瞰海的地方建造了称为"城"的设施,开始出现按司、太阳(Teda)和"世之主"等首领。进入13世纪后,这里传入了中国的青瓷和白瓷。在中国大陆、日本九州和本州等的影响下,当地人真正开始种植谷物,古琉球文化诞生,出土了铁器、中国陶瓷器、九州的须惠器和石锅等。一般认为,以这种文化为背景,14世纪初冲绳诸岛出现了三股由实力强大的按司率领的政治势力,分别是北山、中山和南山。这一时期的冲绳诸岛逐渐开始形成不同于"日本国"的国家。

与南岛的这一动向相对,北条氏得宗掌控了以萨摩的要港坊津以及喜界岛、奄美大岛、永良部岛和德之岛等被称为口五岛和七岛的岛屿的地头职,并任命海洋性较强的被官——尾张的千灶氏为代官①,控制南面边境。当时得宗的被官、北方的海领主安藤氏所控制的北方边界,即东北北部和北海道南部也受到中国大陆的影响。为了交易而从库页岛进入黑龙江流域的阿伊努与蒙古发生了摩擦,蒙

---

① 中世指代正官处理实务的人,守护代为守护的代官,目代为知行主的代官。

日本社会的历史

古军于1264年攻入库页岛。不过,两事之间是否存在直接的因果关系有待商榷。1268年(文永五年),安藤氏的中心人物被"虾夷"杀害,据推测该"虾夷"是阿伊努人。这一信息又为日莲所获取。亚洲大陆掀起的巨浪就这样拍打着列岛社会,并开始给列岛带来巨大的冲击。

忽必烈招谕日本与关东的应对

这一时期,蒙古可汗、后来的元世祖忽必烈迫使打倒武人政权的高丽国王元宗降服,使高丽成为其朝贡国。1266年,忽必烈要求高丽派遣使者,意在招谕日本。高丽一度以"风涛险阻"为由推辞,但最终在忽必烈的强大压力下派出了使者。高丽使者于1268年到达大宰府。

蒙古国书到达列岛之时,列岛的东西王权正处于动荡不安之中。关东的幕府方面,14岁便继其父时赖之后成为得宗的时宗建立了以宿老北条政村为执权、自己为连署,由金泽实时和安达泰盛支撑的体制。该政权中存在北条氏嫡系与北条氏的同族——颇具实力的名越氏之间的对立,以及得宗御内人的中心人物平赖纲与御家人中最有实力的安达泰盛(时宗的岳父①)之间的对立,时局相当不稳定。1266年(文永三年),将军宗尊亲王突然被废并被

---

① 北条时宗的正室觉山尼在生父(安达义景)死后成为异母兄安达泰盛之犹子。

第八章 东西王权的并存与纠葛

送回京都,其子——3岁的惟康王被迎请到镰仓。该事件的根源便是幕府内部的对立。

以将军换代为契机,幕府于1267年(文永四年)发布德政令,禁止御家人所领变动,禁止御家人把所领交给非御家人、凡下①,以此平抑御家人的动摇。当时寺门与山门严重对立,以致京都的王朝也在山门大众的嗷诉中动摇不定。

1268年,关东收到九州紧急送来的国书后,将之送往王朝。王朝决定顺从关东的意向置之不理、不予回复,同时还令寺院神社举行降伏异国的祈祷。关东也命令山阳道、山阴道、西海道和南海道诸国(四国、九州和中国地区)的守护加强警备。而且关东还采取了新的体制,以得宗时宗为执权,政村退至连署辅佐时宗,以应对这一危机。

这一时期,宗教家也正走向各不相同的方向。叡尊顺应王朝的要求,开始热心地在四天王寺祈祷异国退却;日莲则因自己的预言应验而严厉批判深受北条氏一门信赖的镰仓极乐寺的律僧忍性、宋朝禅僧兰溪道隆以及念佛宗、真言宗。

忽必烈因国书被弃置不顾而于翌年即1269年再次以高丽为先导,派遣了两次使者。对此,王朝曾准备回复,但关东坚持拒绝通交。

---

① 在镰仓幕府法中,凡下指御家人以外的服务于幕府的差役、农民、商人和职人等庶民。

日本社会的历史

三别抄的抵抗和最早的德政令

面对蒙古人施加的压力和国王元宗对蒙古帝国的臣服，高丽武人的反抗情绪高涨，忽必烈于是以武力干预高丽。元宗意欲顺势把都城从江华岛迁回开京，对此，被称为三别抄的武人组织发动了叛乱。三别抄组织海民，以朝鲜半岛南岸的多岛海的珍岛和耽罗（济州岛）等地为据点，从1270年开始采取坚决抵抗蒙古人的姿态。

三别抄似乎对列岛社会抱有亲近感，于1271年（文永八年）向王朝派遣使者，请求援助其对抗蒙古人。王朝未能理解其意，而关东也不做回应，结果使者空手而归。

同一年，蒙古人的使者赵良弼率百人左右到达九州北部的今津，要求亲手将国书交给王朝和关东，关东保持置之不理的态度。面对日趋紧急的事态，为加强九州防务以备"蒙古人"来袭，关东下令要求在九州拥有所领的东国御家人本人或其代官前往当地。以此为契机，东国人开始真正移住西国。此外，关东的幕府还下令要求这些东国御家人压制恶党，彻底镇压反抗幕府之人，开始全力应对外敌。日莲当时差点儿在龙口被处刑，后来被流放到佐渡，经历此次迫害后，日莲进一步表明了其作为战斗的思想家的不屈姿态。

幕府进而以镇西奉行少式资赖（觉惠）和大友赖泰

二人为负责人，实施九州北部的沿岸警备、异国警固番役，并于1272年（文永九年）2月下决心消灭了政权内部最大的反对派——名越氏一族（二月骚动）。但是，安达泰盛认为在得宗御内人的主导下讨伐名越氏是错误的，并对实际执行的御内人处以刑罚。泰盛进而掌握了因名越氏的灭亡而空缺的九州和中国地区诸国守护的人事，整顿异国警备体制。御内人与安达泰盛的对立在此越发严重起来。

在内部存在矛盾的情况下，幕府于这一年下令诸国制作大田文，调查可动员到即将到来的战争中的军事力量及经济基础。在调查的过程中，幕府了解到所领的变动出乎意料地多，许多御家人失去了所领，便果断地于1273年（文永十年）发布了《御家人所领回复令》，即允许无偿恢复御家人抵押的所领的德政令，以求强化军事力量。

此前一年，长年以"治天之君"的身份主导西王权即王朝的后嵯峨去世，继承其后的龟山天皇亲政下的王朝也与关东呼应，发布了新制。东西王权相互呼应的德政令使社会充满异常紧张的气氛。

第一次日元战争"文永之役"和幕府对西国统治的延伸

1272年，坚持顽强抵抗的三别抄的最后根据地耽罗

日本社会的历史

（济州岛）被蒙古军即元军（蒙古于1271年改国号为元）攻占。忽必烈彻底消灭了高丽的反蒙古势力后，不顾赵良弼的远征无意义的谏言，于1274年（文永十一年）强行要求高丽造船900艘，乘载2万元军和逾万高丽军，向日本进发。元-高丽联军首先攻打了对马和壹岐，袭击九州西北部的松浦郡诸岛，并于10月20日在九州北部的海岸登陆，与迎击的九州武士展开激战。元军操使用火药的枪炮，用铜锣和大鼓指挥步兵集团进退。日本武士对这些战术一无所知，因而极为被动，一度退入大宰府。

但元军并未停留在已占领的博多，翌日便举军退回了高丽。一般认为退兵的原因在于猛烈的暴风雨及蒙古大将与高丽大将的矛盾，但真正的原因尚不十分明了。虽说元军此次来袭造成的损失并不大，但以受到正面攻击的对马和壹岐为首，从九州北部到京都的西国的人们都受到了巨大的冲击。

当然，幕府的反应也相当激烈：首先迫使王朝同意在与异国作战期间，除作为将军家臣的地头和御家人之外，幕府还有权动员所有武士身份之人，寺院、神社和贵族——本所支配下的非御家人也不例外；其次，1275年（文永十二年、建治元年），幕府又撤除了妨碍兵员、兵粮运输的西国关卡，从王朝手中夺取了西国交通的支配

第八章 东西王权的并存与纠葛

权。至此，东王权在实力上明显胜过了西王权。

在此基础上，幕府加强对九州北部的警备、异国警固番役的组织，将其范围扩大到长门，以求强化警备体制，同时，决定对异国——高丽派遣军队，发动"高丽征伐"。幕府于这一年将到达长门的元使杜世忠斩首，这使元军再袭成了不可避免之事。幕府一方面要求诸国令各自管下的寺社举行降伏异国的祈祷；另一方面，免除御家人的最大军役即京都大番役，准备与元朝作战。

1276年（建治二年），幕府令九州、长门和周防的御家人负责在九州北部到长门沿岸修筑被称为"石筑地"的防垒，以备元军来袭。有迹象表明，幕府在同一时期对北陆诸国的御家人也下达了警备沿岸的命令，那些御家人大概在越前的敦贺负责防备异国，这是为防备元军从北方越过日本海来袭而采取的措施。

这一时期幕府面临着是积极进攻还是加强防御的选择。当时幕府内部平赖纲与安达泰盛对立，接连发生了泰盛之弟和连署北条义政等要人突然出家的异常事件。幕府因而放弃了外征，转而加强防备。

1273年，忽必烈再次出兵库页岛，元朝大军还跨过长江攻入了南宋的领域，并于1279年灭亡南宋，元朝一统天下。成了元朝皇帝的忽必烈（庙号为世祖）为远征日本再次命令高丽造船，真正开始了第二次远征的准备。

与此同时，忽必烈向日本派遣最后的使者。关东依旧在博多斩杀了元使，并进一步强化警戒体制。

第二次日元战争"弘安之役"："神国"意识的产生

这一时期的王朝，后嵯峨死后，其子后深草和龟山两兄弟之间的对立加深。龟山立亲生儿子后宇多为天皇，实行院政；后深草则要求关东让其子——已被立为皇太子的熙仁（伏见）即位。二者的分裂逐渐发展为天皇家的大分裂。

当时，幕府内部的紧张氛围也波及宗教界。律宗的叡尊、忍性及流亡的宋朝禅僧无学祖元与得宗和御内人关系密切。以日莲为首的法华宗信徒则因始终不肯舍弃对《法华经》的信仰，而受到得宗及御内人的严厉压制。可以说，对日莲的压制与对恶党的镇压如出一辙，这反而使得到恶党支持的一遍周游各地，致力于布教（时宗[①]）。

1281年（弘安四年），以原来的南宋人为主体的江南军10万人和蒙古人、高丽人的东路军4万人组成的第二

[①] 时宗是净土教的一个派别，镰仓中期由一遍上人开创。时宗以《阿弥陀经》为根本经典，以经中的"临命终时"一词为宗派之名，即"临命终时宗"，提倡把日常的每一瞬间当作临终之时对待，不懈念佛。又因一遍周游诸国，教化众人，时宗又称游行宗。

第八章 东西王权的并存与纠葛

次远征日本的大军出发。东路军于 5 月袭击对马和壹岐，也对九州北部的志贺岛和长门发起了进攻。但是，预定会合的江南军姗姗来迟，在一个多月后的 7 月才到达平户、五岛，与东路军会合准备展开全面攻击。不料从 7 月 30 日当天到次日，特大台风袭击九州，这使元军的大船队遭到致命打击。九州的武士趁机发起猛烈攻击，元军失去四分之三的船只和士兵，退至高丽。第二次日元战争以走运的日本的"胜利"告终。

幕府在为这场战争做准备时，迫使王朝正式同意幕府强征九州和山阴诸国的年贡及富裕之人的谷物以充兵粮米，让负责诸国神社警备的神官、神人也加入抵抗异国的战争。通过两次与元朝的战争，九州自不待言，东国的王权即关东的统治权扩张到了整个日本西部，西王权即王朝的基础一举变小。

称得上奇迹的暴风雨使元军败退，大寺社视之为祈祷的效果，强调其为"神风"，强烈要求王朝和幕府对祈祷加以恩赏。这一时期，神明护佑"神国日本"的观点开始广泛流传。值得注意的是，与此同时，主张以关东的王权为中心举"日本国"全国之力，依靠《法华经》之力抵御外敌的日莲及其信徒遭到严厉镇压。"日本国"的意识确实通过日元战争更加深入地渗透到了列岛社会。在此，由寺社主导的观点占据了优势，他们意欲从带有强烈巫术色彩的神佛力量中发现自身的利益。

可以说，这场战争使西国人直到20世纪仍对"蒙古、高丽"心存恐惧，但对东国人而言，这场战争只是遥远世界的事情。不过，战争之后的1284~1286年，元军先后三次征伐库页岛。我们有足够的理由相信这多少给北海道和东北的人们带来了一定影响。而且，忽必烈并未放弃远征日本的想法，第三次远征军计划从1283年到次年整顿体制后进攻日本列岛。不过，由于1284年中国南部的广东和福建发生农民起义，并且扩大到越南，远征被迫中止。

大陆的相关动态也传到了列岛，1283年（弘安六年）末，幕府对全国的寺社发出异国降伏祈祷令，全面推进由安达泰盛主导的以强化新体制为目标的改革。

弘安的德政和"霜月骚动"

正当此时，时宗于1284年（弘安七年）4月猝死。大概是在泰盛与赖纲对立的情况下，为日元战争奔劳造成了时宗的英年早逝。泰盛立时宗之子——14岁的贞时为执权，为实现自己构想的改革开始行动。至翌年1285年（弘安八年），其改革步步推进。首先以"公方"这一称号称呼将军，区别于北条氏的"御内"，力求巩固各自的经济基础，即"公方"的"关东御领"和"御内"的

第八章 东西王权的并存与纠葛

"御内御领";兴建、修葺诸国的一宫[①]和国分寺,充实所领;要求诸国提交大田文。其次,还加强对流通的管理,禁止河川、港口等关卡收费,禁止集市中的非法买卖,东国王权的统治权在这一方面也延伸到了西国。

最后,为保障直接抵抗蒙古人来袭的九州御家人的地位,泰盛采取了各种各样的措施,同时还发布了《御家人所领无偿回复令》(德政令),试图通过引付充实强化裁判制度,有力地推进保障御家人地位的改革。

同一时期,王朝也发布了包括所领回复令、杀生禁止令在内的新制。这场改革整体上可谓东西王权推进的"弘安德政",是东西两个"国家"为强化统治权而施行的政策。

为了推行改革,泰盛向诸国派遣"四方发遣人",负责战后的恩赏及其他问题,特别是向九州派出了奉行,与当地守护组成处理诉讼事务的合议机关等,稳步推进改革。但是,这一年的 11 月,泰盛遭到以平赖纲为中心的御内人的突袭,激战之后泰盛一族被灭,包括为配合泰盛而在九州举兵的少式景资在内,诸国中众多支持泰盛的御

[①] 与镇守中央王城的二十二社相对的设于各国的镇守神,原则上一国设一社,是该国中地位最高、最受崇信的神社,也有些国只有一宫,有些国有一宫、二宫、三宫。后来也出现了在郡、庄和乡等小单位设置一宫、二宫的情况。

家人被诛杀。这场斗争被称为"霜月骚动"（弘安合战），经过此战，内管领平赖纲所率领的得宗御内人打倒了御家人最后的依靠安达泰盛，确立了其在关东的霸权，拉开了得宗专制的序幕。此后，得宗专制下的关东（东王权）压倒不断走向大分裂的王朝，开始有力地统治"日本国"全境，其背景则是日本社会深层发生了大转变。

第三节　13世纪后半期到14世纪前半期的社会

读写算和信用经济的发达

进入 13 世纪后半期，文字更加显著地在社会之中普及。武士自不待言，就连平民百姓也开始书写平假名（作为读写文字发展而来的文字）与汉字交错的文书，同一层次的女性也用平假名写书信。在文字的普及和渗透过程中发挥了重大作用的是置身于百姓之中的僧侣。据推测，这一时期"往来物"① 也开始普及了。从若狭国太良庄的百姓已经知道日本 66 国的国名这一事实可知，多样

---

① 平安末期到明治初期出现的初级读写教材。"往来"指书信的往返，往来物最初为由实际使用的书信加工、编辑而成的书信样例，后来许多往来物仅列出词语和常用句型，内容也扩大到训诫、实学等方面。江户时代，往来物的种类增多，主要作为寺子屋的教材普及到庶民之中。

第八章 东西王权的并存与纠葛

的知识已经在社会中扎根。

同一时期,从大陆流入列岛社会的大量宋钱真正开始流通。平民百姓的生活也与钱币密切相关,他们开始掌握相应的计算能力。而且,到了这一时期,庄园、公领的平民百姓运用这些文字、数字以及各种知识,以"总百姓"之名承包年贡、公事,将年贡和公事的实物依据和市(行情)在集市上卖出,将所得的钱缴纳给统治者。同时,以作物歉收、天灾造成损失为由,由名主及其他主要百姓或者由全体成员联名上书向统治者要求减免年贡或罢免不法代官的活动也增多了。

到了这一时期,主要的百姓中出现了世代都以相同的假名为名的倾向,如新次郎、又四郎等,由此可以推测,平民百姓之中也形成了与家产相关的"家",作为由这种家构成的集团,庄园和公领的诸单位中逐渐形成了固定的村落。

面对社会中出现的这种动向,庄园和公领的统治者——寺社本所、领家和地头为了平息由各种损失及年贡未缴纳等造成的纷争,确保各自"得分"的稳定,采取了"下地分割"[1]的措施,逐渐形成各自一元支配与其得

---

[1] 中世的庄园和公领中,与得分、所当(年贡、公事)相对,下地指土地本身。下地分割,指为解决本所与地头之间围绕庄园的年贡、公事等的纷争,将土地加以分割。

日本社会的历史

分相应的田地的做法。而且，一般以"借上"和商人为代官，把年贡、公事的征收完全委托给他们。"借上"作为金融业者，惯于商业交易和钱币的处理，商人则以交易为业，他们具有承包"一元领"的年贡和公事负担的财力和经营能力。

延历寺的山僧、日吉神人和熊野三山的山卧等僧侣和神人多从事此类业务。这些人在承包庄园和公领的业务的同时，把作为神物和佛物的初穗物、上分钱等作为资本贷放给预所和地头等统治者或平民百姓，收取利息，进一步富裕起来。当时把这种致富方式称为"有德"，把富裕之人称为"有德人"。

此外，这些金融业者并非以神物、佛物的名目而以每月五六分的利息将钱贷出时，把田地和物品作为抵押，甚至拥有了保管这些抵押物品的仓库——土仓[①]。以京都、镰仓和博多为首，在各地的津、泊和宿，土仓林立。这些场所有包括酒屋在内的各种工商民和游女等的店铺，也有从事回船、交易等的人作为立足之所建立的名为"问丸"的仓库，各地城市簇生。而且以这些城市中的金融业者和商人的经常性交易为前提形成了网络，汇票和十贯文面值

[①] 镰仓后期到室町时代的金融业者将抵押物品存于土仓之中，土仓于是成为这些金融业者的代称。这些金融业者多为下级僧侣，后来俗人也增多了。

第八章　东西王权的并存与纠葛

的支票开始流通，稳定的信用经济发展起来。实际上，这一时期，承包年贡、公事的代官把收取的米、麦、荞麦乃至绢、纸、铁和盐等各种物品在行情较好时卖出换钱，不是换成现金，而是取得规定了"夫赁"（运费、手续费）的支票，将之送到京都和镰仓。

海陆交通、交易的盛况和城市的繁荣

当然，这些金融业者、商人和职人[①]的活跃及信用经济发展的背景是各行各业的发展、河海交通的显著发达及回船的活跃。特别是从宇治川和淀川（依靠马借、车借等陆上交通与京都相连）到濑户内海、九州北部是最繁忙的海路之一。上下贺茂的供祭人、石清水八幡宫的神人和熊野神人也从事回船业，受北条氏保护的西大寺系统的律僧也深入参与海上交通，设关劝进，促进与港湾和河川交通相关的土木工程及寺院的建造。兵库、福泊、牛窗、尾道、灶户、赤间、门司、博多、今津和神崎等海边的津、泊形成了繁荣的港町，内陆地区也形成了城市，如高梁川沿岸的新见集市。

从日本海到琵琶湖的海上、湖上交通也相当活跃，除了北陆道的日吉神人、上下贺茂的供祭人、山阴道的石清

---

① 中世泛指所有拥有技能的人，也称为"诸道之辈"，中世后期以来使用范围逐渐缩小到仅指手工业者。

日本社会的历史

水八幡宫神人等神人之外，还有被称为"关东御免津轻船"的二十艘日本海沿岸要津的大船（北条氏授予它们免除关费的特权），在直至津轻一带的海域从事交易。不仅如此，日本海上装着盐、海产品和农产品的各津各浦的大小船只往来也很频繁。这些活动与当时作为交易民活跃于库页岛、黑龙江流域乃至东北亚其他地区的阿伊努人的活动也有一定关系。就这样，在琵琶湖的大津、坚田、船木，日本海沿岸的小浜、敦贺、三国凑、轮岛和十三凑等要津形成了许多港町，非常繁荣。

太平洋沿岸的海上交通也非常繁盛，熊野神人、伊势神人和藏人所供御人等的活动非常活跃，这些人以纪伊半岛为据点，东由伊豆、三浦及房总半岛经霞浦到东北地区，西由土佐到九州南部，活跃地开展海上活动。例如，14世纪初，志摩国阿久志岛的商人领主令其弟住于志摩国江尻，把该地作为出差之所，与坂东进行数额高达数千贯钱的大宗交易。该海域进行着大规模的交易活动，从泊（鸟羽）、大凑、安浓津、桑名到武藏的六浦、品川和神奈川，太平洋沿岸地区也诞生了许多港町，非常繁荣。此外，盐崎和泰地等地的熊野神人也活动于濑户内海，其活动场所还扩展到土佐和萨摩，坊津成为与南岛交易的据点。而且，冲绳诸岛也开始通过贸易与中国大陆南部、东南亚联系起来。

第八章　东西王权的并存与纠葛

土木工程和国际贸易：活跃的劝进上人

列岛内的海上交通在各个方向上与通往东北亚大陆、中国大陆、朝鲜半岛和东南亚的海路连接在一起，实现了经常性的交流。这一时期从事这些贸易的主要是律僧和禅僧。

律僧、禅僧切断了自身与包括寺院在内的俗世的"缘"，作为所谓的"无缘"的上人或作为"圣"的遁世僧，成为劝进上人，通过劝进积累资本，大量承包寺院的修造、桥梁的架设和港湾的建设等土木工程。"劝进"古时被称为"知识"，是指圣、上人以神佛之名，周游各地接受布施的行为。这一时期的禅僧、律僧的劝进则是在东西王权即将军和天皇的许可下，在津、泊等海上交通要地以及宿之类的陆路的要冲设置关所，以初穗奉献的名目向入港、经过的船只和人员征收"津料""目钱""置石""上分"等各种形式的关费、关钱。此外，也有通过守护向国内所有百姓房屋征收栋别钱的劝进方式。征收的标准一般为每栋 10 文。这些是倚仗统治者的权力进行有组织的劝进。像这样以神物、佛物的名目募集而来的资金属于社会资本，禅僧和律僧将之用于组织动员铁匠、木匠、铸工、石匠以及与土木工程相关的非人等职能民集团，兴建前述大型土木工程。

日本社会的历史

不仅如此，从13世纪后半期到14世纪，劝进上人依靠工匠和职能民集团的力量，建造了中国式的构造船——远洋渡航船（唐船），取得北条氏的援助，将砂金、水银、刀剑和纺织品等各种物产装上船，渡海前往中国大陆进行贸易，而后载回大量的铜钱和陶瓷器等，每每以此获得高额资金，作为大规模事业的资本。可以说，律僧和禅僧等劝进上人在一定意义上又带有富有冒险精神的大贸易商的性质。

据现存记录可知，14世纪上半期律僧作为劝进上人前往中国大陆时乘坐的唐船中，有金泽六浦的称名寺造营料唐船、造胜长寿院并建长寺唐船、关东大佛造营料唐船等。1323年（元亨三年）沉没于朝鲜半岛西南的新安冲的唐船，近年被发掘、打捞出来，可以说，这艘船担负着为东福寺筹备营造费用的使命，与博多的承天寺也有一定关系。船上除劝进圣和纲司（船的责任人）以及日本列岛出身的船员外，还有来自中国大陆和朝鲜半岛的人；除大量青瓷和白瓷外，船底还装载着重达28吨的宋元钱。当时这类船舶及未记录的贸易船频繁往返，在开展贸易的同时，推动了各式各样的文化产物和人的交流。列岛各地考古发掘出的大量青瓷、白瓷和宋元钱很好地反映了当时的情况。

中国大陆的各种技术、艺能及载于典籍的学问和思想

第八章 东西王权的并存与纠葛

传入列岛，从事这些活动的禅僧、律僧既是懂汉语的国际人，又带有商业资本家、企业家的一面。虽然原本规定资本只有作为神物、佛物时才可以运用，但是货币的流通、贸易的发达等无疑使整个社会朝着文明迈出了巨大的一步。另外，已知当时"唐人"商人带着头梳、草药和糖果等周游列岛各地进行交易，由此可见，来自亚洲大陆的各色人等进入了日本列岛的各处，特别是各地的城市。

女性职能民和"污秽"意识

值得注意的是，在金融、商业领域，女性的活动非常突出。女性在这个时代从事养蚕，生产丝、棉布和绢，用苎麻织布，等等，也亲自到集市上进行买卖。在售卖窄袖便服和棉布等纺织品的商人中，广泛可见祇园社的绵座神人那样有正式的神人和供御人称号的女性。此外，售卖生鱼和贝类、精进物（蔬菜）、柴炭等的商人也和六角町供御人①、桂女②、精进供御人、大原女③等一样，都是女性。这一时期，女性对钱币及其他动产拥有独自的权利，

---

① 镰仓室町时代，以京都六角町为据点从事鱼类、鸟类买卖的御厨子所供御人。
② 居住在京都西郊的桂里，平安后期开始向朝廷进贡桂川的鲇鱼，被称为桂供御人，属于鹈饲集团。室町时代，鹈饲衰退，桂女成为传承独特风俗的巫女，她们头披独特的白布出入人家，为人祈福或祈祷战争的胜利，同时也是游女。
③ 将薪炭等顶于头顶、在京都街上行商的山城国大原的女性。

进而成为借上、土仓，不少女性以钱为资本富裕起来。一般认为其背景在于女性是家中"涂笼"①、"纳户"②的管理者。而且，当时城市的房主中女性非常多。

例如，14世纪初志摩国泊浦（鸟羽）的江向，242栋房的房主中约有45%是女性。这一时期的女性除房屋外，还拥有田地的财产权。除商业和金融活动外，到14世纪为止，各地都可见正式成为庄官和平民百姓名田之名主的女性。游女、白拍子和傀儡师等女性艺能民的社会地位绝不算低，宫廷的女房也如撰写了《不问语》的二条那样，并没有失去用自己的眼睛观察男性的世界并将之描写成文学作品的独立立场。

虽说如此，正式的带有公的性质的男权体制仍旧维系着，除了城市的房屋这一例外，通常女性尽管实际上拥有土地财产权，但几乎都不出现在庄园、公领的官方土地登记册上。

不仅如此，这一时期开始把性视作污秽，部分地区把女性视作污秽加以鄙视的气氛也浓郁起来。人们强烈地抨击一遍对男女时众不加区别，允许女性跟从自己云游，从这也可窥见这种气氛的存在。进入14世纪后，对游女和傀儡师的歧视凸显出来，京都中游女屋密集的地方被称为

---

① 将正房的一部分以较厚的墙壁隔成的房间，一般用作寝室、纳户。
② 放置衣物、日用品等的房间。

第八章　东西王权的并存与纠葛

"地狱辻子"。

此外，与蒙古人作战期间，为了开展军事动员，对御家人等武士级别的人让女性继承所领（如一期分①）加以限制，14世纪成为平民百姓名之名主的女性迅速减少。如前所述，虽然女性仍旧保持着对动产的权利，但至少从对田地的权利来看，女性的社会地位下降是不容否认的事实。

"恶"及其救度

随着文明的发展，社会对过去被视为可怕之事的"秽"的处理也发生了巨大的变化。视"秽"为污秽而忌避的气氛浓郁起来。从事送葬的非人、作为刑吏负责破坏住宅的犬神人、任囚守之役职并作为刑吏执行斩首的放免，以及处理死牛死马的皮革的河原细工丸等人群，依旧有神人、寄人的称呼，作为与天皇、神佛相关的负责除秽的职能民令人畏惧。但是，到了13世纪，在对一遍等新宗教发起猛烈抨击的《天狗草纸》中第一次出现了以"秽多"一词指代河原细工丸的例子。就这样，贵族和寺院中鄙视以清洁污秽为业的职能民的态度也明显起来。这种态度很快便扩及马借、车借以及周游的艺能民、宗教

---

① 中世所领继承、所有的一种形式，多为女子继承的形式。仅限当事人一代，其死后则将所领返还总领或其他既定的人。

日本社会的历史

民。这一现象在神人、供御人制所及的日本西部日趋显著，而建立了战士、武人政权的日本东部对杀生、污秽的感觉稍有不同。除镰仓外，至今尚不清楚日本东部对非人、河原细工丸是否有鄙视倾向。

不过，可以肯定的是，从整体上看，人们对神佛的敬畏、对巫力的恐惧淡薄了。因对神佛的畏惧而受到限制的对财富的欲望也随之表露出来，因贪求利润而收取过高的利息，因沉迷于赌博、酒和游女而嗜杀无忌之类的行为突出起来。如前所述，针对这类人难以制御的莫名其妙的力量，作为污秽及"恶""恶人"加以排除、压制的倾向，在强调"德政"的农本主义的政治路线的支持者中变得尤其明显。对此，无论是亲鸾真宗——倡导救度恶人；还是一遍时宗——主张无论善恶，无论净秽，不论男女，只要信奉阿弥陀的誓愿，接受一遍分给的护身符就可得救；或是日莲的法华宗——称自己为旃陀罗（贱民）之子，不辞以身入"恶党"，全都主张正面对待"恶"，救度恶人。

此外，以奈良的西大寺、镰仓的极乐寺等为活动中心的律宗僧侣也在承认"恶"是"恶"的同时，努力以各种手段救度非人，还为女性建造尼寺，为在此之前不能正式受戒的女性打开了获救之道。禅宗的一部分人也同样从事救度非人的活动。被称为镰仓佛教的这些宗教一致以救

第八章 东西王权的并存与纠葛

度"恶人"为自己的课题,为了将传教范围扩大到新发展起来的工商业者、金融业者聚集的津、泊和宿等城市或城市性场所,相互开展了激烈的竞争。到处都有各教派间的竞争,日莲对禅律、净土和真言各宗发起猛烈的抨击,便是其中的表现之一。

面对新型佛教的动向,大寺院一方面严加压制,另一方面,也试图将律宗及其他教派纳入大寺院的组织。这些围绕污秽、恶的问题形成的思想上的紧张对立与政治动向相结合,开始剧烈动摇整个社会。此外,以蒙古来袭为契机,以伊势神宫外宫的度会氏[①]为中心的一些人吸收真言密教及其他因素,试图将神祇思想加以体系化,他们把《神道五部书》作为根本经典。

第四节 东国"国家"的崩溃

赖纲的政权和西国统治

在应对开始发生巨大转变的社会动向时,统治阶层内部不可避免地出现了两条政治路线,即可称为"德政"的政治路线和重商主义政治路线。"德政"以过去的安达

[①] 世代侍奉伊势神宫外宫的家系,与侍奉伊势神宫内宫的荒木氏并称。

泰盛所代表的农本主义为基调，对越来越活跃的货币流通及工商业者、金融业者和回船人等的活动加以限制，施行沽酒禁制，为了确保集市的稳定而抑制集市税的征收；同时，压制恶党，要求庄园、公领的地头以抚民的姿态对待百姓；此外，还致力于公正裁决诉讼。与此相对，以内管领平赖纲为首的得宗御内人积极推行所谓的重商主义政治路线。他们积极地联合借上、商人和回船人等，控制包括西国在内的诸国的津泊，强化对海上交通的控制，援助禅僧、律僧，推进与中国大陆的贸易。

这两条路线的对立导致了东国"国家"内部错综复杂且深刻的政治对立，并最终引发了霜月骚动。其后，拥护年幼的得宗北条贞时的平赖纲政权在部分地继承安达泰盛的政策的同时，坚持重商主义的政治路线，逐渐开始露骨地表现出专制姿态。

1286年（弘安九年），为处理九州御家人的诉讼，赖纲新设立了镇西谈议所，取代泰盛设立的处理九州地区诉讼的合议机关。虽然谈议所中也有当地有实力的守护少式氏和大友氏等，但是也安排了对得宗唯命是从的人，这使该机构成了得宗控制镇西的一大据点。而且，赖纲政权为强化自身对全国统治权的掌控，以防备异国为由，进一步强化了对"寺社本所一元地"——王朝统治下的庄园、公领的控制。

第八章　东西王权的并存与纠葛

同年，赖纲政权落实了众武士最为期待的第二次日元战争（弘安之役）的恩赏地的分配，还进行了"弘安合战"（霜月骚动）的勋功赏的分配。通过恩赏，众多北条氏之人取代霜月骚动中支持泰盛的"谋反人"，担任包括守护在内的各种职位。特别是守护之职掌控着一国的津泊，北条氏一族通过出任诸国的守护之职，进一步强化了对海上交通的控制。

赖纲政权对蒙古人的防备绝不是毫无根据的，元世祖依旧抱有征服日本的念头，而且重新准备的第三次远征军确已预定于1286年出发。不过，由于占城、交趾反抗元朝统治，并击败了元军，元朝难以腾出军队征服日本，因而中止了该计划。

据推测赖纲政权也得知了该消息。作为第二次日元战争的恩赏地分配给御家人的，是面朝有明海的交通要冲肥前国神崎庄、九州北部的海上交通要地筑前国的怡土庄及长渊庄等。赖纲政权大约花了三年的时间，把这些庄园中的田地划分成小块分配给了非常多的九州御家人。可以认为，赖纲政权通过把御家人的所领集中安排在交通要冲之地，建成了用于应对预想中的第三次日元战争的水军基地。

天皇家的分裂和得宗专制

赖纲政权强化对包括九州在内的西国的统治，这自然增强了关东对京都王朝的干涉。这一时期，龟山上皇在京都以"治天之君"的身份，积极地以"德政""抚民"为旗帜实行院政。龟山充实院的评定制，在称为"杂诉"的诉讼的裁决方面，采用幕府的引付裁判制度等。这些动向强烈地刺激了东国"国家"的赖纲。1287年（弘安十年），幕府突然以龟山对幕府怀有异心为由，强行要求天皇和"治天之君"换代。结果，后深草取代龟山成为"治天之君"，后深草之子伏见即天皇位，伏见之子胤仁成为皇太子，实现了持明院统的王朝统治。可以说，至此天皇家分裂为大觉寺和持明院两统的趋势已无法扭转。

1290年（正应三年），发生了浅原为赖图谋杀害伏见天皇的事件，虽然未遂，但龟山被怀疑为幕后主谋，其处境进一步恶化。

赖纲政权随心所欲地操纵着京都的王朝，强化自身的专制统治。该政权下，诉讼及裁判被延滞，人们对赖纲的不满伴随着对过去的泰盛时代日益强烈的追慕。1292年（正应五年），元朝再次行动，元世祖派遣高丽使者向日本递送国书。这是意欲对日本发动第三次进攻的世祖夙愿的表现。1293年（正应六年），幕府在要求寺社举行异国降伏祈祷的同时，任命北条氏一族的重要人物——时宗之侄兼时和名越公时之子时家为"异国讨手大将军"，把他们派往九州统领镇西的军务。可以认为后来的"镇西探题"就是由此而来的。时家到达九州之前，镰仓于4月发生骚动，在得宗贞时的指示下，赖纲及其全族被诛戮，赖纲的独裁画上了终止符。时年23岁的青年得宗贞时此后完全掌握了政局的主导权，进一步有力地推进专制统治。

强化独裁体制的得宗贞时竭力迅速解决延滞的诉讼，废止此前由引付合议裁决的方式，设置执奏①，牢牢地掌握了最终判决权，而且一段时间内不允许对判决越诉。贞时还于1294年（永仁二年）终止了招致许多诉讼的霜月骚动（弘安合战）的恩赏、处罚。他把所有的权力掌握在自己手中，力求及时裁决诉讼。

对诉讼的延滞抱有不满的人一时视由贞时独裁实现的及时裁决为"德政"，但没过多久御家人便开始强烈反抗这种专制。贞时不得不早早地于同年恢复越诉和引付，但依旧把重要事项的裁断权握于自己手中。

永仁的德政令

1297年（永仁五年），镰仓的天空上出现了巨大的彗星。贞时以此为契机发布了所谓的"永仁德政令"。其内

---

① 转奏、上奏之意，在此指负责转奏、上奏的人。为强化独裁体制，北条贞时于1293年设置了7名执奏。执奏的权限无法与引付头人相提并论，他们仅有权就诉讼判决提交必要的参考资料、陈述意见。

日本社会的历史

容包括无偿归还御家人已售所领，不处理讨债的诉讼也不允许越诉，等等。该德政令清楚地反映出贞时既要维持自己的独裁又想保障御家人利益的矛盾。该德政令原本意在恢复御家人的所领，结果除御家人外，对广大的社会也产生了相当大的影响。不仅御家人的东西回到御家人手中，神佛的东西也回到神佛手中，甚至发展到各地之人要求所有易主之物都回归原主的程度。

伴随重大天灾、天变或王的更替而发生此类事情，这在人类社会中广泛可见。就这一时期的列岛社会而言，货币流通深入地渗透到社会中，商业和金融迅速发展，人的移动、物的流通也随之日益活跃，特别是土地开始迅速更换主人。全社会都对此怀有抵触的情绪，而该德政令正是这种抵触情绪的表现，可以说它是以农本主义为理想的。

针对超出自己原意的巨大反响，贞时于翌年决定重新恢复越诉，并且受理讨债的诉讼，废除了前述法令的一部分，但并未放弃德政令的基本精神，即使所领彻底回归原主的宗旨。这在此后很长的一段时间里继续影响着社会，与之相关的诉讼不断。

此外，这一时期用换算成钱的贯高来表示地头、御家人从所领获得的得分，并对其课役。这种做法也是以货币在社会上广泛流通、前述用钱缴纳年贡和公事的做法普遍化的情况为背景的。

第八章 东西王权的并存与纠葛

镇西探题和北条氏的独裁

1294年,忽必烈离世,元军再袭的危险解除了,但是关东的贞时并未放松对元朝的警戒。1296年(永仁四年),除九州的军事指挥权之外,贞时还将诉讼的最终判决权授予取代兼时和时家成为镇西探题的金泽实政(属北条氏一族),强化了镇西探题的权力。1299年(永仁七年),贞时又在探题之下设评定众、引付众。在此向来属于西王权(天皇)的、涉及"本所一元地"(京都王朝的贵族、寺院一元支配的土地)纷争的裁判权力被授予镇西探题,金泽氏在东王权(关东)的承认下,掌握了九州的统治权。

此时,九州出现了作为一个地区独立的倾向。金泽氏在担任九州的肥前、丰前和大隅三国的守护的同时,在濑户内海也拥有许多所领,还作为伊势和志摩的守护,对从武藏的金泽、六浦到房总的太平洋沿岸交通拥有强大的影响力,他试图控制连接关东和九州的海上交通。

以这种状况为前提,这一时期北条氏一族以禅僧、律僧为劝进圣,建造唐船,派遣到中国。如前所述,以极乐寺、称名寺为首的禅僧、律僧作为贸易商人乘坐这些唐船往返,通过这些贸易,北条氏获得了各式各样的中国物品和铜钱。就这样,几乎垄断了列岛内部海上交通的北条氏一族在此又独占了列岛与大陆的贸易。

不仅如此，霜月骚动后北条氏一族的所领遍及日本国，掌握着多达整个国家半数以上的守护之职，以及诸国三分之一以上、有时甚至高达一半的庄园、公领的地头和领家之职，而且还呈现出进一步扩张之势。这些所领分布于海陆交通要冲，北条氏对交易、贸易的影响也由此得到加强。

两统迭立和得宗专制臻于极致

以得宗为首的北条氏一族的专制统治招致了各方的强烈反抗。进入贞时时代之际，京都王朝的伏见天皇以"治天之君"的身分施行亲政。伏见性格刚烈，极为信任出身于和歌世家、个性强烈的京极为兼，进一步推进前述龟山进行的王朝改革，努力完善公家的诉讼制度。这样的伏见自然对这一时期关东的动向持批判态度，这诱发了关东的反抗。1298年（永仁六年），关东突然逮捕为兼，将其流放佐渡。伏见一时陷入困境，得势的大觉寺统联合在王朝拥有相当大权势的关东申次西园寺实兼，对关东施压。1301年（正安三年），大觉寺统的后二条成为天皇，其父后宇多以"治天之君"的身份实行院政。

持明院统和大觉寺统双方都积极向关东争取立己方之人为皇太子，关东夹在双方之间左右为难，最后选择了由

第八章 东西王权的并存与纠葛

两统交替继承天皇位的"两统迭立"之道,决定立持明院统的伏见之子富仁(后来的花园天皇)为大觉寺统的后二条的皇太子。这不仅导致天皇家彻底分裂,也使关东不得不面对两统的不满。

1301,贞时突然出家,将执权之位让于其堂弟师时。翌年,已成出家人的贞时公然以得宗的身份指导幕府,这是北条氏一族内部涌起暗斗的结果。1305 年(嘉元三年),同为贞时的堂弟、以侍所所司身份统管御内人的北条宗方诛杀了当时的连署时村,而宗方也于不久后被贞时杀害(嘉元五月骚动)。得宗专制下的北条氏一族内部的暗斗在此显露出来。贞时也逐渐沉溺于酒海,诉讼的延滞再次出现,特别是于北条氏一族不利的所领诉讼完全不被受理。北条氏一族的极端专制统治逐渐扩大到整个社会。

混乱的东西王权

在此背景下,从 1308 年(德治三年、延庆元年)到翌年,西国、濑户内海以及熊野等地的各浦海贼纷起。这大概是对北条氏的海上交通专制统治心怀不满的海领主和回船人等,以熊野神人为中心发动的。暴动一时难以平息,关东不得不向西国派遣使者,动员 15 国的兵力加以镇压。这是承久年间的东国西国之战后又一次大规模军事动员,由此可知此次暴动规模之大。1309 年(延庆二年），该暴动大体上平息后，在西国各地，被称为恶党、海贼的山领主和海领主，各社的神人、熊野的山卧、山门的山僧等商人、金融业者，乃至赌博者和非人等各种集团，使用飞砾、滚木四处横行，事态长期持续。以此为背景，京都和奈良的大寺院如延历寺、兴福寺以及多武峰和东寺等的徒众、神人频频就所领纷争向京都朝廷提出申诉，抬出神舆嗷诉。这些混乱的背景在于社会整体的大转变，在此过程中，关东——东国"国家"逐渐失去了坚定地处理问题的方向。

实际上，这一时期的将军只是形式上掌握着王权，他们一长大，北条氏便改立幼儿为将军。例如，1289年（正应二年）和1308年，将军先后更替为久明亲王和守邦亲王。北条氏以此使实权牢牢地掌握于得宗手中。不过，受限于王朝成立的历史，北条氏自身无法成为将军掌握王权，因此无法正面应对社会的急剧变动。

而京都的王朝方面，伴随着天皇家的分裂，以摄关家为首的有实力的贵族家族也开始四分五裂，由所领引起的纠纷也突出起来。

1308年，后二条去世后，持明院统的花园天皇即位，比其大9岁的大觉寺统的尊治成为皇太子。花园非伏见的嫡系，而尊治也非后宇多的嫡系，他们从一开始便被定位为仅限于一代的过渡性的天皇。这加剧了大觉寺、持明院

第八章　东西王权的并存与纠葛

两统的进一步分裂。京都的王朝（西王权）也与镰仓的幕府（东王权）一样，在这一阶段已经丧失了应对社会混乱的能力。

关东方面，1311年（应长元年）得宗贞时去世，年仅9岁的其子高时成为得宗，由内管领赖纲之侄长崎元喜（高纲）和安达泰盛的侄孙安达时显——作为仇敌相争的两个人的子孙辅佐。执权早已丧失权力，该职位由北条氏一族的庶系轮流就任。在得宗更替之际，关东于1312年（正和元年）发布佛神领回复令（佛神领兴行令），把九州的佛神领归还佛神。该德政令增强了关东对九州所领的影响力。但是，对于频繁发生乃至被称为"诸社嗷嗷"的大寺社的嗷诉，关东以极为强硬的姿态应对，设置地头——就连完全由兴福寺控制的大和也设置了地头，还下令向诸国派遣使者追捕恶党。

当时伏见是花园天皇在位时期的"治天之君"，他再度重用京极为兼。对此，关东于1315年（正和四年）再次以为兼有谋反之意为由将其逮捕，并于翌年将其流放土佐，以此对伏见施压。同年，14岁的高时就任执权。1317年（文保元年）伏见去世后，关东应大觉寺统后宇多的要求，于翌年终止了伏见之子后伏见的院政，令花园退位，以后宇多为"治天之君"，让尊治即位为天皇（后醍醐天皇）。

正如这一过程所示，这一时期"天皇职"被视作不断更替的"迁代之职"，由关东任命。对于关东的这种专权，花园和后醍醐都意识到自古以来的天皇地位及王朝的深刻危机。花园作为钻研正统派儒学的严肃学者，后醍醐作为具有任意、专断性格的政治家，分别开始表明自己严厉的批判态度。

阿伊努的暴动和海贼、恶党

这一时期，北条氏的被官安藤氏一族作为"虾夷管领"，把势力扩张到了从津轻到北海道南部一带，其族内纷争与不断活跃的阿伊努的动向相结合，于1318年（文保二年）发展成把阿伊努也卷入其中的族内战争，在关东也引起了很大问题。1320年（元应二年），发生了所谓的"虾夷"暴动；1322年（元亨二年），该暴动扩大到本州的出羽。这大概源于阿伊努在东北亚大陆、库页岛、北海道和本州东北北部的交易活动和以海领主安藤氏为中心的本州人在北海道南部、本州东北北部的海上交易这二者，与北条氏专制的海上交通统治之间的激烈冲突，可以认为这与前述熊野海贼纷起有相同的根源。

阿伊努暴动的同一时期，以西国的海上势力为中心的海贼和恶党的活动也再次活跃起来。1318年，关东向从山阳道、南海道的濑户内海沿岸到纪伊半岛的12国派遣使者，进行镇压。1319年（元应元年）以后，在六波罗探题大佛维贞的主导下，在这12国的海上要冲之地设置了警固所，以警固所为官署，常年安排自海边起三里以内拥有所领的地头、御家人轮流警戒海贼、恶党。但关东对六波罗探题的这种擅自行动加以限制，维贞遭更换，海上警固随即名存实亡。

九州同样出现了独立的动向。镇西探题金泽氏另行举行不同于关东的异国降伏祈祷，试图独立。这也受到关东的抑制，金泽氏被更换。就这样，14世纪以后列岛各地出现了各自为政的迹象，而镰仓幕府（东国王权）只是采取强压，未能灵活应对，因而逐渐走到了绝境。

此外，如前所述，北条氏在南岛也安排了被官千灶氏。当时统治着冲绳诸岛各城的众首领积极促进与中国大陆和九州南部的交易，九州也受到这种动向的影响。1322年，关东命令九州诸国的守护制作并提交神人名账（神人的名册），大概是有意管理在这种状况下大肆开展商业和金融活动并经常举行嗷诉、横行无忌的九州神人和山卧。

后醍醐亲政

1324年（元亨四年），关东采取前所未有的强硬态度强行干涉可谓王朝国家之最后城池的本所一元地，特别是

日本社会的历史

对南都北岭大加干涉。关东允许守护直接进入本所一元领捉拿恶党（此前守护无权进入处于本所一元支配下的所领），并没收本所的所领，赐给对朝廷有重大贡献的人，还在这些所领上设置地头，就连南都北岭的所领也不例外。而且，这些法令要求本该在寺院而实际上却在京都的僧侣归山，要求每年向关东提交神人名账，可以说这种深入的干涉已达到了扼制王朝要害的程度。

寺社本所战战兢兢地应对着，但后醍醐已经忍无可忍。后醍醐在稍早一些的1321年（元亨元年）取代已经终止院政的后宇多成为"治天之君"，开始亲政，对他而言，关东的动作可谓从根本上否定了其王权。

后醍醐一成为"治天之君"，便于1322年接连发布了一系列法令，施行了彻底强化王权的政策，试图把京都置于天皇的直辖统治之下，使所有从事工商业、金融业的神人成为天皇直属民。例如，发布《洛中酒炉役赋课令》，把对京都酒屋的课役定为恒常征课，并命令检非违使厅严格征收；发布《神人公事停止令》，意在停止寺院神社对以洛中为首的诸国神人征课公事，使所有神人成为天皇直属的供御人；进而发布了《洛中地子停止令》，命令贵族和寺社停止所有对京都土地征收的地子；等等。后醍醐还发布了德政令、佛神领兴行令，始终主张自己以纶旨①发布的命令高于一切，坚持专制姿态。

在强行施行了这些大胆政策的后醍醐周围，聚集了日野资朝、日野俊基、千种忠显等一批贵族青年和以殊音文观为首的律僧、禅僧。这些青年贵族厌烦了当时贵族社会明争暗斗、钩心斗角的气氛。殊音文观是西大寺流派的律僧，同时也是醍醐寺的真言僧，极度信仰文殊、观音，并以此为自己的名字。针对前述关东的大干涉，后醍醐于1324年（元亨四年、正中元年）召集这些贵族、僧侣，频频举行"无礼讲"②（破礼讲），推进打倒关东的计划。

后醍醐打倒关东的计划

后醍醐的想法通过支持他的贵族、僧侣的人脉传播到相当大的范围，包括对属于平氏一族的北条氏不满的源氏一族的土岐和足助两氏、在京关东御家人（在京人），乃至身处六波罗探题中枢的引付头人伊贺兼光（评定众之一）那样的人也加入其中。

然而，计划在施行之前便被六波罗知悉，土岐氏等势

---

① 一种传达天皇旨意的文书形式。相较于形式繁杂的诏敕等文书形式，纶旨是由天皇近侧的藏人以私文书的形式传达，后被正式纳入公文体系。建武新政前后，后醍醐天皇亲政时较多使用。
② 即破礼讲、随意讲，指不分贵贱上下、不拘礼仪的宴会。

日本社会的历史

力被讨伐，资朝也受处罚，计划受挫，但后醍醐并不屈服，秘密推进再度征讨关东的计划。

实际上这一时期，在北条氏以不正当的方式领有的各地庄园、公领上，寺社本所的诉讼完全得不到处理，对北条氏的不满情绪在社会中日益加深。而北方阿伊努的暴动也并未平息，1326 年（正中三年、嘉历元年）以后，关东多次派遣有实力御家人作为追讨使，事态终于在 1328年（嘉历三年）多少平息了些，但动荡仍旧持续。

在此过程中，高时因病于 1326 年出家，围绕其执权地位的继承问题，其弟泰家及其他人引发了纷争。据说该纷争大体上平息后，依旧作为得宗主导幕政的高时沉溺于田乐和斗犬。见此情况，后醍醐再度开始活动。

从 1326 年开始，后醍醐以中宫怀孕为由举行祈祷，而实际上则是后醍醐亲自焚护摩①，祈祷凭借佛力降伏关东，该祈祷持续了四年，直到 1329 年（嘉历四年、元德元年）。而且，1330 年（元德二年）后醍醐历访兴福寺和叡山②等大寺社，暗中取得他们的支持；同时统一规定米价，发布米一石③酒一石的沽酒法等；以天皇对京都的市

---

① 在本尊不动明王、爱染明王前筑坛、焚护摩木等，祈求息灾、降伏等的密教仪式。
② 即比叡山，此处指比叡山的延历寺。
③ 体积单位，主要用于计算米谷，1 石等于 10 斗，大约为 180 升。

第八章 东西王权的并存与纠葛

和交易的支配权为前提，不待关东回复，便独自发布关所停止令，并付诸实施。这是西王权公然挑战自蒙古来袭以来控制着西国交通的东王权。

不过，相较于朝着打倒关东的方向不断迈进的后醍醐，此前支持后醍醐并被称为"后三房"的北畠亲房、吉田定房和万里小路宣房都惶恐不安，亲房出家，定房直接向后醍醐谏言说时机尚早。但后醍醐充耳不闻，他首先通过文观把楠木正成等人引为己援，加快组织包括熊野海贼之类的恶党、海贼和非人在内的讨幕武力。

花园对后醍醐亲政之初的创新抱有强烈的同感，但第一次打倒关东的计划败露后，花园也对后醍醐的行为严加批判，并在1330年用心为其侄皇太子量仁（后来的光严）写了训诫文（《诫太子书》）。花园强调"我朝皇胤一统，无异姓篡夺之事"之类的想法完全错误，警告说乱世的征兆早已出现，如果君主无德，也许数年后便发生大乱，天皇家将"土崩瓦解"，恳切要求量仁修身养德。这是天皇家自古代以来讳莫如深的异姓革命思想，由此可见天皇家的危机感已经到了何种地步。

东国国家的崩溃

花园的预言很快便应验了。翌年1331年（元德三年、元弘元年），吉田定房向关东密告后醍醐的计划。后醍醐

日本社会的历史

得知计划泄露后呼吁举兵,他离开京都据守笠置山,成为天台座主、在比叡山举兵的其子护良及在河内举兵的正成都被六波罗的军队击败,后醍醐在山中被捕,与皇后阿野廉子一同被流放隐岐。

量仁即位为光严天皇,花园(其在日记中批判后醍醐的行为是可耻的)成为"治天之君",监督院政,与后伏见一同加入评定,致力于推行政道,但已经于事无补了。

进入吉野的护良向全国发布令旨,呼吁举兵。1332年(正庆元年)①,潜伏的正成于纪伊、河内再次现身。到了1333年(正庆二年),赤松圆心(则村)在播磨、海领主河野氏和忽那氏在伊予举兵,等等,诸国陷入骚乱之中。

关东的幕府为讨伐据守赤坂城、千早城的正成和护良派遣了六波罗的军队。后醍醐乘幕府费力镇压之机于闰2月逃离隐岐,受到伯耆的有德回船人、海领主名和长年的迎请,据船上山抵抗。在此,西国陷入了彻底的内乱,九州也发生了叛乱。关东赌上了东国国家的命运,组编了承久以来规模最大的军队向西进发。4月,身为统军大将却

---

① "正庆"是持明院统使用的年号,此时大觉寺统继续使用"元弘"年号,故1332年也是元弘二年,1333年也是元弘三年。——中文版编辑注

第八章　东西王权的并存与纠葛

坚持对抗北条氏的足利高氏突然叛变，与播磨的赤松圆心及后醍醐派遣的千种忠显等一起进攻京都。败北的六波罗军队拥着后伏见、花园和光严准备逃往东国，却被后醍醐方面的军队、野卧①等包围，探题仲时在番场岭自杀，六波罗灭亡，足利军占领了京都。

这正如花园预言的"土崩瓦解"。而东国方面，以上野的新田义贞为首的大军也响应护良的令旨进攻镰仓，打败拼死防御的北条氏一族，涌入镰仓。以东胜寺的得宗高时为首，北条氏一族与众多的御内人在寺院放火自焚。东国国家瓦解，东国的王权暂时被消灭了。

---

① 也作"野伏"，中世的步兵、杂兵。庄园制下的农民对本所有服兵役的义务，他们作为步兵、杂兵参与战争时，被称为"野卧"。据推测，"野卧"一词用于表明他们是非正式的武装力量。

第九章　动乱的时代与列岛社会的转型

第一节　由天皇实现的国家统一及其崩溃

后醍醐专制的开始

1333年5月，后醍醐消灭了东国的王权，统一了日本，实现了所谓的"公家一统"。后醍醐不承认光严时代的年号"正庆"以及那两年中包括人事在内的政治，抱着把一切恢复到自己流放隐岐之前的状态的态度回到了京都。后醍醐封功劳最大的足利高氏为镇守府将军，同时任命另一个有功之人即对高氏怀有敌意的护良为征夷大将军，令他们分别统率诸国武士。至于伴随战乱而来的所领的混乱，后醍醐宣布全部依照其命令即纶旨进行战后处理。

第九章 动乱的时代与列岛社会的转型

在此基础上,后醍醐决定没收天皇之敌即"朝敌"的所领以及关东所建寺院的所领,进而亲自纠正关东的裁判错误。这些可谓天皇专制政治的宣言。

以得宗为首的北条氏一族长期实行可谓无视历史的专制统治,由此郁积的各种不满伴随北条氏的灭亡一并喷发而出。从地头、御家人、非御家人到名主、百姓,人们纷纷以失去旧领是对方倚仗得宗的权威采取了不合法手段之故为由,要求恢复旧领。各地恢复旧领的运动此起彼伏,而且为了获得确认所领所需的纶旨,诸国之人纷纷涌向京都。

后醍醐设置记录所和恩赏方,以吉田定房、楠木正成、名和长年和伊贺兼光等心腹贵族、武士为其成员,以应对这种情况。但是,后醍醐无视已经深入社会并固定下来的20年所领取得时限(当知行①年纪法)及其他既有规则,全盘否定关东(东国王权)的历史,其做法很快便招致普遍的不满。他被迫把所领的没收对象限定为"朝敌"——北条氏一族及其党羽,至于对当时实际领有土地之人的领有权的认可,则交由诸国国司处理,不以纶旨处置。

---

① 当知行即中世主张自己拥有土地所有权的人真正地占有土地的行为。而且,如占有时间满20年,当知行者对土地的所有权便固定下来。

后醍醐还效仿关东的引付，设置民事法庭——杂诉决断所，不仅起用亲信贵族和武士，还大量录用关东的旧评定众和旧引付众等，以解决不断涌来的诉讼。

尽管后醍醐意欲实行天皇专制，但也不得不采取切合实际的态度。他承认诸国的守护并把该职授予有战功的武将，便是切合实际的做法之一。不过，后醍醐建立与此前的王朝国家迥异、以天皇为中心的国家的意志却没有改变。例如，对于与守护并置的国司，正如他打破伊予国由西园寺家代代相传的惯例一样，后醍醐改变了一部分知行国实际上世袭继承的知行国制，特别是任命自己的心腹为畿内周边及海上交通的据点国的国司，并授予他们大于守护权力的统治权。

建武新政

本该支持这一新政的护良与足利尊氏（这一时期足利高氏得到后醍醐的名讳尊治的"尊"字）之间的矛盾进一步激化。与护良联合的北畠亲房得到后醍醐准许，在足利氏取得大量所领的奥州设立了新的统治机构。接着，亲房之子显家护送后醍醐与宠姬阿野廉子之子义良前往东北，建立了陆奥将军府。这一地方政权拥有与关东幕府相近的机构，具有转变成"小国家"的可能性。对此，尊氏也令其弟足利义直护送阿野廉子的另一子成良下镰仓，

第九章 动乱的时代与列岛社会的转型

向后醍醐要求设立统管关东 10 国（关东 8 国以及甲斐、伊豆）的机构镰仓将军府，其愿望也很快便得以实现。镰仓将军府与陆奥将军府一样，具有成为直接继承过去的关东幕府的地方政权即"小国家"的可能性。从 13 世纪后半期开始，各地独立倾向不可避免地增强，逐渐开始有力制约试图把权力集中于天皇之手的后醍醐。

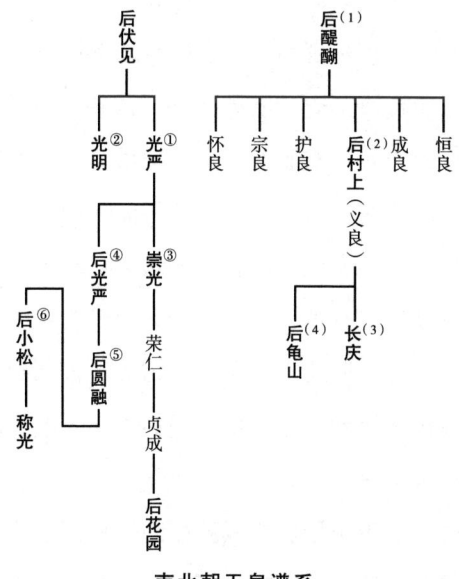

南北朝天皇谱系

＊以括号内数字标记的为南朝天皇，以圈码数字标记的为北朝天皇。

后醍醐把亲生儿子派到各地，正是试图通过他们加强对地方的控制。但到了 1334 年，后醍醐突然立廉子的又

日本社会的历史

一子恒良为皇太子，显示出以武力建立新国家的志向，并采用后汉光武帝时的年号建武。作为天皇权威的象征，后醍醐在营造大内里的同时，还表示将要铸造铜钱乾坤通宝，并发行纸币。

正如撰写《建武年中行事》和《建武日中行事》一事所反映的那样，后醍醐非常注重整顿以天皇为中心的仪式和活动，与此相对应的一大工程就是大内里的营造。而且，货币的铸造也是试图在天皇的名义下恢复皇朝十二钱之后中断了的货币铸造，以排斥外国的钱币（宋钱）。后醍醐还打算效仿元朝的制度，发行纸币。当时汇票和支票等信用货币已经在社会中流通，货币流通和信用经济日益活跃。结合实际的发展情况看，该政策在某种程度上具有现实性，可以说带有把货币流通纳入天皇的统一管理之下的意图。这同时也反映出后醍醐深切关注宋元的学问和制度。可以说仿照元朝的寺院把僧侣的衣服全部统一为黄色的做法也充分反映了这一点。

虽然这些政策由于后醍醐政权的短命都未能实现，但后醍醐构想的国家与从前的王朝国家具有本质的区别，其旨在建立专制体制，打破自 10 世纪以来长达 400 年的王朝历史中逐渐确立并成为制度的由知行官司、知行国支撑的官司请负体制，解散通过太政官的公卿会议实现的合议体，使贵族和官员成为天皇可以自由驱使的官僚。有观点

第九章 动乱的时代与列岛社会的转型

认为这些做法受到宋朝的君主独裁制度和朱子学及其他宋学的影响。我认为这种观点绝不是毫无根据的，甚至可以说极具说服力。实际上，有迹象表明，在政权建立后，后醍醐以积极的态度对待与中国大陆的贸易，并重新派遣唐船。

后醍醐还废止了诸国关所，把关所的停废及认可的权力掌握在自己手中。他还掌握了河海和陆上交通的支配权，同时排除贵族对诸国的一宫、二宫的控制，把它们与国分寺一同纳入天皇的直接控制之下。可以说，后醍醐施行这些政策都是为了强化天皇专制。

此外，后醍醐还以筹集营造大内里所需的费用为由，在诸国实行检注，实施新的课税方式（新御仓御公事），以钱估算（贯高）庄园和公领的地头所负责的田地的正税以及各种杂物等收入，要求将其二十分之一纳入新设置的直属于天皇的仓——大概是管理土仓的仓。以贯高表示所领收入的做法在镰仓后期就已经开始实行，后醍醐的这种新的赋课方式是以之为基准的。在征收方面，除国的机构外，后醍醐还试图调动郡的机构。这种方式后来被室町幕府继承。

一般认为，后醍醐在采用新的课税方式的同时，也继续施行了新政之前的那些视京都为天皇直辖地的政策。例如，对京都酒屋课税、发布《洛中地子停止令》和使神人成为供御人等。

这一年（1334年）5月，后醍醐又发布了德政令，其内容包括无偿取回卖出的土地，偿还半额便可勾销债务并取回抵押地和抵押物。后醍醐宣布概不承认自承久年间的东国西国之战以来关东的各种措施及光严时代签订的契约。后醍醐的专制姿态在此表露无遗。可以说，他不仅无视武家社会的惯例，还无视广大社会的惯例，甚至无视历史本身。这种做法导致人们纷纷主张自己曾经拥有的一切权利，使混乱渗透到社会深层。

结果，后醍醐新政招致的不满和失望与日俱增，处于新政中心的贵族与武将之间的对立也日益加剧。

建武新政的崩溃和王朝的分裂

1334年（建武元年）10月，护良谋划推翻后醍醐，虽然后醍醐预先察觉并将其清除，但各地又开始出现以北条氏一族为中心的叛乱。到了1335年（建武二年），以西园寺公宗为首的上层贵族也参与了这种叛乱，企图暗杀后醍醐。西园寺公宗作为负责与镰仓交涉的关东申次，过去拥有极大的权势，到了后醍醐时代其权力遭到剥夺，因而怀有强烈的不满。不过，这一叛乱也被事先察觉，公宗被处刑。北条高时之子时行在信浓发动叛乱，时行的军队袭击镰仓，驱逐了拥立成良建立镰仓将军府的足利直义，

第九章 动乱的时代与列岛社会的转型

占领了镰仓（中先代之乱）。

直义杀害了被幽禁的护良，逃离镰仓，把成良送回京都，自己留在了三河。三河在东国诸国中最靠西，由此可见直义对东国的执着。为了援助直义，尊氏离开京都，向东国进军。后醍醐起初并不同意，但后来予以认可，并封尊氏为征东大将军。在三河会合的尊氏和直义很快便夺回了镰仓，他们违抗后醍醐的归京命令，留在镰仓。后醍醐断定这种行为明摆着是反叛新政府，于是起用新田义贞进攻镰仓，但尊氏和直义的军队打败了义贞，尊氏所率军队追击义贞，并于1336年（延元元年）[①] 闯入京都。

在京都，直属于后醍醐的正成、名和长年的势力，以及包括文观等人动员的非人在内的"异形"的恶党军队，对尊氏和直义的军队发起了猛烈攻击。此外，北畠显家的军队也奉后醍醐之命，迅速从奥州出发，从背后追击尊氏军，直逼京都。尊氏和直义被赶出京都，从兵库乘船前往九州，以图东山再起。

早在1334年，尊氏便成功迫使后醍醐承认自己对九州诸国的军事统率权，因此九州诸国是支持尊氏的，可以认为这也正是尊氏远奔九州的原因。尊氏在前往九州途中发布法令，保证归还众武士被后醍醐没收的所领，明确自

---

① 也是北朝建武三年。——中文版编辑注

日本社会的历史

己是关东幕府的继承者，同时还在室泊召开军议，任命本族及诸国的豪族为包括九州在内的西国的守护或统军大将，确定军事部署。接着，尊氏从被后醍醐赶下皇位的持明院统的光严上皇处获得院宣，凭借上皇之命得以师出有名。

到达九州的尊氏在多多良浜击败了九州势力最大的后醍醐党菊池武敏后，马上率领九州诸国军队东进，尊氏从海上、直义从陆上兵分两路直指京都。他们虽然遭义贞和正成军队迎击，但在兵库凑川的战斗中使正成败死。尊氏和直义进入京都后，让光严之弟光明即位为天皇、光严为"治天之君"，废除后醍醐的年号延元，把年号恢复为建武。

后醍醐依靠在京拥有巨大影响力的山门——延历寺，登上比叡山，坚持抵抗，但时间不长，随着率领后醍醐直属军队的名和长年及千种忠显等陆续战死，形势逐渐对后醍醐不利。后醍醐被迫令新田义贞带皇太子恒良前往越前，令亲房带尊澄[①]前往伊势，他本人则暂时向尊氏投降。

京都的后醍醐政府就此倒台，但后醍醐看到各地后醍醐党积极活动便逃出京都，在亲房及其他人的支持下进入

---

① 尊澄是宗良亲王的法号。——中文版编辑注

吉野山，在该地建立起新政府，开设了朝廷。从此，京都的政府与吉野的政府开始并立：前者以继承了关东幕府的足利氏为中心，拥立持明院统的天皇；后者继承大觉寺统的王统。他们使用不同的年号，日本国被一分为二。一般称京都的政府为北朝，称吉野的政府为南朝。前者为武家主导的王权，后者则为公家主导的王权，可以说是武家和公家两个王权。

室町幕府的二头政治

足利氏主导的武家政权内部一开始便存在对立，以直义为中心的人主张在镰仓建立据点，继承东国王权；而尊氏及其执事高师直等势力则主张将幕府设于京都。这一对立关系到武家政权的根本。1336年，尊氏政府以奉行人和重臣答申的形式制定了《建武式目》，决定把幕府设于京都；而镰仓则仅设立镰仓府，以尊氏之子义诠为主公，以足利氏的姻戚上杉氏为辅佐，统辖关东10国。

《建武式目》在这点上采纳的是尊氏的主张；但在把守护定位为相当于王朝国司的行政官、强调裁判的公平、提倡节俭并严禁婆娑罗风潮等问题上，则采纳了直义的政治方针。此后，室町幕府出现了尊氏和直义的二头制。尊氏处于主从制的顶点，掌握着授予恩赏、任免作为军事指挥官的守护以及分配所领的权力，直义则掌握了裁判和交通等统治权。

虽然内含着这样的矛盾，但室町幕府整体上还是走上了轨道，掌控着京都王权的根本。由于其与始终坚持通过公家实现"一统"的后醍醐的吉野政府相对立，本州、四国和九州进入了长期持续的严重的动乱时代。

第二节 动乱和四分五裂的王权

战乱蔓延到全国和后醍醐之死

在不到一年的时间里，万余大军在从东北到九州的日本列岛上东奔西突，展开了前所未有的战争。战乱蔓延到诸国，吉野方（公家方）的军队与京都方（武家方）的军队在各地展开激战。其中，畿内、濑户内海、北陆、东国及东北的战争最为激烈。

在畿内和濑户内海，支持吉野方的以熊野的势力为中心的水军——"熊野海贼"非常活跃，他们把根据地设在备前的小豆岛，这使吉野方在一段时间内拥有相当强大的势力。

在东国和东北地区，北畠显家遭武家军队攻击，于是离开多贺城向灵山移动，在大体上取得奥州战争的胜利后，率领大军再度南下（据推测大军中有阿伊努人），冲入镰仓，而后西进东海道，在美浓的青野原（关原）与

第九章 动乱的时代与列岛社会的转型

幕府军队正面交战。显家的前进为美浓武将土岐氏的奋战所阻，未能与在北陆拥有强大势力的新田义贞会合，于是前往伊势，打算从伊贺经奈良进入京都，却又被以高师直为首的幕府军所阻，结果于1338年（历应元年、延元三年）败死于和泉堺的战斗中。

至于北陆，义贞以越前的杣山城为据点占领了国府，攻击守护斯波高经，结果战死于藤岛城。吉野方面相继失去显家和义贞两员重要武将，受到沉重打击。

此前一心想要夺回京都的后醍醐这时似乎听取了显家的谏言（显家战死前留下的对后醍醐政治的严厉批判），大幅度改变了方针。

同年9月，后醍醐任命显家之弟显信为镇守府将军，派遣其护送后来的皇太子义良前往奥州，把显信之父亲房也派往东国，把宗良（还俗的尊澄）派往远江，把怀良派往四国、九州，等等。后醍醐给诸子指派有实力的武将，使他们成为各地吉野势力的中心。

听从后醍醐安排向东国进军的军队，在支持吉野方的伊势和志摩的海上势力的支持下，从大凑出发，不料遭遇暴风雨，以义良为首的一部分人折回伊势。亲房和显信则大致按原计划到达了目的地东国，宗良也到达了远江，怀良也在熊野势力的支持下进入了四国的忽那岛，他们分别作为各地吉野势力的中心开始活动。

日本社会的历史

1339年（历应二年、延元四年），后醍醐在吉野去世，当初受暴风雨所阻而返回的义良继承皇位，成为后村上天皇，但在常陆建立据点的亲房及远江的宗良都无法挽回颓势。京都的幕府则以军事方面的绝对优势为背景，在直义的指导下逐步开始整顿统治体制。

直义与师直的对立

直义严厉抑制守护和军队以战乱为由扣押寺社本所领（寺社和贵族的庄园）的年贡且有时将其一半充当军粮（半济）的行为，同时努力充实引付，使诉讼公正。直义还重视禅宗和律宗，于1342年（康永元年）[①]针对禅宗寺院制定了京都和镰仓的五山十刹制度[②]。1345年（贞和元年），直义以诸国的律宗寺院和禅宗寺院为中心，分别为66国指定了安国寺，并在其内建造利生塔，祭慰战死者之灵。虽然这可以说是效仿古代的国分寺制度，但可以认为其目的在于把禅僧、律僧置于武家主导的新王权的宗教政策的中心，这是对此前的北条氏政策

[①] 南朝在1340~1346年使用"兴国"这一年号。——中文版编辑注
[②] 中世官寺制度中关于禅宗寺院的制度，仿南宋的官寺制度而来。五山是禅宗寺院中受幕府保护的地位最高的五座官寺，十刹是地位仅次于五山的十座官寺。这一称呼始于镰仓时代，建武以后，寺院位次屡屡变更。足利义满时期，在五山之上设南禅寺，指定了京都五山和镰仓五山，并指定十六座寺院为十刹。"五山十刹"不再实指数量，而用于表明寺院的地位。

第九章 动乱的时代与列岛社会的转型

的公开继承。

在此事上发挥了重要作用的是梦窗疏石及其他禅僧。尊氏也非常信任梦窗,还听从其劝说建立了天龙寺,为后醍醐祈祷冥福。为了筹措营造费用,直义和梦窗向元朝派遣唐船(天龙寺船)。直义与北条氏一样,试图通过禅僧、律僧系统地掌控与中国大陆的贸易。

但是,直义对禅僧、律僧的重用招致延历寺及其他大寺院的抗议。直义强化统治权、严格抑制守护的军事行动的措施,也引起统率足利氏直属军的高师直和高师泰两兄弟,以及佐佐木导誉和土岐氏等非足利氏一族的有实力的外样武将的强烈不满。

实际上,高师直和高师泰两兄弟、佐佐木导誉及土岐赖远等武将无视传统的王朝权威,把"院"称为"犬",放言"若需国王,以木或金造,活的院和国王该流放"。他们烧毁了天台座主的宅邸,将其流放,并在押送其前往流放地的途中带着游女,举行酒宴。直义以极为严厉的态度对待这种行为,但这种倾向早已无法抑制。京都幕府内部不可避免地形成了相互对立的直义派与师直派两派。而各地展开的与吉野方的激战又进一步使这两派的对立凸显出来。

首先,常陆的北畠亲房在小田治久的支持下,在小田城呼吁众武将加入吉野阵营,并于1339年撰写完《神皇正统记》，强调吉野的天皇才是正统。但是，吉野阵营内部出现了反对亲房的动向，亲房未及巩固自身地位，便遭到因与直义派的上杉氏对抗而来到东国的高师冬军队的攻击，最终失去了小田城。此后亲房所依赖的结城氏面对亲房的竭力劝说无动于衷，反而与师冬呼应。亲房最后的据点——关城和大宝城于1343年（康永二年、兴国四年）被师冬攻陷，他只好逃回吉野。

亲房回到吉野后重新整顿吉野的体制。1347年（贞和三年、正平二年），熊野水军首先进攻和泉堺，并出现在萨摩，进攻九州南部。忽那岛的怀良也在他们的支援下进入九州，此后在此扩张势力。与此同时，楠木正成之子正行也进攻摄津，打败了直义派的细川显氏。

翌年即1348年（贞和四年、正平三年），高师直、高师泰的军队在河内的四条畷与正行作战，正行战死。而后师直、师泰的军队趁着余势进攻吉野，烧毁后村上的居所藏王堂，将后村上追赶至贺名生。

南朝吉野王权陷入最大的危机之中。师直党在幕府内部的地位因高氏一族在东国和畿内立下显赫战功而迅速得到巩固，但其与直义党之间的对立也随即凸显。可以认为正是由于这种对立，把吉野的天皇逼至穷途末路的师直才未将其消灭。

第九章 动乱的时代与列岛社会的转型

观应骚乱

直义与师直、师泰对抗，于1349年（贞和五年）[①]任命尊氏之子也即自己的养子直冬担任统括山阴道和山阳道8国的"中国探题"这一新职务，将其派遣至备后的鞆。山阴和山阳两道处在九州与畿内之间，在这个意义上被称为"中国"，此地名大概就是从这一时期开始固定下来的。同时，直义还逼迫尊氏革除师直的执事之职。但师直马上反击，率军包围了尊氏和直义的馆，通过这一军事政变，使直义下台。

尊氏从镰仓唤回义诠并立其为继承人，同时把另一个儿子基氏派往镰仓。至此，直义似乎彻底失势了。但是，去了备后的鞆的直冬逃到九州，并恢复了势力，还于1350年（观应元年）使九州最有实力的豪族少弐氏和大友氏归服自己。

为了镇压直冬，尊氏和师直率军西进。直义党的武将趁机一齐在畿内周边举兵，并于1351年（观应二年、正平六年）占领京都，击败了与他们作战的尊氏和师直的军队，并斩杀了师直和师泰。

在此期间直义曾向吉野求和，但是一战胜尊氏，直义

---

① 南朝在1346～1370年使用"正平"这一年号。——中文版编辑注

便破坏了和谈。政权几乎就要落入直义之手，但反对直义的尊氏党武将逐渐采取行动包围京都的直义，深感危险的直义带着党羽武将逃至北陆，不久后前往镰仓。

这次则是尊氏和义诠一度归顺吉野政府，尊氏为攻击镰仓的直义而率军东进，在骏河、伊豆和相模击败直义的军队，并于翌年占领镰仓，直义不久后死去（一般认为是被毒杀的）。

吉野方的后村上天皇、北畠亲房趁幕府内部分裂之机，以武力废除了京都的"治天之君"光严和天皇崇光，把年号改为南朝吉野方面的年号，即正平（正平六年），表明了把一切恢复到后醍醐时代的状态的志向。各地吉野方的军队也随之一齐行动，并于1352年（正平七年）冲入京都，把义诠赶出京都。与此同时，进入京都的北畠亲房拘禁了持明院统的光严、光明和崇光三位上皇以及废太子直仁，把他们送往河内（正平一统）。在东国，以宗良为征夷大将军的吉野方军队赶走了尊氏，并一度占领镰仓，但不久镰仓便被尊氏夺回。被赶出京都的义诠也在不到一个月的时间里夺回了京都，击败了后村上的军队，把年号恢复为观应（观应三年）。但由于吉野方强行把三位上皇和废太子带回贺名生，京都出现了无人可站到"治天之君"的位置授天皇位的异常事态。

第九章 动乱的时代与列岛社会的转型

地方势力的急剧变动和王权的四分五裂

在当时的九州，直冬依旧沿用直义时代的年号贞和（贞和七年）。这一年是吉野方面的正平六年，加上进入京都的义诠所用的年号观应（观应二年），各地出现了分别使用不同年号的三股势力，可谓"天下三分"，"日本国"的王权真正陷入了四分五裂的状态。

不过，这种分裂并非单纯由统治者之间的对立导致的，同时也是由各地社会底层的急剧变动不可避免地造成的。镰仓政府灭亡，建武新政府崩溃，接着又是连年的动乱，在此过程中，各地国人[①]和百姓纷纷谋求自己的利益，有时甚至采取激烈的反抗行动，如国人组成一揆[②]，一起行动赶走守护代，又如百姓驱逐庄园和公领的代官，

[①] 中世后期的在国领主，也称国众。与镰仓时代的地头管理将军所指定的、散在的所领相对，国人定居在当地，依靠实力、以本领为中心集中统治所领。国人一方面作为守护的被官和奉公众，另一方面基于地缘关系组织国人一揆，对抗上位的权力，建立统治秩序。

[②] 为解决特定问题或达成特定目标而组成的集团。一揆的形态极其多样，例如，作为地域性领主、国人的军事联合的国人一揆，名主、百姓向庄园领主要求减免年贡、罢免代官的庄家一揆，土民等向幕府和守护要求德政的土一揆、德政一揆，以信仰为基础的一向一揆，以土豪和地侍为中心的郡、国规模的国一揆、总国一揆，近世的百姓一揆，等等。一揆的活动形态有斗争、武装起义及实现地区的自治管理等。结成一揆时，通过举行一味神水仪式（众人在神前誓约，意味着一味同心，详细解释请见第414页注释②），与神成为一体，一揆的要求、目标就作为神的意志具有了正当性。

等等。他们的行动引发了政治的急剧变动，使京都的天皇家和幕府的权威一落千丈。

由于三位上皇和废太子均被带到贺名生，幕府失去了可以主持皇位继承仪式的"治天之君"，只得以老女院广义门院（光严和光明之母）代替，援引6世纪的男大迹王（后来的继体）走出越前成为大王这一久远时代的先例，立女院之孙弥仁为天皇（后光严）。此事反映出当时女性特别是母亲和祖母的社会作用仍然很大。但是，天皇的权威无疑因此大幅度降低，京都已经无法发挥其作为列岛中心的作用，各地的自主动向进一步凸显出来。

在东北，与足利氏同族的斯波氏和畠山氏等成为奥州管领，但是他们相互间的对立及国人的争斗，使东北陷入四分五裂的状态。在关东，小山氏在镰仓府之外另拥立吉野系的皇子，试图建立第三王朝，显露出与镰仓府对立的姿态。此外，在九州，自镰仓时代以来的守护少式、大友和岛津等氏根本不服软弱的镇西探题一色氏，在他们的支持下，进入九州的直冬压倒了一色氏。

在武家的这种对立之中，被称为征西大将军的怀良亲王由吉野进入九州，取得肥后的菊池氏及其他反抗守护的豪族的支持，并利用直冬与一色氏的对立，先与直冬作战，将其击败，进而打败一色氏，最后于1355年（文和

第九章 动乱的时代与列岛社会的转型

四年、正平十年）控制了大宰府，开始显示出独立于吉野和京都的姿态。当时有实力的守护控制着各个地区，意欲壮大、独立，分权的倾向凸显出来。例如，在九州南部，畠山氏得到延续国衙官员系统的土豪的支持，与自镰仓时代以来的守护岛津氏对立。又如，山名氏在山阴拥有强大势力，周防和长门的大内氏拥护后醍醐之子满良，细川氏由幕府任命为中国和四国的管领，并控制着濑户内海，等等。据推测，这些扎根于地方的势力的动向与中国大陆和朝鲜半岛不无关系，山名氏、大内氏就与朝鲜半岛有一定关系。

特别是九州西北部的海领主，这一时期与济州岛和朝鲜半岛的海上势力相勾结，成为海上武装势力，被元朝和高丽称为"倭寇"，他们活跃地开展贸易活动。有迹象表明，怀良与他们联手，增进了与中国大陆和朝鲜半岛的交流。

在这种背景下，直冬与吉野方联手，联合山名氏的军队，先后于1353年（文和二年、正平八年）和1355年两次攻占京都，但每次都在短时间内便被幕府夺回，直冬的实力逐渐被消耗殆尽。

至于转移至贺名生的吉野朝廷，其中心人物北畠亲房于1354年（文和三年、正平九年）去世后，在对待京都的王朝和幕府的问题上，其内部出现了强硬派与妥协派的对立，并开始分裂。接着吉野朝廷又失去了曾支持他们一段时间的海上势力的援助。除九州的怀良的势力外，各地的军事力量明显弱化，吉野方几乎丧失了力量。

不过，京都的幕府也由于京都先后三次被攻占，将军义诠自身夹在畿内周边相互对立的守护势力之间，还承受着来自反对守护侵占庄园和公领的大寺社势力的压力，其权威也几乎跌到谷底。一方面，义诠制定诉讼手续，缩小引付的权限，扩大自己亲自裁决的范围；另一方面，对向来由守护及其被官实行的半济，他于 1357 年（延文二年）不仅同意原有的年贡折半的做法，还准许分割土地（不过将之限定在幕府许可的范围内）。义诠标榜保护寺社本所领的庄园，试图抑制守护，却使半济这一原来只是战乱之时的做法恒常化了。

1358 年（延文三年、正平十三年），原本准备亲征九州的尊氏去世后，义诠令畠山国清率大军从关东上京，攻击当时把据点转移到了河内金刚寺的吉野方的后村上天皇，将其追赶至观心寺，把南朝吉野方逼入了绝境。然而，幕府内部分裂再起，后村上于 1361 年（康安元年、正平十六年）获得反幕府的仁木义长、细川清氏的军事支持，依靠楠木正仪等南军第四次成功夺回京都。但是，仅仅 20 天后京都又被幕府夺回。此后吉野方在畿内的力量几乎丧失殆尽。

第九章　动乱的时代与列岛社会的转型

管领的出现与统治体制渐趋安定

义诠通过消灭清氏摆脱了混乱局面，并于1362年（贞治元年）任命属足利氏同族的13岁的斯波义将为将军执事，但因其年轻，以其父高经为监护人。执事一职原本统管将军的主从制关系，斯波氏由此站到了支配引付、掌握裁判权、代行将军统治权的位置上，这一职位被称为管领。幕府此前由于权力的二元分割而反复出现对立，这时则抓住了初步建立安定的政治体制的机会，以承认山阴的山名氏、山阳的大内氏等守护在地方不断增强势力之现状为条件，于1363年（贞治二年）令他们再事幕府。而且，幕府还从王朝手中夺得对日益繁荣的流通中心京都洛中的支配权，努力将其纳入直辖范围，开始走向通往安定的道路。

但是，管领斯波氏对寺社本所采取强硬的态度，积极承认守护的"押领"[①]，增加幕府的直辖领，把向地头、御家人所领的贯高征课的武家役的征课率从五十分之一提高到二十分之一，还通过其他措施充实幕府的财政。与此同时，其加强与在直辖领的经营上发挥着重大作用的禅宗寺院的联合，努力强化将军在财政方面的权威和权力。这种做法引起了延历寺、兴福寺——南都北岭的强烈不满，招

---

① 平安中期以降专指倚仗实力侵占、抢夺他人拥有的合法的所领或职位的行为。

致它们的强诉。与此同时，畿内近国各守护的不满也日益强烈。1366年（贞治五年），斯波氏下台，回到分国越前。

翌年，将军义诠把财政大权让给年仅10岁的其子义满，任命反斯波势力的中心人物细川赖之为管领辅佐义满，之后去世。幕府的体制在此发生了重大转变。

同年，镰仓府的公方①基氏也去世了，其子氏满继承其位，由上杉氏以管领身份辅佐。

恢弘的军记物语《太平记》描写了从镰仓幕府灭亡到建武政府崩溃，以及王权陷入四分五裂状态及动乱的过程。其中还网罗了中国大陆王朝和日本国的历史和典故，起到百科全书的作用，其叙述到这一时期为止。东亚世界中的日本列岛社会也开始迈入新的历史阶段。

第三节 "日本国王"室町将军和地方诸势力

明朝的建立和列岛诸势力的胎动

当日本国内部东西都开始呈现出安定之象时，在中国

---

① 古代把天皇的地位、朝廷的机关及职务称为公方。镰仓时代后半期以后，镰仓幕府的权力机构也被称为公方。进入室町时代，室町将军、镰仓府之主以及九州探题等都被称为公方；室町末期到战国时代，把公方作为守护和战国大名的称呼使用的情况也很多。江户时代只用作将军的别称。

第九章 动乱的时代与列岛社会的转型

大陆上，朱元璋于 1368 年建立了明朝，东亚局势开始进入新的发展阶段。

这一时期，特别是 14 世纪后半期，前述"倭寇"大集团连年侵袭朝鲜半岛，其活动还影响到中国大陆。高丽为这些"倭寇"所困扰，甚至因此濒临灭亡。明朝建立后立即要求九州的怀良镇压"倭寇"。怀良答应了明朝的要求，并于 1371 年（应安四年）① 以"日本国王良怀"之名接受明朝皇帝册封，公开展现了在九州建立独立王朝的动向。

同一时期，冲绳诸岛上也形成了被称为中山、南山和北山的三股政治势力，真正进入了国家形成的阶段。这三股势力各自向明朝朝贡，冲绳诸岛也开始走向真正的独立。北海道方面，14 世纪后半期名为"日之本"、"唐子"和"渡党"的集团各自发展。有观点认为"唐子"势力与库页岛有关联，"日之本"势力控制着千岛，"渡党"势力为北海道南部的集团。不管怎样，阿伊努或与阿伊努混血的本州人的活动开始进入新的阶段。

在东亚的状况发生巨大变化的过程中，在日本国，管领细川赖之拥护年幼的将军，力求使幕府的运作走上正轨。

---

① 南朝建德二年。南朝在 1370～1372 年使用建德年号。——中文版编辑注

将军义满的专制和奉公众

斯波氏掌控着日本海的海上交通，而细川氏则掌握了濑户内海的海上霸权。赖之以自身的实力为背景压制反对派，强化对与斯波氏关系密切的禅宗寺院的管制，并于1368年（应安元年）发布具有佛神领兴行令性质的半济令（应安半济令）作为换代的德政令。该法令全面终止天皇家和摄关家的直辖领及寺社一元佛神领的半济，正式承认此前的俗人领的半济，以期明确寺社本所势力和守护势力的支配领域，力求使两者均衡，使局势安定。

这是怀柔寺社本所的政策，与此相应，延历寺、兴福寺开始压制禅宗寺院，结果赖之彻底失去了禅宗寺院的支持。不过，赖之成功地使楠木正仪归顺幕府，从1369年（应安二年）开始攻击在河内天野的吉野方面的长庆天皇（后村上之子），将其逼至吉野，力求吞并南朝。

赖之还于1371年任命今川了俊（贞世）为九州探题，令其牵制怀良的行动，推进九州的统合。对于京都，赖之也逐渐剥夺了王朝方面的统治机构检非违使厅的权力，首先把治安警察权收入手中，然后利用治安警察权抑制对京中的土仓和酒屋拥有强大支配力的山门，进一步把京都纳入将军的直辖统治之下。

针对赖之的这些行动，斯波氏抓住反击的机会，联合

第九章 动乱的时代与列岛社会的转型

镰仓公方氏满于1379年（康历元年）[①]公然反对赖之。赖之烧毁自己在京都的住宅，前往四国（康历政变）。

政局在此发生了重大转变，因为这不单是斯波氏一族对细川氏的反抗，斯波氏背后还有义满的支持。周围的人都知道义满从年轻时起便形成了强烈的专制独断的性格。此后义满在形式上由新管领斯波义将辅佐，实际上则开始凭一己之意操纵政治。

这一时期，义满充实并强化被称为"奉公众"的将军直属军。例如，义满把奉公众交给侍所统管，把将军直辖领（御料所）交给奉公众作为其经济基础。通过直属军的力量，将军自身掌握了抑制守护势力的实力。以此为前提，义满于1380年（康历二年）在京都的室町建成"花之御所"，"室町幕府"之名即来源于此。粉碎了上皇后圆融最后的抵抗后，义满从王朝手中夺取了京都的行政裁判权，确立了将军对京都的统治。

1385年（至德二年）[②]至1390年（明德元年）的五年时间里，义满在直属军和重臣的陪同下游览了奈良、纪伊、骏河、安艺的严岛、周防、高野山和越前等地，以此

[①] 南朝天授五年。南朝在1375～1381年使用天授年号。——中文版编辑注

[②] 南朝元中二年。南朝在1384～1392年使用元中年号。——中文版编辑注

向以大寺社和有实力的守护为首的各地势力炫耀将军的权威。在此过程中，义满于1388年（嘉庆二年）成功地使控制着美浓、尾张和伊势的有实力的守护土岐氏内部分裂，从而大大削弱了其势力。接着他又将目标转向山名氏。山名氏独占以山阴道为中心的11国的守护之位，占据了66国的六分之一，被称为"六分之一众"。义满趁山名氏一族内部对立之机挑起他们发动叛乱，并于1391年（明德二年）在京都内野与山名氏的总领氏清激战，最后将其击败（明德之乱）。奉公众的实力在此得到巨大发挥，山名氏的守护从11国减少到3国，义满逐渐强化了专制体制。

此前，九州的今川了俊也已经基本上掌控了怀良死后日渐衰弱的征西府，逐渐统合了九州。在对京都的王朝、幕府持温和态度的后龟山天皇取代强硬派的长庆天皇成为吉野的天皇时，义满抓住机会，推进和平工作，并于1392年（明德三年）以"两统迭立"为条件（实际上并未履行），成功地把吉野的王朝合并到京都的王朝之中（南北朝合一）。始于13世纪后半期的天皇家大分裂到此结束，不过京都的王朝也已经彻底丧失了势力，此后天皇家的权威彻底扫地。

翌年，义满把对洛中的土仓、酒屋课税的做法制度化，排除山门对洛中的控制，实现了对京都的全面统治。此外，

第九章 动乱的时代与列岛社会的转型

实际上在此之前,王朝的地方行政机关国衙及其支配下的国衙领(公领)就已经被纳入诸国守护的支配之下。无论是京都还是地方,王朝的国家机构全面被幕府接收。

长达60年的动乱大体上平息了,关东和东北地区处于镰仓府公方氏满的独自统治之下,九州也由今川氏推进了统合。地方诸势力加紧了独立的活动,将军(室町公方)则欲保持专制立场,室町幕府的体制在二者的抗衡中走上轨道。

皇位篡夺计划

面对义满权力的强化,后圆融上皇做了几近绝望的抵抗,有时甚至失口说要自杀,最终于1393年(明德四年)去世。此后,面对当时的天皇后小松,义满亲自站到"治天之君"的位置上,开始操纵各个方面的大权。

义满首先于1394年(应永元年)把将军之职让于其子义持,成为太政大臣,并于翌年辞职出家。脱离了世俗关系的义满把此前由王朝掌握的官位叙任权、僧侣和神官位阶叙任权,以及以往属于"治天之君"的祈祷、祭祀权全部握于自己手中。于是,此前侍奉"治天之君"和天皇的公卿、官员转而直接侍奉义满,这一时期的义满简直就是"法皇"。

当时九州探题今川了俊纠合与岛津氏、大友氏等九州有实力的守护对立的地方势力，意欲统合九州，并推进与中国大陆的明朝和朝鲜半岛的李氏王朝（1392年取代因"倭寇"而衰微的高丽而建立朝鲜王朝，开国君主为李成桂）的单独交往，意欲以取缔"倭寇"为条件打开交易之道。

针对了俊的行为，义满突然于1395年（应永二年）将其解职，代之以与管领斯波氏关系密切的涩川氏。义满进而开始对大内氏（大内义弘）大施压力。大内氏以周防和长门为中心，对九州北部也具有一定的影响力，大内氏认为其祖先来自朝鲜半岛，并独自与朝鲜半岛开展贸易，据推测其与中国大陆也开展了同样的贸易。而且大内义弘作为和泉、纪伊的守护，对濑户内海的海上交通也拥有强大的影响力。

面对来自义满的压力，大内义弘以今川了俊为中间人，劝说氏满的后继者镰仓公方足利满兼加入自己的阵营，企图东西呼应夹击义满，却于1399年（应永六年）在堺被义满的直属军击败，大内氏的势力也因此大大受损（应永之乱）。

如此一来，义满清除了控制从濑户内海到九州的海上交通的障碍，真正开始与明朝、朝鲜交往。1401年（应永八年），义满在北山（其上有西园寺家代代相传的山庄）新建了气派的宅邸。该宅邸被称为金阁，其内建有

第九章 动乱的时代与列岛社会的转型

舍利殿，是寺院风格的宅邸。同年，义满在此举行始政仪式，由此确立了自己作为统一了武家和王朝的日本国之统治者的地位。可以说北山宅邸是对上皇的宫殿——仙洞的模仿，值得注意的是，"金"开始具有新的含义（北山文化）。至此，可以说义满名副其实地成了体现日本国王权的"治天之君"。为了增强其权威，义满于同年向明朝派遣使者。通过这次遣使，义满向明朝表明了其日本国王的地位。翌年1402年（应永九年），明朝皇帝的使节带来国书，义满被正式封为日本国王。

通过向明朝朝贡，义满借助明朝皇帝的权威使其日本国统治者的身份得到承认；通过建立与明朝的官方关系，义满把开展"勘合贸易"（即使用勘合符的贸易）的权力握于自己手中。由此，幕府得以控制大内氏和今川氏等地方诸势力独自开展的贸易以及九州西北部的海领主组织的倭寇行动。而且，通过勘合贸易，幕府可以垄断性地从明朝输入大量铜钱，进而得以控制已经深入社会的货币流通之要害。

具备这些条件后，1407年（应永十四年），义满的正室日野康子成为准母①（作为天皇的母亲），其子义嗣享

---

① 在天皇的生母去世或生母身份过于低下等情况下，指定其他女性（多为内亲王）作为天皇的母亲。准母享有与生母同等的地位，往往只是宫中例行仪式所需的一个象征。

受亲王的待遇。义满由此打开了将皇位授予义嗣、自己名副其实地成为"治天之君"的道路，却于翌年猝死，未能夺取天皇位。

"日本国王"室町将军、管领、宿老会议

义满死后，众贵族决定正式追赠他太上天皇的称号，并下了宣旨，但支持将军义持的有实力的守护、宿老的协议会——重臣会议（或称宿老会议）在管领斯波义教之父义将的带领下，决定立义持为义满的后继者、足利家的家督，辞退了上皇的称号。

可以认为，重臣会议做出如此决定无疑是为了避免因将军与天皇的权威合一而产生专制权力。重臣、宿老的主张在此起了非常重要的作用。成为重臣和宿老的是各地作为"总督"的实际统治者即有实力的守护，特别是根据门第世袭管领、侍所所司地位的有实力的守护。

将军义持和事实上的管领斯波义将立即向明朝和朝鲜派遣使者，告知义满的死讯。明成祖于1408年（应永十五年）封义持为日本国王，义持自身也在与朝鲜的交往中使用"日本国王"的称号。但是，1411年（应永十八年）明朝使者为回应义持的使者而渡海前来时，义持拒绝其入京，这使由义满打开的与明朝的正式邦交和勘合贸易暂时中断。

第九章 动乱的时代与列岛社会的转型

朝鲜太宗对"倭寇"的猖獗深感焦虑，于 1419 年（应永二十六年）以大军进攻被视为"倭寇"据点的对马（应永外寇）。对马守护代宗氏应战，双方伤亡甚多，朝鲜军队撤离。其后，朝鲜国王更替，义持与朝鲜约定镇压"倭寇"，恢复了日朝邦交。当时宋希璟作为朝鲜国王的使者来京都，并写下了《老松堂日本行录》这一影响深远的日本见闻录。

如此，在当时以明朝为中心形成的东亚世界秩序中，处于日本国王地位的室町将军在宿老会议的支持下，维持着与各地势力之间的均衡，暂时进入了相安无事的安定期。

第四节 列岛社会的文明史、民族史的转变
—— 14 世纪后半期到 15 世纪前半期的社会

货币、信用经济及人际网络

60 年的动乱中，王权和政治权力处于四分五裂的状态。在此过程中，各地独自的活动愈加活跃，极大地推动了社会整体的转变。

如前所述，13 世纪后半期以后货币经济走上正轨，钱币愈加深广地渗透到社会生活中。各地庄园和公领的年

日本社会的历史

贡在集市上出售，包括公事和劳役等负担在内，一切都被换算成钱送到统治者手中。如前所述，以贯高表示地头和御家人的得分的做法早在13世纪后半期便已出现，这一时期已经相当普遍。

缴纳钱的时候使用汇票或支票的做法也始于13世纪后半期，14世纪以后完全成了平常事。十贯文面额的汇票和支票可谓信用货币，这一时期在整个日本国内自由流通。后醍醐在这样的背景下提出纸币发行计划，可以说并非单纯模仿元朝制度，更是为应对这种信用经济发展的现实而做的尝试，虽然最终并未实现。

不言而喻，正是在以海上交通为中心的交通网取得巨大发展的背景下，由从事广域贸易的商人、金融业者、回船人及其他交通业者构成的庞大的网络促进了货币经济和信用经济的发展。当时为交易和交通的安全提供了有力保障的，是从统治者到喜欢赌博的"恶党"及被称为"海贼"的人组成的网络，也就是从拥有武力的海陆交通的领主到赌博者的组织网。

这种组织网的源流可追溯到12世纪的神人和山僧的广域组织，当时其势力强大到可以独自裁决诉讼。从13世纪末到14世纪，被称为"恶党"的组织势力极为强大，他们甚至立起了布告牌来禁止妨碍时宗的始祖一遍云游，而且该布告牌竖立了三年。同一时期的熊野海贼

第九章 动乱的时代与列岛社会的转型

则反抗北条氏对海上交通的统治，在濑户内海圈定了自己的海上地盘。北条氏试图对他们严加压制，而后醍醐政权则动员他们成为自己的武力，不过北条氏和后醍醐政权相继崩溃。在政治权力分裂的过程中，商人、回船人和金融业者依靠自身的力量有组织地管理其网络及地盘。这一时期的"倭寇"活动也正是从朝鲜半岛南部到济州岛、对马、壹岐、九州西北部和濑户内海的海上势力的活动。

当时被称为"船道者"的回船人组成了庞大的组织，该组织受自身习惯法（后来发展成《回船式目》）的制约。商人也尊重"商人道的掌故"，各地形成了由商人头领统领的独立世界。此外，这一时期的先达和道者①在组织熊野和伊势等的参拜的同时，把自身对参拜者、施主拥有的权利，即对自己的地盘所拥有的权利当作买卖、让与的对象，这些周游遍历的人对海洋和道路所拥有的独自权利也以旦那场②和卖庭等形式确立起来。

庄园、公领的经营

在这种背景下，大部分庄园和公领都落入了守护的支

---

① "道者"指参拜寺社和灵场的人，多由先达和御师指引，进行参拜。因而，此处不应该是"道者"，而应该是"御师"。参见《网野善彦著作集（第16卷）》第434页"校注十七"。
② 此处指熊野和伊势神宫的先达和御师等独占的活动范围。

日本社会的历史

配之下。这一时期守护成了地方势力，被称为"大名"。而代官则按一定的贯高承包包括守护领在内的庄园和公领，可以说他们已经成为专门的经营者了。

通常，代官应庄园和公领的统治者的要求，在年贡的缴纳期之前，或凭自己之力，或通过借贷准备好钱，并在商人处换成汇票，把钱汇给庄园和公领的统治者。为了能顺利承包庄园和公领，他们还展开社交活动，如宴请以国司和守护为首的周边有实力之人及百姓等。为了便于将来把这类支出作为必要的经费从年贡中扣除，他们把日常支出和收入记入账簿。此外，为了完成守护及其他统治者指派的动员劳役、征课段钱的任务，他们向百姓支付部分费用；为了避免守护入部①当地，他们向守护赠送一献料、酒肴料②；到了年贡缴纳期，他们看准市场行情，争取将实物年贡以高价卖出，以支票的形式缴纳年贡；到了年末，他们结算贷款的利息及一年中的其他收入和支出，制作并提交被称为散用状的结算书，接受本所（统治者）的监察。

---

① 部是地方行政区划的通称，入部指中央或地方政府派遣的国司、郡司和追捕使等官员，庄园领主派遣的预所和庄官，幕府任命的地头和守护等进入管辖区域，多用于第一次进入的情况。
② 一献料与酒肴料原本都指举行宴席的费用，但到了室町时代，一般指庄园经营者为了让幕府免除段钱等赋课而向奉行人、守护、守护代等赠送的财物，也叫作礼钱等。

第九章 动乱的时代与列岛社会的转型

请负代官之职必须具备自如地处理上述业务的能力。在这方面具有较强能力的人有被称为庄主的禅僧和山卧、拥有阿弥号①的时宗和净土宗的僧人及上人等，他们大范围地承包各地的庄园和公领，其中出现了许多"有德"——富裕起来的人。

城市和村落自治的进展

当然，这一时期的日本西部仍然存在神人、供御人等神佛直属民，他们依然从事神物、佛物的出举或者通过劝进完成土木工程。贷放"利钱"收取利息的金融活动（如"六文子"，即月利六分）逐渐增多，还出现了由"有德人"或建筑工的集团承包建筑工程的情况。

正如兼好在《徒然草》中描绘的"大福长者"那样，当时崇拜金钱如神佛的风气蔓延，旧有神佛的权威明显开始下降，取代它们的是前述禅僧、律僧、山卧和拥有阿弥号的净土宗的上人等。镰仓佛教各宗派的人从事商业和金融等活动的趋势日益显著。

实际上，土仓和借上等金融业者、被称为问丸的交通业者和仓库业者，以及各种各样的商人、手工业者等多为

---

① 阿弥陀佛号的简称。中世以后，净土宗和时宗的信徒、艺能者等取含有阿弥陀佛四个字的法号，以期得到拯救，往生极乐世界，如安阿弥陀佛、禅阿弥陀佛等。

日本社会的历史

僧人。以若狭小浜为例,道阿弥陀佛、石见房觉秀及赞岐房祐秀等山卧是借上,本阿弥陀佛、道性和宗觉是问丸,等等。1425年(应永三十二年),京都325家酒屋中有270家为僧尼所有。

在这种背景下,各地海滨、湖、潟,河川的津、泊和渡,以及内陆的集市、寺社附近等都开始形成商人、金融业者、回船人及其他交通业者、仓库业者、手工业者聚居的城市——町。15世纪也有许多地方以有实力的商人和问丸为中心形成了自治城市。

此外,庄园和公领的公文与田所等下级庄官、百姓名的名主级别的人也具备前述与货币经济和信用经济发展相适应的能力,各地出现了被称为百姓请或地下请①的村落独自处理承包业务、自主承包年贡和公事等负担的情况。这是一种广泛可见的现象,其出现的背景是村落自治的进一步强化。身处乱世的百姓面对频频更换的领主和代官,有时通过一味神水②、一揆赶走不合适的代官,有时尝试

---

① 百姓请,又名地下请。乡村的名主、百姓承包庄园的管理、年贡征收等的制度。南北朝时代以后,随着乡村制的发展,庄园领主与村落的名主、百姓联合排除守护势力,形成了由当地的农民以一定的集团或乡村为单位承包庄园的管理、年贡的征收等实务的制度。
② 一味即同心、同盟之意,一味神水是中世在村人、国人中广泛举行的结盟仪式:结成一揆、同盟的人制定规章、合同后,在神前写好誓词并将之烧成灰,掺入供于神前的水后将之喝下,发誓不违背约定。

第九章 动乱的时代与列岛社会的转型

集体逃散等手段,积极通过各种行动主张自身的地位,逐渐强化了村落的自治。

这种村落自治,通过自主管理各种水源、山林、河海的渔场以及耕地等得到保障。当时有些村落还以庄园公领制下的百姓名的名主(如称为乙名百姓、长百姓的人)为中心制定村落的村规民约。这些村落的具体形态各式各样,例如,支撑内陆山村和平地村的生业有集约经营的小规模农业,养蚕、制丝和纺织等女性从事的劳动,制纸、制作木器等家庭手工业,以及造林、木材或圆木的生产、果树的栽培、矿物的开采等;维持海村的生业有捕鱼和钓鱼等渔业、制盐、交易及极少量的田地耕作;而商村和工村则聚集了大量商人、铁匠、铸工和旋工等。这些自治性村落——村,与逐渐形成的城市——町之间保持着密不可分的有机联系。就这样,取代庄园公领制的村町制逐渐开始形成。

村和町通过村、町内部的合作或与别的村、町协作,以地方自身的力量筹集木材,由建筑工及其他人承包寺院和神社的建造、修葺。同时,住在这些村、町的小寺院和寺庵中的上人及僧侣教村民、町人读书、写字和计算。"九九"乘法口诀可以追溯到古代,而便于灵活进行各种复杂多样计算的计算器——算盘,据推测大约15世纪以后便开始使用了。作为以大名、太郎冠者、女性和山卧等为主人公的话剧,有些狂言带有讽刺贵族和武家的色彩,其产生的背景则是村和町的逐渐形成。猿乐能和茶寄合①等各种艺能也不再限于武家和贵族等统治阶层,逐渐被这些村、町居民接受,拥有了广泛的社会基础。

识字和计算等教育起初在寺院及其他场所以武士阶层为对象展开。这一时期有许多武士与前述僧侣一样,以庄园和公领的请负代官的身份管理实务。实际上,守护和幕府统治的维系早已离不开这些武士和僧侣了。

守护大名

14世纪末到15世纪初,诸国守护几乎固定为特定的大名。

当时很多大名的势力覆盖了广阔地域的全境,例如,九州的岛津氏和大友氏,四国和中国东部的细川氏,中国西部到九州北部的大内氏,山阴的山名氏,北陆的斯波氏以及东海的今川氏。也有不少大名统治着扼守海上交通的要国,其领国地跨东西,例如,三河、若狭及丹后的守护一色氏,统治甲斐和安艺的武田氏,以及统治能登、纪伊和日向的畠山氏。

与此相对,东国处在镰仓府的统治之下,室町幕府只

---

① 南北朝时代到室町中期流行的一种斗茶会。

第九章 动乱的时代与列岛社会的转型

是间接地影响着它。在此背景下,上杉氏实行强有力的分国统治,千叶、三浦、佐竹和小山等镰仓时代以来的大名盘踞各地。西国守护大名中也有人住在京都,但更多的是安排代理人——杂掌在京都,维持自身与幕府的关系,与拥有不可忽视的力量的寺社本所相对抗,为统治新形成的城市和村落——町和村而做各种努力。

守护大名首先在各自的分国设立守护代、奉行和郡代等行政机构,将具有行政管理和经营能力的武士作为官僚组织起来,同时把分国的一宫、有实力的寺院纳入自己的统治之下,以国人为被官并与之结成主从关系,以加强对分国的统治。

重要的港口设置了守护所[1]。例如,细川氏控制着和泉的堺,一色氏控制着若狭的小浜。有些守护大名认可商人、回船人和海领主(海贼)的网络,根据他们的活动授予其相应的特权,并利用他们的力量与列岛外的诸地区开展各自的贸易。

如前所述,今川了俊作为九州探题控制着九州北部,他与中国地区西部的大内氏积极地与中国大陆和朝鲜半岛进行交易,其他大名也分别向北、向南摸索同样的道路。

---

[1] 镰仓时代到室町时代,守护在其管国的居所、机构。

日本社会的历史

连接列岛内外的海上网络和五山僧

不单是守护大名,九州、中国、四国和山阴等地的海领主也逐渐形成自己的广域组织。这些海领主被称为"倭寇""海贼",他们在朝鲜王国和室町幕府的压制下逐渐形成了保障交易和航海安全的广域组织。可以说,前节所述的室町幕府的将军作为日本国王,与明朝皇帝、朝鲜国王之间的官方贸易和外交关系的形成,是三个国家力求把这些商业交易网纳入管理的表现。但实际上,其体制正是在这些海领主的网络的支持下才得以实现的。

在与中国大陆的交流中,禅僧发挥了尤其重大的作用,他们在与大陆频繁往来的过程中所掌握的语言能力和经营能力,受到幕府和守护大名的重视,这使他们对政治也拥有极大的影响力。

在幕府制定的五山十刹制度中,相国寺的地位得到保障。以相国寺为首的临济派禅僧也明显活跃起来,他们为幕府起草外交文书,从事勘合贸易,甚至在被称为五山文学[①]的诗文方面也留下了大笔文化遗产。他们在从事书籍

[①] 镰仓时代到室町时代,以京都、镰仓的五山禅僧为主发展起来的汉诗汉文的总称。其形式包括日记、语录、诗文等,以诗和四六文(骈文)为主。代表人物有一山一宁(中国赴日僧)、虎关师炼、梦窗疏石、义堂周信及绝海中津等。

第九章 动乱的时代与列岛社会的转型

出版的同时,对宋元风格的建筑、枯山水①的庭园、水墨画等文化的各个方面也产生了巨大影响。朱子学等宋学也通过禅僧真正为日本社会接受。此外,他们对社会的其他领域也产生了不容忽视的影响。例如,同属临济宗的禅僧之中有被称为"东班众"的人,他们发挥自身处理实务的能力,以"庄主"的身份广泛承包庄园和公领的经营等(前述)。

这一时期,列岛在与大陆的交易中主要出口金、铜、长刀和折扇,进口铜钱、陶瓷器和丝绸等。大量的出口给列岛内部的手工业带来了活力,而进口的陶瓷器广泛地渗透到社会之中,铜钱对列岛社会内部的货币流通产生了极大的刺激。

而且,这一时期与列岛外的交易并不限于中国大陆和朝鲜半岛。1408年(应永十五年),据推测来自苏门答腊的巨港的南蛮船抵达若狭的小浜,带来了名为"亚列进"的王给日本国王——室町将军的官方文书,以及象、孔雀和鹦鹉等礼品。1412年(应永十九年)也有两艘南蛮船进入小浜港。日本列岛各地与列岛外的交易通过各种途径广泛展开,逐渐扩大到了整个亚洲。

---

① 不使用水而只用石头与细沙碎石表现山水风景的一种庭园形式。一般以细沙碎石铺地,再加上一些叠放有致的石头,象征性地表现大自然和宗教哲理。枯山水是在室町时代传入的宋明山水画的影响下发展起来的。

日本社会的历史

琉球和阿伊努:"民族"的形成

在亚洲全境交易活跃的背景下,以与东南亚、中国大陆、朝鲜半岛和日本列岛的交易为基础,中山王统一三山后建立的琉球王国于15世纪20年代正式作为"港市国家"登场。

在东北亚,明朝的势力远及黑龙江下游,而日本列岛北部的动乱造成的津轻、下北诸势力的动摇波及北海道南部,以此为背景阿伊努的活动也活跃起来。阿伊努放弃了进一步发展农耕的方向,选择以贸易为主,在此过程中逐步实现了自身作为一个"民族"的成长。从津轻进入北海道南部(道南)的安藤氏(安东氏)与这些阿伊努人并存并反复抗争,成为一股强有力的政治势力。安藤氏以大量的馆为基础,利用港口统管交易,对室町将军自称"日本将军"[①]、对朝鲜国王自称"夷千岛王",向他们派遣使者。

就这样,这一时期在列岛社会急速文明化的同时,阿伊努和琉球等"民族"形成的动向日趋显著,社会清楚地意识到日本国的四至(支配领域),即东起外浜或"日

[①] 此处之"日本",即"日之本",是中世对虾夷地及其住民的呼称。原本指东国,13世纪以后限指日本列岛东端的虾夷千岛。室町时代,"日之本将军"成为日本国的虾夷统辖者安藤氏的称号。

第九章　动乱的时代与列岛社会的转型

本"，西达鬼界岛或镇西，南至土佐或熊野，北抵佐渡。列岛社会正在发生文明史、民族史的转变，在文明化及村、町安定化的同时，日本国国制下的社会开始出现各种各样的歧视现象。

歧视观的深化

首先，开始形成自治组织的村落和城市依然对周游、漂泊的孤立的宗教民、艺能民和工商民抱有强烈的警惕，这是歧视产生的原因之一。以据推测作于15世纪的名为《三十二番职人歌合》的职人歌合[①]为例，该歌合对各种周游民进行了描述，歌合的作者让作品中的周游民自称"贱人"，由此可看出问题之一端。

此外，赌博者也不再出现在当时的职人歌合中了。赌博者在平安朝附属于官厅，镰仓期也在被称为"恶党""海贼"的山和海的领主的网络下发挥了相应的作用。据推测，这一时期他们已经开始成为社会的阴暗面，可以认为这也与前述情况有关。

这一时期，伴随着社会文明化的进展、人与自然的关系的新变化，社会对污秽的处理方式也发生了巨大变化。过去人们把"秽"视作超越人力的可怕事物，这一时期

---

① 歌合的一种形式。咏者假托工商业者和艺能者等身份咏和歌，描绘各种职人的生业。职人歌合是社会风俗史研究的重要资料。

日本社会的历史

则只是将之作为污秽加以避讳。与此同时，认为性与秽相关的观念增强了，这与对污血秽物的忌讳相结合，整体上加重了社会对女性的歧视。

从 14 世纪到 15 世纪，与军役向土地征课也有一定关系，女性对土地财产、所领的权利几乎不再得到正式的承认。在此可以看出女性社会地位的下降。但是，在私的世界中女性未必丧失了权利，特别是对于动产，女性保持着自身的权利。这一时期，金融和工商业领域中女性的活动依然非常活跃。15 世纪中期制作的《七十一番职人歌合》里出现的 142 种职人中，僧人身份的人有 36 种，工商民、艺能民中有 34 种是女性。女性自己生产的纺织品自不待言，就连男性从山野河海中获取的许多物品也由女性在集市出售，女性必然不会轻易把通过这些活动获得的钱财交给男性。如路易斯·弗洛伊斯[1]所记录的那样，后来大概也出现了把钱借给丈夫以收取利息的女性吧。就这样，女性无疑也与僧人身份的人一样在这个领域中发挥了巨大作用。

但是，在此过程中游女的社会地位无疑不断下降。这

---

[1] 路易斯·弗洛伊斯（Luís Fróis，1532~1597），葡萄牙人，耶稣会传教士。弗洛伊斯于 1563 年抵达日本，在近畿、九州各地传教，与织田信长、丰臣秀吉及诸大名有深交，后病逝于长崎。他写了大量颇有文采的报告，还撰写了《日本史》和《日欧文化比较》。

第九章　动乱的时代与列岛社会的转型

一时期，在京都及其他各地簇生的城市中，许多游女拥有被称为"倾城局"之类的"游女屋"，这类女性被称为辻子君。过去游女集团由女性长者领导，这一时期则被男性"亭主"统管，也出现了卖身沦落为游女的人。而且，不仅是这些有"屋"的辻子君，包括不断漂泊、在道旁拉客的"立君"在内，游女被认为是从事污秽行业的女性，逐渐成为社会歧视的对象。与过去游女出入宫廷，与天皇、贵族和武将接触的情况相比，这真可谓戏剧性的变化。

立君　　　　　　　　白拍子

资料来源：「七十一番職人歌合」『新日本古典文学大系（61）』岩波書店、1993。

与此同时，社会对从事送葬等清除死秽的犬神人（这一时期也称"弦召"）、坂者、非人、三昧圣，以及从事土木工程、利用死牛死马制作皮革的河原者的歧视也加深了。这在日本西部尤为明显。河原者常常被称为"秽多"，这是一个极具歧视色彩的词，这些人生活在城

· 423 ·

市或城市性场所中。包括游女、赌博者在内，这些被歧视民的出现可以说是社会在走向文明的同时产生的阴暗面。继承了一向宗、法华宗等镰仓佛教的诸宗派向这些人传教，15世纪以后以城市为中心进一步壮大势力。

被歧视民和艺能、职能传承的成立

在这些开始受到歧视的人之中，有如千秋万岁法师那样从事艺能的人。特别是从事庭园建造、被称为御庭者（即园艺师）之类的河原者之中，也出现了善阿弥那样名垂后世的优秀御庭者。这一时期盛行的立花（花道）的发展，离不开那些继承了习于插菊的非人之血统的人。据推测，这一时期采茶客（茶摘）和街头茶贩（一服一钱）也与非人一样受到歧视，但在此前后发展成艺能的茶道与这些人不无关系。

到镰仓时代为止，猿乐者与非人一样受到歧视，尽管这一时期猿乐依然被称为"乞食之所行"，但以观阿弥、世阿弥受到室町将军的保护为契机，猿乐者巩固了自身作为艺能民的地位，将其艺能发展成"能"[1]。

---

[1] 源于散乐、猿乐，受田乐、延年等艺能的影响，14世纪到15世纪，在观阿弥、世阿弥的推动下取得巨大发展，成为延续至今的古典艺能。以歌舞为主要元素，以使用面具的假面歌舞剧为主要内容，主要在能舞台演出。

第九章 动乱的时代与列岛社会的转型

卖鱼者　　　　　　　卖索面者

资料来源：「七十一番職人歌合」『新日本古典文学大系（61）』岩波書店、1993。

就这样，出现于这个时期并在后来发展成"东山文化"的传统艺能几乎都与这些被歧视民有一定关系。可以说，对于研究这一时期的文化而言，这是必须注意的一个大问题。

而且，这些受到社会歧视、鄙视的人，往往以过去与王朝的官厅有一定关系为依据，宣扬自己艺能的传承与天皇乃至其一族有关。例如，游女中流传着游女继承了光孝天皇的皇女之血统的说法；从事卖盐的坂者、非人中则流传着醍醐天皇赐予他们特权的说法；演绎说经节①的说经师则与盲人琵琶法师一样，以醍醐天皇的皇子蝉丸这一虚

---

① 出现于中世末到近世的一种说唱故事。起源于佛教的讲经。

日本社会的历史

构的人物作为其艺能的起源。不可忽视的是,这些传说不仅在此后相当长的时间里支持着这些受歧视、受鄙视的人的心理,事实上也是使这些职能活动得到社会承认的背景之一。

实际上,铸工、旋工(木地屋)或纺织工之类的手工业者,即职人,也用与天皇和皇子相关的传说来说明其职能的起源,并以此壮大自己的组织。当时这样的传说在许多人中传播,我认为这与人们阅读的说经节和御伽草子①的内容有深厚的关系。以村町制——安定的村落和城市的发展为背景,文化也开始广泛地成为庶民之物。

---

① 出现于室町时代的一种通俗短篇小说的总称。一般配有插图,大多夹杂着较浓厚的佛教色彩,带有启蒙、教育的性质。

第十章　地方小国家的分立和抗争

第一节　社会的急剧变动及动乱向全域的蔓延
——一揆和应仁之乱

室町公方和镰仓公方

15世纪，京都王权和室町公方在重臣会议的支持下迎来了安定期，但其与镰仓府、镰仓公方之间仍然存在难以弥合的裂痕。镰仓公方以东国王权的传统为背景，每每以独立威胁室町公方。不过，镰仓公方自身也由于很早便开始与关东、奥羽的豪族反复对立抗争，长期处于不安定的状况，虽说是安定期，但其内部仍然存在诸多不安定因素。

1392年以后，陆奥和出羽归镰仓府管辖。1399年，

日本社会的历史

镰仓公方满兼派其弟满直和满贞前往奥羽，此二人后来分别被称为筱川公方和稻村公方。对此，与京都的室町公方联合的伊达氏发起了叛乱。这一时期，京都的幕府鲜明地显现出联合奥羽的势力牵制镰仓府的倾向。1416年（应永二十三年），上杉氏宪（禅秀）发起叛乱，反对镰仓公方持氏，该叛乱背后政治势力的对立构造与伊达氏叛乱相同。

氏宪的镰仓府执事（被称为关东管领）之职被罢免，其叔父满隆也对持氏不满。二人联合京都的义嗣（室町公方义持之弟，曾经被义满拟为"皇太子"），发起反对持氏的叛乱。由于当时义持支持持氏，关东诸将也大都站在持氏一边，该叛乱大体上被镇压了（禅秀之乱）。

度过叛乱危机后，持氏确立并巩固了自身作为镰仓公方的地位，他对支持氏宪的关东将领加以压制，接连讨伐，显露出专制姿态。对此，京都的室町公方加强了对持氏的警戒，把关东、东北受幕府扶持的武将作为"京都御扶持众"加以整编，以牵制镰仓公方。结果室町公方义持与镰仓公方持氏之间的对立愈演愈烈。正如醍醐寺三宝院的满济（当时深受将军即公方信任，深入参与政治，并成为准后[1]）在日记

---

[1] 即准三后。平安时代以后，赐予特定皇族、上级公卿等与太皇太后、皇太后和皇后同等的待遇（主要为年官、年爵及封户等经济方面的优待）。

(《满济准后日记》)中对双方的记述那样,京都的室町公方称骏河、信浓和越后等国为"国境",室町公方与镰仓公方之间的对立甚至到了视对方为别的"国家"的程度。

天皇、将军"换代"和社会的动摇

在此过程中,义持于1423年(应永三十年)把将军之职让给嫡子义量,但两年后即1425年(应永三十二年),年仅19岁的义量便病逝了。义持本人也于1428年(应永三十五年)身患重病,他认为如若得不到重臣支持,即使立了继承人也毫无意义,因而去世前未指定继承人。陷入困境的重臣会议最后决定以抓阄的方式挑选继承人。结果,通过石清水八幡宫神前的抓阄,从义持诸弟之中选出了已经出家成为青莲院住持的义元。

义元还俗,并于翌年即1429年(正长二年)改名义教。在该不该下旨宣布由出家之人义教担任将军之职这一问题上,天皇家与朝廷以先例为由持强硬态度[1],使幕府陷入了被动。不过,天皇家的称光天皇也于义持去世的同年去世,崇光天皇的曾孙即位为后花园

---

[1] 虽然在义教之前已经有护良亲王还俗担任将军的先例,但护良亲王这一先例被视作恶例。

天皇（后花园天皇之父是崇光之孙伏见宫贞成，他撰写了《看闻日记》）。

就这样，出人意料的是，在同一年（1428年，也即正长元年）将军和天皇都换了代。换代之际，京都、奈良和播磨等地爆发了土一揆，即当地农民的暴动，他们要求施行换代"德政"。大乘院寻尊称这次暴动为"日本开辟以来"的首次土一揆。当时畿内及其邻近诸国实施了由土一揆主导的德政。

除了这种源自社会底层的动荡之外，天皇换代之时，依然支持南朝的伊势国司北畠满雅迎请继承了南朝血统的后龟山之子小仓宫，他们追究两统迭立之约未兑现一事，发起了叛乱（后南朝）。通过太平洋沿岸的海上交通，该叛乱与关系密切的关东——镰仓公方持氏的动向相呼应，这使将军义教刚上任便不得不应对极不安定的局势。

将军义教的专制统治和镰仓府的崩溃

将军义教因抓阄上台而深感自卑，因而执政中竭力强化将军权力。他首先着手抑制管领权力，恢复评定制和引付制。此前管领凭借自身的分量，在掣肘将军的同时，还抑制重臣。义教进而抑制有实力的守护——处于可谓地方总督之位的重臣层，有力地强化将军专制。他干预有实力

第十章　地方小国家的分立和抗争

的守护家家督人选的决定，以各种理由使自己的心腹成为总领①，试图强化对原来由地方总督全权负责的各地的统治。

例如，他介入周防和长门的守护大内氏的家督之争，援助持世；到1437年（永享九年）为止，他抑制了有实力的豪族少弐氏和千叶氏等，并通过大内氏成功地平定了九州北部；他还在大和的国人支持下，联合南朝系势力，与反对他的大觉寺门迹②即其弟义昭激战，将其逼至日向，并于1441年（嘉吉元年）迫使义昭自尽。从此类事件可见义教对待叛逆者之残酷。

特别是在对待镰仓公方持氏一事上，义教采取了极为强硬的态度。持氏对义教继承将军职强烈不满，不服从已改成"永享"的京都的年号，1429～1431年继续使用"正长"这一年号，坚持主张自己为不同于京都室町公方的另一个王权。对此，义教于1432年（永享四年）借游览富士山之名带领军队直捣骏河，向持氏施压。持氏因此改用京都的年号，但持氏与主张同京都和解的关东管领上

---

① 原指一人领有整个所领，后指中世武士集团中继承家督之职统率一族庶子的嫡子。总领制随镰仓幕府的成立而确立。总领作为统一向幕府缴纳公事的责任人，根据公田的大小，向领内的名主及一族分配征收额进行征收，之后权限大至对庶子的统治权、军事统率权及祭祀权等。
② 指皇子、贵族等居住的特定寺院或该寺院的住持。

杉宪实对立,并将其赶下管领之位。

对此,义教于1438年(永享十年)请后花园下纶旨,凭借"治罚之圣旨",率大军进攻东国。被击败的持氏出家求和,义教不同意,最终迫使持氏自尽。持氏之子春王和安王两人躲藏于与持氏有深交的结城氏朝处,高举反叛义教的旗帜。义教命上杉宪实攻打他们,最后于1441年击败氏朝,杀害了春王和安王。于是,镰仓府一时溃灭,继承了东国王权的关东一时失去了中心。

此前,义教已经接连处罚了违背其意的公卿、神官、僧侣和女房等。特别是1433年(永享五年),山门众徒反复强行向义教申诉裁判不当,义教假意请来他们的主谋并将之斩首。面对义教如此残酷的处置,愤怒的山门众徒于根本中堂自焚(山门骚动)。

将军遭暗杀和德政令

义教如此专制,当时的公卿真可谓"万人恐惧",其残酷的统治,令许多人胆战心惊。

义教甚至不惜使用暗杀手段,按一己之意改变守护的家督、总领职。播磨国守护赤松满佑对义教的这种做法深感恐惧,于1441年6月设酒宴把义教邀至自己宅中,并在酒宴中斩杀了义教(嘉吉之变)。满佑随后据守播磨城不出。细川氏和山名氏等重臣请求后花园下纶旨,最终在

第十章　地方小国家的分立和抗争

三个月后消灭了满佑。

此前的三个月中，近江的马借以突然的换代为由，掀起暴动。以此为契机，要求德政的土一揆在京都周边爆发，其规模较正长土一揆还大，京都被固守寺院的土一揆包围。发起土一揆（德政一揆）的是国人、地侍及与其相结合形成了自治村落的总百姓，他们要求勾销债务、无偿返还抵押地和买卖地。国人、地侍由于向与山门有关系的土仓、酒屋和禅宗寺院的僧侣等金融业者借钱而负债，不得不把田地、房屋以及工具等动产典当、变卖。这本身就说明了货币经济已经深深地渗透到社会中。而且，土一揆（德政一揆）发生的背景是"地发""地送"等自古以来根深蒂固的观念，即人们认为应使暂时从原主手中转移到他人手中的土地回到原主手中、恢复原主与土地的关系。可以说土一揆追求社会的彻底改变，他们躲入可谓圣域的寺院反抗幕府，遭到幕府攻击便采取自焚的手段与之对抗。当时经常有寺院因土一揆而遭焚毁。

面对这些土一揆，幕府最终不得不发布德政令。几经周折后，除了禅宗寺院的祠堂钱、熊野和伊势的上分钱等神物、佛物，幕府同意无偿返还本钱返①的土地、规定年

---

① 中世、近世出现的一种不动产买卖的形式。卖主偿还价款即可买回该不动产。具体又分为随时都可买回、一定期限内不买回就丧失买回权利，以及过了一定期限才可买回等不同类型。

限的已售地或买卖地,并撕毁钱款的借据等。

由此可见,京都和镰仓已经丧失了政治向心力,各地真正走向分裂,社会显然正在进入又一个动乱期。

动乱的序幕

动乱首先起于关东。这一时期的管领上杉宪实总管着失去了镰仓公方的关东,他因厌烦社会的现状而把自己的大部分藏书捐献给足利学校,开始隐居。足利学校作为教育机关的功能由此得到极大提升,宪实则于不久后开始了周游列国的旅行。

室町公方未能阻止宪实隐居,最终同意立持氏的遗子成氏为镰仓公方。成氏于1449年(宝德元年)进入镰仓,得到宪实之子、关东管领宪忠的支持,镰仓府呈现出重建的迹象。

但是,成氏重兴镰仓自己的仪式和活动,以东国王权长期的传统为背景,开始表现出脱离京都而独立的倾向,同时与管领上杉氏对立。1454年(享德三年),成氏派与上杉派在关东开始了全面战争,翌年,镰仓被烧(享德之乱)。此后东国进入分裂和动乱的时代,各地走向独立。

京都方面,义教去世后,年幼的义胜于1442年(嘉吉二年)成为将军,但翌年便去世,义胜之弟义政成为

第十章 地方小国家的分立和抗争

公方。为了与移居古河的成氏对抗,义政于1457年(长禄元年)把其弟政知安排到伊豆的堀越(堀越公方),试图平息动乱,但在重臣相互对立的情况下,重臣会议无法达成共识,政治陷入了停滞状态。

在此期间,义胜和义政的生母日野重子、义政的乳母今参局(御今)以及不久后成为义政之妻的日野富子三人对政治的干涉介入突出起来。撰写了《樵谈治要》的摄关家的一条兼良主张积极肯定这种女人政治。我认为,女性拥有政治发言权的背景在于当时的社会中女性凭借对动产和货币的所有权,开展金融活动,拥有独自的财力。

这一时期,幕府财政由五山的禅宗寺院支撑着。如前所述,当时称为"庄主"的东班众非常活跃,他们专业承包各地庄园及公领的经营,积攒资金,并用这些资金从事金融活动。禅僧以这样的财力为背景,也积极地参与政治。相国寺鹿苑院的季琼真蕊便是其中一人,他起草过对明外交文书,撰写了《荫凉轩日录》。

当时掌握着幕府财政的是政所。政所执事伊势贞亲也与季琼真蕊一同干预守护家的人事及将军的继承人问题。结果,将军家、有实力的守护家内部纷争不断,重臣会议——宿老寄合的分裂加深,其机能丧失殆尽。特别是作为管领家之一拥有极大权力的畠山家,在掌握实权的畠山持国死后,其子义就与得到细川胜元(同是管领家）支持的持国的侄子政长之间的对立激化。这两派经常在京都周边地区交战。正当其时，京都周边发生了严重的饥馑（1461年，即宽正二年）。劝进上人愿阿弥热心地推进救济活动，但是仍有许多人饿死，社会的动荡越发剧烈。

在另一管领家斯波家，义敏和义廉围绕家督之位起了纷争。接着，将军义政之弟义视与义政之子义尚之间的对立也加剧了。在此过程中，伊势贞亲和季琼真蕊于1466年（文正元年）拥立义尚，试图暗杀义视，但阴谋暴露，二人被驱逐出幕府政权。此后，重臣中最出风头的细川胜元与山名持丰的派阀之争白热化，两人之间的裂痕早已无法弥合。

应仁、文明之乱

1467年（应仁元年），畠山政长与畠山义就的军队在京都御灵社近旁的御灵林开战。以此为导火索，胜元派的东军与持丰派的西军以京都为战场展开激战。结果，到翌年为止，京都的大半被烧毁。继东国的镰仓被烧之后，西国的中心城市京都也遭毁灭，日本西部亦完全丧失了政治中心，动乱波及西国诸国，各地建立独立的权力——小国家的活动活跃起来。

第十章 地方小国家的分立和抗争

在这场战乱中,以京都为中心,被称为"足轻"[①] 的持长枪的步兵集团引人注目。该军团继承了过去"恶党"的传统,以京都及其周边地区的流动城市民、城市百姓为基础,其活动对两军的战斗产生了巨大影响。此后足轻成了各地战斗中必不可少的力量,他们在战争的混乱之中大肆掠夺、横行。

在军团及战争的实质发生变化的同时,细川胜元的东军与山名持丰的西军之间的战争,以京都为中心,扩展到其周边地区、畿内诸国。起初东军占有优势,但周防的大内政弘加入西军以后双方变得势均力敌,包括各自领国内的战斗在内,双方进退反复,陷入了胶着状态。

到了这一时期,越来越多的公卿贵族离开荒芜的京都,他们或投靠各地大名,或自己成为地方的权力中心,例如,土佐的一条、伊予的西园寺及飞驒的姊小路等。大量寺社被烧毁,京都成了废墟。不过,1473 年(文明五年),山名持丰(宗全)与细川胜元相继病亡,战火渐熄。1477 年(文明九年),畠山义就撤出京都,京都的战乱暂时平息了(应仁、文明之乱)。

[①] 平时服杂役、战时作为步兵参战的人。南北朝时代,足轻开始在集团战中登场;战国时代普遍接受弓、火绳枪的训练,作为步兵集团被正式编入部队;江户时代,足轻成为最下级武士。

· 437 ·

战乱中，义政推进东山山庄的建造（慈照寺，通称银阁寺），向诸国大名征课建造费用，但几乎无人响应，后来转而向山城国内的庄园和公领征课才得以实现。从此事也可以看出，全国范围内的统治权自不待言，就连在西国、畿内的范围内，室町幕府也丧失了统治权。

不久后，以山城国爆发的一揆为始，各地总国一揆此起彼伏，各地真正开始通过战争确立各自的地方权力。

第二节　分立的地方小国家

"夷千岛王"安藤氏和北方众领主

1482年，朝鲜国王成宗之处来了"夷千岛王遐叉"的使者。该使者进献了海带、"马角"（抑或驯鹿的角？）和纺织品，请求赐予《大藏经》。由于不了解该"王"的实际情况，朝鲜国王未做回应。可以说，这样一个与当时称为"夷千岛"的北海道有关的自称"王"的人物的出现，充分反映了北海道的新动向。

当时的东北北部，号称"日本将军"的安藤（安东）氏以十三凑为根据地盛极一时。最近的考古发掘结果表明，十三凑港颇具实力，甚至可谓北方的博多。1442年，受到在北奥羽拥有强大势力的南部氏的攻击后，安藤氏向

第十章 地方小国家的分立和抗争

北海道南部迁移，并在松前和函馆等地建造了大量的馆。这些馆以上之国的胜山馆为代表，包括安藤氏家臣的馆在内，为数甚多。安藤氏的这些活动引发了与当时正积极地和东北亚大陆开展贸易的阿伊努之间的纷争。1457年（长禄元年），安藤氏与以胡奢魔犬①为首领的阿伊努之间爆发了战争。

战争因胡奢魔犬的战死而平息，阿伊努人与本州人就交易地盘达成了协定。当时以背靠夷王山的胜山馆为首，建于丘陵之上的馆俯视着北海道南部诸港。诸港呈现出与亚洲大陆交易活跃的繁盛景象。据推测，代表这种政治势力的安藤氏被称为"夷千岛王"。

与安藤氏相对，蛎崎氏（后来的松前氏，据称其与若狭国守护武田氏同族）以胜山馆为据点逐渐扩张势力。最近的考古发掘结果表明，曾有大量中国青瓷和白瓷输入胜山馆，由此可知蛎崎氏实力之雄厚。胜山馆中也杂居着阿伊努人。据此可以推测，当时阿伊努人与本州人、安藤氏等之间的关系仍然具有和睦的一面。这一时期，阿伊努把以虾夷锦为代表的北方特产带入日本列岛，从事与东北

---

① 胡奢魔犬（？～1457），也写作"胡奢魔狄"、"胡奢麻尹"或"胡奢魔尹"，阿伊努的首领。1457年，胡奢魔犬率众反抗开始定居渡岛半岛南部的日本国人的压迫，并于同年战死。

日本社会的历史

亚大陆的中转贸易,这种贸易被称为山丹贸易①。在此过程中阿伊努逐渐整合成了几股政治势力。

在北奥羽,赶走安藤氏的南部氏壮大成了一股强大的势力,但是秋田依然设有安藤氏一族的根据地。安藤氏被称为北方的海领主,以沿海地区为中心,此后也长期保持着其影响力。在南奥羽,国人结成一揆,为维护自身地位而不断抗争,其中,会津的芦名氏很快便发展壮大,进入16世纪后伊达氏也逐渐壮大起来。

独立的战国大名

在北关东,镰仓、室町时代以来的豪族诸氏都在当地扎下了根。例如,常陆的佐竹、下野的宇都宫和小山、下总的结城以及安房的里见②等。在武藏、相模和伊豆等南关东,后北条氏于16世纪建立了强大的领国。

新九郎盛时(后来的长氏、北条早云)是室町幕府

---

① 连接黑龙江下游与库页岛、北海道的贸易。黑龙江流域、库页岛的北方诸民族以貂皮及其他毛皮类换取锦、青玉等。特别是被称为山丹人的黑龙江下游地区的乌尔奇人,渡海到库页岛南部与库页岛阿伊努开展贸易,或者到北海道宗谷地区进行交易。库页岛阿伊努也与清朝进行朝贡贸易。宗谷阿伊努有时也到库页岛开展贸易。
② 里见氏(义实)是在享德之乱(1455~1483)时,由镰仓(古河)公方足利成氏派往安房的,当然该氏有可能在战国时代之前便与安房有关系,但迄今为止尚未得到确认。参见《网野善彦著作集(第16卷)》第434页"校注十八"。

第十章 地方小国家的分立和抗争

的政所执事伊势氏的同族,他于1487年(长享元年)以今川氏家臣的身份拥立今川氏亲为家督,于1493年(明应二年)消灭伊豆的堀越公方政知之子茶茶丸①,在伊豆韭山自立。紧接着,早云又在上杉氏内部扇谷上杉与山内上杉起纷争时,乘机攻占了相模的小田原城,并进入镰仓,进而于1516年(永正十三年)消灭三浦氏,控制了相模,露出攻入武藏之势。早云之后,其子氏纲继承了东国王权的传统,自称北条氏的家督(被称为后北条氏),联合控制着下总和常陆部分地区的古河公方,于1525年(大永五年)拥立足利义氏为公方②,在南关东建立了强大的领国。

与此动向相对抗,骏河今川氏的氏亲把势力从远江扩张到三河,在征服地开展检地,确认国人的土地领有权,并于1526年(大永六年)制定《今川假名目录》作为应对新时代的裁判规范,逐渐建立了独自的领国。至于甲斐国守护武田氏,到16世纪前半期为止,其一族和国人由

---

① 近年的研究表明,1493年以后茶茶丸仍坚持抵抗,此后早云又花了不少时间才将伊豆全境纳入其统治之下。参见《网野善彦著作集(第16卷)》第435页"校注十九"。
② 北条氏纲于1539年将女儿嫁给古河公方足利晴氏,促进自身与古河公方的联合,1541年其女与晴氏生下梅千代王丸(后来的义氏)。而且,晴氏于1552年将家督之位让于义氏,义氏成为公方,因此,拥立的时间也许应该为1552年。参见《网野善彦著作集(第16卷)》第435页"校注二十"。

· 441 ·

日本社会的历史

信虎统治着，信虎于1519年（永正十六年）把居城设于府中（躑躅崎馆），却遭家臣叛离。继任家督的信虎之子晴信（信玄）制定名为《甲州法度之次第》的分国法，确立了领国的统治体制。晴信开始进攻国人分立于众多小盆地而尚未统一的信浓，控制了诹访，进一步北上，于16世纪中叶开始与南下的越后的长尾景虎正面对立。

在越后，守护代长尾氏在越后国守护上杉氏（关东管领家的同族）手下逐渐扩张势力，在国人之中占据了优势地位。1560年（永禄三年），景虎（谦信）向关东出兵攻打北条氏，进入了镰仓。翌年，景虎接受了当时的关东管领上杉宪政让给他的上杉家家督和关东管领的地位，一如既往地保持与东国王权的联系，同时以越后为中心建立政权，与武田氏对抗开始南下，并呈现出西进北陆之势。

在邻接今川氏领国的尾张，守护代织田氏竭力在一族和国人分裂的状况下建立领国。进入16世纪后半期后，终于由信长平定了国内。在此之前，在美浓守护土岐氏的家督之争中，守护代斋藤氏逐渐抬头。油商出身的斋藤氏家臣长井新九郎利政在16世纪前半期成为守护代家，不久后便赶走守护土岐氏，取名斋藤道三，巩固了其作为美浓国主的地位。

此外，在通过太平洋的交通与东国保持着密切联系的

第十章 地方小国家的分立和抗争

伊势，北畠氏建立了领国。在近江，与守护佐佐木氏同族的六角氏在湖南①自立，同样与佐佐木氏同族的京极氏的家臣浅井氏在湖北自立。当时，净土真宗势力以一向一揆为背景，在这些西国的地方势力——"小国家"之间，作为独立的宗教势力在政治上也发挥着重要作用。

莲如和一向宗

在14~15世纪这一阶段，净土真宗遭时宗抑制，未能扩大传教范围，但通过15世纪中期本愿寺法主莲如的布教，其传教范围迅速扩大。莲如在应仁、文明之乱中，为逃离山门的压制，把根据地从京都的大谷转移到近江的坚田，进而又转移至越前的吉崎，把传教范围扩大到包括坚田、吉崎在内的西国的城市或具有城市性质的场所。净土真宗取代14~15世纪流行的时宗，广泛地渗透到城市民——商人、手工业者及回船人等群体中。

与时宗主张善恶皆可得救的一元论相对，真宗以善恶严格对立的观点为思想前提，得到这一时期开始遭社会歧视的一部分职能民、艺能民和女性的广泛支持，逐渐壮大为强大的势力。

莲如于1478年（文明十年）在山科建立本愿寺，并

---

① 此处的"湖南"与下文的"湖北"的"湖"均指近江国的琵琶湖。

移居该处。真宗的道场寺院陆续在诸国的城市或具有城市性质的场所中建立。例如，摄津的石山、和泉的贝冢、近江的长浜、伊势的长岛、安艺的广岛以及飞驒、越中和能登等地。特别是在加贺，真宗取得了百姓和国人的广泛支持。1488年（长享二年），身为一向宗门徒的国人、百姓发起一揆，消灭了守护富樫氏，并以郡的组织为基础控制了加贺一国。他们的势力还扩张到越前。越前的战国大名为朝仓氏，他取代守护代，把越前变为自己的领国，设根据地于一乘谷。此时朝仓氏图谋与一向宗门徒妥协，以维持自身的统治。除朝仓氏之外的畿内近国的地方权力也都以一定的形式应对这些宗教势力。

实际上，以大坂石山的本愿寺为首，各地真宗寺院在其周边地带（即"境内"）建立了免除租税、享有不落实德政之特权的自治性自由城市——寺内町，得到了工商业者等城市民的有力支持。法华宗即日莲宗也主张肯定工商业等非农业，同样也对城市民——工商业者拥有极大的影响力，其与真宗展开激烈的竞争，甚至发展为对抗。1532年（天文元年），有关畿内的一向一揆对法华宗发动攻击的谣言一传出，以京都的町共同体的成员——町众为主力、以法华宗寺院为核心的法华一揆与一向一揆之间展开了激烈的斗争，法华一揆烧毁了山科本愿寺。

第十章　地方小国家的分立和抗争

当时的京都是以上京、下京的町组①为单位的自治性城市。法华一揆以此为基础，成为政治势力。1536年（天文五年），京都的法华一揆遭到山门攻击而败北，并由此衰弱（天文法华之乱）。

港市堺与日明贸易

真宗与法华宗在畿内及其邻近诸国相争之际，细川氏与大内氏也围绕着畿内诸国展开了激烈的斗争，两组对立交织在一起。当时细川氏控制着四国和中国地区东部，大内氏控制着中国地区西部和九州北部，两氏围绕将军的地位、濑户内海的海上支配权及勘合贸易（与中国大陆的官方贸易）的主导权展开了激烈的竞争。两氏取代15世纪派出遣明船的大寺社，成为贸易的主体，而和泉的堺正是两氏争夺的焦点。1508年（永正五年），大内义兴进入堺，拥戴足利义稙为将军。1518年（永正十五年），义兴一返回领国，细川高国便拥戴义晴为将军取代义稙。与此相对，义晴之弟义维以堺为据点，被称为"堺公方"，得到阿波的三好元长及其他人的支持，其势力逐渐壮大乃至被称为"堺幕府"。堺既是濑户内海海上交通的要冲之

---

① 町的联合体。特别指中世末期到近世京都的町的联合组织，町组定期召开会议，讨论文书的管理、当班町的选出、仪礼及町组费用等问题。

地，也是细川氏的遣明船的航路即经由土佐到九州的南海路的起点，是围绕勘合贸易展开的争夺之焦点。而细川氏与大内氏之间的激烈竞争，同时也是承包贸易船的堺商人与博多商人之间的竞争，这一竞争甚至波及中国宁波。

1523年（大永三年），宁波发生了细川方派遣的船只攻击大内方派遣的船只的事件（宁波之乱）。结果，明朝加强了海禁。此后的一段时间内大内氏依旧派遣勘合贸易船只，但1547年（天文十六年）派出最后一次遣明船（第十九次）后，与中国大陆开展的官方贸易便终止了。取而代之的是民间贸易的再次兴起。"倭寇"对抗趋于严厉的明朝的海禁政策，其活动越发频繁。这一时期的"倭寇"形成了庞大的网络，除涉及中国大陆南部沿海地区的中国人外，还包含日本列岛的壹岐、对马、从九州北部到九州南部以及和泉、纪伊一带的商人。

日本银的大量输出和后期"倭寇"

至于与朝鲜的关系，15世纪中期朝鲜国王举办某一庆事之时，除幕府的使者外，包括自称"海贼大将"的人在内的日本西部的海领主们也分别派遣了使者。这说明日本列岛与朝鲜半岛通过海洋展开了活跃的交流。特别是大内氏，他们追溯自己的祖上来自朝鲜，活跃地与朝鲜展开贸易。但是，居留于朝鲜半岛"三浦"——乃而浦、

第十章 地方小国家的分立和抗争

富山浦和盐浦的"倭人",即"恒居倭"①与对马的宗氏相呼应,于1510年(永正七年)发动叛乱(三浦之乱),抵抗朝鲜的贸易统制,最后被镇压了。以此为契机,朝鲜政府进一步强化贸易统制,1512年(永正九年)缔结的《壬申约条》使日朝贸易的贸易额缩减到原来的一半。当时日朝贸易中日本主要输出铜钱,并从朝鲜大量进口棉布。以这一时期为分水岭,日本列岛与朝鲜半岛之间的官方贸易衰退了。当时与朝鲜半岛开展贸易的不再是大内氏,而是被称为"倭寇"的广大地区的海领主和商人。山阴的尼子氏也通过美保关等港湾与朝鲜半岛进行交易,并掌控了中国地区山中的铁矿,于16世纪前半期在山阴建立起了足可与大内氏相抗衡的强大的领国。

1540年(天文九年),尼子晴久(诠久)入侵安艺国,进攻郡山城的毛利元就,结果败退。大内军趁机攻打尼子氏,但于1543年(天文十二年)败于尼子氏。夹在尼子氏和大内氏之间的毛利氏壮大了势力。

1551年(天文二十年),大内义隆被重臣陶晴贤杀害,大内氏灭亡。1555年(弘治元年),毛利元就在严岛击败陶晴贤,进而消灭尼子氏,控制了中国地区一半以上

---

① 室町时代居留于朝鲜半岛三浦的日本人,主要为对马岛民。恒居倭在三浦从事渔业、农耕,往往也充当走私贸易的中介。1512年恒居倭被禁止。

的地方。而且，当时白银已经成为世界贸易的通用货币，而毛利元就掌控了大量产银的石见银山，巩固了自身的经济基础。

特别是16世纪前半期，1533年（天文二年）前后采用新的精炼技术"灰吹法"之后，以石见银山为首，日本国内白银的产量剧增。最近的考古发掘结果表明，当时石见银山已经发展成繁荣的矿山町。大量日本银越过海洋输往朝鲜半岛和中国大陆，对东亚乃至欧洲的经济产生了巨大影响。

四国方面，细川氏的家臣三好氏拥有强大的实力。16世纪中期前后，土佐的长宗我部氏的实力逐渐增强。据推测，这是由于长宗我部氏控制了以堺为起点的交易路——南海路。

长宗我部氏与九州的关系也相当密切，不过，16世纪中叶的九州处在大友氏和岛津氏这两大势力的控制之下。大友氏以丰后为根据地，势力遍及九州北部到肥后一带；岛津氏则控制了九州南部的萨摩、大隅和日向。肥前则活跃着各股与海洋相关的势力，例如，松浦、龙造寺、大村和有马诸氏。

这一时期，琉球王国的国王掌控着朝鲜、日本、明朝及东南亚之间的中转贸易，并以此为基础努力调整统治制度。琉球王国虽然使用中国大陆的年号，却通过用平假名

第十章 地方小国家的分立和抗争

写成的"辞令书"统治奄美大岛到先岛一带。而日本方面以堺的商人为首,出现了不少与琉球开展贸易的人。但是,进入16世纪以后,岛津氏排除其他势力,以抑制了堺商人的"琉球征服"为由接近琉球,试图独占琉球贸易。

与此相对,大友氏则与肥后的相良氏和肥前的松浦氏一样,积极地与中国大陆开展贸易,这一时期他们与以五岛列岛为据点之一的"倭寇"首领王直也有交流。1553年(天文二十二年)以后,以王直为首的"倭寇"蜂起抵抗明朝强化海禁的政策(嘉靖大倭寇)。中国的江南以及日本的九州、纪州和和泉等地都有人参与其中。王直以这样的势力为背景,在平户和五岛拥有自己的据点。就这样,海领主和商人等海上势力以东海、玄界滩和日本海西部等广大海域为基础形成了紧密的网络,以此抵抗来自明朝和朝鲜等以陆上秩序为基础的国家的压力,活跃地进行前述贸易,即输出列岛的白银,输入大陆的生丝和半岛的棉布。与此同时,人与人之间的相互交流也越发频繁了。

王直乘坐的葡萄牙船在1542年(天文十一年)及翌年到达种子岛,首次将火绳枪传入日本列岛,这也是依靠上述网络实现的。此后不久,纪伊与和泉等地便开始制造火绳枪。这反映出中国大陆与九州、纪伊与和泉之间在技术方面交流之密切。就这样,火绳枪很快便传播到了日本全国,对那个时代的战争产生了巨大影响。

日本社会的历史

大航海时代：处于岔路口的列岛社会

1549年（天文十八年），耶稣会创始人沙勿略[①]与来自九州南部的安次郎（也称弥次郎）一同乘船到鹿儿岛，开始向列岛传播基督教。岛津氏禁止基督教传教，但沙勿略得到平户的松浦氏、山口的大内氏和丰后府内的大友氏的同意，开始在日本列岛传教。不久后，加斯帕·维雷拉[②]和路易斯·弗洛伊斯等传教士也渡海而来，以西国为中心积极地传教。

受这些动向的影响，西彼杵半岛的大名大村纯忠成为基督徒，并捐献长崎作为教会领，这使耶稣会得以将之发展为重要的据点。

由此，九州各地港口开始积极地与葡萄牙开展贸易，基督教与真宗和日莲宗展开激烈的竞争，在港町等城市或城市性场所建立教会，力求扩大传教范围。16世纪后半期，征服

---

① 圣方济各·沙勿略（St. Francois Xavier, 1506~1552），西班牙人，天主教传教士，耶稣会的创建人之一。受葡萄牙国王若昂三世派遣，以罗马教皇保罗三世使者的名义先后到印度、新加坡等地传教。1549年在日本鹿儿岛登陆，首次把天主教传到了日本。后决心到中国传教，并于1552年在广东沿海的上川岛登陆，不久后病故该地，中国内地之行未果。
② 加斯帕·维雷拉（Gaspar Vilela, 1525~1572），葡萄牙人，耶稣会士，日本基督教史上最早的传教士之一，1556年在今大分县登陆，开始在日本传教。1559年前往京都，随后以畿内为中心传教。在其影响下，高山反照、高山右迈父子受洗。他于1570年前往印度，1572年病殁于印度果阿。

· 450 ·

第十章 地方小国家的分立和抗争

了美洲大陆的西班牙人开始征服菲律宾。包括商人在内，日本列岛也有许多人乘船到菲律宾及东南亚其他地区，并在各地建立了日本街。据推测，他们的足迹甚至远及美洲大陆。

　　这一时期，从欧洲大陆、亚洲大陆到美洲大陆，东西方之间开始了超大规模的人和物的交流（大航海时代）。置身于这种大潮之中的日本列岛站到了岔路口，或者顺应这种趋势，各地区独自促进自身与列岛外的交流，或者克服列岛内的权力分立，将本州、四国和九州置于统一的体制之下，统一管理这种交流。

第三节　16世纪的社会

北海道的砦[①]、琉球王国的城[②]、日本国的城

　　16世纪的北海道在可以俯瞰河海的丘陵或海角修建

---

① 北海道的砦，阿伊努语称"casi"，日语音译为"チャシ"，阿伊努社会中主要建于视野开阔的高地之上的设施，主要分布于北海道和东北诸县，大约建于16～18世纪，现存近500个遗址。不少研究者认为阿伊努社会的砦具有多种用途，起初主要用作祭祀场所，具有较强的圣域色彩，后来因阿伊努社会内部地缘集团之间的紧张关系以及阿伊努与松前藩的对立，而逐渐开始用作军事设施。
② 琉球王国的城，琉球方言称"gusuku"，日语音译为"グスク"，日文假借字为"城"。多建于可以俯瞰海的丘陵之上，规模大小各异，由石墙或水渠与周围隔开，具有祭祀、军事功能。它们主要建于12世纪至15世纪初，分布于琉球列岛全境，总数有二三百座。

・451・

日本社会的历史

了特别的建筑——砦，它们既是圣域又是栅垒。据推测，同一时期阿伊努的英雄叙事诗《尤卡拉》[①]完成了，阿伊努的"民族意识"明显在逐渐增强。也许可以认为，其背景在于阿伊努很早便开始与东北亚大陆和北海道南部及本州东北地区保持着密切的交易、流通关系，他们甚至被称为"从事贸易的民族"。

在琉球王国，由被称为"按司"的首领建造的城也成了其统治的基础。这些城与砦一样，也建于可以俯视大海的山冈、山顶上，是由石墙及其他元素构成的建筑。而且在多数情况下，城同时也是被称为"御岳"的圣域，由祝女[②]在这样的御岳上举行神事。祝女举行的神事在琉球的国政中发挥着极为重要的作用。

同一时期，即从15世纪至16世纪，本州、四国和九州的日本国各地也广泛修建了大量的城。这些城建于山丘之上或海角的前端，俯视着河海或道路，同样也具有圣域的性质。战乱之时，城可供城周围的村民、町人避战固守，而且是道路和港口的哨岗、警备所或栅垒。领主控制

[①] 尤卡拉，"yukar"，日语音译为"ユーカラ"，阿伊努民族的说唱叙事诗，包括神谣与英雄词曲。神谣以自然神、人文神为主人公；英雄词曲以少年英雄为主人公，以主人公的外出远征为主题。有观点认为，英雄词曲形成的背景在于阿伊努社会与鄂霍次克文化人群的对立。

[②] 指在日本的西南诸岛各地的集落中主持部落公共祭祀的女性祭司，其身份是终身制的、世袭的。

第十章 地方小国家的分立和抗争

着这些具有圣域性质的场所,修建并管理城郭,以保护村民和町人,从而得以维持自身作为统治者的地位。

实际上,战乱中军队掠夺财物、生擒女人和孩子的行为极其常见。军队闯入村町之时,村民、町人为了防卫而聚集到一起举行一味神水仪式,采取共同行动。他们有时采取"筱引"的手段,即用竹子和柴草把房子装饰成圣域,拒绝领主的军队入侵;有时则离开家园集体逃跑,躲入作为圣域的山林和城中,抵抗军队;有时使用武力击退军队;还有的时候他们自己也加入战时的掠夺。到了16世纪,日本列岛全境在激烈的战乱中形成了自治的村、町,以村落和城市的自治为基础,村人和町人中出现了上述新动向。

"公界"和"无缘所"

村和町向领主承包年贡和公事(村请),制作与领主的账簿不同的村、町独自的账簿。他们筹措村町自治得以成立、维持所必需的费用(例如,给周边领主的酒肴料和一献料等),独立负责村、町的财政和经营。而且,村中各种仪式和活动、神社的祭礼以及寺院的佛事等也都以村落自治的形式组织开展,自治体有时甚至拥有总有[1]或

---

[1] 共同所有的一种形式,指森林和牧草等归村落共同体共同所有,处置、管理的权限属于共同体,收益的使用权属于团体的成员。

日本社会的历史

共有财产。村落的公共费用以家役的名目从组成村落的百姓家筹集。此外，针对村、町内所发生的犯罪，当时已经确立由村町自行处罚的"自检断"方式。这类村町的自治体称为"总中"、"老若"和"公界"等，它们利用沟渠、土垒和河海等加强其领域的防御，同时也区别于其他地区。

而且，总中和老若等常常备有其作为自治体的图章、印章。和泉的堺、山城的山崎、伊势的大凑和宇治山田等，这类带有"公界"性质的自治城市簇生于日本列岛的沿海地区和交通要冲。这正是16世纪的情况。当时，与这类村、町的仪式、活动及日常生活相应，茶道、花道、能、田乐和相扑等艺能也得到了发展。

此外，当时各地广泛出现了与这些村、町关系密切的、被称为"无缘所"的寺院。无缘所没有土地和所领，因而与世俗的领主没有关系。其经济依靠与土地无关的商业、金融维持。例如，使用称为祠堂钱的佛物开展金融活动，利用通过劝进得来的供奉品和资金创办事业、从事交易等。因此，这类无缘所多为大寺院，而且往往带有圣域、驱入寺[①]的性质，犯人若逃入其中就不能追捕了。

无缘所中有许多寺院延续了时宗、日莲宗和禅宗等镰

[①] 也叫缘切寺。拥有特权帮助为丈夫的恶行或被迫结婚所苦而求助的女性的尼寺。女性逃入这类寺院后在其中劳动满一定期限，即可获准离婚，其丈夫及他人对此不得有任何异议。

第十章 地方小国家的分立和抗争

仓佛教的源流，真宗寺院虽然不叫"无缘所"，但可以说其寺内町也具有与无缘所相同的性质。有必要注意的是，这一时期的城市或工商业者与佛教的这种新动向之间具有非常密切的关系。

城市中这类寺院相当多，前文所举的以堺为首的许多自治城市都被称为"十乐之津"等，称作"所"或"宿"等的城市整体都带有圣域的性质。16世纪可以说是各种各样的自治势力拥有强大力量的时期，例如，这类町的联合、寺院的结合以及统治自治村的领主的一揆等。

"地盘"的管理和习惯法

以这样的村、町为背景，回船人、海运业者和商人等也开始自主管理各自的地方网络和"地盘"。如前所述，商人也拥有卖庭、立庭等地盘，回船人、海领主也在各海域确立了他们的地盘。

以琵琶湖为例。曾经是鸭社供祭人兼回船人的坚田武士把琵琶湖全境作为其地盘，掌握着琵琶湖的管理权。载着以坚田武士为"上乘"[①]的回船和商人获准在琵琶湖上通行，但是面对不向坚田支付礼钱、关钱的船只，坚田武士则摇身一变成为"海贼"，将之扣押，有时甚至杀害全体船

[①] 受货主委托管理货物，乘坐装载货物的船只与货物一起前往目的港的人。

日本社会的历史

员。琵琶湖的湖上交通由坚田武士严格地管理着,这同时也可视为琵琶湖的回船商人的独立网络、地盘的存在方式。

濑户内海、日本海、九州以西的海域,以及从伊势海直至东国的太平洋海域上,随处可见海领主、回船人的活动,他们在各海域确立了自己的地盘。例如,在濑户内海的西部,安艺的蒲刈岛于15世纪成了海贼的据点,并形成了一个规矩,那就是如果从东而来的船上乘坐着东部的海贼为其"上乘",西部的海贼便不加任何干涉,同样,如果从西而来的船上乘坐着西部的海贼,东部的海贼也绝不冒犯。当时海领主也被称为"海贼众""警固众"等,他们以作为警固所的"海城"为自己的据点。由这些海领主的网络保障海上交通安全的体制于15~16世纪形成了。

商人也有独自的组织,他们依照称为"商人道的掌故"的习惯法,以自己的力量管理其地盘。16世纪诞生了《回船式目》,它产生于回船人的网络之中,综合了被称为"船道者"的回船人的习惯法、回船的"大法",它在形态上是附有镰仓时代的年号的伪文书,但具有实际效用。商人也持有《连雀①之大事》或其他由来书。铸工及其他职能民也分别通过假托天皇的伪文书使自己的职能起源正当化,这些伪文书于此后很长时期内在社会中发挥着实际效用。

---

① 也作"连尺""连索",木制背负工具,同时也指连雀商人,即背着连雀行商的人。

第十章 地方小国家的分立和抗争

经济社会的发展和对建立"国家"的摸索

"倭寇"正是以与日本列岛、朝鲜半岛、济州岛及中国大陆相连接的海为舞台的商人、回船人及海领主的网络。16世纪,石见、佐渡、生野和院内等矿山开采出大量白银,这些白银支持着该网络中的商人活跃地开展贸易。如前所述,此后日本的白银大量流通,其流通量之多使其与墨西哥白银一样举世闻名,这导致原有的钱币流通体系趋于崩溃。

当时,从朝鲜半岛输入的棉花已经在列岛内部广泛种植,这极大地改变了衣料的状况。烟草也从16世纪开始传入日本列岛,使用烟管吸烟的习俗逐渐传播开来。此外,当时的人广泛使用大锯(据推测大锯于15世纪从中国大陆传入日本),这使木材加工变得容易起来,木材和木板的大量生产成为可能,从而极大地推动了住房的发展。16世纪各个领域的手工业技术都得到了发展。

商业方面,各种商品的经营呈现出专业化的趋势。化妆品中卖红粉和白粉的商人分化了,谷物和其他食品中卖饼、米、酒及蔬菜的商人的分工也逐渐细化。而且,始于13世纪后半期的信用经济这时已经在社会中扎根,各地都有钱庄,16世纪的列岛社会已经发展到可谓"经济社会"的程度了。

自然,这一时期,给工商业以积极评价、视"农人"经营的农业为辛苦的行业而瞧不起后者的观念深入社会的某些部分。这明显与一直以来维系着日本国统治者之统治的农本主义思想相异。真宗、日莲宗及基督教对重商主义思想持肯定的态度，有力地支持着这种观念。

面对商人、回船人、金融业者和职人等社会力量的增强，地方小国家的统治者——战国大名也做出了相应的努力。例如，任命管理商人的网络、地盘的有实力之人为商人司，使其更好地统管商人网络，任命各种职人集团的统管人为"大工职"，保障其特权，授予回船人免除领国内的津、泊及港的入港税、交通税的特权，力求通过这些措施掌控商人和职人的组织以及回船人。

战国大名还准许在由职人、商人及回船人构成的自治城市的市场上自由地展开交易，承认它们是乐市、"十乐之津"，以巩固自身作为调停者、统治者的地位。自然，针对工商业者和贸易商人所支持的宗教势力，战国大名也采取承认无缘所的特权等一系列措施，积极承认其自主的活动，以巩固自身作为其保护者的地位。

战国大名的这种态度也体现在他们对待统治着村庄的国人和地侍等领主方面。他们通过承担一系列的责任巩固自身作为地方统治者的地位。这些责任包括：承认领主的所领，承认其独自的统治；作为调停者，保障由领主和国人的一揆及以之为背景的合议体达成的领主之间的盟约；维护已经成为政治共同体的"国家"；保护该"国家"的

第十章 地方小国家的分立和抗争

属民——"国民";等等。

但是,16世纪中期前后,大名通过强压使国人承认其拥有官方权力——"公仪"。例如,毛利元就大量肃清了在国人的合议体中最具实力的井上氏一族,使国人的合议体承认毛利氏的裁判权。考古发掘的结果表明,越前的朝仓氏在一乘谷建立了城下町①。当时,战国大名以自己的居馆、城为中心建立城下町,尽可能地让国人集中居住于此,以实现公仪的一元化。而且,毛利氏致力于创建以奉行人为顶点、包括各地区的郡代在内的金字塔形的官僚组织,实行"指出检地"②,以钱(贯高)或米(石高)为基准表示成为其家臣的领主、国人的所领的所有得分,制定出按一定基准对他们的得分赋课军役的体制。正如毛利氏的例子所反映的那样,大名试图使自己支配下的领国成为一个"国家"。

国制和社会习惯方面的东西差异

在此值得注意的是,东国和西国用于标明"高"的

---

① 在武家领主主导下以领主的居城为中心形成的城市。战国时代以降,由于组编家臣团的需要和军事方面的需要,武家领主要求武士团住于城下,同时为了保证他们的生活消费、实现富强,还吸引来工商业者,于是形成了城下町。进入江户时代以后,城下町成了各领国的经济中心。
② 战国时代到安土桃山时代的一种土地调查方式,大名并不实际开展土地调查,而要求领内家臣提交关于土地面积、年贡量等详细情况的报告书。

日本社会的历史

货币并不相同。15世纪末期到16世纪，在明朝白银的流通开始活跃起来，铜钱的作用降低，其信用也下降了，西国直接受其影响。针对这一事态，大内氏不得不于1485年（文明十七年）发布了包括选钱禁制在内的选钱令①，力求确保从明朝流入的永乐、洪武及宣德等铜钱的价值稳定。

接着，幕府也于1500年（明应九年）发布选钱令，把当时在堺及其他地方大量铸造的私铸钱等规定为"恶钱"，禁止其用于买卖，以防止钱币信用下降。但是，幕府并未能阻止以商人独自铸造货币为背景的私铸钱的流通及明钱信用的下降。而且，1570年（元龟元年）前后来自中国大陆的钱币的供给断绝了，而白银在西国的流通活跃起来，米取代钱重新开始发挥其作为货币的功能。

以此为背景，进入16世纪后半期后，以畿内为中心，出现了以米为交换手段买卖土地的现象。西国大名的小国家的国制中原本用钱表示家臣团所领的价值，这时则出现了采用石高制表示家臣团所领的价值的做法。

---

① 选钱，指钱币授受之时拒绝收取通用价值较低的钱币，要求以精钱支付的行为。选钱令指限制选钱、表明货币的通用基准的法令。15世纪末以后货币秩序发生动摇，围绕选钱纠纷频发，室町幕府、战国大名或者总村等通过规定统治领域内的各种钱币的通用价值，以使货币流通顺畅。

第十章 地方小国家的分立和抗争

与此相对，在钱币流通早于西国的东国，后北条氏、结城氏、宇都宫氏等关东大名以永乐钱为标准货币，用钱（贯高）或用永乐钱（永高）来表示家臣的所领。此外，在陆奥、甲斐等国，"金山众"① 开采出了大量黄金，黄金作为交换手段开始在东国流通。

16世纪后半期西国与东国流通的货币明显不同，这给东西的地方小国家的国制带来了巨大的影响。例如，后北条氏开展"指出检地"，确定田地的面积，按水田每反500文、旱地每反165文的标准统一规定乡的年贡额，确立了由乡村承包的年贡征收体制，依照贯高给家臣和给人②分配所领，征课与贯高相应的军役、普请役③的数量。据1559年（永禄二年）制作的《小田原众所领役账》，后北条氏以本城和支城④为中心，以寄亲、寄子⑤的关系为背景，把家臣团组织成"众"，这种组编以军事动员为目的。同时，对冶炼工、木匠、石材工等各

---

① 又名金掘，指经营金山的人。
② 战国时代受大名的恩惠并成为其家臣的当地武士。
③ 战国时代到江户时代，上位权力者向从属于自己的领主、家臣及统治领域内的民众等征课的修筑城池、营造寺社和宫殿、修理房屋和河道等的劳役。
④ 本城是中心的城郭，支城则是守护本城的起辅助性作用的城寨、栅垒等。
⑤ 模拟亲子关系结成的主与从、指挥与听从、保护与被保护的关系，主君为寄亲，从者为寄子。战国时代，往往以有实力的武将为寄亲，以土豪、地侍层为寄子编成家臣团。

日本社会的历史

种职人的集团以及他们的统率者给予贯高作为报酬，令其承担职能役。

各战国大名制定了各具地方特色的国制。东国各大名都采用了贯高，伊达氏于 1538 年（天文七年）制定"段钱账"，形成了对换算成贯高的家臣的知行高①一律征课段钱的体制，武田氏同样也采用贯高。与此相对，西国大名以石高为基础的倾向较强，朝仓氏在整个领国内以米表示所领的石高，以此建立了统一的知行制，如前所述，毛利氏也并用石高和贯高。

但是，西国和东国的差异并不止于货币、价值基准的不同。从 15 世纪末到 16 世纪，东国的地方社会所用历书不同于以京都为中心的西国的历书，由三岛社制定，带有福德、命禄和弥勒等年号（异元号）。当时的东国拥有支持其使用不同于京都天皇、公方的时间轴的圣域寺社，九州南部也以阿苏社为中心存在同样的情况。而且，九州南部在货币方面也具有特别之处，例如，该地区流通着洪武钱②和模铸钱加治木钱③。此外，相对于西国的三十六町

---

① 以钱（贯高）或米（石高）为基准计算出的领主、国人的所领的所有得分。知行高是军役征课的基准。
② 明太祖洪武年间发行的铜钱，大量流入日本，在日本各地流通。
③ 模铸钱，即私铸钱，指民间模仿官铸钱而铸造的钱币。镰仓、室町时代没有官铸钱，来自中国的宋钱、明钱在日本流通，当时出现了大量由民间模仿这些宋钱、明钱而铸造的钱币。其中，九州的加治木地区铸造的模铸钱称为加治木钱。

第十章 地方小国家的分立和抗争

一里,关东的后北条、武田氏等的领国采用六町一里的里制,如此等等,东西的差异深入社会习惯。

15～16世纪,在村町制得到确立的同时,如前所述,游历四方的商人、山卧、阴阳师、御师、道者和乞丐等宗教民以及从事猿乐和狮子舞等的艺能民,分别拥有卖庭、旦那场、舞庭、乞庭及草庭等可以买卖、赠予的地盘,活跃地展开活动。村人、町人对一部分游历民的歧视日趋严重。西国对污秽的忌讳尤其深,对从事清洁污秽、送葬的宗教民或有权在一定地盘内处理死牛死马、制作皮革的职能民的歧视,在社会中渐趋固定。但是,东国对这类污秽的忌避较弱,对制作皮革的职能民的歧视也非常淡薄。东国和西国在这方面的差异根深蒂固。在东西国分别形成的地方小国家——大名领国内,以知行制为基础的军役赋课体制、以奉行为中心的官僚组织实行的领国内统一支配的形态等,也被烙上了地方社会的个性。

虽说如此,大名领国(地方小国家)绝不是自给自足的体制,其经济的运行依赖在列岛内外拥有广域网络的商人、回船人以及金融业者等建立的联系紧密的信用经济组织,人和物的流动并不限于大名的领国之内。

而且,如前所述,这一时期这些商人、回船人和艺能民等在广大领域内活动之人关于日本国的四至的认识

日本社会的历史

逐渐固定下来,即东起日之本(东北北部到北海道南部一带),北抵佐渡,西达鬼界岛,南至熊野。以这种情况为背景,以东国、西国、九州南部等地方社会的差异为前提,出现了统合地方小国家、再度统一日本国的动向。

第十一章　重新统一的日本国与琉球王国、阿伊努社会

第一节　日本国再次实现统一及其对朝鲜的侵略

桶狭间之战：织田信长的抬头

16世纪后半期前后，日本列岛各地出现了极具个性的小国家或政治势力，它们分别统治着成片的领域，具有各自的国制和志向。

在北海道的南部，自称松前氏的蛎崎氏以松前的大馆为据点，以阿伊努为媒介，活跃地在江差和箱馆等港口与本州和东北亚大陆进行交易，形成了以交易为主要基础的独特势力。

日本社会的历史

在北海道的东部和北部，阿伊努开始形成几股以大首领为中心的政治势力。他们在从事捕捞和交易的同时，形成了其作为一个"民族"的独自的祭祀和文化。作为一个从事交易的北方民族，阿伊努的活动值得注意。

在本州的东北地区，各股势力继续处于分立的状态。南部氏、继承了安藤氏源流的秋田氏、伊达氏、最上氏及芦名氏等豪族之间相互竞争。16世纪末，伊达氏终于统一了东北地区的南半部。在此之前伊达氏就对太平洋的海上交通极为关注，不久后与西班牙建立了往来。

在关东，北条氏控制着南关东和伊豆，掌控着从房总、伊豆到伊势的太平洋沿岸海上交通，并试图以此为基础北上北关东。北条氏与从越后南下力图到达太平洋的上杉谦信，围绕着东国王权的继承、东国的统治权，展开了激烈的竞争。谦信在尝试南下的同时也表现出西进越中、能登的意图。武田信玄则以甲斐为据点，把南面的骏河、北面的信浓纳入其统治之下，为了入侵越后、掌控自古以来横断日本列岛中部的通道，信玄与上杉氏在川中岛反复展开激战。

今川义元控制着远江和三河，为了骏河而与武田氏对抗，并瞄准京都开始西进，侵入尾张后，与织田氏发生了正面冲突。织田信长在本族内斗中取胜，终于实现了尾张的统一，开始虎视京都。据说信长于1559年以异形歌舞

第十一章　重新统一的日本国与琉球王国、阿伊努社会

伎的形象去了京都，对京都抱有很大兴趣。1560年，信长迎击义元的大军，并在桶狭间发动突袭，讨取义元首级。局势开始发生急剧转变，今川氏因败北而迅速衰落，长期在织田和今川两氏之下过着人质生活的德川家康进入三河，实现了独立。信长与家康缔结了长期的同盟关系，开始图谋向西扩张势力。

而京都方面，细川氏的家臣三好义继控制了畿内，并于1565年（永禄八年）与其家臣松永久秀杀害了将军义辉。信长从这一年开始使用由麒麟的"麟"字形象化而来的花押①，萌生了取代足利氏统一天下的野心。1567年，信长对美浓的斋藤龙兴发起攻击，最终将其消灭，控制了尾张和美浓，把根据地转移到了岐阜。从这一年起信长开始使用"天下布武"的印章，公开表露出以武力统一日本国的野心，开始有力地改变整个列岛的局势。

信长对京都的控制及诸势力的反抗

信长抱有此种野心与当时围绕将军之位展开的明争暗斗不无关系。义辉死后，将军之位实际上处于空缺状态，三好氏拥立义荣。但是，在兴福寺出家为僧的义辉之弟一乘院觉庆还俗，取名义昭，开始与义荣对抗，为夺回京都

---

① 旧时文书、契约末尾的署名签字，因使用草书、形体花哨而称花押，亦称花字、花书。花押源于唐朝，于平安中期传入日本。

日本社会的历史

而积极对各地大名做工作。

实际上,早在成功掌控岐阜的 1567 年,信长就已经收到正亲町天皇的纶旨,天皇委托其恢复美浓和尾张的天皇家领、修葺皇宫等,信长由此获得大义名分,他将义昭迎请至岐阜,并为控制京都开始西上。信长击败了阻挡其去路的近江的六角氏,入京后成功地控制了摄津和河内。早已控制了伊势北部的信长由此控制了横断日本列岛的交通大动脉,即连接着东海道西部的海的世界(美浓、尾张和伊势)与琵琶湖南部及濑户内海东部的海的世界的交通大动脉。信长随即废除关所,以使流通顺畅,同时还任命了和泉的堺、近江的草津和大津等三地的代官,把这三地纳入其直辖范围,还对堺、平野、奈良和本愿寺的寺内町征课矢钱①、礼钱②,等等,力求控制商业和城市。

但是,这一时期的信长必须面对石山本愿寺以及支持该寺的一向宗门徒势力。这股巨大势力以三河、尾张为中心,扩张到伊势的长岛、近江的坚田和长浜、摄津的石山、和泉的贝冢、纪伊的杂贺、安艺的广岛以及北陆的加贺和能登。越前的朝仓氏、近江北部的浅井氏都对该势力

---

① 战国时代幕府或大名征课的军用金。通常农村按土地面积、城市按房屋栋数征课。
② 室町时代举行特定仪式之时向幕府进奉的金钱。后来也称一献料、酒肴料,指为获得权利文书或在诉讼中获胜,而向幕府或大名的奉行人等相关人员赠送的金钱。

第十一章　重新统一的日本国与琉球王国、阿伊努社会

保持妥协的态度。一向宗门徒及浅井、朝仓两氏对信长势力的迅速壮大保持高度警惕。

至于中国地区方面，如前所述，毛利氏打倒了大内氏和尼子氏，控制了石见银山，在与朝鲜半岛和中国大陆的贸易中占据了优势地位，将势力扩张到备中和伯耆，进而企图东进。四国方面，长宗我部氏逐渐压倒了其他势力。

九州方面，龙造寺一族在肥前兴起，与大友氏、岛津氏形成三足鼎立之势。基督教在九州社会的渗透非常显著，肥前的大村纯忠、有马晴信以及丰后的大友宗麟皈依了基督教，成为"基督大名"。如前所述，大村纯忠把长崎和茂木两处捐赠给了耶稣会，耶稣会在日本列岛上获得了自己的领地。这三位大名于1582年（天正十年）向罗马教皇派遣了使者。依靠这些大名，基督教的耶稣会不仅在九州拥有强大的势力，还逐渐打入京都和堺等畿内城市。1569年（永禄十二年），路易斯·弗洛伊斯在京都拜见信长，并获准传教。不久后耶稣会的传教范围便扩展到畿内，出现了高山右近及其他信仰基督教的大名。

这一时期，明朝在葡萄牙的协助下，于1557年捉拿了"倭寇"首领王直。此后葡萄牙与明朝的交易顺畅起来，而且明朝允许海商在中国大陆南部活动，这导致琉球在环中国海地区的中转贸易中所占的比重下降，给琉球贸易的繁荣蒙上了一层阴影。而且，九州南部的大名岛津氏

逐渐加大了对琉球王国的施压力度。

如前所述，各地区在各自的变动中形成的真正的地方国家——强大战国大名的领国，不可避免地受到信长与将军义昭在京都、畿内对立的影响。实际上，虽然信长拥戴将军义昭进入京都，但两者的关系并不和睦，信长把横断日本列岛的大动脉纳入自己的统治之下，建立起了强有力的统治体制，而其周围与义昭联合的诸势力则开始对其发起猛烈的攻击。

火攻比叡山和石山合战：宗教势力的败北

信长北面受到来自朝仓和浅井，西面受到来自石山本愿寺，南面受到来自伊势的一向一揆的压力，被迫于1570年与这些势力缔结友好关系，撤回岐阜。但是，翌年（元龟二年），信长便转入反击，采取了大胆的行动，对站在朝仓和浅井一边的比叡山延历寺发起了猛烈的火攻，杀戮了众多僧侣，彻底破除了中世的寺院权威，同时还举全力扼杀了义昭组织网络包围他的企图。

这一时期，武田信玄应义昭的号召开始率大军西上，在彻底击败阻碍其西上的德川家康之后到达美浓。不料信玄于1573年（元龟四年）病殁阵中，其西进计划受挫。信长最大限度地利用了这一良机，在这一年与足利义昭开战，打败了固守槇岛城的义昭，将其驱逐出京都，室町幕

第十一章 重新统一的日本国与琉球王国、阿伊努社会

府实际就此灭亡。信长进一步北进,先后消灭浅井氏和朝仓氏,把势力扩张到北陆。

同年,信长改年号为"天正"。一般认为该年号反映了信长统治天下的意图。信长把包括面临濑户内海的畿内、东海道以及北陆道在内的广大地区纳入了统治之下。

这使本愿寺产生了强烈的危机感,他们联合一向一揆正面抵抗信长。信长则回应以"斩草除根"的大屠杀,于1574年(天正二年)在伊势的长岛杀死男女共两万多人,又于翌年极为血腥地镇压了越前的一向一揆。

同年,信长在三河的长篠迎击企图再次西上的武田胜赖的军队,将其击败。据推测,当时信长是以组编的火绳枪队击败了甲斐武田氏的骑马军团,该战凸显了火绳枪在战争中的优势。不过,近年有人对此事的真实性提出了有力的质疑。

针对如此广大的统治领域,信长采取了与过去的守护相同的"一职支配"形式,把家臣安排到各地以加强统治。例如,把越前赐给柴田胜家,把近江赐给羽柴秀吉。

在俯视琵琶湖的近江安土,信长营建了庞大的城作为新创建的国家的中心,其天守阁极为高大壮丽。信长意欲把安土的城下町作为"乐市"建设成新的城市,使安土成为这个国家的首都。而且,从1576年(天正四年)起,信长真正开始对石山本愿寺发起进攻。但是,信长败

日本社会的历史

给了中国地区支持本愿寺的毛利氏的水军，双方一度讲和。翌年，信长与纪州的杂贺一揆相战，并将之击败。杂贺一揆是诸多海领主组成的集团，对该集团的控制使信长取得了对毛利氏作战的决定性优势。

直指京都开始西上、从越中进击并占领了能登的上杉谦信突然于1578年（天正六年）去世了。这对信长而言是一大幸运，来自东面和北面的威胁消失了。为了与本愿寺背后的毛利氏对决，信长命令羽柴秀吉开始进攻中国地区；他还动员纪伊半岛的水军，利用以铁板装备的大船击败毛利氏一方的村上水军。信长最终于1580年（天正八年）包围了本愿寺，本愿寺法主显如及其子教如[1]逃离本愿寺，本愿寺被烧毁。同一时期，加贺的一向一揆也彻底被柴田胜家镇压。一向一揆支持的本愿寺的教权（宗教势力）彻底败给了信长的世俗权力。

象征着信长权力的安土城也于这一时期建成，七重

---

[1] 显如（1543~1592），战国时代和织丰时代（安土桃山时代）净土真宗的僧人，本愿寺第11世住持，与武田氏、毛利氏联合，利用诸国门徒的暴动与织田信长对抗，1580年逃离本愿寺。信长死后，显如从丰臣秀吉处获赠京都七条坊门堀川之地，建立祖堂，成为西本愿寺的起源。
教如（1558~1614），显如的嫡子，直宗大谷派的始祖。1580年的石山本愿寺合战之际，教如因反对与织田信长讲和而与其父对立。其父死后，教如与其弟争夺家督之位后隐居，后来得到德川家康的支持，创建了东本愿寺。

第十一章 重新统一的日本国与琉球王国、阿伊努社会

的天守阁展现在世人面前，其内部饰有基于中国大陆儒教思想的绘画以及佛教风格、公家风格的金碧①和水墨两种主题隔扇画，既华丽又庄严。可以说这鲜明地反映了信长的意志——控制佛教和贵族势力，树立新的权力和权威。

本能寺之变：信长之死

1580年，信长下令毁坏摄津、河内和大和的城（"城割"②），还下令进行"指出检地"，力求巩固其对畿内的统治。

1581年（天正九年），信长在安土城检阅马回众③，对军团发起总动员，在京都举行大马揃④，夸示其作为日本国——"天下"的统治者的身份。1582年，信长与德川家康一同向东国派兵攻打武田氏，迫使胜赖于天目山自尽，消灭了甲斐的武田氏。

---

① 古代画论用语，是中国画颜料中金粉、石青和石绿的合称。金碧隔扇画指以金箔为底、用石青和石绿等浓重的色彩描绘的隔扇画。这种风格的隔扇画盛行于桃山时代到江户时代初期。
② 即毁坏城郭。指从织丰时代到江户初期，毁坏大名的居城和番城以外的在地领主的城郭。
③ 负责将军和大名身边的警备，战场上作为其亲卫队的骑马武士。
④ 聚集军马并辨别优劣，检阅其操练。马揃出现于武家时代，以1581年织田信长在京都、1633年德川家光在江户举行的马揃最为盛大。

这场胜仗之后，朝廷有任命信长为太政大臣或征夷大将军的意向，但意图成为日本国新统治者的信长未对此做出回应。为了援助当时正在中国地区与毛利氏作战的秀吉，信长亲自出征。但在信长于京都本能寺留宿时，本该从丹波进入中国地区的明智光秀调回军队，发起突袭，于6月2日消灭了信长。

光秀免除京都的地子钱，以图获取天下。但是，秀吉成功地与毛利氏讲和，并迅速撤兵，在山崎打败了光秀的军队。光秀在逃亡途中被百姓斩杀，其"天下"仅短短12天便告终了。

秀吉的统一大业：总无事令和西国的太阁检地

在信长后继者之争中，秀吉凭借这场胜仗一举取得优势。他于1583年（天正十一年）在越前北庄消灭了最大的竞争对手柴田胜家，同时还迫使信长之子信孝自尽，在继信长之后成为日本国的统治者的道路上大步迈进。

秀吉在曾建有本愿寺的石山之地建起大坂城，取代已被烧毁的信长的安土城作为其统治中心。从1583年到翌年，秀吉在小牧、长久手与联合信长之子信雄的家康作战。但该战争并未决出胜负，秀吉与家康讲和，并于1585年（天正十三年）真正开始全面征服西国的行动。

他首先击败了以城市和寺院为背景、拥有强大势力的

第十一章　重新统一的日本国与琉球王国、阿伊努社会

纪伊国根来、杂贺的一揆；进而进攻高野山（以高野圣等的活动为背景，已经成为具有城市性质的寺院），成功地解除了其武装。秀吉还发布了刀狩令①，禁止参加一揆的百姓拥有武装，只许他们从事农耕。当然，百姓手中的武器并未全部被缴除，他们并未彻底解除武装，此后很长时期内百姓仍然拥有刀枪、火绳枪。在此，秀吉明确地展示出农本主义的姿态，令所有百姓以农民的身份耕田种地，以维持"和平"。而且，征服纪州后，秀吉以其弟秀长为大将进攻四国，使长宗我部氏降服；与此同时，还亲自前往北陆，进军至越中，把北陆地区纳入了统治范围。

在此基础上，秀吉就任关白，由天皇授以新姓"丰臣"，鲜明地表现出在天皇的权威下掌握日本国统治权的姿态——可谓继承古代日本国的统治框架的姿态。

1587年（天正十五年）12月，秀吉以天皇的权威为背景，面向从关东到"奥州日之本"（从东北北部到北海道南部）的日本国全境，发布了称为"关东奥羽总无事令"的"和平令"，明确规定重新进行国郡的分配。可以说这也

---

① 刀狩指没收武士以外的所有人的武器，一般指丰臣政权推行的以取缔一揆为目的、解除农民武装的政策。其中以1588年的刀狩令最为有名，该令以铸造大佛为名在日本国全境内实施，此后武士与庶民的身份分离加速。

鲜明地反映了秀吉在天皇的权威下掌握国家统治权的姿态。

从这一时期开始，秀吉对西国诸国进行检地（所谓的太阁检地）。这一时期的检地虽未对检地方式及面积、土地的表示方法做统一规定，但按一定的换算率把此前以贯高表示的田地得分换算成了石高。这便确定了采用以米为实物货币的石高制及以此为基准征课军役和年贡的制度的方向，在此农本主义的原则得到了贯彻。

秀吉还对流通和贸易加以统制，力图独占金银。这一时期完成的大坂城被饰以黄金，其天守阁以豪华的隔扇画、壁画等装饰而成，壮伟雄姿盖过周围的一切。其背景是秀吉通过各种各样的途径收集了大量的金银。不言而喻，秀吉的"黄金太阁"形象是以金银的真正流通和贸易进一步发展为基础的。

秀吉以这样的实力为背景使家康归顺，授予家康在东国实施总无事令——和平令的权力。为了征服不服从这一和平令的西国的岛津氏，秀吉于1587年以援助大友氏为由调遣军队，已臣服于秀吉的毛利氏也奉命进攻九州。迫于秀吉所率大军及毛利氏军队的压力，岛津氏降服了，九州也被纳入秀吉的统治之下。

至此，包括毛利、长宗我部等各大名独自进行的检地在内，秀吉要求的西国检地完成了，包括九州在内的西国被纳入秀吉的国家统治权之下。

第十一章　重新统一的日本国与琉球王国、阿伊努社会

"神国"观和统治亚洲的妄想

针对在九州拥有众多信徒的基督教，秀吉强调日本国是"神国"，否定教会领，进而明确表示禁止葡萄牙人把日本人作为奴隶买卖，下令流放传教士——伴天连①。这一时期葡萄牙人从事日本奴隶的买卖，这与通过战争进行的人和物的掠夺也有一定关系。秀吉在禁止国内战争中的掠夺、人口买卖的同时，也禁止葡萄牙人买卖日本人。此事明确地反映出秀吉对正取代一向宗成为新宗教势力的基督教的压制态度。对于通过葡萄牙船进行的贸易，即南蛮贸易，秀吉采取了在自己的许可下开展的形式加以保护。

秀吉还于 1588 年（天正十六年）发布"海贼停止令"，在和平令的名义下把以海为舞台的海领主、商人的网络纳入其统治之下。然而，秀吉暗自企图将来甚至把处于该海上网络另一端的明朝、朝鲜、琉球以及东南亚也置于由其发布的和平令之下。实际上，这一时期的秀吉萌生了几近迷梦的"统治亚洲"的妄想。

同年，秀吉意欲在京都铸造大佛，以此作为取代基督教、一向宗的宗教政策的一环，并以铸造大佛殿的钉、镙子为由，发布全面的刀狩令，要求解除百姓的武装，强制

---

① 葡萄牙语"padre"（神父）的日译，该词是基督教传到日本之初日本人对传教士的称呼。

实行和平令，抑制百姓之间以武力解决纷争的做法，同时还强硬要求百姓只做耕田种地的农民。当然，如前所述，百姓并未因此全部解除武装，也绝非全部变成了农民。不过，凭借对国家统治权的掌控，以法律强制推行这种主张的做法，对后来的社会产生了巨大的影响。

1587年，秀吉移居豪华的宅邸聚乐第，并举办了许多奢华的活动，如在北野举行大茶会①。翌年，秀吉把后阳成天皇迎请到聚乐第，倚仗天皇的权威重新获取西国大名臣服的誓纸，至此秀吉实现了对西国的掌控。1589年（天正十七年），秀吉开始亲征东国，在此之前东国总无事令的实行由家康负责。

御前账和人扫令

秀吉首先以违反了总无事令为由，追究在统一奥羽过程中发动战争的伊达政宗及其他大名的责任，迫使他们臣服。接着，为了征服以东国国家长期的传统为背景坚持与秀吉和家康对抗的北条氏，秀吉于1590年（天正十八年）率大军进入东国，彻底消灭了北条氏，并把家康移封关东。此后，秀吉进入陆奥，使东国——关东和东北的诸大名臣服。在此期间，秀吉以军事力量为基础，强行在

---

① 1587年，关白太政大臣丰臣秀吉亲自在京都北野天满宫内主办大规模茶会，以向京都的朝廷及民众夸示自己的权威。

第十一章 重新统一的日本国与琉球王国、阿伊努社会

东国开展检地,该检地一直持续到翌年即 1591 年(天正十九年)。

但是,在这次检地中,奥羽以东国长年的传统为背景采用了贯高,虽曾试图转换成石高,但整体上看并未彻底实现。其原因在于钱作为货币在东国社会的流通远比在西国社会更深入。在征服了东国的 1591 年,秀吉重新向诸国大名发布全国统一的检地令,按国、郡、村的单位,重编、制作日本国所有土地的土地账本——御前账,将之连同诸国的国郡绘图一起献给天皇。

此次检地原则上规定采用石高的形式,但强制实行的结果是,提交的石高不太符合田地的实情,脱离了实际。通过让各大名提交御前账,秀吉以国郡制为基础掌握了统治权,并以此为背景实行国分,即把诸大名安排到诸国。同时,还由此确立了基于石高制的军役体系,为已经开始准备的出兵朝鲜的军役征课确定了基准。同年,秀吉还发布了身份法令(人扫令)作为区别身份的户口调查的前提。

该身份法令明确划分武士(包括奉公人[①]在内)、町

[①] 原指服务于朝廷、国家的人。在武家的主从关系中指家臣。江户时代以后,奉公人泛指所有为其主家的家业服务的人,这些奉公人因主家的身份、职业不同,而有武家奉公人、农村奉公人、商家奉公人之分。

人和百姓的身份，这一措施一般被称为"兵农分离""商农分离"。该法令确实把百姓当作专门从事耕作之人，禁止他们自由移动、自由从事工商业。但实际上百姓中仍有许多从事工商业的人、在海上移动的渔民等，其实际情况绝没有变成该法令所规定的那样。

发布人扫令的目的在于依之制作"家数人别账"并征收赋课，掌握负担劳役及其他徭役的日本国所有人——"国民"的情况。人扫令与御前账并用，后者即旨在把握按军役征课基准——石高制编成的"国土"的检地账。可以说，秀吉的新"日本国"统一统治在此确立了，它在武家的主导下，继承了天皇的权威和国郡制等古代"日本国"的统治框架。同年，秀吉修建了京都的市街，修筑了环绕京都市街的土垒，明确了洛中和洛外之别，这也可视作这一国家成立的标志之一。不过，秀吉的专制姿态也愈加凸显，例如，他迫使茶道名匠千利休自杀。

侵略朝鲜

同年，秀吉之子鹤松死去，秀吉因而把关白之位让于其甥秀次，并把包括御前账和人扫令的实施在内的统治权移交给秀次，秀吉本人则以太阁身份掌握主从制的权力。权力在此二元化了，在这种状况下秀吉把出兵朝鲜的计划付诸实施。

第十一章　重新统一的日本国与琉球王国、阿伊努社会

1592年（文禄元年），秀次开展以人扫令为前提的人口调查，以把握最大限度可以动员到侵略朝鲜中的力量。而在另一边，秀吉抱着无异于痴心妄想的征服亚洲的计划，在肥前的名护屋建立了大本营，并于同年命令西国大名出兵朝鲜。秀吉对朝鲜的第一次侵略（即文禄之役，朝鲜方面则称"壬辰倭乱"）开始了。

主导这次战争的是石田三成和小西行长等与商业和贸易关系密切的官僚性质的奉行——"吏僚"，从这点看，此次战争是带有重商主义性质的武力行动。尽管如此，大名及其家臣意欲获取新的领土，而失去了在国内通过战争掠夺人和财物机会的杂兵也想在该战争中寻找新的掠夺对象，因而他们都积极地参与其中。日本军队攻下了朝鲜都城汉城（今首尔），进而北进，把占领区域扩展到朝鲜半岛北部。

日本军修筑了"倭城"，进行检地，扩大征服领域。但是，不久后李舜臣及其他将领所率朝鲜水军击败了日本水军，给日本军的兵粮运输制造了困难。而且，由于明朝的援军南下，战局渐趋停滞。此外，朝鲜民众对日本军的政策的抵抗也逐渐加剧。1593年（文禄二年），秀吉提出把朝鲜半岛南部作为日本领土及其他条件，推进与明朝的讲和。

同年，秀吉的另一个儿子即秀赖出生，这使关白秀次

与太阁秀吉的二元权力的矛盾凸显出来。翌年再次开展了全国范围的检地，制作家数人别账，但1595年（文禄四年）秀次便被迫自尽。秀吉修筑伏见城，为了构建以秀赖为中心的权力，他命令大名上交誓纸，并制定了以家康为首的有实力大名连署的法令——"御置目"，以图整顿体制。

在此期间，小西行长等人推进了与明朝的讲和。行长在明朝和朝鲜拒不接受秀吉条件的情况下，于1596年（庆长元年）让明朝皇帝的使者作为讲和使节来到日本。该使者所带国书中含册封秀吉为归服明朝的"日本国王"的语句，身负讲和重任的行长的计谋暴露，愤怒的秀吉下令再次出兵朝鲜，第二次侵略朝鲜的战争（庆长之役，朝鲜称"丁酉倭乱"）开始了。

多达14万人的大军被派往朝鲜，战争再起。日本军与文禄之役时一样，掳掠了许多朝鲜男女、孩童，把他们作为俘虏带回日本，还采取割鼻割耳代替斩取首级的做法，等等。这类做法在日本国内的战争中也被广泛采用。诚然，由于俘虏中有陶工及其他工匠和学者等，这一时期朝鲜的优秀文化产物大量传入日本，但不可否认的是，这两次战争给朝鲜半岛的民众带来了极大的伤害，也埋下了他们对日本人的深刻仇恨。

翌年，战争因朝鲜军、明军的反击而陷入停滞状态。1598年（庆长三年），秀吉在醍醐寺举行延续了自古以来

第十一章 重新统一的日本国与琉球王国、阿伊努社会

的樱会传统的大规模赏樱会。随后秀吉患病，并于 8 月去世，朝鲜半岛的日本军队被撤回，前后两次对朝鲜半岛的侵略战争结束了。

人们长年生活在战乱之中，有许多人渡海前往东南亚的吕宋，成为商人或雇佣兵，东南亚各地形成了日本街。甚至还有人到了南美，例如，1613 年，就有 20 个日本人生活在秘鲁的利马。

第二节 统一国家的确立

关原合战：家康掌握国家统治权

秀吉临终前令包括家康在内的诸大名答应臣事其子秀赖，并留下遗言，委托以家康为首席的五个有实力的大名（五大老）和包括石田三成在内的五个与商人关系密切的吏僚（五奉行）辅佐秀赖。但是，秀吉死后翌年，支持家康的大名与拥戴秀赖的三成等人之间的对立便显露出来。以江户城为根据地控制着东国的家康与住在大坂城统治着西国的秀赖之间的紧张关系逐渐凸显。

1600 年（庆长五年），家康与三成发生正面冲突，主要动员东国大名的家康与主要动员西国大名的三成在关原展开全面战争，这次东西决战以家康的胜利告终，日本

· 483 ·

日本社会的历史

国——"天下"的实际统治权落入了东国王者家康之手。

不过,秀赖依旧在大坂城行使秀吉以来的国家统治权"公仪",东西对立依然持续。家康掌握着外交权、贸易权、通商权与秀赖对抗。1601年(庆长六年)以后,家康向安南、柬埔寨和吕宋等国递送国书,使获赐家康朱印状的商船——朱印船垄断日本国与这些国家的贸易。家康还企图通过琉球恢复与明朝的邦交。为了使周围的亚洲国家承认其日本国统治者的地位,他采取了各种手段。

1603年(庆长八年),家康成为征夷大将军,在掌握统治权的道路上又向前迈进了一大步。他向众大名征课普请役修复江户城,以使江户城适合作为新幕府、统治者的所在地。

1605年(庆长十年),家康把将军之职让于其子秀忠,向世人表明德川氏世袭将军之职。家康居于骏府城,称大御所①,他与将军秀忠分地域统管大名,让秀忠统管东国大名,自己统管西国大名。家康把公仪方面的统治权让给了将军,他本人则继续掌握着对大名进行主从制支配的权力,即知行充行②的权力。

---

① 指镰仓时代以后的亲王、摄政、关白和将军等的隐居之所或其人本身,有时也指摄政、关白和将军之父。江户时代,多作为首代将军德川家康、第二代将军秀忠、第八代将军吉宗及第十一代将军家齐辞去将军之职后的称呼。
② 庄园和中世武家社会中,土地和诸职的分配、处理以及委托行为,特别指武家社会中处于主从关系的主人对从者的恩赏。

第十一章 重新统一的日本国与琉球王国、阿伊努社会

同年，家康令西国大名提交检地账——御前账及国绘图，现已知当时毛利氏、山内氏等西国大名在讨价还价中确立了石高制。同年还制定了家数人别账。家康借此否定了丰臣氏的御前账、家数人别账，朝着掌控日本国的国土和国民的方向迈出了一大步。

这一时期，在处于二元权力另一端的将军秀忠之下逐渐形成了年寄[①]和奉行等统治机构。与此相对，家康处则有政治顾问集团，其中包括金地院崇传、天海、林罗山等僧侣和学者，茶屋四郎次郎等商人，以及英国人威廉·亚当斯[②]和荷兰人耶扬子[③]等外国人。他们参与政治方针的制定，家康依照他们的意见开展外交活动。

对于这一时期依旧主张其统治地区"不属于日本"的松前氏，家康承认他拥有虾夷地的统治权，把他引诱到日本国的统治之下。家康还于1609年（庆长十四年）允

---

① 武家时代参与武家政务的重臣。室町幕府时代评定众和引付众并称年寄；江户时代，幕府的年寄称"老中"，大名家的年寄称"家老"。

② 威廉·亚当斯（William Adams，1564~1620），日本名三浦按针，英国海员、贸易家。1600年到达日本丰后，深受德川家康信任，教授几何学、地理学及造船学等，并建造了帆船。作为德川家康的外交顾问，努力促进日本与荷兰、英国通商。获赐相模三浦郡的领地，遂改名三浦按针。

③ 本名扬·约斯滕·范·洛登斯泰因（Jan Joosten van Lodensteyn，1556~1623），荷兰船员、贸易家。1600年与威廉·亚当斯同船到达丰后，得到德川家康的厚待，活跃于外交及朱印船贸易领域。

许岛津氏出兵琉球国,捕虏琉球国王尚宁,以武力使其臣服。就这样,日本国的统治通过松前氏北达北海道的阿伊努,又通过岛津氏南及琉球王国。

同年,家康还以对马的宗氏为媒介与朝鲜缔结《己酉条约》,虽然仍存在宗氏伪造国书等问题,但是恢复了因秀吉的侵略而断绝的日本与朝鲜的邦交。家康允许进入平户港的荷兰船开展贸易,还于 1610 年(庆长十五年)把漂流到上总的菲律宾要人比维罗〔罗德里戈·德·比维罗(Rodrigo de Viveroy Velasco)〕送回墨西哥,准许日本与西班牙、英国开展贸易等。在身处大航海时代的人和物的移动大潮中,家康积极地应对。此外,家康在掌握贸易统制权方面也进展顺利。早在 1604 年(庆长九年),家康便采取了丝割符制度①,规定以公定价格整批购入葡萄牙人通过长崎贸易带来的生丝。

元和偃武

家康和秀忠的行动导致大坂的秀赖逐渐陷入不利境地。家康劝说秀赖建造包括方广寺大佛殿在内的寺社,秀赖听从了家康的劝说,这似乎极大地消耗了由秀吉积攒下的丰

---

① 江户时代,外国船只载来的生丝由"丝割符仲间"(堺、京都、长崎、江户、大坂的特定商人行会)决定生丝的进口价格、整批购买的制度,制定于 1604 年。

第十一章　重新统一的日本国与琉球王国、阿伊努社会

臣氏的巨大财力。后阳成退位、后水尾即位的 1611 年（庆长十六年），家康上京，请秀赖至二条城与其会面，同时令在京的西国大名上交誓纸，要求他们发誓臣事德川氏。翌年，家康又要求东国大名上交同样的誓纸。由此，家康进一步强化了众大名对德川氏的臣事，使秀赖更加孤立。

此外，家康原本就对基督教在"神国"日本传教持反对意见，但此前他对基督教采取了较为宽松的态度。而在这一时期，针对跟贸易商人和外国势力关系密切的基督徒与丰臣氏之间的关系，家康提高了警惕。1614 年，家康发布了伴天连追放令，把许多传教士从长崎遣送回马尼拉。同年，家康还以方广寺的钟铭"国家安康"把自己的名字割裂了为由，对大坂城发动了进攻（大坂冬之阵）。双方一度讲和，但第二年即 1615 年（元和元年），家康再度对大坂城发起大规模的进攻，最终消灭了丰臣氏（大坂夏之阵）。列岛内外连年的战乱结束了（元和偃武），德川氏名副其实地成为日本国的统治者。

处于日本国统治者地位的家康发布了《一国一城令》，真正开始约束诸国大名的领内统治，制定了《武家诸法度》[①]，使前述大名上交誓纸的做法法制化。与此同

[①] 江户幕府的历代将军在其执政之初向诸大名发布的最重要的法令，对城池的修筑、婚姻及参勤交代等做出相关规定，其目的在于限制诸大名的武力、监视诸大名以及维护秩序等。

时,还制定了《禁中并公家诸法度》①,强化了以天皇家为首的贵族各家以各自的"艺能"为家业运营宫廷的体制,使公家官职与武家官职相分离,限定由天皇直接叙任的官位等,明确地使以幕府——武家为中心的日本国的统治者之中的天皇、贵族的地位制度化。

对基督教的禁压和贸易统制

家康安排好一切后于1616年(元和二年)去世,秀忠在换代之际上京,以自己的名义重新分配了此前处于家康支配之下的大名和公家等的所领,向全国表明了自己掌握统治权、处于主从制顶点这一事实。秀忠还决定让女儿和子成为后水尾的皇后,并于1620年(元和六年)将之变为现实,从而强化了德川氏与天皇家的关系。

秀忠把日本国与欧洲各国的贸易置于严格的统制之下,特别是他还逐渐明确了禁止基督教的方向。1620年,与西班牙和葡萄牙对立的荷兰、英国的联合舰队拿捕的朱印船上乘坐着传教士一事明了后,包括该传教士在内的55名基督教徒于1622年(元和八年)在长崎被处刑(元和大殉教)。基督教与贸易、商业有密切的关系,这一时

---

① 也称《公家诸法度》《禁中方御条目》。1615年德川家康发布的17条法令,对天皇、公家及门迹等朝廷方面必须遵守的法度进行了规定。

第十一章　重新统一的日本国与琉球王国、阿伊努社会

期以各地城市为中心，在日本列岛全境拥有广大的信徒。这一事件使秀忠正式确定了禁教的方向，基督教从此开始遭到幕府的严厉压制。

1623年（元和九年），秀忠把将军之职让于其子家光，但并未放弃主从制顶点的地位，他与家康一样成为大御所，凭自己的朱印赐予大名和旗本①所领或钱物。秀忠还否定了所有此前由后水尾赐予禅僧的紫衣②敕许和上人号，于1629年（宽永六年）强行流放泽庵及其他有关禅僧（紫衣事件）。后水尾震怒，突然让位于女儿（明正），这距上次立女性为天皇已有数百年之久。

在此期间，以秀忠为中心的幕府进一步强化了对基督教的压制，频繁地对传教士及众多信徒施以火刑。与此同时，幕府还进一步强化了贸易统制。1623年，平户的英国商馆关闭；1624年（元和十年），幕府拒绝与西班牙通商；1628年（宽永五年），日本与葡萄牙、荷兰的贸易也一度中断；等等。日本与葡萄牙和荷兰的贸易很快便恢复了，但由于与各国的摩擦日益加剧，朱印船被拿捕、朱印

---

① 江户时代，知行高不满一万石的将军直属家臣中，可直接晋见将军者称旗本，不可直接晋见将军者称御家人。
② 紫色的袈裟及法衣，由朝廷下赐或许可穿着。1613年德川家康制定了《紫衣法度》，随后在《禁中并公家诸法度》中也做出了相关规定。1627年幕府以大德寺、妙心寺的入院、出世违反了《紫衣法度》为由对其加以追究，引发了"紫衣事件"。

状遭剥夺的事件也开始频繁发生。

于是,在朱印状之外,幕府还于 1631 年(宽永八年)新制定了奉书船制度,授予"老中奉书"允许贸易,进一步限定贸易船的派遣,特别是为了压制与基督教关系密切的葡萄牙人的贸易,幕府专注地与当时频繁来航的中国大陆商船进行贸易,接着又把重点放在与荷兰人的贸易上(当时荷兰已开始与中国大陆开展生丝贸易),进一步排挤葡萄牙人。

武家统一政权和海禁体制的完成

1632 年(宽永九年),秀忠去世,其子家光掌握了所有权力。家光开始调整体制以确立统一的国家。家光以换代为契机改易[1]有实力的外样大名[2](如肥后的加藤忠广),乃至德川氏一门的大名(越前的松平忠直)等,通过转封使大名频繁移动,还指定了巡见使以加强对大名的监视。至于政权中枢,家光以老中[3]、亲信的年寄、町奉行等为中心,分别对其职务做出规定,以确保政权中枢的

---

[1] 对武士实行的一种刑罚。"改易"原为职务更替之意,近世指没收封地、封禄,剥夺职位,乃至断绝主从关系、废除武士身份。
[2] 与代代侍奉主家的谱代大名相对,指与将军家结成主从关系时间较晚的那些大名家。
[3] 江户幕府的职位名称,初期也称年寄、宿老。直属于将军,总理幕政,处理朝廷和大名之事,管辖远国官员等。一般为四到五人,按月轮流负责政务。

第十一章　重新统一的日本国与琉球王国、阿伊努社会

运营。1633年（宽永十年），家光制定军役令，根据石高规定动员人数和武器数量等。1635年（宽永十二年），家光又发布由庆长法度大加修改而成的新的《武家诸法度》，加强了对大名的统一管理。新的《武家诸法度》规定石高在一万石以上的为大名，一万石以下的为旗本，明确了二者的身份之别；大名轮流赴京执勤的参勤交代制由此走上轨道；还禁止大名建造五百石以上的大船；等等。虽然原有的东国与西国的地域差别、各地方小国家的特质依然存在，但是幕府和诸大名作为统一的公仪统治町人和百姓的武家统一国家在此确立了。

1633年，幕府以长崎奉行职务规定的形式发布通告，通告包括禁止日本人前往海外、压制基督徒以及对外国船贸易加以统制等条目；1634年（宽永十一年），幕府又通告禁止传教士到日本、禁止输出武器以及除奉书船外禁止日本人出国三条禁制。由于当时西班牙、葡萄牙、英国和荷兰等西欧各国在东南亚相互角逐，许多日本人以雇佣兵的身份在当地活动，大量武器被运送到海外，对此秀忠时代便发布了禁令加以禁止，家光时代延续、发展了这些禁令，通过这种逐渐强化的海禁政策，阻止列岛外的动荡波及日本国，以维持统一国家的体制。

到了1635年，幕府开始全面禁止日本船只前往列岛以外的地区，禁止在外日本人归国，还开始把人们归为相

日本社会的历史

应寺院的檀家①，依靠寺院确保人们不是基督徒。这一做法不久后便发展成寺请制，幕府开始通过寺院掌握人口情况。翌年，幕府把葡萄牙人的活动范围限定在建于长崎的出岛②之内。

面对幕府的这种态度，岛原和天草的基督徒于1637年（宽永十四年）发起一揆，顽强抵抗，甚至使前往镇压的幕府上使板仓重昌战死。但是，第二年，幕府动员12万军队进行镇压，且得到受其委托的荷兰军舰以炮击相助，最终镇压了叛乱（岛原之乱）。

以此为契机，幕府对基督徒的镇压和追究更加严厉了。1639年（宽永十六年），幕府驱逐了所有葡萄牙人，禁止葡萄牙人来日本。1641年（宽永十八年），幕府把荷兰商馆从平户移到长崎的出岛。至此，幕府确立了海禁体制（所谓的锁国），限制武家统治下的统一国家日本国的对外关系，许多当时尚在列岛外的日本人因此失去了归国之路。

---

① 即檀越，指与特定的寺院（檀那寺）结成半永久的葬祭供养关系，通过布施及其他形式援助寺院的世俗家庭。江户幕府在施行基督教禁制之时采取寺请制度，强行要求世俗家庭成为特定寺院的檀家，结成寺檀关系。
② 在锁国政策下幕府于1636年在长崎建成的人工岛。该岛成扇形，总面积约1.4万平方米。起初幕府将葡萄牙人安置到该岛。1639年葡萄牙人被驱逐后，幕府于1641年将平户的荷兰商馆转移到该岛，该岛成为荷兰人在日的居留地，当时岛上还有日本官员的家、仓库等。锁国期间，出岛是日本与西欧的唯一贸易地。

第十一章　重新统一的日本国与琉球王国、阿伊努社会

第三节　17世纪前半期的社会和国家

四个窗口：阿伊努、琉球、对马和长崎

西西里岛人安杰利斯是耶稣会的传教士，他于1618~1621年渡海前往北海道，试图在当地传播基督教。其报告书称，当时的阿伊努是活跃的商业交易民，拥有与欧洲相同的马匹。如前所述，这一时期的阿伊努以建于河川流域的既是圣域也是城的砦为中心形成了统合体。

从安杰利斯的报告还可知，当时控制着北海道南部的松前氏主张自己统治的地区"不属于日本"，在"天下"之外。不久后，松前氏在称为"虾夷地"的北海道的贸易垄断得到幕府的保障，其作为独特的日本国边境大名的地位得到巩固。

此后，虽然有一部分阿伊努人从属于松前氏，但阿伊努继续在北海道全境维持着独自的生活秩序，积极地从事连接日本国与东北亚大陆的贸易——山丹贸易。当时还存在本州人与阿伊努杂居的现象，据推测，当时日本人对阿伊努的压制尚不明显。以上是日本国北面窗口的情况。

当时南方的琉球王国也基本上被萨摩的岛津氏以武力征服了，已经采用石高制，由岛津氏领有。不过，以国王

的王府为中心的琉球独自的行政组织依旧存续着，幕府也视琉球为"异国"，积极承认明朝、清朝——中国大陆的王朝国家与琉球之间的册封关系，以维护自身与中国大陆之间的贸易通道。岛津氏与琉球王国的这种关系使琉球成了日本国的南面窗口。

与此同时，幕府还力图通过对马的宗氏恢复日本与朝鲜的外交贸易关系。前述 1609 年《己酉条约》之后，朝鲜的使节也多次访问日本。不过，在此期间宗氏的家臣柳川调兴伪造国书一事及其他问题扰乱了日本方面的外交应对。此后，朝鲜方面称幕府将军为"大君"而不是"日本国王"，将军也不自称"国王"而称"日本国源某"，以此为前提，朝鲜于 1636 年首次派遣通信使访问日本。而对马作为列岛面向朝鲜半岛的窗口的地位也由此得到巩固。

西面窗口长崎通过荷兰与欧美相联结。经历了持续到 17 世纪中叶的中国大陆的明清更替、政治变动，长崎始终保持着其作为列岛与中国大陆通商的窗口的地位。列岛以上述四处为其与列岛外联系的正式窗口。17 世纪前半期，武家统一国家即近世"日本国"的华夷秩序形成了，它由以朱子学为基础的儒教思想支撑，自称小"中华"，视阿伊努为"夷"，视荷兰、朝鲜和琉球为"异国"，先后以明、清为通商国。

第十一章　重新统一的日本国与琉球王国、阿伊努社会

武家统一国家的经济、流通

这个国家继承了东国王权的悠久传统，它因东国首次掌握主导权并通过武力统一日本列岛的主要部分而形成，因此必须说它具有鲜明的东国色彩。

相对于伊势的天照大神，建成于1636年的祭祀家康的东照宫不仅被视为"关八州"的镇守，还被赋予日本国权威之象征的地位。天皇每年都派遣例币使①前往东照宫进奉，朝鲜通信使及琉球的庆贺使也前往参拜。

同年，幕府禁止从中国大陆流入的宋钱、明钱以及仿造它们铸造的铜钱流通，真正开始铸造自己的货币"宽永通宝"并使之流通。毫无疑问，"宽永通宝"具有近世日本国的统一货币的意义。在此，日本国再次明确地展现出其四周为海的列岛内部国家的姿态。

这个国家试图依靠武力有力把控此前通过日本海、东海和太平洋紧密连接着日本列岛与亚洲大陆南北及东南亚等的网络，切断海上交通网，将之纳入国家的管制之下。从表面看，这些政策得到了贯彻，实际上却如前所述，当时通过四个窗口展开的跨海交易、交流非常活跃。据推测，当时走私贸易也非常活跃，被称以"拔荷"等，这

---

① 作为惯例，朝廷每年向神进奉币帛，该仪式的祭使称例币使。其中，派往东照宫的例币使称日光例币使。

些走私贸易中有些是以"漂流"① 为借口进行的。不知从何时起,清朝的铜钱大量流入日本列岛。可见,日本列岛并非完全与周围隔绝的。

货币方面,东国金、西国银的地域差异依然存在。17世纪前半期,金、银及铜的开采非常活跃,例如,秋田的院内银山、石见的大森银山、佐渡的金山和银山,以及甲斐和陆奥的金山等。它们被用于支付包括长崎贸易在内的对外贸易,大量流向海外,特别是银和铜,甚至对世界经济产生了相当大的影响。当时,这些矿山聚集了从各地远道而来的铁匠和木匠等各种职人和劳力等,逐渐形成了米店、酒屋、烟店、妓院和澡堂齐备的矿山町。

由于海禁,商人、回船人与列岛外的交流受到很大限制,不过,与此相对,他们在列岛内的活动更加活跃了,特别是17世纪前半期,由于城郭建筑的盛行、物资的运输和劳动力的移动,以及该体制下具有货币价值尺度和支付手段功能的大米的交易、运输等,列岛内部联结日本国全境的物和人的移动越发活跃了。而且,随着和平的到来,始于前代的钱庄及其他高密度的网络也走上了轨道,信用经济也更加安定了。可以说,工商业和城市具备了更

---

① 指日本的运输船和渔船等因台风及其他自然原因而顺海流漂到异国。日本近世实行海禁政策,严禁日本人前往海外,有些人便以漂流为借口开展走私贸易。

第十一章　重新统一的日本国与琉球王国、阿伊努社会

加有利的发展条件。

不过，佛教势力在与世俗权力的斗争中退败转衰，从事商业、金融业的人也随之成了世俗之人，城市的世俗化也不断发展。可以说，与从前相比，17世纪前半期工商业和城市在和平的条件下取得了相当大的实质性发展。

得到贯彻的农本主义：村和百姓的实态

以并称三都的江户、大坂和京都为首，国家限定一国一座城，令以家臣团为首的工商业者、艺能民集中居住在以城郭为中心的城市——城下町（其形成充分反映出当时对河海交通的重视），使住在町中的武士、町人与住在村中的百姓的分离固定为制度。不过，这个国家在制度上只承认包括这类城下町在内的少数主要城市为町，至于前述随着工商业的发展而在列岛的海边和山川等交通要冲、集市以及寺社的周边形成的许多大大小小的城市，只视作村。这当中贯彻了以儒教思想为背景的日本国的"农本主义"。虽然那些村子实质上是城市，但国家还是规定了依据检地结果而定的"石高"，拥有石高并按石高负担年贡的人被指定为"百姓"；至于没有石高、只承担诸役的人，其称呼因地而异，其身份被指定为"水吞"。

日本社会的历史

自然，被视作村的城市由不需要土地的无高民①及只有极少石高的百姓构成，实际上是商人、职人、回船人及艺能民等的聚居区。我认为这类村落在列岛内相当多。而且在一般的村落中，人们除耕田种地之外，还广泛地开展各种生产。例如，海村开展捕捞、制盐和回船运输，山村开展木材、木器、柴和炭的生产，平地村则开展女性从事的植桑养蚕、棉花和油菜的种植以及丝绸和棉布的生产。这些生产为工商业的发展提供了广泛的基础。

这类村落以处于庄屋、名主和肝煎②地位的有实力的百姓为其代表，向以幕府和大名为代表的国家承包年贡。这一国家体制以村落的百姓有能力使用文字和数字制作账簿、文书为前提。实际上，这一时期百姓之中包括女性在内有许多人会读写文字、使用数字，据推测17世纪前半期识字率至少达到了30%~40%。

以深入社会的文字文化为广泛基础，在长年的战乱之后到来的和平中，绚丽的大众文化以城市为中心开花结果

---

① 又名无高百姓，指江户时代没有田地、未登记入检地账的佃农、短工等下层农民。
② 三者都是江户时代村落共同体的代表，一般而言，西国称庄屋，东国称名主，有些地方也称肝煎。在江户时代的村请制度下，庄屋作为村落共同体的代表，负责一村或数村的纳税、田地村民管理及其他与领主的村落统治相关的事务，也负责向领主提出年贡减免之类的申请、诉讼，此外，还就共同体维护的各种事务与邻近村落进行交涉。

第十一章　重新统一的日本国与琉球王国、阿伊努社会

了。但是，这种文化产生于由绚丽豪华的隔扇画及建具[①]等装饰的城郭所象征的武家以武力带来的和平之中，这使其华丽之中带有异常和扭曲，形成了阴暗的一面。这清楚地体现在歧视观念正在社会中扎根这一现象上——当时大城市的游女被限制在游郭这一特别的区域，其称呼因地而异的被歧视民也被聚集在特定场所。此外，可以说，大众文化以喜男风者（美少年狂）、赌博者之类的倾者[②]的风俗为象征，也反映出这种扭曲。

17世纪前半期，日本列岛社会在依靠武士的武力维护的和平之中保持着安定，经济领域发生了巨大变化，呈现出新的发展。这一时期开展了利根川、淀川的治理等大规模的"治水"工程，其目的在于使物资大量运输所需的河川交通更加顺畅，而非为促进水田开发。不过，为了确保作为商品的大米的种植，从这一时期开始积极开垦水田也是不争的事实。伴随着棉花、油菜的种植和养蚕的进一步广泛开展，经济朝着资本主义的方向进入了新的发展阶段。

---

① 日本房屋的门、拉门、隔扇等的总称。
② 指服饰怪异华丽、做事不合常理的人。

第十二章 展望

——17世纪后半期到现代

第一节 17世纪后半期

通过武威实现的"和平"

在大陆上,明朝于1662年彻底被灭,① 接着反抗清朝的台湾郑氏也于1683年被灭,以女真后裔建立的清朝为中心的东亚秩序逐渐走上轨道。这一时期,在日本列岛的北方,由于交易和捕捞的地盘之争,阿伊努首领沙牟奢允于1669年(宽文九年)率领两千余阿伊努人暴动,遭到以幕府力量为后援的松前氏的镇压。此后,北海道和东

---

① 此处指的是南明政权最终灭亡。——中文版编辑注

第十二章 展望

北北部的阿伊努众首领在依旧保持独立地位的同时，向日本国的松前、津轻和南部等藩的大名进献贡品，以维护自身的地位。

外交方面，正如朝鲜通信使、琉球使节和荷兰商馆长的江户登城仪式的确立所反映的那样，外交秩序逐渐安定下来。幕府于1696年（元禄九年）下令制作的国绘图及由各国绘图拼集而成的日本国总图中也包含了"虾夷地"和琉球国。由此可见，幕府当局视"虾夷地"和琉球国为日本国的一部分。

至于日本国内部，17世纪后半期，从家纲到纲吉，将军一改此前的"武威"，逐渐树立了其作为以儒教思想和仪礼为支撑的国家统治者的权威，并通过这种权威实现了"和平"。这一时期发布了被视为旨在禁止倾者、教化全民的《生类怜悯令》，以及以繁杂规定排斥血、死之污秽的《服忌令》等法令。这一方面充分反映了通过强化仪礼实现的"和平"；另一方面不可忽视的是，嫌恶忌避污秽的观念不仅已经逐渐深入日本西部社会，还逐渐被带到日本东部。人们把处理死牛死马、加工皮革的人称为"秽多"，把专门从事丧葬的人视为非人，而且这种歧视的观念被制度化了。不过，一般认为阿伊努和琉球王国并不存在这种歧视。

此外，正如当时在一定范围内恢复了朝廷的仪式一事所反映的那样，在新井白石①的推动下，从这一时期到18世纪前半期——将军家宣、家继的时代，将军家（幕府）与天皇家（朝廷）之间的关系日渐和睦。

生业的进一步分化、发展

在政权稳固、国内"和平"的背景下，社会和经济的发展非常显著。如前所述，江户时代的百姓除农民外，还有商人、手工业者、批发商、回船人、渔民乃至梳头师、旅馆业者等各行各业的人。果树种植、柴炭生产、女性从事的养蚕和纺织等产业，在中世已经明确区别于田地耕作，到了江户时代全都被视作"农民"的"农闲打工"——农家副业，江户时代取得巨大发展的棉花、油菜和烟草的种植也不例外。但是，实际上不少"农闲打工"的人反而以"打工"为主要生业，以"务农"为副业。

而且，无高民（各地对他们的称呼并不相同，幕领称"水吞"，前田领称"头振"，毛利领称"门男"，隐岐称"间胁"，等等）之中有许多根本不需要土地的富裕城市民，如工匠、商人、批发商和船家等。此外，据

---

① 新井白石（1657~1725），江户中期的政治家、学者。曾侍奉第六代将军家宣，并在第七代将军家继时，实施币制改革，推进了文治政治，即所谓"正德之治"。

第十二章 展望

推测，在被称为"下人"、"名子"和"家抱"[1]等的以往被视为不自由的隶属民之中，也有不少人掌握了一定的技能，成为船夫、盐师、铁匠、石匠、桶匠和伐木工等。

这些人广泛地活动，加之町人或宗教民也很活跃，从17世纪后半期到18世纪，职能分化极为明显，各行各业的发展相当显著，这在《人伦训蒙图汇》及其他史料中也有所反映。《人伦训蒙图汇》列举了从公家、武家和僧侣到能艺部、作业部、商人部、细工[2]人部、职之部（手工业者）及劝进糊部（上门劝进）等五百余种职业。

城市消费的扩大和流通

伴随着并称三都的特大城市即江户、大坂和京都，以及各地大小城市、城下町、制度上被规定为"村"的众多城市（能登的轮岛、备中的仓敷和周防的上关等）的发展，消费需求也急剧扩大。顺应这种需求状况，包括大名的年贡米的运送、贩卖在内，由商人主导的大米运输日趋活跃，大坂的堂岛还成立了大米市场，米券（米票据）

---

[1] 江户时代从属于本百姓的非自立农民的一种称呼（各地对这类农民的称呼并不相同）。家抱与本家没有血缘关系，但代代都从属于本家。

[2] 指工艺人。

广泛流通,甚至开展了据说是世界上最早的大米期货交易。

为了生产、获取大米这一利润丰厚的商品,商人投入巨额资金开垦新田,填拓各地湖泊、沼泽及海滩等,在大江大河的下游开垦出大片水田。受这类开垦的影响,列岛的自然环境发生了巨大变化。

棉花和油菜等的种植需要鱼肥等需购买的肥料,随着这类耕作以近畿为中心迅猛发展,纪伊半岛的渔夫、鱼商为捕获鰮鱼而出海,西至濑户内海、九州,东达关东、东北,大规模地用网打鱼。近江和能登等地的商人则承包了松前领内的"渔业场所"(同时也是与阿伊努进行交易的商业场所),贩卖海带和干海参等北方特产,同时还雇用打工的渔民和阿伊努人大规模捕捞鲱鱼。

纪伊人栖原屋角兵卫和飞驒人飞驒屋久兵卫等人,可谓是直至 19 世纪活跃于北海道到库页岛一带的商人的典型。能登、越中和佐渡等地的众多商人和回船人来到松前,并开始移居此地。经这些商人之手,前文所举北方特产被贩卖到大坂自不必说,还经萨摩、琉球被大量运送到中国大陆。由于这类商人出入北海道,阿伊努遭受的掠夺和压迫也日益残酷。

如此庞大的物资运输走上轨道离不开海上交通的发展。这一时期,在进一步完善和稳定 16 世纪既已形成的遍及整个列岛的回船网络的基础上，出现了西线和东线回船、连接大坂和江户的菱垣回船和樽回船等各种回船。这类原本是海民的回船人、商人的身影出现在列岛各地的海边、半岛和岛屿上。

百姓及其中女性的经济活动

伴随着城市的发展，建筑木材的需求量攀升。正如井原西鹤在《日本永代藏》的开头所描述的那样，飞驒屋久兵卫、和泉国佐野的农民食野氏及其同族"唐金屋"以日本海为舞台开展贸易，18世纪承包松前的山林，砍伐大量丝柏及其他木材获取巨利。甲斐国福士村的佐野家也于17~18世纪立足于林业及木材买卖等山林经营，积累了财富；其家抱从事林业，如植树、看守山林等，可以视作佐野家雇用的职能民。能登的时国家除耕作田地外，还经营回船、盐滩和矿山，从事制炭和金融等多种行业，可以说具有多元化经营的企业家的特征。我认为，三都和城下町的大商人自不必说，这些村民中的豪家及企业家遍及整个列岛，他们以独自的方式活跃于当地的许多领域。

从生丝的大量进口及棉花种植的巨大发展也可知，衣料生产也逐渐取得了惊人的发展。种植棉花、纺织棉布自不用说，日本国内的农民还广泛饲养家蚕、纺织丝绸，这些都有赖于女性的劳动，把蚕丝、棉花及纺织物等产品出售给商人这一环节很多也是由女性自己完成的。可以推测，江户时代女性对货币和动产的权利也仍然受到保障。这一时期，尽管在拥有田地、负担年贡等带有"公"的性质的活动中看不到女性的身影，但是在纺织品的生产和商业等领域，她们依然发挥着巨大的作用，对钱和家产保持着自己的权利。

货币、信用经济的兴盛

直至 17 世纪，各地矿山的金、银和铜的开采非常活跃，矿山町的发展相当显著，大量金银出口到海外。到了 17 世纪末，转而出口铜。当铜的外流变得显著时，又转而向中国大陆出口俵物[1]（干海参、干鲍鱼和鱼翅）。

发生上述变化的原因之一在于幕府的货币和贸易政策的变化。日本国内东西货币存在差异，即西国使用银、东国使用金，由于通货需求增大，金银严重不足。对此，将军纲吉行使统治权，令荻原重秀采取"恶铸"[2] 货币的做法，以增大货币的流通量，并利用新旧货币的差额增加幕府的收入。而新井白石则将货币恢复原样，同时还控制金

---

[1] 俵，指用稻草或茅草编织而成的袋子。俵物，指装入这种袋子的稻谷、海产品等。

[2] 铸造货币时减少金属的含量。

第十二章　展望

银外流，对贸易施加了新的控制（海舶互市新例①）。

除此之外，流通经济的发展也是一个重要原因。17世纪后半期以后的东国与西国、江户与大坂之间的物资流通活跃起来。特别是大坂拥有中央市场，而江户则是巨大的消费城市，两地之间存在庞大的物资运输，以此为中心，大坂、江户与各地区经济圈之间的物资流通也极为活跃。与此同时，各地城市中出现了钱庄，其业务以金银铜钱的兑换为主，也包括办理商人资金预存、开具各种票据等。其中尤以大坂和江户的钱庄活动最为突出，三都的三井两替屋及大坂的鸿池、天王寺屋等钱庄在进行预存资金和开具票据的同时，还与商人资本相结合，将钱贷给商人和大名等，积累了巨额财富，它们发挥着类似于现在的银行的作用。中世后期以来经历了曲折发展的信用交易、市场经济在此时得到了空前的发展。

财政家的活跃

这一时期还出现了被称为"勘者"的财政改革承包人。在经济社会充分发展的背景下，他们参与幕府和各地

---

① 亦称正德新例、长崎新例。指1715年由新井白石立案、江户幕府发布的长崎贸易限制令。海舶互市新例的发布主要为防止金、银和铜流向国外，取缔走私贸易，该法令对进出口的年贸易额进行了限制。

日本社会的历史

大名的财政以及地方经济事务，获得了巨大利益。例如，美浓出身的农民松波勘十郎，他协助幕府领和旗本领等开展检地，推进了种种大规模的改革。例如，从1693年（元禄六年）起在大和国的郡山藩实行财政改革；1699年（元禄十二年）起在备后国的三次藩指导藩札①的发行、领内特产铁和纸的专卖等；从1701年（元禄十四年）起参与陆奥国棚仓藩的财政改革；从1706年（宝永三年）起又参与水户藩的财政改革，在常陆国的涸沼与巴川之间开凿了运河，以促进奥州和江户之间的商品流通；等等。

其中，郡山藩改革的承包机会是松波与俳人②鬼贯（上岛与总兵卫）竞争后获得的。由此可知，当时广泛可见像松波这样在整个列岛内承包各地大名的财政改革、力求促进商品流通及产业发展等的各种身份的财政专家。特别是从既是俳人又是财政家的鬼贯的情况可以推测，这一时期文学领域的知名人士并没有局限于文学活动，他们在实际生活中积极活跃于多个领域。这提醒我们有必要具体弄清这些财政家的实际情况。

而且，像松波这样同时与多个大名合作实行改革的人，展现了一种完全不同于以往常识所认为的"封建主从制"

---

① 江户时代、明治初期诸藩发行的纸币。
② 即俳句诗人。俳句，又称俳谐，是日本古典诗体之一，通常由3句17个音以5-7-5的形式排列。

的情况。此前的研究已经充分证明江户时代的日本社会作为经济社会已经成熟了，今后则应进一步注意如何把松波那样的人物及其与大名的关系作为学术研究的对象加以把握。

不过，由于水户领的农民向江户提出诉讼，松波被免职，最终被捕并死于狱中。这样的结果充分反映出当时的社会和政治现实不允许松波的改革或这类事业顺利开展。可以说，像松波这样的改革家、企业家的活动，后来一方面为从荻生徂徕到海保青陵、本多利明等人的经世致用论所继承，推动了江户后期的政治改革；另一方面则促进了本草学、和式算学和历法学等各领域的实用性学问的发展。

第二节 18世纪至19世纪前半期

享保改革和列岛各地的动向

伴随着社会和经济的迅猛发展，富裕的大商人和钱庄等的实力显著增强，在包括其实质为城市的"村"在内的村落中，成长起了众多有实力之人——豪家，他们通过各种生业、交通和运输等多元化经营增强了实力，这导致武家的统治地位被相对削弱了。

针对这种情况，新井白石主导的政治重视仪礼和学问，试图以此维护武家的统治地位；将军吉宗则再次有力地强化武家的"武威"，奖励、推进其主导下的新田开垦，努力推动各产业发展，以图重建幕府财政。吉宗还下令制作国绘图和日本国总图，于1721年（享保六年）下令调查全国户口及土地面积，而且规定从1726年（享保十一年）起每六年举行一次人口调查。可以说，吉宗推行改革的意图在于确保武家对土地和人口的统治，进一步促进"国民国家"的形成。

当时出现了全国范围的联系紧密的交通、流通和市场体系。以画师、俳人和学者等各种艺能民为首，为数众多的町人、农民和"水吞"的男男女女非常热衷于旅行，除出于商业之类的实用目的外，也有以参拜寺社或游山玩水等为目的的旅行。不言而喻，这些都是"国民"得以形成的背景。通过18世纪开始迅速普及的"寺子屋"之类的教育，读写算的能力日益广泛地为包括町人、农民的男男女女在内的社会各阶层掌握，甚至连出版书籍的出版业也真正形成了。

此外，各地独特的产业——"国产"也得到发展，例如，尾张的棉织业、桐生和足利的丝织业及佐贺的陶瓷业等。以此为背景，各地独具特色的文化也得到发展。这从由藩编纂的《张州府志》和《防长风土注进案》，或由民间人士编纂的《张州杂志》之类的地方志等也可以窥见一斑。琉球王国也于1713年（正德三年）编纂了《琉球国由来记》，于 1726 年编纂改定了《中山世谱》。通过这些活动可知，当时已经出现了自觉宣传琉球固有文化的动向。这一时期，对于与北方世界开展贸易的阿伊努，松前藩仍保持着"虾夷地"的事务交给阿伊努管理的态度。

田沼意次和重商主义

进入 18 世纪后半期，世界形势的巨大转变逐渐开始波及列岛。俄国开始在北方世界出入，控制了堪察加半岛，开始直接与千岛群岛南部的阿伊努开展贸易，而松前藩也开始在国后岛设置渔业、商业"场所"，二者真正开始接触。针对这种情况，18 世纪末，田沼意次[①]采纳了主张开发"虾夷地"并与俄国通商的工藤平助的建议（《赤虾夷风说考》）。尽管该计划因田沼失势而终止，但幕府确曾考虑要实施这一计划。就这样，在俄国与日本之间的关系渐趋紧张的同时，双方也建立了新的直接交往关系。不过在此期间，阿伊努的处境逐渐恶化。此外，这一时期荷兰在亚洲的势力彻底被英国超越，进入 19 世纪后，这一变动波及列岛。

[①] 田沼意次（1719~1788），远江国相良城主，将军德川家重、德川家治的近侍重臣。其主政期间推行了许多重视商业贸易发展的政策。例如，铸造了南镣二朱银，以俵物为长崎贸易的决算物，摸索开发"虾夷地"，等等。由于重用亲信、贪污贿赂，田沼意次最终失势，并于 1787 年下台。

在这种背景下，18世纪后半期以降，在田沼时代的重商主义性质的政策下，经济的成长、工商业的发展依旧很显著。在造酒、棉织和丝织等行业中，出现了雇用伙计的工场手工业，大量人口流入城市。城市和城市性村落的百姓和"水吞"（前述城市民中没有土地的人）之中，普遍出现了粮食完全靠购买的人群。

宽政改革：再次转向农本主义

稻谷及其他农作物歉收、米价及其他物价上涨，给粮食完全靠购买的人群带来了沉重的打击。1732年（享保十七年），以日本西部为中心发生了享保饥馑。而1783年（天明三年）的浅间山大喷发和1786年（天明六年）的大歉收，则导致东北和关东等地发生了更为惨重的大饥馑（天明大饥馑）。

每到饥馑之时，各地便以城市为中心发起针对买断米谷哄抬物价的米谷商人及其他富人的激烈的打砸行动[1]。这一时期，各地频繁发生总百姓要求统治者减免年贡、公正执政的一揆诉讼和弃地逃走，以及百姓反对专卖制度的诉讼。而这逐渐动摇了江户幕府——武家主导的日本国的

---

[1] 江户时代，百姓、町人等中下层身份之人对豪农地主、富商和高利贷者等的房屋、财产及生产用具等发起的破坏行动，尤其以都市下层民众对哄抬米价的米店的袭击为多。

第十二章 展望

统治秩序的根基。

18世纪末,松平定信①主持"宽政改革",再次把以正统的儒学为思想支柱的农本主义推到前台,加强对商人的管理,以图重新整顿体制。特别是1789年(宽政元年),国后岛和目梨地方的阿伊努发动了反对日本人的起义,幕府对阿伊努是否会与俄国联合极为警惕,因而要求渔业、商业场所承包人"公平"交易,同时还对"虾夷地"加以高度防范,并增强了江户湾的海岸防御。

18世纪末19世纪初,俄国使节拉克斯曼②(1792年,即宽政四年)、列扎诺夫③(1804年,即文化元年)

---

① 松平定信(1758~1829),江户后期大名,白河藩主。1787年田沼意次下台后,松平定信作为幕府的老中首座辅佐第十一代将军德川家齐推行改革。他主导的"宽政改革"以整顿吏治、重建农村为核心课题,与田沼政治相比,其商业流通政策较为保守。他对身份、风俗的严格管理招致了民间的不满;而在"虾夷地"对策上又与幕阁的其他成员对立,因而逐渐陷入孤立的境地;终因"尊号一件"(又称"尊号事件")和大奥改革于1793年辞职。

② 拉克斯曼(Адам Эрикович Лаксман, 1766~?),俄国最早的遣日使节,著有《日本渡航日记》(Путешествие в Японию Адама Лаксмана)。1792年作为送返大黑屋光太夫及其他日本漂流民的使节到达日本的根室,要求建立邦交。翌年在松前与幕府交涉,但只取得长崎的入港证,通商要求被拒绝。拉克斯曼访日后,日本国内开始讨论海防的必要性及开国的是与非。

③ 列扎诺夫(Николай Петрович Резанов, 1764~1807),俄国政治家、俄美毛皮公司经理。1804年,奉沙皇亚历山大一世之命以遣日特使身份在仙台漂流者津太夫的陪同下进入长崎港,但其通商要求遭到拒绝,后来先后于1806年、1807年令部下袭击库页岛和择捉岛。

先后来访，幕府开始视海洋为外敌入侵的通道，认为应严加防备，并固守作为"祖宗之法"的"锁国"政策，最后竟至对英国船的来航发布了《异国船驱逐令》（1825年，即文政八年）。与此相并行，接待朝鲜通信使的规格降低了，对朝鲜的蔑视加剧了。

大盐平八郎的暴动与天保改革

面对幕府如此僵化的态度，社会各方面都感到压抑，并加强了反抗，各地发生了要求通过"德政"和"世直"①收回抵押的土地、免除债务等的一揆和打砸行动。与此同时，庶民通过各种形式对政治加以讽刺和批判，实际上这也已发展成动摇幕府及诸藩统治的一个因素。

在此背景下出现了一种新的动向，那就是熟悉世界形势的洋学者及其他知识分子的危机意识增强了，他们公开批判幕府的对外政策，并因此受到压制（如"蛮社之狱"）。与此同时，一部分神道家和水户学者主张以天皇为中心实现"国民统合"。在此情况下，幕府顺应朝廷的意向，停止此前诸如"白河院"那样的在追封号后加上院号的做法。光格去世时，幕府同意把在谥号后加上天皇

---

① 改变不合理的现状、创造更美好的新世界的观念。此处指从江户中期到明治初年发生的农民、町人要求摆脱贫困、实现平等的社会风潮。

第十二章 展望

号而成的"光格天皇"作为其死后的称号。谥号加天皇号的做法自9世纪末光孝之后中断,在此首次得以恢复。可以说,恢复天皇称号一事明确地表明了天皇才是日本国的权威的中心。

进入19世纪后,日本国的内外危机进一步加深。1833~1836年(天保四至七年)农业连年歉收,造成了天保大饥馑,以甲斐国的郡内及三河国的加茂为首,各地频频发生大规模一揆,甚至出现了武力反叛。例如,1837年(天保八年),阳明学者大盐平八郎为了救济贫民,在大坂发起暴动,国学者生田万与此相呼应也发起了暴动。1840年,鸦片战争爆发,随着欧美诸国势力的入侵,整个东亚世界进入了急剧变动的时期。在此情况下,1841年(天保十二年),以大御所家齐之死为契机,幕府在老中水野忠邦的主导下尝试全面调整统治体制(天保改革)。

忠邦试图推行彻底的改革。为了抑制物价飞涨,废止了株仲间①,尝试改铸货币;为了减少流入江户的人口,实施了人员遣返法;对以花街柳巷和戏院为背景臻

---

① 江户时代,江户、京都和大坂等地的工商业者在幕府的许可下组成的行会。享保改革时期,幕府为控制物价、取缔风俗而鼓励组成工商业者的行会。天保改革时期,幕府认为株仲间有碍其流通政策而于1841年发布《株仲间解散令》,将其废止。但1851年幕府又发布《株仲间再兴令》,恢复了株仲间。1873年株仲间又被废止。

于烂熟的文学和绘画等都市文化严加管理。与此同时，凿通印幡沼渠，以保障通往江户的内陆水运；为了加强江户、大坂的警备，发布了上知令，试图将其周围也纳入直辖范围。此外，还输入蒸汽船舶、创设大炮队，力求强化海防，等等。但是，由于忠邦以幕府为中心的立场及其他原因，改革遭到了从农民、町人到大名、旗本等各方面的强烈反对，从而受挫。此后幕府逐渐丧失了政治主导权。

"雄藩"的抬头与外压：幕府崩溃

与此相对，诸藩中出现了新的动向，那就是积极利用地方特色发展工商业和贸易，任用优秀人才，引进欧美式军事技术，推进本藩的改革。据推测，与对外贸易有一定关系的诸藩都率先进行了改革。例如，萨摩藩很早便开始走私海带和俵物等北方特产，经由琉球出口到中国大陆，由此获取了巨利，并强化奄美产砂糖的专卖，与此同时，还利用欧美技术建造反射炉和造船所等，以图强化军事实力；萩藩（长州藩）在强化纸和蜡的专卖的同时，还充分利用回船交易等手段增强藩的财政实力；佐贺藩努力强化陶瓷器的专卖，引进欧美式军火工业；高知（土佐）藩则似乎与太平洋回船运输关系甚密，努力强化其财政；等等。此外，宇和岛、福井和水户等藩也抬头了，政局的

第十二章　展望

主导权渐渐开始向"雄藩"转移。1853年（嘉永六年），佩里率领美国东印度舰队的四艘军舰出现在浦贺，要求幕府"开国"，以此为契机，形势骤然起变。

此后不过十数年，时代便发生了巨大变化。朝廷、雄藩和幕府三者之间的关系急剧变动，在三者纵横捭阖展开对立抗争的过程中，日本与美国、荷兰、俄国、英国和法国等欧美诸国缔结了不平等的通商条约而"开国"，社会和经济受到迅速活跃起来的面向欧美的进出口贸易的刺激，名副其实地进入了急剧变动的时代。

当时民众之中既出现了要求"世直"的激烈的一揆和打砸行动，也出现了呼喊着"这不挺好吗"的狂欢乱舞的动向。以此为背景，在萨长土肥①等藩的以下级武士为主的政治势力的主导下，幕府被推翻，1867年（庆应三年），建立起了以天皇为中心的新政府。

第三节　19世纪后半期到20世纪后半期

走向欧美式立宪国家

1868年（明治元年），拥戴末代将军庆喜的旧幕府军

---

① 即萨摩藩、长州藩、土佐藩及肥前的佐贺藩。

日本社会的历史

与新政府军在鸟羽、伏见和江户展开战争，战争以后者的胜利告终。新政府军占领江户后与奥羽越列藩同盟军作战。同盟军拥戴轮王寺宫，建立了"东北朝廷"，定年号为"大政"（大政元年），试图独立，但在会津等地被新政府军击败。接着，据守箱馆五稜郭并试图在北海道建立独立共和国的榎本武扬也于1869年（明治二年）投降，戊辰战争结束了。"神圣的"天皇亲政的政府以明治为年号，完全掌握了日本国的统治权，将江户改名为东京，并把都城迁至该地。

对于琉球王国，日本国于1872年（明治五年）将其改为琉球藩，将国王尚泰改为藩主；又于1879年（明治十二年）以军事实力为背景强行废除琉球藩，设置冲绳县（琉球处分）。至于北方的库页岛和千岛群岛的归属，日本国于1875年（明治八年）与俄国缔结《桦太①千岛交换条约》，确定千岛群岛为日本领土，千岛群岛和北海道的阿伊努被纳入日本国的统治之下。日本国政府不承认阿伊努独特的具有地盘性质的土地支配权为私有权，并强迫阿伊努人从事农业，使其"民族生活"遭到了彻底的破坏。

日本国进而把小笠原群岛纳入其领土范围，至此确定

---

① 即库页岛，俄国称萨哈林岛。

了自身作为近代国家所拥有的领土和国境线。而且，日本国已经于1871年（明治四年）通过废藩置县基本上实现了政治统一，并在此基础上推行了各方面的改革，幕府时代的旧制度为之"一新"。日本国沿着无比积极地引进欧美的制度、学问、技术和文化的"文明开化"道路突飞猛进，经过种种迂回曲折后于1889年（明治二十二年）发布了天皇制定的钦定宪法即《大日本帝国宪法》（明治宪法），成为欧美式的近代立宪国家。接着又于1894年（明治二十七年）与英国签订平等的《日英通商航海条约》，以此为开端相继与欧美诸国缔结了改订条约，废除了不平等条约。

对"江户时代"的否定和"日本人"像的捏造

从实际情况看，这个国家在经济方面继承了列岛社会在漫长历史中积累而成的高超的手工业技术和生产方法，以及商业和信用经济高度发展的实态，并以具有突出的阅读、书写和计算能力的普通民众作为广泛的社会基础。其生存和发展正是在这样的基础上才得以实现的，显然并非一切都被"一新"。

例如，明治以后生丝生产能迅速成长为出口产业，离不开自古以来农家妇女养蚕、缫丝这一广泛的社会基础。至今仍在使用的实用商业用语——"市场""取引""相

日本社会的历史

场""手形""切手""株式""寄付""大引"等词①，都可以追溯到古代中世的固有词语，而不是译词。从这一事实我们也可发现同样的信息——在这些领域，日本社会的实态已经可以马上与欧美系统对接。

尽管如此，明治政府却将江户时代视为基于"士农工商"身份制度的"封建制度"的时代，加以全盘否定，并竭力接受欧美的各种制度。这在对外方面表现为"脱亚入欧"的态度。明治后期开始走上轨道的近代学问的主流也始于对江户时代积累的学问的舍弃。

如前所述，"士农工商"这种认识本身完全违背事实，包括这一认识在内的一些关于"日本国""日本人"的观念极为偏颇，可谓错误百出，从进入明治时代至制定宪法时期以及那之后的国家教育却把它们彻底灌输到了日本人的意识深处。

尤为严重的是，明治政府将宣扬日本国是众神创造的国土、由从天而降的神的子孙即天皇进行统治的记纪神话②作为"事实"，依之进行"国史"教育，进而灌输日

---

① 这些词的语意分别为：市场、交易、行情、票据、支票、股份、捐献、收盘。
② "记纪"即指日本现存最古的两部史书——《古事记》和《日本书纪》。记纪神话指这两部史书所叙述的神话性质的故事。网野善彦要批判的是从一元化、单一系统的角度研究古代天皇的神话，以及以这些神话为事实开展日本史教育的做法。

第十二章 展望

本人受"万世一系"的天皇的统治、在"血统"上是与天皇一脉相承的均质的优等的"大和民族"的意识。基于这种意识,他们无视阿伊努和琉球人的"民族"特性,进而蔑视中国大陆和朝鲜半岛的人民,特别是从古代日本国的统治者"征讨"新罗到秀吉侵略朝鲜的一系列事情,使对朝鲜半岛人民的极端蔑视在日本人的意识中深深地扎下了根。

明治以后的政府以抵抗来自列强的压力、创建"国民国家"为课题,采取了江户时代末期以后的观点,将日本国视为被海洋与其他地区隔离的孤立的"岛国",认为海洋是"外敌"入侵的通道,应加以防御,并彻底向日本国民灌输这种观点。与此同时,明治以后的政府继承了古代日本国的传统,仍然以军事目的为主,把公路交通和铁路交通作为交通体系的基础。这使直至江户时代为止的交通体系中心——河运和海运交通迅速衰落,岛屿和半岛在社会经济的发展中被忽视了。

不言而喻,正如前文所述,日本列岛是连接亚洲大陆南北的桥梁,将列岛社会视为"孤立的岛国"之类的观点未认清实际情况,违背事实,存在重大偏颇。直到最近,明治国家制造出的这种假象仍旧支配着包括研究人员在内的绝大多数日本人的头脑,依然具有相当大的影响力。

日本社会的历史

被灌输的假象和侵略亚洲

与前文提及的"神话"也有一定关系，明治以后的国家领导者视日本国为以稻作为根本的"瑞穗国"，以在国土上发展农业为最大课题，并以此为基础发展各种产业，创建强大的军队，竭尽全力"富国强兵"。迄今为止，人们往往认为日本社会是农业占了极大比重的农业社会，这种观点是由于刻意强调而形成的，还是在潜意识中已成为"常识"了？这一问题有待商榷。但毫无疑问的是，这个观点有力地左右着这个国家的领导者的思维。

以爱媛县温泉郡中岛町（现在的松山市）的二神岛为例。近世的二神岛的石高仅82石多，只有少许水田旱地，村民全都依靠海洋捕捞、山中物产以及操舟交易维生。但是，在当地流传的明治政府于1872年制定的最初的统一户籍——壬申户籍的草稿本中，总计130户之中，除寺院1户外的129户（仅有1户漏记）都被登记成"农"。这一问题是由将江户时代的百姓全都视为"农"造成的。可以想象，这种情况并不限于二神岛，而是遍及全国各地。可以说，这导致与河海、山川相关的生业以及小规模的工商业全被忽视了，一种明显偏重农业的社会"假象"被制造了出来。

当然，明治政府并非仅仅通过户籍来掌握人民的生业

第十二章 展望

情况，但该政府的立场确实偏向农业，以致时至今日仍然存在把农业之外的生业统统视为农民的兼业、副业的看法。虽说江户时代也有前述"农闲打工"那样的说法，但应该说这种看法在明治以后进一步深入地渗透到社会之中。毫无疑问，由于政府坚持这样的立场，各种依靠河海、山川的生业被日本人忽视了。这种历史认识至今仍然支配着包括研究人员在内的绝大多数日本人，可以说，明治政府所陷入的"偏向"的影响实在太大了。

这种以农业为中心的观点使日本人过于强烈地意识到在被海隔绝的、孤立的"岛国"上，依靠缺少农田的狭窄国土满足急剧增多的人口的需求之难度以及由此而来的贫困，从而增强了他们的危机感。当然原因并非仅仅如此，不言而喻的是，这背后也存在资本的要求即寻求市场和资源。19世纪后半期到20世纪前半期，通过甲午战争、日俄战争和第一次世界大战，"大日本帝国"在台湾岛、库页岛南部和朝鲜半岛建立了殖民统治，将统治延伸到了中国东北。很明显，这一系列行为的原因之一在于人们强烈地意识到解决农业或"粮食问题"的必要性。正如已经对北海道的阿伊努或信仰"御岳"的冲绳人所做的那样，日本人在开垦水田的同时，必定修建带有鸟居的"神社"，强制当地人信奉神道信仰。

我们有必要明确，这点与前文所说的"大和民族"

的优越感相结合,在第二次世界大战中,给众多的亚洲人民带来了无限的灾难。这与日本人对待阿伊努、琉球及殖民地时所表现出的恬然自适及令人吃惊的麻木不仁的态度并无二致。他们否定具有悠久历史和独自文化的阿伊努和琉球,以及受其殖民统治的台湾岛、库页岛南部和朝鲜半岛等地的固有语言,强迫他们使用日语、改用日本风格的姓名登记户口,进而强迫其崇拜天皇、为天皇尽忠(皇民化)。

如果说这一切均源于明治以后的政府领导者通过教育彻底向日本人灌输的内容,即可谓荒唐无稽地把神话当作事实的对日本国的认识,以及对日本列岛及其社会的严重误解,也许我们就应对明治政府所起的作用做出比迄今为止更为严厉的负面评价。

思想压制:走向太平洋战争

当然,面对政府的这种姿态,明治以后的社会多少保持了批判的态度,独立接受了欧美的思想、学术和文化,并相应地创造出了优秀的学术和艺术。

例如,进入 20 世纪后,直至年号为大正的时期,就历史学和民俗学的领域而言,法制史学的中田薰、日本民俗学的柳田国男和日本古代史学的津田左右吉等学者,既对江户时代的学问和文学拥有高深的造诣,又充分咀嚼了

第十二章 展望

欧美的学问，成长为优秀的历史学家和民俗学者，取得了重大的研究成果。其他学术领域及文学、美术领域也与此相同。20世纪前半期改元昭和之时，马克思主义对知识分子产生了强烈的影响。马克思主义者对日渐显现出侵略亚洲姿态的政府和军部展开了严厉的批判，同时还以社会科学为中心在学术和文学方面取得了成果。在这些动向的刺激下，人们积极地介绍德国哲学，以及马克斯·韦伯等欧美学者的思想、学问，并在消化这些内容的基础上，创造出了切合日本社会实际的哲学和社会科学。

但是，面对这些思想、学术和文学的新动向以及与此相关的政治、社会运动，政府进行了严厉的压制，于1925年（大正十四年）制定了治安维持法，进而于1928年（昭和三年）规定，对主张批判"天皇制"、变更"国体"的人最高可处以死刑。

特别是1931年（昭和六年），九一八事变爆发，在军部的主导下，日本投身于"十五年战争"，政府的压制也随之趋于极致，当时有不少人在被捕、拷问之后惨死狱中，还有非常多的人由于无法忍受这种折磨，被迫发誓"转变"思想（"转向"）。

这种思想压制进一步加剧，竟至波及津田左右吉和美浓部达吉，前者对天皇抱有深切的崇敬，因而对"记纪"展开实证性批判研究，并取得了重大成果；后者提倡

日本社会的历史

"天皇机关说"①。而军部则发动了真可谓疯狂的太平洋战争。

这一时期,军队作为"天皇的军队"被称为"皇军",以"长官的命令即天皇的命令"为信条,对于长官对士兵的殴打、脚踢和棍棒相加等习以为常,把宛如"监狱"一样的兵营生活强加给士兵。此外,如前所述,这支军队——"皇军"被彻底灌输了对包括中国人、朝鲜人在内的异民族的蔑视,他们被送上使人发狂的战场,杀伤了包括非战斗人员在内的大量人口,例如,进行细菌武器研究的所谓"七三一"部队所做的细菌人体实验,又如惨绝人寰的南京大屠杀。他们在亚洲各地不断重复这类脱离常轨的杀戮。还有那些被安排来满足士兵性欲的"慰安妇",她们被强加了比强加在士兵身上更为严重的"奴隶"状态。不得不说所有这些都是毫无疑问的事实。我们不能回避这些事实,必须正视。而明治政府的领导者正是侵略亚洲的直接起点,他们为实际情况骇人听闻的军队的形成制造了出发点。对于这样的明

---

① 关于《大日本帝国宪法》中的天皇地位的学说,以美浓部达吉为代表,主张统治权属于作为法人的国家,而天皇则是行使统治权的最高机关。该学说带有强化内阁和议会地位的意图,与上杉慎吉的"天皇主权说"对立,成为大正时期学界的一般说法。随着法西斯主义的抬头,"天皇机关说"遭到军部和右翼势力的排斥,1935年发展成国体明征问题,被视作反对国体的学说。美浓部达吉被迫辞去贵族院议员身份,其著书也遭查禁。

第十二章　展望

治政府的领导者，我们有必要加以比前述评价更为严厉的负面评价。

诚然，明治以后的政府选择的道路打破了江户时代的武家统治秩序，在欧美列强的压力下维护了日本的"独立"，但我认为，该选择建立在完全错误的自我认识的基础之上，把被政府灌输的假象操纵了的日本人引向了毁灭性的战争，把巨大的牺牲强加在亚洲人民身上，可以说是最坏的道路。

思想学术中的"日本"桎梏

如前所述，面对19世纪后半期到20世纪前半期的时代主流，有些思想和学问并未随波逐流，而是加以严厉批判，它们相应地取得了丰硕的成果。尽管如此，它们并未从明治以后的政府通过国家教育向人民灌输的关于日本的看法的框架中解放出来。

1945年（昭和二十年）太平洋战争的战败使此前的压迫得以解除，思想自由得到了保障，学术、文化在经历了潜伏着种种可能性的10年左右的急剧变动期后，一齐在整个20世纪后半期开花、结出了新的果实。

但是，包括这一时期在内，一些留下了重大学术遗产的人也存在不足之处。例如，即使是确立了日本民俗学的柳田国男，据说也从某些时期开始把冲绳置于"日本"

日本社会的历史

之中来把握,还忽视了山民、阿伊努;即使是广泛涉猎历史学的多个领域并提出了深刻的"日本"理解的津田左右吉,据说也"对帝国主义的民族压迫始终保持沉默"。

战败后,马克思主义在思想界、学术界的影响力迅速增强,不久后在历史学界占据了主流地位。不容否认,日本马克思主义学派取得了众多优秀的成果,例如,对"天皇制"持严厉的批判态度,对延续至战争时期的把神话当作事实、以天皇为中心的历史观——"皇国史观"进行了彻底的批判,关于"日本史"的古今之变也提出了新的框架。但是,正如津田及民俗学者批判的那样,它在日本没有发展成真正扎根于人民的生活、以人民的生活为研究对象的学术,而往往带有依赖公式化的发展阶段说的缺陷,而且它尚不具备真正地放开手脚将"日本"本身作为对象来进行分析的视点,它未能完全摆脱主要是明治以后形成的所谓"常识"。例如,它将日本视为孤立的"岛国",对弥生时代以后的列岛社会的历史,只按照以水田为中心的农业生产力的发展这一线索加以把握。

这样的学问和思想动向,与战后改革的盲点有难以割裂的关系。例如,为了克服寄生地主制而实施的农地改革只聚焦于农地本身,而把山林置于视野之外。以清除所谓"封建遗制"为目的开展的种种运动也与此不无关系。例如,被歧视部落的解放是立足于从江户时代的政策中寻找这些歧视的起源这种错误认识展开的。

这样看来，以下课题就成了我们今后的紧急课题：立足于把"日本"本身作为历史性的存在加以考察的视角，重新彻底检讨明治以后直到战败的过程，以及战败后的政治、社会动向，抛弃前述人们深信不疑乃至当作"常识"的错误认识。而且可以说，这样的工作已经开始了。

学术的新动向：描绘多彩的社会史像

20世纪后半期，人类社会研制了核武器，掌握了足以毁灭自身的科技实力。日本在这种时代背景下进入了经济高速成长期，大肆开发国土，使日本经济社会不断遭到自然以公害及自然灾害等各种形式施加的报复。从列岛社会的历史看，这真可谓是继14～15世纪的社会转变——前文所说的"文明史、民族史的转变"以来的又一重大转变，它使人们开始意识到自然与人类社会之间的关系正发生彻底转变。与此同时，大约从20世纪70年代后半期开始，包括马克思主义学派在内整个思想界和学术界明显发生了重大变化。

以历史学为例，"历史是不断进步的"这一支撑近代历史学的根本观点开始变得难以为继，这在现实的进程中变得明了起来。人们真正开始研究此前并不被视作"进步"的主要推动者的女性、老人和儿童，以及遭到忽视的被歧视民和非定居民。一直以来，大家只承认农业和工业为"进步"的原动力，而把与山野河海相关的生业视作"原始的"、发展滞后的行业，把商业、金融、运输和信息传递等视作脱离生产的不结果的"谎花"。最近，对这些加以正面考察的氛围终于酝酿成熟了。

人们开始全面考察衣食住的多样性、以这些为基础的生活形态，以及与此相关的民具①，甚至已经开始注意人与人之间的各种关系及细微的心理变化。旨在弄清这些问题的新的研究动向也开始走上轨道，它们被称为"社会史""生活史"等。

与此同时，对迄今为止主要以文献史料为中心的历史学研究的反省也深化了，人们普遍认识到与考古学、民具学、民俗学、文化人类学、地理学、美术史学、建筑史学和文化史学等多学科合作，才有可能解决上述微妙复杂的课题。为使这种多学科的合作真正开花结果，人们普遍接受了资料学和史料学，从学问的角度探究、解明这些学科的研究对象即资料和史料的特质。而且，在包括开发在内的源自社会深处的剧变中，人们也认真地致力于保存正迅

---

① 自古以来普通民众日常生活中使用的工具、器具的总称。"民具"这一概念是日本常民文化研究所有关人士提出的。民具是从技术和物品出发研究民众生活的历史和文化特征的重要资料。关于民具的研究称为民具学。

第十二章　展望

速遭到破坏及散佚的各种资料和史料，根据其特点加以整理、分类，并广泛公开，以求后世传承。

明确了日本列岛上的社会既不划一也不均质后，人们努力展开各种尝试。这些尝试包括：摸索不止区分列岛东、西部的地域划分的新方式，探究各地的特性，摸索各地今后的发展道路；与此同时，探究日本列岛与列岛外各地之间的关联，超越"国家""国民"的框架，弄清广域地区的实际情况，例如，以玄界滩和东海为基础，延及日本列岛、朝鲜半岛和中国大陆的"倭寇区域"，环绕现在暂且称为"日本海"的内陆海（对朝鲜半岛一侧而言是"东海"，摸索它的恰当称呼是今后的课题）沿岸地区等；在此基础上正确把握日本列岛在亚洲乃至在全球人类社会中的位置等。

在此，我们必须充分预想到，要使这些尝试真正开花结果还需要一定时间，不过可以肯定的是，这将描绘出远胜于以往"日本史"的多彩的日本列岛社会史像。

在这个意义上，现代的现实本身无疑是要求改写迄今为止的历史的，但这种改写必须符合其所面对的转变的性质，必须是根本的、彻底的改写。而且，根据丰富的事实重新描绘出的历史应正确提示在人类社会今后的前进道路上，即在明智地与自然相处，朝着和平、自由以及解决贫困的方向迈进的道路上，日本人应起的作用。我们衷心期待着这一天能早日到来。

参考文献

『岩波講座　日本歴史』（全 23 巻）、岩波書店、1962～1964

『岩波講座　日本歴史』（全 26 巻）、岩波書店、1975～1977

『岩波講座　日本通史』（全 21 巻・別巻 4）、岩波書店、1993～1996

『日本歴史大系』（全 5 巻・別巻 1）、山川出版社、1984～1990

『日本の歴史』（全 26 巻・別巻 5）、中央公論社、1965～1967

『日本の歴史』（全 32 巻・別巻 1）、小学館、1973～1977

『日本の歴史』（全 21 巻・別巻 1）、集英社、1991～1993

『日本民俗文化大系』（全14巻・別巻1）、小学館、1983～1987

『海と列島文化』（全10巻・別巻1）、小学館、1990～1993

『日本の社会史』（全8巻）、岩波書店、1986～1988

『講座　前近代の天皇』（全5巻）、青木書店、1992～1995

『新版　古代の日本』（全10巻）、角川書店、1991～1993

『アジアのなかの日本史』（全6巻）、東京大学出版会、1992～1993

『日本女性史』（全5巻）、東京大学出版会、1982

『日本女性生活史』（全5巻）、東京大学出版会、1990

『週刊朝日百科　日本の歴史』（全12巻・別巻1）、朝日新聞出版、1986～1988

『週刊朝日百科　日本の歴史　別冊　歴史を読みなおす』（全24冊）、朝日新聞出版、1993～1995

※

朝尾直弘　『将軍権力の創出』、岩波書店、1994

石井　進　『日本中世國家史の研究』、岩波書店、1970

日本社会的历史

　　石母田正　　『平家物語』、岩波書店、1957

　　石母田正　　『日本の古代國家』、岩波書店、1971

　　井上光貞　　『日本古代國家の研究』、岩波書店、1965

　　今谷　明　　『室町の王権』、中央公論社、1990

　　今谷　明　　『室町幕府解体過程の研究』、岩波書店、1985

　　上横手雅敬　　『日本中世國家史論考』、塙書房、1994

　　大隅和雄　　『管愚抄を読む——中世日本の歴史観』、平凡社、1986

　　大津　透　　『律令國家支配構造の研究』、岩波書店、1993

　　海保嶺夫　　『中世の蝦夷地』、吉川弘文館、1987

　　笠松宏至　　『徳政令——中世日本の法と慣習』、岩波書店、1983

　　笠松宏至　　『法と言葉の中世史』、平凡社、1984

　　笠松宏至　　『日本中世法史論』、東京大学出版会、1979

　　勝俣鎮夫　　『一揆』、岩波書店、1982

　　勝俣鎮夫　　『戦國時代論』、岩波書店、1996

　　勝俣鎮夫　　『戦國法成立史論』、東京大学出版

会、1979

勝山清次　『中世年貢制成立史の研究』、塙書房、1995

川崎庸之　『川崎庸之歴史著作選集』（第一巻～第三巻）、東京大学出版会、1982

菊池勇夫　『飢饉の社会史』、校倉書房、1994

岸　俊男　『日本古代政治史研究』、塙書房、1966

岸　俊男　『日本古代文物の研究』、塙書房、1988

黒田俊雄　『寺社勢力――もうひとつの中世社会』、岩波書店、1980

黒田俊雄　『日本中世の國家と宗教』、岩波書店、1975

五味文彦　『吾妻鏡の方法――事実と神話にみる中世』、吉川弘文館、1990年〔増補版、2000年〕

西郷信綱　『壬申紀を読む』、平凡社、1993

櫻井英治　『日本中世の経済構造』、岩波書店、1996

佐藤進一・笠松宏至・網野善彦　『日本中世史を見直す』、悠思社、1994

佐藤進一　『日本の中世國家』、岩波書店、1983

佐藤進一　『日本中世史論集』、岩波書店、1990

佐藤進一　『鎌倉幕府訟訴制度の研究』、岩波書

日本社会的历史

店、1993

　　笹山晴生　『平安の朝廷——その光と影』、吉川弘文館、1993

　　高瀬弘一郎　『キリシタンの世紀』、岩波書店、1993

　　高良倉吉　『琉球王國の構造』、吉川弘文館、1987

　　塚本　学　『生類をめぐる政治』、平凡社、1983

　　都出比呂志　『日本農耕社会の成立過程』、岩波書店、1989

　　東野治之　『遣唐使と正倉院』、岩波書店、1992

　　戸田芳実　『日本領主制成立史の研究』、岩波書店、1967

　　戸田芳実　『初期中世社会史の研究』、東京大学出版会、1991

　　永原慶二　『日本の中世社会』、岩波書店、1968

　　丹生谷哲一　『検非違使』、平凡社、1986

　　丹生谷哲一　『日本中世の身分と社会』、塙書房、1993

　　橋本義彦　『平安貴族』、平凡社、1986

　　早川庄八　『日本古代官僚制の研究』、岩波書店、1986

参考文献

林　基　「松波勘十郎捜索」『茨城県史研究』二九～七四号〔途中休載あり〕、1974～1995〔『松波勘十郎捜索』上・下、平凡社、2007〕

尾藤正英　『江戸時代とはなにか――日本史上の近世と近代』、岩波書店、1992

藤木久志　『豊臣平和令と戦國社会』、東京大学出版会、1985

藤木久志　『雑兵たちの戦場』、朝日新聞社、1995

保立道久　『平安王朝』、岩波書店、1996

三浦圭一　『中世民衆生活史の研究』、思文閣出版、1984

村井章介　『アジアのなかの中世日本』、校倉書房、1988

村井章介　『中世倭人伝』、岩波書店、1993

村井章介　『海から見た戦國日本』、筑摩書房、1997

山口啓二　『鎖國と開國』、岩波書店、1993

山本幸司　『穢と大祓』、平凡社、1992

横井　清　『中世民衆の生活文化』、東京大学出版会、1975

義江彰夫　『神仏習合』、岩波書店、1996

日本社会的历史

　　吉田　孝　『律令國家と古代の社会』、岩波書店、1983

　　吉田伸之　『近世巨大都市の社会構造』、東京大学出版会、1991

代结语

1

  1980年春,文化人类学者增田义郎突然邀请我为刊行西班牙语版本的日本史撰写概说,我答应了他的邀请。增田氏是我就读于东京高等学校(旧制)时关系甚密的朋友。本来我的能力根本不足以响应这一庞大的计划来撰写日本史,因而再三推辞。增田氏却热心劝说,强调加深三亿多使用西班牙语的人对日本的了解的意义之重大,还附加了一个多少令我心安的条件——不必独自撰写全部内容。最重要的还在于我抵抗不住增田氏极具吸引力的诱惑——可以借此机会去秘鲁。同年8月,我与增田氏和东京大学的非常任讲师罗伯托·厄斯特(Roberto Oest)一同前往秘鲁,在那里逗留了三周。

日本社会的历史

那是我第一次赴海外旅游，在秘鲁我受到了强烈的触动。关于那次旅行的印象，我在与阿部谨也的对谈《中世の再発见》(『中世の再発見』平凡社、1994) 中提及了一些。当然，此行并非观光旅游，我请厄斯特翻译我准备好的极为简单的日本史概略，并请他在我与利马的天主教大学的相关人士会面时用西班牙语说出来，就这样大致完成了任务。

从秘鲁回国不久，结束当年 9 月的工作后，我便辞去了名古屋大学文学部的职务，10 月开始在神奈川大学短期大学部工作，同时还负责归还落户该大学的日本常民文化研究所借而未还的古文书。对于以增田氏的邀请为契机开始撰写的日本史概说，我决定请当时就读于名古屋大学研究生院文学研究科的博士研究生小田雄三（现为该大学情报文化学部教授）和京都大学人文科学研究所助手羽贺祥二（现为名古屋大学文学部副教授）两氏帮忙，具体的合作形式是由他们两人撰写初稿，我以他们的稿子为基础加以改写。

不过，事情进展并不顺利。他们两人都非常忙，而且要完成这项工作，这两个年轻人必须把目光转向专业之外的领域，这有点强人所难了。我自己的进展也相当缓慢，结合过去在高中教日本史概说的经验，从"日本列岛的形成"开始一点一点地写了起来。

代结语

在此期间，我向岩波书店编辑部的松岛秀三提及了此事。由于当时拙著的刊行及后来的"日本的社会史"系列的筹划，我和松岛氏经常有各种商谈的机会。松岛氏非常积极地提出由岩波书店刊行我们所写的日本史概说。

可惜的是，当时小田、羽贺和我都难以响应该提议。虽然不久后两人便送来百忙之中撰写的部分初稿，我也参照他们的初稿写了一些，但是出于种种原因，两人所写的初稿最终徒然搁在我手边。由于我个人计划不当连累了两人，浪费了他们宝贵的时间，未能使他们辛苦的成果得到充分利用。对此我深感抱歉，借此机会特向两人表示由衷的歉意。

2

后来松岛仍坚持上述提议，热情要求我撰写概说，并让井上一夫负责"推进这一计划"。虽然稿子大约写到5~6世纪前后了，但我推辞说无论如何也写不出涵盖近现代的概说，最后商定至少写到力所能及之处。结果，一段时间内井上几乎每周都来我家督促我撰写。我为其热情所感动，一点一点往下写。大约写到9世纪时，井上氏更忙了，来访的频率随之降低，我也忙于各种杂事，于是再

日本社会的历史

次停笔。

后来我几乎把这项工作抛到了脑后，1989年下半年井上氏向我提议继续这项工作。当时我确实在各个方面对历来的有关"日本"、"日本人"和"日本文化"的"常识"产生了根本性的怀疑，开始深感很有必要解决这些疑问，毫无偏见地从对事实的正确认识出发，重新通观日本列岛社会的历史，具体地描绘出"列岛社会史像"，代替一直以来的"日本史像"。

井上氏的提议正好激发了我的这种热情，我自然决心在力所能及的范围内响应。为了提高工作速度，我们决定不用稿纸写，而是采用以下步骤：根据情况约定日期，按此前准备好的笔记以"讲课"的形式讲说，用磁带录音，再整理成文字，最后加以修改；至于已经成稿的部分，则按我现阶段的想法加以修改。1990年1月25日，我在岩波书店首次于井上氏、小岛洁和入江仰面前"讲课"。

此后的一段时间里，这项工作以每一两个月一次的频率顺利进行着。1991年4月开始，山本潮美（Yamamoto Shiomi）代替入江氏加入进来，此后的工作便在山本的主导下展开。

不过，这一时期《岩波讲座·日本通史》开始筹划、刊行，受该项目影响，从1992年2月到翌年4月，这项工作以每月一回的频率展开，但中断了一段时间，最后终

代结语

于在 1995 年 3 月口述到江户时代初期时画上了终止符。

1996 年，根据录音写成的粗糙的初稿完成后，我便开始把口语体改成一般的文章体，不过工作依旧迟迟没有进展。到了今年，岩波书店规定了严格的期限，于是终于以这个样子付梓了。

3

不言而喻，本书并未构成完整的"通史"。对于"日本通史"而言，最为重要的当数从江户时代中期到现在的历史，但现在的我并不具备相应的能力，因此本书并未对这段历史加以叙述。我依照编辑部的要求附上最后一章"展望"，大致说明了我的观点，但不得不承认这与"概说"相距甚远。

这当然是由于我个人用功不够、能力不足，这点自不待言。而且，正如"展望"部分所提及的，几个我认为极为重要的基本事实仍存在未解决的、未知的问题，例如，到江户时代为止的"百姓"之中，除了主要以严格意义上的"农业"即田地耕作为生的"农人"之外，各行各业的人也占了很大比重，但明治政府无视这点，把所有的"百姓"视作"农民"。从这类情况可以推测出江户时代以后的历史和社会的实际情况存在太多未解决、未知

· 543 ·

日本社会的历史

的问题,现在的我终归无法无视这些问题的存在,利用向来的"一般说法"敷衍了事。也正是出于这个原因,"展望"仅理了个头绪,写了些感想性的东西。当然,这也只能算我的辩解。

同时,正如在序言中提到的那样,本书的目标在于叙述"日本列岛上的人类社会的历史"。起初我曾考虑使用《日本列岛社会的历史》这一书名,但是与岩波书店编辑部的井上、小岛和山本三人以及伊藤修反复讨论后,还是听从了编辑部的意见。他们认为"日本社会"一说能充分地向读者表明我的意图既非写"日本国"的历史,也非写"日本人"的历史,于是决定用《日本社会的历史》这一书名。

不过,虽然号称"社会的历史",但实际上成书后其中政治史的叙述占了相当大的比重,不难想象将有人批评本书的内容与书名不一致。如前所述,这也是由于本书起初是以"概说"为目标动笔写的,同时也不得不承认这反映出我对"社会的历史"的理解还远不够深入,还不能把政治、文化等内容包罗进来对"社会的历史"进行立体的叙述。

应该说这也涉及国家与社会的关系这一根本性问题。本书有些地方用了"古代"一词,但几乎未使用"中世"、"近世"和"近代"等词语。这是由于虽然这种时

代结语

代划分准确地反映了日本国制度上的变化、转换，而且可以说在这一范围内直到现在也仍然非常有效，但众所周知，琉球国和阿伊努的历史时代划分与此不同，因此，我认为很难说上述时代划分适用于叙述日本列岛上的"社会的历史"。

直到前不久，人们仍广泛地尝试把这种划分与奴隶社会、封建社会和资本主义社会等"社会形态史"的时代划分相结合。现在不仅有必要从根本上重新质问奴隶是什么、封建社会是什么、资本主义又是什么，就连该方法的作用也受到社会现实的质疑：单用这类社会形态的概念能否真正把握人类社会多种多样的存在方式？在前述原本是"日本国"制度史的时代划分上，生硬地套上"社会形态史"的时代划分，只能说这种尝试是不合理的。

我大体上以如下几个时期为转换期把握"社会的历史"，本书也大致按照这样的时代划分展开叙述。这几个转换期分别是：列岛社会真正开始受到中国大陆"文明"影响的6~7世纪；在"文明"进一步传播到整个列岛社会的同时，琉球国、日本国和阿伊努分别明确了自我的14~15世纪；社会生活的各个方面不断发生根本性变化的现在。

上述我称之为"文明史、民族史的转换"之类的时代划分的方法是否真的有效，只能留待大家评判。伴随着各专业学科的发展，人类社会丰富多彩的现实也逐渐变得明了起来，以此为基础，重新彻底质疑前述"社会形态"的概念，摸索、确立适于区分各式各样的社会的诸种制约因素及其历史的方法，是今后的历史学面临的最大、最重要的课题。

以上，我做了各种辩解，但不管怎样这本书无疑存在缺陷，即便被批评说"挂羊头卖狗肉"也没办法。我打算有生之年一定努力使之真正具有与书名相符的内容，但只恐供我实现这一愿望并使之重新问世的时间已所剩无几了。

之所以将这样的东西付梓也是出于此种考虑。我把在众多人士的帮助下完成的这本书交给大家评判，只希望能起到抛砖引玉的效果，以期将来能出现关于列岛上从太古到现今的人类社会史的真正充实的叙述。

现在人们强调重视近代以后的历史，在实际中也是这样开展教育的。不难预想出版本书这样几乎完全忽视了近代史的书本身就会受到批判。不过，我上溯远古明确了列岛的自然与社会的关系，特别是从其出发点开始追问大约1300年间持续不断、至今仍影响着"日本国"的实际作用。正如"展望"部分已提到的几点，为了以更为根本的依据批判明治以来的政府所选择的道路即"大日本帝国"的历程，我认为这样的工作是必不可少的。我深知这是一本充满缺陷的书，但我希望本书在完善现今日本人的自我认识，在使日本人在今后人类社会的进程中不犯错误上略尽绵薄之力，因此决定将之出版。我知道已经刊行的上、中两卷受到了严厉的批判，由衷期待更多毫无保留的批评。

到目前为止我得到了众多人士的指教。我这样一个考古学、古代史方面的门外汉有可能在相关部分的叙述上犯大量错误，我个人的想法暂且不论，但要确保基本史实不出错。为此我请加利福尼亚大学伯克利分校的副教授羽生淳子审阅以绳纹时代为主的第一章，请爱知大学教授玉井力审阅第三章到第六章，他们给了我坦率的意见，使我得以纠正重大的错误。当然这部分叙述的文责完全在我本人，两氏能在百忙之中审阅麻烦的文章，给我以非常有益的启发，在此我要对两氏表示由衷的感谢。

由于参考的著作、论文非常多，在此仅把其中少数主要参考文献整理到书末。多有失礼之处，还请大家念及这本书的性质给以谅解。

正如开头所述，本书刊行的契机是增田义郎的邀请。那之后增田氏不计较我的失礼之处，不断激励我。在此我再次对他表示深切的谢意。

在此我还要由衷感谢最早热情地劝我出版本书的松岛

日本社会的历史

氏，进一步推进本书出版的伊藤氏，负责具体的事务前后长达 15 年、耐心宽容地配合着随性的我的井上、小岛、入江和山本四人。尤其是被添了不少麻烦的山本潮美，包括最后的参考文献的罗列在内，她在本书刊行的各方面给了我很大的帮助。承蒙其关照，十分感谢。

网野善彦

1997 年 11 月 20 日

译者后记

网野善彦的《日本社会的历史》一书时间跨度大，内容涉及面广，其翻译并非易事，而我们对日本史的理解也还十分浅薄，因此，最初深恐不能胜任这项翻译工作。不过，考虑到网野的这本书对丰富中国读者对日本历史和社会的了解不无帮助，并相信通过努力可以尽量克服翻译中遇到的各种困难，2010年9月我们着手翻译这本书。在译书期间，中日两国发生了一些重大事件。2010年9月7日发生了中国渔船与日本巡逻船相撞事件，同年中国GDP超过日本成为世界第二大经济体，2011年3月11日日本东部发生特大地震，这些无不值得深思。以下，我们想结合翻译过程中的感受谈谈网野善彦其人其学及他的这本书。

一　网野善彦的主要经历和著述活动

网野善彦（1928~2004）出生于日本东部的山梨县，

自幼长于东京。1947 年考入东京帝国大学日本史科，1950 年毕业。受战后初期的校园、社会氛围的影响，就读期间及毕业后的一段时间内，网野广泛参与包括国民史学运动在内的左派学生运动，并且加入了日本共产党，在东京地区的学生运动中起着重要的领导作用。特别是 1952 年，左派学生组织响应日本共产党发动武装斗争的号召，组织了山村工作队，网野在其中起着督导的作用。1953 年夏，国民史学运动内部出现矛盾，这促使网野开始思考自己的现状。随后，他脱离了左派学生运动，潜心于学术。网野虽于 1951 年以后发表了若干文章，但后来他本人视这些文章为不成熟之作，并全部重新做了彻底的考察。正如网野自己所说，1953 年夏天的回心转意可谓他一生最重要的转折点（『歴史としての戦後史学』日本エディタースクール出版部、2000）。

大学毕业后，网野善彦进入日本常民文化研究所月岛分室工作。据网野自述，因为热心于左派学生运动，他并未特别努力工作。不过，在民俗学背景深厚的常民文化研究所月岛分室进行的文书整理和学习，无疑给网野后来的治学带来了不小的影响。当时，为配合战后渔业制度改革，研究所以日本水产厅的名义从日本全国各地借来了大量渔业文书资料。后来受经费和人事更迭的影响，常民研月岛分室陷入了困境，如何归还研究所借来的资料成了大问题。而网野自告奋勇地承担起了归还文书的重任。在此期间，网野与同事中泽真智子相爱，并结为伉俪。常民文化研究所月岛分室解散后，网野为了生计在东京都立北园高中任教（1956~1967），其间他利用东京大学史料编纂所和日本史科所藏史料，重新考察了过去关心的问题，写成了《中世庄园的样相》（1966）[有关网野善彦的全部著述及合编经历，请参考《网野善彦著作集（别卷）》（2009）。以下仅就网野个人的主要著述活动作一简单介绍]。其研究成果得到学界的认可，1967年网野赴名古屋大学任教。

在名古屋大学任教的十多年的时间里，网野善彦先后推出了《蒙古袭来》（1974）、《无缘·公界·乐——日本中世的自由与和平》（1978）和《中世东寺与东寺领庄园》（1978）等著作。网野的史学研究由此摆脱了石母田正、松本新八郎等前辈学人的影响，开始形成独特的学术风格，从这一时期起网野的史学研究引起了日本学术界的广泛关注。1981年前后，随着日本常民文化研究所落户神奈川大学，网野也来到了该大学，并成为该研究所的研究员。此后，网野相继出版了《日本中世的民众像——平民和职人》（1980）、《日本历史上的东与西》（1982）、《日本中世的非农业民与天皇》（1984）、《异形的王权》（1986）和《增补版 无缘·公界·乐》（1987）及其他著

日本社会的历史

作，还与他人合作主编了《日本历史民俗文化大系》和《列岛的文化史》等。其中，《增补版 无缘·公界·乐》一书引发了学术界的广泛讨论。这一时期，网野将民俗学与史学研究相结合的方法也越发纯熟，他开始引领中世史研究。与此同时，归还常民文化研究所久借未还的文书资料，在这一时期仍是网野为之奔波的大事。

20世纪90年代以后，网野进一步广泛地对整个日本史研究发言，并且与他人合作主编了《岩波讲座·日本通史》《岩波讲座·思考天皇与王权》等多个系列。尽管如此繁忙，他仍然撰写了《日本中世土地制度史研究》(1991)、《日本中世都市的世界》(1996)、《日本中世史料学的课题——谱系图、伪文书、文书》(1996)、《日本社会的历史（上、中、下）》(1997)、《日本中世的百姓和职能民》(1998)、《中世民众的生业与技术》(2001)等。这一时期网野进行了独自撰写通史的尝试，这就是《日本社会的历史》。也正是在这一时期，网野开始结合自己的亲身经历系统地反思日本战后的史学研究，写成了《作为历史的战后史学》(2000)。网野独特的"日本论"之展开也达到了极致，写成了《何谓日本》(2000)一书。尽管这一时期学术活动非同一般地繁忙，网野仍在为归还常民文化研究所借的文书而奔走，直至大体完成了这项任务的主要部分，而不得不把剩余工作交给年轻的后辈

译者后记

为止。网野所著《古文书返还之旅——战后史学史的一出》（1999）即这一工作的忠实记录。2004年2月27日，网野善彦因肺癌医治无效而永眠。家人遵照网野遗愿把他的遗体捐献给了医学界。

从网野善彦自己对战后史学进行的分期来看，他主要活跃在第二期（1955年前后到1970年代前半期）和第三期（1970年代后半期以后）。他的史学研究成果丰硕，独成体系，在日本学界被誉为"网野的中世社会史学"或"网野史学"，影响相当深远。网野不仅在本专业即日本中世史研究上实现了重大突破，还广泛讨论了日本史的许多基本问题，提出了新的"日本论"，并进而开始构想人类史的问题。当然，对于网野史学的认识，日本学界尚有争议。例如，日本的马克思主义史学家——中世史学家永原庆二、近世史学家安良城盛昭和近代史学家石井宽治等人虽然承认网野研究的创新之处和学术地位，却持相当严厉的批判态度。他们批评的焦点在于网野的史学带有"浪漫主义的倾向"（永原慶二『20世紀日本の歷史学』吉川弘文館、2003），或批判网野对中世商品经济的考察缺乏构造论式的把握（石井寬治『日本流通史』有斐閣、2003）。尽管如此，网野善彦的工作可以说是有力的解构工作，不过，要建构新的列岛社会的历史似乎还需要些时间。但可以肯定的是，对于完成这个课题及思考日本战后史学而言，网野善彦其人其学是一座无法绕开的高山。

纵观网野善彦的一生，战争体验、战后初期的左派运动体验及 1953 年的"回心转意"可谓其一生思考的原点，而网野史学研究方法的精髓则在于融民俗学与史学研究为一体。我们觉得结合网野的个人经历来解读他的中世社会史学或整个史学体系，或许也不失为一种可行的读法。

二 《日本社会的历史》提出的问题和主要观点

网野善彦的著作中既有许多大部头的学术专著，也有不少面向一般读者的著述。网野总是不厌其烦地向日本国民述说他对"日本"、"日本人"及"日本文化"的理解。这其实是他以另一种形式在继续其早年热心参与的国民历史学运动。而岩波新书版的《日本社会的历史》正是网野善彦面向广大日本国民发言的一个典型例子。以下对网野在这本书中提出的问题和主要观点作一简单的介绍［主要参考《网野善彦著作集（第 16 卷）》中盛本昌广的解说］。

正如网野在这本书的"代结束语"和"序言"中分别指出的那样，他对人们通常抱有的对"日本"、"日本

译者后记

人"及"日本文化"的认识产生了极大的怀疑,从而决心写出"列岛上人类社会的历史",而非"日本国的历史"或"日本人的历史"。网野之所以这样主张,是因为他认为"日本"是一个国号,而非一个地理概念;"日本人"是指形成于7世纪末8世纪初的日本国的国制统治之下的人;而且中世的日本列岛存在东西两个王权。从中我们不难感受到网野的良苦用心,针对人们理所当然地认为有史以来便存在"日本国"和"日本人"的情况,网野试图使"日本国"和"日本人"等概念相对化、历史化。

与此相关,网野着眼于日本列岛内部的东西差异及日本列岛与亚洲大陆国家和地区的交往。网野强调从新石器时代起列岛社会就存在东绳纹、西弥生的差异,这种差异在此后的历史中始终没有消失,并且对列岛的历史进程产生了相当深远的影响。在此,网野试图批判所谓"日本社会是均质的社会"之类的看法。同时,网野还强调日本列岛是亚洲大陆南北的桥梁,从绳纹时代起列岛社会便通过海洋与亚洲大陆的南北保持着密切的关系,不断地进行着人和物的交流。此处,网野针对的是"日本是孤立的岛国"之类的观点。网野重视列岛社会的东西差异及海洋对日本的重要性,这与他对民俗学研究的关注密不可分。

从对海民、山民及职人等的研究出发,网野提出了非农业民的概念,并使用"平民"或"平民百姓"作为统

日本社会的历史

括农业民和非农业民的概念；他不仅强调平民生业的多样性，而且特别指出"百姓并不只是农民"。而在一般看法中，近世以后日本的"百姓"通常指代农民。在此，网野要揭露的是，这种观念的形成是由丰臣秀吉政权以降的武家统治阶级的政策造成的。

在对非农业民进行研究的基础上，网野还对中世的政治史和天皇制提出了新的见解。网野把重视水田耕作的农业、农业民的政策倾向称为"农本主义"，而把重视商业、交易等非农业、非农业民的政策倾向称为"重商主义"；从统治阶级内部信奉"农本主义"的势力与推行"重商主义"的势力相互对抗的角度来叙述政治史。网野还从非农业民与天皇的关系这一独特的角度对天皇制展开了研究。与以往的研究强调天皇与土地、农业民的关系不同，网野指出漂泊不定的非农业民的存在形态、开展活动的依据在于天皇的权威这一背景，而这又反过来成为天皇的权威得以强化的重要因素，从而对中世的天皇虽然丧失了制度性的权力，但其作为"神圣的存在"的权威得到增强的现象，给出了独到而深刻的解释。

网野善彦还将其一贯提倡的南北朝历史转换期一说反映到了这本书中。网野对日本列岛社会的历史所作的分期既不同于通常的"古代—中世—近世—近代"的划分，也不同于日本马克思主义史学的历史分期。网野主张以

"文明"与"野性或未开化"的相互抗争为历史分期的标准，通过三个历史转换期来把握日本列岛社会的历史，即列岛社会真正开始受到中国大陆"文明"影响的 6~7 世纪；在"文明"进一步传播到整个列岛社会的同时，琉球国、日本国和阿伊努分别明确了"自我"的 14~15 世纪；社会生活的各个方面不断发生根本性变化的现在。不过，我们在翻译过程中所加的译者注，因考虑到说明的便利及读者的理解，仍采用了常用的"古代—中世—近世—近代"的日本史分期方法。

在这本书中，网野对 17 世纪后半期以降的历史只作了一个简略的回顾。对于明治维新以前的历史，网野充分肯定了货币流通经济之成熟、社会识字率之高、"百姓"（而非农民）的生业之丰富多样等，并强调这些对 19 世纪后半期日本经济成长的贡献。与此相对，网野对明治维新以后的历史作了许多严厉的批判。网野将日本近代的误入歧途归因于明治政府以后的日本政府领导者历史认识的错误和教育政策的失误，认为这导致了日本对阿伊努和琉球的统治及对亚洲诸国的侵略。

三 对《日本社会的历史》的认识

在简单回顾了网野善彦的经历、著作以及这本书的主

日本社会的历史

要观点的基础上，以下我们简短地谈谈通过翻译体得的一点认识，以结束此译者后记。

网野强烈地感受到重新认识日本列岛社会历史的必要性，《日本社会的历史》的书名和写法也充分体现了他对这一课题的探索。作为一个通史写作的尝试，这本书的独特之处首先在于，它是从地质时代写起的日本列岛上人类社会的历史。网野在这本书中叙述了从地质时代到17世纪前半期的日本列岛社会的历史，特别追溯了天皇制、被歧视民及其在列岛东西社会中的地位差异等许多日本社会基本问题的起源、形成和变迁的历史，揭示了这些问题的古老和曲折，从而为现在的日本人克服"天皇的统治万世一系""日本乃神国或瑞穗国"等神话的影响提供了有力的知识武器。

其次，这本书的独特之处还在于提出了独特的历史分期，这与网野努力克服明治维新以后的国民国家史观以及战后史学的问题有密不可分的关系。网野读高中时正值日本发动侵略战争的末期，军队以天皇国家的名义进行的疯狂侵略以及由此给日本国民带来的无限痛苦，给网野的心灵投下了无法抹去的阴影。这促使他在读书期间积极参与左派运动。而左派运动中的偏颇又促使网野开始反思并回归史学研究。网野登上战后史学舞台的年代正值日本经济高速成长的时期，伴随经济高速成长而来的生态环境的破

译者后记

坏、传统生活方式的逐渐消失，使网野开始痛切地思考近代的局限性，并对历史前进的观念产生了极大的怀疑，促使他决心构筑新的史学研究方法论和中世社会史体系。网野将这些对时代的体验精心地织入了他的历史研究和历史叙述，在这本书中提出了以 14~15 世纪的历史转换期为中心的列岛社会历史分期论。

最后，吸收和借鉴了多种学科的研究成果和多学科交叉研究的成果也是本书的重要特点，特别是引用了许多民俗学和考古学的研究成果。从这个意义上说，要解读这本书或网野史学还需对民俗学有一定的了解。需要注意的是，网野善彦援用的民俗学研究，并不仅限于柳田国男的民俗学，涩泽敬三、宫本常一等人的民俗学可能给了网野更多的启发（神奈川大学日本常民文化研究所编集『海と非農業民：網野善彦の学問的軌跡をたどる』岩波書店、2009）。而其妻兄中泽厚的民俗学研究也是网野直接接触民俗学的重要契机之一（中沢新一『僕の叔父さん網野善彦』集英社、2004）。

当然，美中不足的是，由于网野未详细叙述近世中期以后直到近代的部分，本书不能说是完整的日本通史。如何从社会史的角度对这一时期的历史加以研究和叙述，这仍是个问题。而研究日本近世近代史的人如何对待网野善彦开拓的社会史学，或者网野史学如何为今后的日本史学

日本社会的历史

界继承，这一问题也值得继续关注。

　　自着手翻译本书以来，我们得到中日两国不少师长、学友的关心和鼓励，请允许我们借此机会向他们表示由衷的感谢。特别是神奈川大学名誉教授小林一美先生给予了我们极大的关爱。同时，我们还要感谢社会科学文献出版社的编辑徐碧姗女士。多亏了她耐心地沟通和修改，我们才得以完成本书的翻译。最后，我们深知自己学力有限，翻译中难免有不当之处，恳请方家和读者不吝赐教、批评指正。

刘　军　饶雪梅
2011 年夏

译者补记

《日本社会的历史》初版距今已经过去了十多年。2022年的夏天，社会科学文献出版社甲骨文工作室的沈艺女士与我们联系，表明想再版本书。对我们来说，这是一个难得的好事。更值得高兴的是，再版意味着有机会让网野善彦先生的这部著作被更多的中文读者所了解。

近年来，国内学界对"网野史学"的关注有所增多，特别是经复旦大学文史研究院葛兆光教授的热情介绍，网野善彦的研究也逐渐得到中国学者的关注（详见葛兆光《东京札记》，辽宁人民出版社，2023）。在此前后，网野善彦的《日本历史上的东与西》《重新解读日本历史》《无缘·公界·乐：中世日本的自由与和平》等著作也相继被引进出版。这背后不仅是国内日本史研究与日本学界的交流增多，也与"从周边看中国"或海域亚洲史等新的历史研究的视角与方法的出现密不可分。

日本社会的历史

关于网野善彦的重要学术著作，岩波书店 2008 年出版了《网野善彦著作集》（全 18 卷，别卷 1 卷），各卷由相关专家学者校订、解说，其中《日本社会的历史》收在第 16 卷，由中世史学者盛本昌广教授校订和解说。该著作集的出版为网野善彦重要学术著作提供了更为权威的文本。另外，网野善彦的影响力远远超出了日本中世史研究的范围，以其研究为基础，日本召开过多次学术研讨会，出版过相关的特集。我们在这里想特别提到的是，网野善彦曾与多领域的学者展开过大量对谈，其中许多还被整理出版，例如，岩波书店就出版了全 5 册的《网野善彦对谈集》（『網野善彦対談集』、2015），各卷分别以"历史观的转换""多样的日本列岛社会""海与日本人""镰仓和室町时期的日本""文学、艺能与历史"为主题。此外，讲谈社也出版过《围绕"日本"——网野善彦对谈集》（『日本をめぐって：網野善彦対談集』、2002）。之所以不厌其烦地提到这些对谈，是因为对于理解网野善彦为学和为人，这些对谈文字可以从侧面提供不少参考。

为什么网野善彦可以取得如此非凡的学术成就且产生如此广泛的公众影响力呢？这就必须通过阅读其文字，回到网野善彦史学研究的起点，特别是弄清楚国民史学运动以来，他思考和探索的学术道路，以及坚守的学术理念。而阅读和思考网野善彦其人其学，也是回顾和反思日本战

译者补记

后史学的一个重要组成部分。其实，网野善彦在广泛发掘史料群、构建自己的中世史世界的时候，一直秉持着反思精神，坚持不懈地与学界前辈及其著作展开对话乃至论争。

今天，如要追溯和定位网野善彦的学术研究的立场，这已超出了我们的能力范围，只好留待识者做出专业的研究和论述。这里只想引用网野先生自己的话略示一二："因此，战后的东与西的学者的对立，是从战中到战后，特别是战后的某个时期的独特的状况产生的问题。置身其间的我采取一种类似'蝙蝠'的立场。"（小熊英二『対話の回路：小熊英二対談集』、新曜社、2005、頁169）关于蝙蝠所代表的立场，鲁迅先生曾有专门论述，此处不赘。它与鲁迅研究者钱理群教授的学术姿态似也有相通之处（钱理群：《我的精神自传》，生活·读书·新知三联书店，2016，第369-370页）。这种立场绝不是选边站队，而是灵活的、复杂的，注定也是艰难的。

此次再版，出版方做了诸多努力。特别是责任编辑沈艺老师，从向岩波书店争取文字授权到新增内文图片和插页彩图，从大量细致的编校工作到委托国内日本史专家学者审读书稿，皆见其专业素养与敬业精神。借此机会，我们要向出版社和沈艺老师真诚地致谢。

本书译文于2012年修订过一版，但是十多年过去了，

· 563 ·

日本社会的历史

学术译著的出版规范更加完善，中国读者对"网野史学"的接受和认识程度也不断提升，这就对译文质量提出了更高要求。此次再版主要依据专家学者和编辑老师的意见和建议，订正了此前版本中存在的错讹，补充了遗漏，调整了个别译名，主要涉及古代中世时期公家文书的用语，也对相关的译者注做了必要调整。囿于学识不足，译文中难免还有不当之处，恳请方家和读者不吝批评指正。

2025 年 4 月

图书在版编目(CIP)数据

日本社会的历史／(日)网野善彦著；刘军，饶雪梅译． -- 北京：社会科学文献出版社，2025.5.
ISBN 978-7-5228-3275-3

Ⅰ.K313.07

中国国家版本馆 CIP 数据核字第 2025814WT0 号

日本社会的历史

著　　者／〔日〕网野善彦
译　　者／刘　军　饶雪梅

出 版 人／冀祥德
责任编辑／沈　艺
责任印制／岳　阳

出　　版／社会科学文献出版社·甲骨文工作室（分社）（010）59366527
　　　　　地址：北京市北三环中路甲 29 号院华龙大厦　邮编：100029
　　　　　网址：www.ssap.com.cn
发　　行／社会科学文献出版社（010）59367028
印　　装／三河市东方印刷有限公司

规　　格／开本：889mm×1194mm　1/32
　　　　　印张：18.25　插页：0.25　字数：332 千字
版　　次／2025 年 5 月第 1 版　2025 年 5 月第 1 次印刷
书　　号／ISBN 978-7-5228-3275-3
著作权合同
登 记 号／图字 01-2023-3104、3105、3106 号
定　　价／109.00 元

读者服务电话：4008918866

▲ 版权所有 翻印必究